地球社会法学への誘い

山内惟介

地球社会法学への誘い

✤※✤

学術選書
181
法 学

信山社

はしがき

　世界の法律学ははたしてわれわれが住む地球社会の役に立っているのだろうか。世界の法律家は，長い歴史を顧みて，法律学が地球社会に有用な学問であると断言できるのだろうか。地球社会の現状をみると，実定法解釈学が地球社会の正義を傍らにおいてその場を言い繕う術と化していたことはまったくなかったと言い切れるのだろうか。かつてドイツで法律学が「パンのための学問（Brotwissenschaft）」と呼ばれ，学者が学術活動より生活費稼ぎを優先する教師（Brotgelehrter）と揶揄されていたように，法学部への進学動機が「つぶしが効く」という意味での消極的選択肢でしかなかった例が少数ではないという事実（川島武宜著『ある法学者の軌跡』（有斐閣，1978年），三ケ月章『一法学徒の歩み』（有斐閣，2005年）他）はいったい何を物語るのだろうか。法律家は，経済的に保障された職業とみなされているのかもしれないが，音楽家や発明家のように，若者をときめかせるほどの魅力と創造力に満ちた，一生を捧げる価値のある職業だと胸を張って説明できる法律家がどれだけいるのだろうか。
　かねてからのこうした違和感は，次の文章に接して，改めて喚起されることとなった。

　"2010年，アメリカは中国のある風力発電補助プログラムを，保護主義的とみなされる国内産業への支援が含まれていることを理由に提訴した。……中国も2012年，欧州連合(EU)域内のギリシャ，イタリアにおける再生可能エネルギー計画がWTO違反の恐れありとして協議を要請し……アメリカ国内5州における再生可能エネルギー補助金についても提訴すると脅しをかけた……。アメリカ政府はインドの大規模太陽光発電普及プログラム……に対して，WTOのルールに違反するとの訴えを起こした。……国内産業優遇を意図した規定……が保護主義にあたるというのが理由だった。……インドはアメリカの国家再生エネルギー計画を標的にした訴訟を起こす構えである……。……これらの国々は，国連の気候サミットの会議場で，互いに排出量削減が不十分だと感情をむき出しにして相手を非難し，自国の失策を棚に上げて相手の努力不足を責め立てていてもおかしくない……のに，大排出国は自然エネルギーに対する最も効果的な最良の支援を競うのではなく，

はしがき

こぞってWTOに駆け込み，互いの風力発電用風車を壊そうとしている……。オンタリオ州……は……2009年に……グリーンエネルギーおよび経済法を制定し，2014年までに石炭火力発電を全廃する……気候アクション計画を導入した。……グリーンエネルギー法によって……発電業者は労働力と原材料を一定の割合以上，オンタリオ州内で調達することを義務付けられ……太陽光発電業者はコンテンツの少なくとも40～60％を州内で調達しなければならない。……2012年には同州の太陽光発電量はカナダ最大となり，2013年には稼働中の石炭火力発電所は1カ所を残すのみとなった。……その後，事態は急激に悪化しはじめる。……アメリカが中国やインドによる自国の再生可能エネルギー部門擁護政策に対する抗議に踏み切った時期，日本，続いてEUが，オンタリオ州のローカルコンテント規定はWTO規定に違反する……と……主張……。WTOはオンタリオ州の現地調達規定はルールに反するとして，カナダを協定違反とする判定を下した。その直後，同州は気候アクション計画にとって極めて重要な意味をもつローカルコンテント規定を廃止した。……気候の観点から見れば，WTOの判定は非道以外の何ものでもない。気温上昇を2℃未満に抑える目標が達成される望みがわずかでもあるとすれば，カナダのような富裕国は脱化石燃料を最優先課題にしなければならない。……その後カナダは排出量をどんどん増大させたあげくに，国際的非難をかわすべく2011年に京都議定書から離脱したが，オンタリオ州は……約束を守るために現実的な政策を整備しつつあった。何より重要なのは，気候アクション計画がうまく行っていたことだ。そこにWTOがわざわざ介入してきて，地球の存続より商売を優先させようとするとは，なんと馬鹿げたことだろう。……厳密に法的な観点から見れば，日本とEUのしたことはまったく正しい。……オンタリオ州のような「バイ・ローカル」という保護的な規定は自由市場を歪める……こうした主張の最大の問題点は，エネルギー業界に歪みから守るべき自由市場が存在するという考えにある。化石燃料企業は，世界全体で年間7,750億ドルから1兆ドルに上る補助金を得ているだけでなく，人類が共有する大気をゴミ捨て場として自由に利用するという特権に対して，一銭の費用も払っていない。……これこそが真の歪みであり，空の盗用こそ正真正銘の補助金にほかならない。……これらの歪みに対処するため（WTOは何の手も打とうとしていない），各国政府は価格保証から公正な補助金まで……積極的な措置を講じて，グリーンエネルギーに適正な競争力を与える必要がある。……ほぼ10年前，あるWTO当局者は，同機関が「温室効果ガスの排出を削減するためのいかなる措置」に対する異議申し立ても可能にすると宣言した。……通商法が，人類の未来を左右するきわめて重要な問題にこのような力を振るうなど，狂気の沙汰としか言いようがない。ノーベル賞を受賞したジョゼフ・スティグリッツはこう問いかける。「愚かな法律家の一団が，問題の中身も理解しないうちにつくったものによって，この地球を救うための活動

が邪魔されるなどということが許されていいのか？」……許されないことは明らかだ。国際通商と公益を専門とする法律家……スティーブン・シュリブマンは，これは構造的な問題だと指摘する。「もし貿易ルールが，気候変動に対処する各種の重要な措置を許容しないのであれば——実際，許容しないのだが——明らかに貿易ルールを書き換えなければならない。なぜなら，この世界で持続可能な経済を実現することと，現状のような貿易ルールを維持することは両立できないからだ。」"（ナオミ・クライン著（幾島幸子・荒井雅子訳）『これがすべてを変える——資本主義 vs. 気候変動』（岩波書店，2017年）上巻90頁～100頁）

世界貿易機関（WTO）の具体的活動に即して示されたこうした非難を法律家として正面から受け止めようとすれば，われわれは法律学の在り方について真摯に考え直さざるを得ないことであろう。それは，世界中で洪水のように日々増え続ける立法例や裁判例，学術文献を前にして，概説書の単独執筆さえ難しくなりつつある個々の専門分野の体系を見直すことだけではない。民事法・公法・刑事法・基礎法といった古典的分類に代わる新しい分類体系を考案し，余りにも細分化され過ぎた現代の法律学諸分野を誰もが理解できるように横断的に捉え直すことも考慮されなければならない。さらにもっぱら自国実定法体系の理解と応用のみに専念し，関連する個所だけ基礎法や外国法をつまみ食いするといった便宜的学修姿勢の再検討も必要となろう。

確立された伝統的法律学の体系を墨守してそのまま進むことへの疑念が著者に芽生えたのは，1980年代末から1990年初めにかけてのことであった。勤務先（中央大学法学部）では学部改革作業が進行中であり，審議の結果，法学部に国際企業関係法学科（1993年）が，大学院法学研究科に国際企業関係法専攻（1997年および1999年）がそれぞれ新設された。著者は，国際企業関係法学科および国際企業関係法専攻の初代運営責任者として，既存の法律学科および法学研究科と併存し得る新たな法律学の研究・教育体系を模索する立場にあった。この難題の前に立ち竦む日々が続いた後，目指すべき方向性がおぼろげながら見え始めたのは，サヴァティカル・リーヴ（2003年），アレクサンダー・フォン・フンボルト財団学術賞受賞（2007年），同財団の援助によるハイデルベルク大学ドイツ・ヨーロッパ会社法・経済法研究所での研究（2009年）等，ヨーロッパで若い世代の研究者と親交を重ねる機会を得た後のことであった。その成果

はしがき

の一端は,「Das globale Internationale Privatrecht im 21. Jahrhundert－Wendung des klassischen Paradigmas des IPRs zur Globalisierung」（2009年 5 月19日，ドイツ・ハレ大学法学部での講演，『Japanisches Recht im Vergleich』（中央大学出版部，2012年）3 頁以下に収録）および「現代国際私法の課題について」（2014年 9 月21日，国際法学会報告『国際私法の深化と発展』（信山社，2016年）3 頁以下に収録）としてすでに公表済みである。本書はこのような問題意識に基づいてここ数年に公表した研究を中心に一書にまとめたものである。第Ⅰ部「伝統的法律学への疑問」に掲げた 4 編（「伝統的法律学に未来はあるか？──シェヴロン対エクアドル事件の教訓」,「法律学における2008年食糧危機の教訓──『国際化』から『地球社会化』への転換」,「法律学における"人口増加"問題の教訓──『国家法学』から『地球社会法学』への転換」および「法律学における"大規模感染症"の教訓──『文明論的視点』から『文化論的視点』への転換」）は，環境，食糧，人口および疾病という観点から伝統的法律学が国家法学にとどまり続けることへの疑問を示したものである。第Ⅱ部「講演」には，口語体を維持したまま，著者の最終講義（2017年 1 月19日）および明治大学法学部比較法研究所の発足に寄せた特別講演（2017年 7 月15日）を収めた。第Ⅲ部「ドイツ法との対話」には，ドイツの法律家を対象とした 2 編，すなわち，ミュンスター大学法学部博士学位授与式典における記念講演「Aufgabe der Weltjuristen im 21. Jahrhundert」（2012年11月 2 日）および著者へのドイツ語版古稀記念論文集贈呈式における謝辞「Die Rechtswissenschaft im 21. Jahrhundert－Umorientierung vom nationalen Recht zum globalen Recht」（2017年 5 月14日）を再掲した。

著者のこのような問題意識が伝統的法律学の側ではまったくの異端と受け止められ，一顧だにされないことは，これまでの冷たい反応からも十分に読み取れる。しかし，法律学が世界中で繰り返し現れる多くの難題を自力で解決する力を持たない現実を直視すれば，伝統的な法律学体系の根本的な見直しが喫緊の課題となっていることが改めて強調されなければならない。およそ学問研究に携わる者にとって，専門分野の如何を問わず，常に考え続けていなければならない永遠の課題がある。学問は何のために，また誰のために存在するのか（セオドア・ローザク編著（城戸朋子他訳，高橋徹解説）『何のための学問』（みすず書

房，1974年）他）という視点がそうである。むろん，論者が置かれた立場や環境に応じて，また各自の人生観や経験の相違を反映して，その解答はそれぞれに異なり得るが，普遍性のある解答を求めてこの点を意識的に問い続けていなければ，いかなる営為も地球社会からの肯定的評価に値しないであろう。実定法に関する研究の多くは法改正に伴って忘れ去られる運命にある。世界の法律家は，ドイツのユリウス・キルヒマン（Julius Hermann von Kirchmann）がベルリン法学協会（Juristische Gesellschaft zu Berlin）で歴史法学を批判した著名な講演「学問としての法学の無価値性（Die Werthlosigkeit der Jurisprudenz als Wissenschaft）」（1947年）で述べた有名な言葉「Die Juristen sind ‚Würmer‘, die nur vom faulen Holz leben; von dem gesunden sich abwendend, ist es nur das Kranke, in dem sie nisten und weben. Indem die Wissenschaft das Zufällige zu ihrem Gegenstand macht, wird sie selbst zur Zufälligkeit; drei berichtigende Worte des Gesetzgebers, und ganze Bibliotheken werden zu Makulatur.」（法律家は腐食した木に棲みつく「小さな虫けら」のような存在である。すくすくと育った木には背を向け，いつも朽ちた木に棲みついて，あちこちと動き回っている。法律学はふとした機会に現れた事象ばかりを取り上げてきたが，そのことによって，法律学は偶然性に左右されるものとなっている。立法者が3つの言葉を改めるだけで，図書館の蔵書すべてが反故となってしまうことがある。）を真摯に受け止めるべきであろう。われわれには，「直面する巨大で恐ろしい問題……の解決に向けて……残されている……時間を有効活用しているのかを常に確認しながら頑張り続けなければ」ならない（アントニア・フェリックス（渡邊玲子訳）『プライドと情熱――ライス国務長官物語CONDI』（角川学芸出版，2007年）146頁）社会的責任がある。21世紀の法律学を真に魅力あるものとするために，とりわけ若い世代の法律家に向けられた期待は大きい。

　本書の刊行にあたっても，信山社社長，袖山貴氏，同社の稲葉文子氏および今井守氏の御支援を戴くことができた。各位の御高配に対し，ここに謹んで謝意を表しておきたい。

2018年5月18日

山内惟介

〈目　次〉

はしがき (v)

───────◆　第Ⅰ部　伝統的法律学への疑問　◆───────

◆ 第 1 章　伝統的法律学に未来はあるか？
　　　── シェヴロン対エクアドル事件の教訓 …………………… 5

　　Ⅰ　問題の所在………5
　　Ⅱ　シェヴロン対エクアドル事件………13
　　　1　事案の概要 (13)
　　　2　法廷闘争 (15)
　　Ⅲ　伝統的法律学からみた評価………24
　　　1　国家法の視点 (24)
　　　2　国際法の視点 (29)
　　Ⅳ　法律学における教訓………33
　　　1　現状と課題 (33)
　　　2　解決の視点 (38)
　　Ⅴ　結びに代えて………40

◆ 第 2 章　法律学における2008年食糧危機の教訓
　　　──「国際化」から「地球社会化」への転換 ………………… 47

　　Ⅰ　はじめに………47
　　Ⅱ　素材の紹介………51
　　　1　「コメ貿易の背徳」(51)
　　　2　「収穫は誰のもの」(68)
　　Ⅲ　法律学における教訓………81
　　　1　基本的視座 (81)
　　　2　パラダイムの転換 (86)

目　次

　　　3　食糧危機への適用 (*91*)
　Ⅳ　結びに代えて………*92*

◆第3章　法律学における"人口増加"問題の教訓
　　　　──「国家法学」から「地球社会法学」への転換 ………*99*

　Ⅰ　問題の所在………*99*
　Ⅱ　素材の紹介………*107*
　　　1　人口削減支持説 (*107*)
　　　2　生活方法改善説 (*119*)
　Ⅲ　法律学における教訓………*128*
　　　1　争点整理とシナリオ (*128*)
　　　2　伝統的法律学とパラダイムの転換 (*136*)
　Ⅳ　結びに代えて………*141*

◆第4章　法律学における"大規模感染症"の教訓
　　　　──「文明論的視点」から「文化論的視点」への転換 ………*145*

　Ⅰ　問題の所在………*145*
　Ⅱ　素材の紹介………*149*
　　　1　「史上最悪の感染拡大 ── エボラ　闘いの記録」(*149*)
　　　2　「迫りくる蚊の脅威 ── 感染症からどう身を守る」(*159*)
　　　3　「ウイルス"大感染時代" ── 忍び寄るパンデミック」(*173*)
　　　4　「見えざる病原体」(*187*)
　Ⅲ　法律学における教訓………*200*
　Ⅳ　結びに代えて………*207*

──────◆　第Ⅱ部　講　演　◆──────

◆第1章　21世紀法律学の課題と法律家の責任
　　　　──国際企業関係法学科4半世紀の経験を踏まえて ………*215*

Ⅰ　はじめに………215
　　Ⅱ　これまでの法律学に対する評価………217
　　　1　問題の所在 —— ドネガル・インターナショナル・リミティッド対
　　　　　ザンビア共和国事件（217）
　　　2　法律学の前提に対する疑問（223）
　　　3　現代の法律学に対する疑問（227）
　　　4　ま と め（236）
　　Ⅲ　21世紀法律学の課題………236
　　　1　地球社会法学の構想（236）
　　　2　予防法学の確立（237）
　　　3　「比較法文化論」が果たすべき役割（239）
　　Ⅳ　21世紀法律家の責任………240
　　Ⅴ　国際企業関係法学科の過去，現在，未来………241
　　　1　創設の経緯（241）
　　　2　現状と課題（243）
　　Ⅵ　むすび………244

◆第2章　比較法研究の課題
　　　　　—— 明治大学法学部付属比較法研究所への期待を込めて
　　　　　　　　……………………………………………247

　　Ⅰ　はじめに………247
　　Ⅱ　前提の確認 —— 伝統的な理解における法律学と
　　　　　　　　　　　比較法学………250
　　Ⅲ　実質的観点 —— 比較法学における課題………253
　　　1　比較法学の体系性（253）
　　　2　「比較」という行為の意味内容（257）
　　　3　21世紀の比較法学における比較の対象（260）
　　Ⅳ　形式的観点 —— 比較法研究所の類型と役割………261
　　　1　マックス・プランク学術振興協会設置の研究所（262）
　　　2　スイス国立比較法研究所（263）

目 次

  3　ドイツ諸大学法学部付置研究所ほか (264)
 V　視点の転換 —— 21世紀のあるべき法律学と比較法学・
  比較法研究所………265
  1　主題の選択 —— 国益追求に代えて，「地球的課題」への挑戦 (268)
  2　活動成果の共有化 —— 成果の内外への継続的発信 (269)
  3　国際的共同研究の組織化 (270)
 Ⅵ　む す び………271

◆ 第Ⅲ部　ドイツ法との対話 ◆

◆第1章　Die Rechtswissenschaft im 21. Jahrhundert
　　　　—— Umorientierung vom nationalen Recht zum globalen Recht
　　　　………275

 Ⅰ　Abreise－Erfahrung in Münster………277
 Ⅱ　Traditionelle Rechtswissenschaft………280
 Ⅲ　Diskrepanz zwischen Rechtswissenschaft und sozialer Wirklichkeit………281
 Ⅳ　Globale Rechtswissenschaft………283
 Ⅴ　Rechtsvergleichung………285
 Ⅵ　Zum Schluss………286

◆第2章　Aufgabe der Weltjuristen im 21. Jahrhundert ……287

 Ⅰ　Danksagung………287
 Ⅱ　Aufgabe des Rechts in der heutigen Zeit………289
 Ⅲ　Aufgabe der Juristen in der heutigen Zeit………292

初出・原題一覧（巻末）
事項・人名索引（巻末）

地球社会法学への誘い

第 I 部
伝統的法律学への疑問

第1章　伝統的法律学に未来はあるか？
―― シェヴロン対エクアドル事件の教訓 ――

Ⅰ　問題の所在
Ⅱ　シェヴロン対エクアドル事件
Ⅲ　伝統的法律学からみた評価
Ⅳ　法律学における教訓
Ⅴ　結びに代えて

"法は，どのような人間の本性に根差しているのか……。法とは……ある社会の成員が共有すべく求められている感情の表現……である。"＊
"正義がなければいかなる平和もなく，平和がなければいかなる正義もない。"＊＊

◆　Ⅰ　◆　問題の所在

1　伝統的法律学に未来はあるか[1]。ここに「伝統的」という形容語句を付した「法律学」は，旧く西洋において生まれ，発展し，さらに，先学を含め，長期間に亘って，われわれが学び，研究を続け，そして講じてきた，これまでの法律学体系全般を意味する。伝統的法律学の有用性と正当性を信奉し，そのまま受け入れてきた，そして今日なお，その存在意義に些かも疑念を感じないであろう大多数の法律家からみると，この問い掛け自体，およそ奇異の念をもって受け止められることであろう。

「社会あるところ法あり（ubi societas ibi ius）」という法諺が示す通り，どの時代の，いかなる社会にあっても，当該社会を構成する人々の間に生じ得る，

＊マーサ・ヌスバウム（河野哲也監訳）『感情と法――現代アメリカ社会の政治的リベラリズム』（慶應義塾大学出版会，2010年）452頁。
＊＊ヴァイツゼカー（座小田豊訳）『時は迫れり――現代世界の危機への提言』（法政大学出版局，1988年）25頁。

◆ 第1章 ◆　伝統的法律学に未来はあるか？

　個別的または集団的な諸利益の対立を予防し，また日々発生し続ける紛争を平和裏に解決する上で，法規範（成文法および不文法）が必要不可欠のものと考えられてきたことになんら疑いはない。この意味において，法規範の存在意義それ自体のみならず，法規範の形成過程（立法）および適用過程（司法）に関わる法律学の存在価値も，自明のこととして，異議なく肯定されてきた。法律学に関するこのような伝統的理解は，むろん，国家法的思考（国家法を前提とし，主権国家間の合意として発現する国際法を含む）の枠内にとどまる限り，当然のこととして，全面的に承認されよう。
　2　それにも拘らず，伝統的法律学の存在意義如何について今ここで改めて疑義を呈することには，以下の諸点において，特別の意味がある。
　⑴　第1に，われわれの法そのものが有する本質的な問題性が改めて自覚されなければならない。法（社会規範）が紛争解決機能を発揮するためには，何よりもまず，法の適用を受ける者（名宛人）の誰もがその存在に全幅の信頼を置いていることが必要である。言い換えれば，法が客観性を備えた規範であるという点がすべての利害関係者によって承認されるためには，法の内容（個々の判断基準における要件部分と効果部分との組合せの当否）はむろんのこと，法の形成過程および適用過程（各法規範の要件および効果を構成する個々の文言の定義の仕方および解釈の仕方に関する説明方法それ自体の当否）のすべてが，いずれか特定の立場に与することなく，関係者を超越した高次の次元で利益対立を解消するという客観的目的に資するものとなっていなければならない。このような

⑴　本章は，2000年以降，著者が抱き続けてきた問題意識を地球環境問題等との関連において展開したものである。同種の問題意識に基づくものとして，山内「現代国際私法の課題について――地球温暖化による気候変動をいかに受け止めるか」（法学新報122巻1・2号（廣瀬克巨教授追悼号）855～910頁，山内著『国際私法の深化と発展』（信山社，2016年）3～52頁に転載），同「法律学における2008年食糧危機の教訓――「国際化」から「地球社会化」への転換（1）（2・完）」法学新報123巻7号（滝田賢治教授古稀記念号）717～741頁および同8号89～124頁（本書第Ⅰ部第2章），同「最終講義・21世紀法律学の課題と法律家の責任――国際企業関係法学科四半世紀の経験を踏まえて」白門69巻4号42～64頁（本書第Ⅱ部第1章），同「比較法研究の課題――明治大学法学部付属比較法研究所への期待を込めて」http://www.meiji.ac.jp/hogaku/information/6t5h7p00000ospl4-att/a1500433374434.pdf（2017年8月16日確認）（本書第Ⅱ部第2章）等がある。

◇Ⅰ◇　問題の所在

　法の本来的性質に着目すると，法の内容はつねに，双方当事者から等距離にある第三者の立場から公平に決定されたもの，すなわち，まったく中立の存在でなければならないこととなろう。法が「比較の第三項（tertium comparationis = the third ［part］ of the comparison）」と呼ばれる所以はまさしくこの点にある。

　しかしながら，内外社会のさまざまな状況をみると，立法の段階でも法適用の現場でも，多数決原理に基づく意思決定[2]を媒介として，特定の利益主張を組織全体の意思であると擬制する手法が永らく認められてきた。すなわち，国益等に代表される部分的利益優先論である。最近の海外事例としては，欧州連合からの脱退（「ブレグジット（Brexit）」，Withdrawal of the United Kingdom from the European Union）を決めた連合王国の国民投票結果（2016年6月23日），また，「アメリカ・ファースト（make America great again）」を標榜して当選したドナルド・トランプ大統領の登場（2016年11月8日），さらに，フランス第1を強調して第5共和政下の大統領選挙決選投票に臨んだ国民戦線党首マリーヌ・ル・ペンの行動（2017年5月7日）等が挙げられよう。

　国家法においても，また国家間の合意に基礎を置く国際法にあっても，文字通りの第三者的地位に立っていない（客観性を保持していない）という意味で，中立的性質を失った法は，もはや利益対立を解消する仲介的機能を担い得ず，およそ「本来の在るべき法」に値しないといわなければならない。しかも，現行の表決制度（多数決制）がそうであるように，部分的利益をもって全体の利益とみなす行動様式自体が，さまざまな局面でさらなる利益の対立を生み出し続けているという現実に，われわれの目が向けられなければならない[3]。しかも，このような行動様式が採用されているために，われわれの法体系（立法例，裁判例，学説等を含む）自体が一層複雑化し，終わりの見えないまま，頻繁に改正作業を繰り返さなければならない状態に陥っている。このような状況は，地球的規模での社会資源（取り組むべき課題の決定過程，人件費・物件費を含む資

---

(2)　国会法第50条，裁判所法第77条第1項，国際司法裁判所規程第55条等参照。
(3)　その好例は，租税法分野での租税回避，会社法分野での「デラウェア会社」，国際私法分野での法律回避やフォーラム・ショッピング等である。

◆ 第1章 ◆　伝統的法律学に未来はあるか？

金的負担等，万般を含む）の無駄遣いを意味しよう。このような事態の問題性を認識していながら，伝統的法律学のもとにとどまり続けることは，「本来の在るべき法」の探求を意図する，真に中立的な法律学とは程遠い行為といわなければならない。このようにみると，上記の悪循環を断ち切り，新たな可能性を探る一歩を踏み出す勇気と決断が必要となろう。

　(2)　第2に，法が真に機能するためには，法制度の規律内容と社会情勢との間に十分な対応性が確保されていなければならない。周知のように，伝統的な法律学を形成してきたさまざまな与件は，種々の事情から，これまでの間に大きく変貌を遂げてきた（国際化，デジタル化等）。今日，われわれの社会生活や経済活動がもはや一国内で完結することはあり得ないという認識は，内外諸国で広く共有されている。われわれは，地球規模で生じる諸問題を，諸国が協調してというよりも，地球市民が国家の枠組みを超えて相互に協力しつつ，根本的に解決しなければならない時代に生きている。それだけではない。資源エネルギーの継続的確保，経済権益の拡大，既得権益の強化等の理由から，他国の内政への直接的・間接的な介入が行われる事態（2014年のロシアによるクリミア自治共和国への侵攻，2016年の中国による南シナ海の領域主権・海洋権益の主張とこれを実効化する行動等），外国の経済的・軍事的な支援に支えられた内戦の激化とそれに伴う難民の大量発生といった事態（シリア空爆等）が示すように，全地球的規模での対応を要する未解決の課題は，改善されるどころか，ますます多様化し，拡大する方向にある。このような状況をみると，主権国家があらゆる事象を自国領域内において主体的かつ全面的に規制することができるという神話はとうの昔に崩れ去っていることが分かる。国家の意志を優先し，また国家間の合意を基礎とする現行法体系のもとでは，これら諸問題の解決がさらに先送りされるだけでなく，一層の悪化が懸念される事態を避けがたい。それだけでなく，関係諸国の間で国家を超えた協調性を確保することの困難さも一段と明らかになっている。アメリカ合衆国政府によるパリ協定からの離脱，さまざまな意味で統治（当事者）能力を欠く国家（破綻国家）の登場などが示す通り，伝統的な意味での国家法学や国際法学では容易に解決し難い課題がわれわれの眼前に山積しているといわなければならない。このようにみると，旧来の法律学を維持するという発想それ自体の当否が早急に再検討されなければな

◇ I ◇　問題の所在

　(3)　第3に，今日の社会状況をみると，伝統的な法律学を支えてきた基本的諸原理の見直しも必要とされなければならない。これまでの法律学における常識に従えば，確かに，法の下の平等（同等の権利）という観点は広範囲に亘って承認されているとみてよいであろう[4]。とはいえ，法的な平等を確保するための必然的な前提をなす社会経済的環境（経済的生活基盤，教育等を含む）はいまだ十分に整備されておらず，その結果，法的な平等が実質的に実現されていないという意味で，当事者間の対等性という前提自体の成否に疑問符が付される例（教育の機会均等という建前と異なり，貧困層に属する就学児童の教育環境の劣悪化等）も決して稀ではない。契約法上広く認められてきた「契約自由の原則」に含まれる，「合意は拘束する（Pacta sunt servanda）（意思能力を有する者がみずからの自由意思に基づいて行った決断にみずからが拘束される）」という命題は，もともと，互いに優越的支配関係にない当事者の存在が想定されていたものと推測される。しかしながら，「格差社会（強者のひとり勝ち）」という表現が示すように，富裕層と貧困層との間では当事者間の対等性が全面的に失われており，弱者保護（保護対象には，未成年者，労働者，消費者，中小企業等があり得る）という観点の導入によっても，一時しのぎの弥縫策が施されるに過ぎず，当事者間の実質的対等性を根本的に回復できていない現実が明らかになっている。

　むろん，このような経済的・社会的な格差は，一国内における私人間の関係に限られるわけではない。長い歴史を顧みると，国際社会においても軍事力や経済力の優位を利用して他国の上位に立つ例が繰り返されてきたという事実を知ることができる（神聖ローマ帝国，オスマン帝国等）。こうした歴史が示すように，主権を有する独立国家はみな対等であるという仮説のもとに発展してきた現代の国際法も，戦勝国に有利な制度（国際連合の安全保障理事会における常任理事国制度等）を内包しているところから，実際には，中立性を失った存在

---

(4)　世界人権宣言（1948年，第3回国連総会採択）第1条，経済的，社会的及び文化的権利に関する国際規約（1966年，第21回国連総会採択）第3条，市民的及び政治的権利に関する国際規約（1966年，第21回国連総会採択）第3条。

◆第1章◆　伝統的法律学に未来はあるか？

となっていることが明らかである。豊かな国（石油大国，金融立国等の富裕国を含む）と貧しい国（後発途上国等の最貧困国を含む）との所得格差は，諸国が置かれた自然地理的・社会経済的環境の相違によってすでに固定化されているといわなければならない。政府開発援助（ODA）等，途上諸国に対する経済的・社会的な支援に終わりがなく，支援のさらなる必要性が繰り返し強調されているという現実は，先進工業諸国と途上諸国との間の経済的・社会的格差の固定にとどまらず，必然的な結果として，その一層の拡大を意味しよう[5]。

さらに，前世期以降，国家よりも強大な力を有する多国籍企業の登場と増大が示すように，私人（超富裕層）および私企業の経済力が独立国家のそれを凌駕する事態が日常化し，国家が私人を規制するという建前の崩壊も，誰もが認めざるを得ない現実となっている[6]。

このような法の原理と社会の実情との間に相当の乖離が生じた背景をみると，「パナマ文書（The Panama Papers）」[7]によってその問題性が改めて印象付けられた租税回避問題（諸国間における法人税率引き下げ競争等）に代表されるように，契約自由の原則，所有権，国家主権等の基本原理を建前通りに尊重し，強者が内外諸国法制間での水準格差を恣意的に利用（「濫用」「悪用」）することを広範囲に亘って許容し，信義則や権利濫用論，また公序論の適用を意識的に抑制することによって，強者のひとり勝ちを放任してきた伝統的法律学の在り方（裁判所の態度を含む）が大きな問題性をはらんでいたことが容易に推測されよ

---

[5] World Vision, Child Sponsorship（https://www.worldvision.org/；https://www.worldvision.org/sponsor-a-child（2017年8月16日確認）；https://www.worldvision.jp/lp/3sreyneang/?banner_id=12236&gclid=EAIaIQobChMIo4uC7e7T1QIVSAUqCh28WQBqEAAYASAAEgJEJfD_BwE（2017年8月16日確認））他参照。

[6] 「NHKドキュメンタリー ── NHKスペシャル『シリーズ　マネー・ワールド　資本主義の未来　第2集　国家 VS. 超巨大企業　〜富をめぐる攻防〜』」2016年10月22日放映，https://www.youtube.com/watch?v=X74ySVu0oB0（2017年8月16日確認），https://www.nhk.or.jp/pr/keiei/shiryou/soukyoku/2016/09/005.pdf（2017年8月16日確認）。

[7] https://panamapapers.icij.org/；http://panamapapers.sueddeutsche.de/en/（2017年8月16日確認），バスティアン・オーバー／マイヤーフレデリック・オーバーマイヤー著（姫田多佳子訳）『パナマ文書』（角川書店，2016年），「パラダイス文書の余波」日本経済新聞2017年11月19日朝刊2面他参照。

◇ Ⅰ ◇　問題の所在

う。このようにみると，各種資産の地球規模での適正配分を考えず，強者の既得権益をそのまま是認した上で，所有権，契約自由の原則，相続（世襲）制度等を尊重し続ける伝統的法律学の在り方自体の問題性も明らかになろう。

(4)　第4に，被献呈者 (Jubilar)，多喜寛博士と著者の共通専攻分野に関わるが，渉外私法事件における規律の在り方に関わる基本的疑念もここに加えられなければならない。そのひとつは，適用法規の内容形成過程の当否等に関わる。国家法（諸国の国内事件にそのまま適用される法規）の形成過程では，当該国の立法機関においてさまざまな国内的事情が総合的に考慮され，それら国内的事情が成文法の内容決定に際して考慮されてきたはずである。このような認識に立てば，渉外事件に適用される準拠法の形成に際しては，抽象化されたかたちではあるものの，自国民と外国人という渉外事件当事者間の利益衡量の結果がその規律内容に反映されていなければならないこととなろう。しかしながら，これまでの牴触法実務をみる限り，準拠法として実際に適用される国家法の規律内容（契約法，会社法，労働法など）はどれも，特定国の国内的利益衡量のみに基づくものであって，その結果，自然人であれ法人であれ，国境を超えた渉外事件当事者間での利益衡量が行われていない法が適用されてきたようにみえる。立法段階で考慮されていなければならないはずの外国人当事者の一般的・抽象的な利益が無視されていたとすれば，渉外事件を規律する上で適切な適用法規が存在しなかったこととなり，そのような内容の法規を適用すること自体に理論的な疑義が生じ得よう（準拠法として指定される国家法の代用法規適格性欠如）。今ひとつの疑念は，渉外事件の処理上，複数国の裁判を通じて，法的規律に積極的および消極的な牴触が生じ得るという点に関わる[8]。一国内

---

[8]　その典型例は，複数国の間での判決内容の不一致である。外国裁判承認制度の必要性が強調される背景には，文明的に近接する諸国間での判決手続の重複を避けようという判断がある。とはいえ，諸国の経済的社会的諸事情の相違を反映して，ある種の法制度が公法に属するか私法に属するかの分類基準自体が異なること，懲罰賠償制度の採否等が示すように，実質法レヴェルでの差が残ること等，実質法上の相違を放置したままでの準拠法決定が，統一法の模索に代わる二次的妥協策でしかないことを考えれば，二次的妥協策を深化発展させることに代えて，第一次的解決策の探求が優先されなければならないこととなろう。こうした視点からは，牴触法次元での公序条項違反の有無の判定過程等についてもさらなる見直しが求められることとなろう。

◆第1章◆　伝統的法律学に未来はあるか？

で統一的処理が図られていても，関係諸国家間では法的分裂を避けがたいという法実務の現状は，国際法によっても除去され得ない「法的空白地帯」として残されたままである。この点を考慮すると，伝統的な意味での国際私法学の体系を維持し続けることの問題性も明らかになろう。

　3　これら4つの視点はどれも，伝統的法律学，そしてわれわれの現行法制度が今後も全面的に継承される価値があるか否かを根本から問い直すうえで看過することのできないものである。

　第1点についていえば，いかなる内容の法制度を設計するかが政治的論点に置き換えられた結果，実体法も手続法も中立性を欠いていることから，法に対する信頼性はかなりの程度において失われたままであるといってよい。第2点に即していえば，どの国でも全地球的な関心を持つ人々が増え続けているという意味で，意識の変化が世界的規模でみられているにも拘らず，当事者が置かれた事実的状況の大きな相違が法的処遇に反映されていない以上，不適切な内容の法を適用し続けることに疑義を抱かざるを得ない。社会の実情と法的処理との落差が調整されないままに放置されていれば，法制度それ自体への疑問に加え，法執行機関の活動に対しても批判の眼が向けられざるを得ない。第3点に関していえば，現行の法制度とわれわれの社会生活の現状とが正確に対応していなければ，法の名において強制される「正義」の内容が疑問視されかねない。第4点についていえば，検討されるべき課題が放置されたままであれば，次の世代に継承されるべき学問的資産の実質的な存在価値が損なわれかねないであろう。

　このような問題性が伝統的法律学において今後も顧慮されないまま残り続けるとすれば，法学部志願者や司法試験受験者数の減少が示すように，世界的規模で展開されるべき21世紀の法律学は今後さらに魅力を失うことであろう。伝統的な法律学に未来はないという表現は，こうした状況を包括的に言い表したものである。以下では，伝統的な法律学が抱える問題性を示すべく，しばしば論じられた[9]先例ではあるが，シェヴロン対エクアドル事件[10]が取り上げられる。この主題が選ばれた背景には，被献呈者が国際投資法および国際仲裁法に永らく関心を寄せて着実に研究を進められ[11]，学界に大きく貢献されたという評価への配慮がある。以下では，関連資料[12]に基づいて，上記事件の事実関係

◇Ⅱ◇　シェヴロン対エクアドル事件

がまず概観される（Ⅱ）。次いで，伝統的法律学の側からみたその理解が整理される（Ⅲ）。さらに，伝統的法律学にとってのこの事件の教訓が検討される（Ⅳ）。ここでの検討を通じて，21世紀における法律学再生の道を探求する手掛かりが得られるならば，何よりのこととされよう。

◆ Ⅱ ◆　シェヴロン対エクアドル事件

1　事案の概要

1　1964年，アメリカ合衆国デラウェア州法人，テキサコ・ペトローリアム・カンパニー（Texaco Petroleum Company，以下「テクスペット（TexPet）」と略記）——テキサス州法人，テキサコ・インコーポレーティッド（Texaco, Incorporated，1901年設立，以下「テキサコ」と略記）[13]の子会社のひとつ——とエクアド

---

(9) 石橋可奈美「国際環境保護の実現と人権法アプローチ——手続的権利の成熟と環境紛争処理におけるその活用」『東京外国語大学論集』87号（2013年）32-60頁，同「環境保護と投資——「投資」が有する人権法アプローチとしての機能」『東京外国大学論集』89号（2014年）57-89頁（http://repository.tufs.ac.jp/bitstream/10108/82044/1/acs089004_ful.pdf（2017年8月16日確認））。なお，この論文については，「石橋，2013，37-39頁において行った同事案の説明をほぼそのまま引用し，その後の展開を含めアップデートした」旨の説明（72頁）がある。

(10) 石橋「国際環境保護の実現と人権法アプローチ——手続的権利の成熟と環境紛争処理におけるその活用」（前注(9)）57頁以下（注12ないし27）および同「環境保護と投資——「投資」が有する人権法アプローチとしての機能」（前注(9)）90頁以下（注31ないし48）参照。

(11) 多喜寛著『国際仲裁と国際取引法』（日本比較法研究所研究叢書（49），中央大学出版部，1999年）。

(12) 石橋教授の2論文（前注(9)）のほか，Philipp Fölsing, Haftungsrisiken internationaler Großkonzerne in Schwellenländern: Das Beispiel der Chevron Corp. in Ecuador, RIW Heft 3/2013, SS.127-133, 127f.; ders., Chevron gegen Ecuador; Lehren für den transatlantischen Investorenschutz, RIW Heft 8/2014, SS.500-507; ders., Vollstreckung aus dem ecuadorianischen "Chevron"-Urteil auch in Deutschland?, RIW Heft 12/2015, SS.807-812他参照。

(13) http://www.texaco.com/（2017年8月16日確認）。

◆ 第1章 ◆　伝統的法律学に未来はあるか？

ルの民間石油会社が，エクアドルにおいて，持分を50パーセントずつとするジョイント・ベンチャーの形式で，コンソーシアムを組成した。テキサコが，テクスペットを介して，コンソーシアムを組成した目的は，エクアドル北東部，スクンビオス県（Provincia de Sucumbíos，県都ヌエバ・ロハ（Nueva Loja），別名ラゴ・アグリオ（Lago Agrio））のアマゾン川流域に位置する熱帯雨林地域で石油を採掘するための許可を同国政府から得ることにあった。エクアドルの企業が参加していたことで，この目的はすぐに達成された。

　1967年，同コンソーシアムは，埋蔵量の大きい油田を発見し，石油の採掘を開始した。1972年，エクアドル政府は同コンソーシアムを組成する前記2社に対し，各企業が有する持分の4分の1（25パーセント）をそれぞれエクアドル国営の石油会社，ペトロ・エクアドル（PetroEcuador）に譲渡するよう，行政命令を発した。1974年に，持分37.5パーセントを有するエクアドル民間石油会社から，残余持分のすべてがペトロ・エクアドルに譲渡された。これにより，同コンソーシアムの持分は，ペトロ・エクアドルが62.5パーセント，テクスペットが37.5パーセントとなった。

　1992年，エクアドル政府は，自力での石油採掘が可能だと考えるに至り，同コンソーシアムに付与していた採掘の許可を更新せず，これに代えて，同コンソーシアムに参加していたペトロ・エクアドルにのみ当該地域における石油の採掘を許可した。爾来，ペトロ・エクアドルが単独で当該地域における石油の採掘に当たっていた。

　2　この石油採掘事業をめぐっては，かねてより，当該地域の住民から，水質の汚染およびこれに伴う健康被害の発生が指摘され，しかるべき救済措置が求められていた。これを受けて，エクアドル政府は，1992年，テクスペットが本件石油採掘事業から撤退するにあたり，石油採掘地域の復旧（原状回復）措置を講じるよう，エクアドルにほとんど資産を持たないテクスペットに代えて，その親会社テキサコに対して命じた。1998年，テキサコが4,000万米ドルを拠出して実施した損害除去措置が「適正に行われた」ことが，エクアドルの環境評価企業およびアメリカ合衆国の環境評価企業の双方によって確認された。この確認を受けて，エクアドル政府は，テキサコに対し，その余の責任をすべて免除する旨を決定した。

◇ Ⅱ ◇　シェヴロン対エクアドル事件

　エクアドルの石油採掘事業に対するテキサコの投資は，テキサコ自身の評価によれば，およそ「成功」とは言い得ないものであった。それは，約30年間に亘って採掘地域のインフラを整備するために約20億米ドルが投下されたにも拘らず，テキサコが実際に回収し得た利益は5億米ドルにとどまり，結果的に，約15億米ドルの損失を蒙っていたためである。テキサコは，利益減少の理由として，利潤の約90パーセントが租税およびライセンス料の名目でエクアドル政府に吸い上げられていた点を指摘する。

2　法廷闘争

　1　シェヴロン対エクアドル事件として知られるこの紛争[14]を解決するために，これまで，アメリカ合衆国，エクアドル両国のほか，カナダ[15]，ブラジル[16]，アルゼンチン[17]等，複数の国の裁判所で，また，オランダ，デン・ハーグの常設仲裁裁判所[18]で，それぞれに審理が行われてきた。以下，時系列に従い，エクアドル人原告によるアメリカ合衆国での損害賠償請求訴訟[19]，同じエクアドル人原告によるエクアドルでの損害賠償請求訴訟[20]，テキサコの債務を承継したシェヴロンによるアメリカ合衆国での別の損害賠償請求訴訟，アメリカ合衆

---

[14]　シェヴロンの主張については，https://www.chevron.com/~/media/chevron/ecuador/documents/texacopetroleumecuadorlawsuit（2017年8月16日確認）； https://www.chevron.com/documents/pdf/ecuador/ecuador-lawsuit-fact-sheet.pdf（2017年8月16日確認）； http://theamazonpost.com/category/chevron-ecuador/（2017年8月16日確認）他参照。

[15]　http://www.ccij.ca/cases/chevron-2/（2017年8月16日確認）； https://www.forbes.com/sites/michaelkrauss/2016/09/12/ecuador-v-chevron-canadas-turn-to-enforce-the-rule-of-law/#5120e1fd6756（2017年8月16日確認）； https://www.thestar.com/news/canada/2017/01/21/canadian-court-issues-ruling-in-legal-battle-between-ecuadorian-villagers-and-oil-giant-chevron.html（2017年8月16日確認）； http://www.reuters.com/article/us-canada-ecuador-chevron-idUSKBN1542U2（2017年8月16日確認）他参照。

[16]　https://panampost.com/panam-staff/2015/05/19/brazilian-prosecutor-dismisses-ecuadors-chevron-ruling/（2017年8月16日確認）他参照。

[17]　http://www.ibtimes.com/chevron-wins-lawsuit-argentina-relating-ecuador-environment-damages-court-removes-1291875（2017年8月16日確認）他参照。

15

◆第 1 章◆　伝統的法律学に未来はあるか？

国・エクアドル間の 2 国間投資協定違反を理由とする常設仲裁裁判所での 2 件の仲裁[21]，これらが紹介される。概観にとどまるのは，本章の関心事が本件それ自体の仔細な検討にはないことによる。

　2　アメリカ合衆国における展開から始められるのは，最初の訴訟が同地で提起されたためである。前述のように，当該地域の復旧措置（汚染除去）とそれに伴う責任についてエクアドル政府とテキサコとの間で協議が行われていた最中の1993年，採掘活動がもたらした水質汚染により健康が害された旨を主張[22]する現地住民が，アメリカ人弁護士らの支援を受けて，エクアドル政府を相手取り，アメリカ合衆国のニューヨーク州南部地区連邦地方裁判所に，集団訴訟の形式で損害賠償請求訴訟を提起した（Aguinda v. Texaco[23]）。それは，当時のエクアドル法において，環境保護の権限が同国政府にのみ帰属していたこととの関連で，固有の損害賠償請求権が私人に与えられていなかっただけでなく，集団訴訟という形式の訴訟も認められていなかったという形式的な事情によるだけではない。賠償請求額に比して被告の執行対象資産が少ないエクアドルでの訴訟遂行よりも，アメリカ合衆国での訴訟を追行する方が，より容易に損害の回復を期待できるとの実利的な読みもあったことであろう。これに対し，エクアドルへの投資リスクを顕在化するという意味で，自国の経済活動に

---

(18) 小畑郁「国際投資協定と国家間請求」（独立行政法人経済産業研究所（RIETI）Discussion Paper Series 14-J-005, http://www.rieti.go.jp/jp/publications/dp/14j005.pdf（2017年 8 月16日確認））13-21頁, https://www.italaw.com/cases/documents/2057（2017年 8 月16日確認）他参照。

(19) https://business-humanrights.org/en/texacochevron-lawsuits-re-ecuador（2017年 8 月16日確認）他参照。

(20) 前注(19)他参照。

(21) 小畑「国際投資協定と国家間請求」（前注(18)）13-21頁他参照。

(22) 現地住民は，テキサコが，漏水防止処理をしていない穴に，掘削で出た廃棄物を捨て，森林を汚染し，周辺住民を病気に罹患させたり，死亡させたりしたと主張し，最大270億ドルの損害賠償を求めた。その後，請求額は1,130億ドルに拡張された。

(23) エクアドル人原告のグループによる訴訟とは別に，ペルー人原告のグループによる訴訟（Jota v. Texaco）も提起されている。https://business-humanrights.org/en/texacochevron-lawsuits-re-ecuador（2017年 8 月16日確認）他参照。

好ましくない影響が及ぶことを懸念したエクアドル政府は，原告がアメリカ合衆国で訴訟を起こすことに消極的な態度を取っていた。

　2001年5月30日，ニューヨーク州南部地区連邦地方裁判所は，同裁判所がフォーラム・ノン・コンヴェニエンス（forum non conveniens）に該当するという理由で，原告の訴えを却下した[24]。同裁判所がこのような判断に至ったのは，本件紛争がもともとエクアドルで発生していたこと，しかも，エクアドルにおいてのみ証拠の収集が容易であること等からみて，エクアドルの裁判所が本件紛争を処理することが適切であると考えていたからである。この手続において，同裁判所は，テキサコに対し，エクアドル裁判所の国際裁判管轄権を受け入れること，本案手続において消滅時効の抗弁を放棄すること，これらを命じていた。原告側は控訴したものの，合衆国第2巡回控訴裁判所は，2002年8月16日，原判決を確認し，控訴を退けた[25]。この判決は，2016年8月6日，上訴審（US appeals court）でも確認されている[26]。

　3　これに続くのがエクアドルでの裁判である。エクアドルでは，1998年に政権の交代があった。アメリカ人弁護士らのロビー活動の結果，この政権のもとで，アメリカ合衆国法を範とした「環境規制法（Environmental Management Act）[27]」が成立した（1999年公布）。この法律によって，新たに民衆訴訟（集団訴訟）という訴訟形式が認められ，懲罰的損害賠償制度も導入された。

　ニューヨーク州南部地区連邦地方裁判所における訴訟遂行の道を閉ざされた住民は，この環境規制法に基づき，2003年，エクアドルのスクンムビオス地方裁判所で，テキサコに代えてシェヴロンを相手取り，損害賠償請求の訴えを提起した。シェヴロンが被告とされたのは，2001年に，シェヴロンの子会社のひとつがテキサコと合併したことにあった。むろん，シェヴロンは，シェヴロンの子会社と合併後も，テキサコが独立した法人として活動しているところから，

---

[24]　142 Federal Supplement, 2nd Series 534, 537.
[25]　前注(19)。
[26]　http : / / www.dw.com / en / a-slippery-decision-chevron-oil-pollution-in-ecuador / a-18697563（2017年8月16日確認）。
[27]　http : / / www.irena.org / DocumentDownloads / events / 2013 / November / OLADE / 15_Estrella.pdf（2017年8月16日確認）。

◆第1章◆　伝統的法律学に未来はあるか？

①真の被告はテキサコであってシェヴロンではないと述べてみずからの被告適格を否定したうえ，この主張が認められないとしても，②石油の採掘により生じた環境損害のすべてをテキサコが適法に除去した結果，エクアドル旧政府とテキサコとの間で交わされた免責の合意があるために，シェヴロンに賠償責任はない旨を主張し，さらに，③本件石油採掘事業終了後に成立した上記環境規制法を本件に遡及して適用することはできないと述べた。

　スクンビオス地方裁判所は，2011年2月14日，原告の損害賠償請求を認容した。同裁判所は，まず，本件が環境保全という公益に関わる事案であるという点に配慮して，事後立法である環境規制法の遡及適用可能性を肯定した。次に，テキサコの免責に関する合意の当事者がエクアドル政府であって，原告たる被害住民ではないところから，シェヴロンは免責に関する先の合意を援用することができないと述べた。同裁判所はさらに，シェヴロン自身が，テキサコという商号を消費者に印象付けるため，一時期，その商号を「シェヴロン・テキサコ・コーポレーション（Chevron Texaco Corporation）に変更し，シェヴロンとテキサコがひとつの企業であるかのような外観を公然と示していたこと，テキサコが得た石油をシェヴロンが直接に使用していたこと等，シェヴロンとテキサコとの実質的一体性を示す実態を指摘し，シェヴロンの被告適格を肯定した。同裁判所は，本案審理を経て，賠償されるべき環境損害と汚染除去費用の総額を86億4,600万米ドルと認定し，さらに，懲罰賠償額を加味して，シェヴロンに約183億米ドルの支払いを命じた。

　スクンビオス地方裁判所は，このほかにも，原告を支援してロビー活動を行っていた環境保護団体（「Amazon Defense Front」）に対してシェヴロンが8億米ドルを支払うこと，みずからの過ちを率直に認めずかつエクアドル国民に対して公式の謝罪を行っていない場合に，シェヴロンが原告に対して86億4,600万米ドルを再度支払うこと，これら2点をシェヴロンに命じていた。シェヴロンは，むろん，この判決に納得せず，直ちに控訴した。

　4　事件はさらに展開する。スクンビオス地方裁判所が2011年2月14日に上記判決を下す直前の2011年2月1日，シェヴロンは，エクアドル人原告側の弁護士，原告側に有利な評価を下した環境評価企業，原告を経済的に支援していた広告代理店と映像放送事業者，これらに対して，新たに損害賠償請求訴訟を

◇ II ◇　シェヴロン対エクアドル事件

アメリカで提起した。シェヴロンがその根拠として用いたのが，犯罪組織の壊滅を意図して定められた「特定の違法行為によって不正な利益を得るラケッティア活動によって組織的犯罪を行う組織の活動を規制し，犯罪行為に対する刑事罰と被害回復の方法（民事責任）を定める法律（Raketeer Influenced Corrupt Organizations (RICO) Act)」である。シェヴロンは，被告らの違法な活動によって誘導されたスクンビオス地方裁判所の判決が，同法に定める「不当訴訟」に該当する旨を指摘した。シェヴロンは，同時に，ニューヨーク州南部地区連邦地方裁判所において，スクムビオス地方裁判所で下される判決がエクアドル以外の諸国で執行されないように差止めを求める申立も行っていた。

　シェヴロンはこの損害賠償請求事件の国際裁判管轄権がアメリカ合衆国にあると主張した。スクンビオス地方裁判所判決で認められたシェヴロンの支払義務は確かにエクアドルで生じたものであった。とはいえ，エクアドルで裁判を起こすという計画自体がアメリカ合衆国でアメリカ人弁護士の関与のもとに行われていた。また，スクンビオス地方裁判所判決に示された請求認容額が米ドル建てで表示されていた。シェヴロン側の法律構成はこのようなものであった。ニューヨーク州南部地区連邦地方裁判所は，シェヴロン側の主張を採用し，国際裁判管轄権を肯定した。

　2011年3月4日，ニューヨーク州南部地区連邦地方裁判所はシェヴロン側の主張を一部認め，エクアドル人原告とその弁護士に対し，スクンビオス地方裁判所が2011年2月14日に下した判決の世界各地での執行を禁止するとともに，原告らが同判決を執行する場合，それによって得られる直接的および間接的な収益のすべてをシェヴロンのためにニューヨーク州南部地区連邦地方裁判所が設定する基金（法定信託（Constructive trust））に支払わなければならない旨，命じた。2011年3月7日，ニューヨーク州南部地区連邦地方裁判所のカプラン裁判官は，シェヴロンを被告としてエクアドルで行われた裁判手続には法治国家にあるまじき瑕疵があると認定し，フェアな手続が保障されていない外国裁判所で下される不当な判決からアメリカの自然人および法人を保護する責任がアメリカ合衆国の裁判所にあると述べた。同裁判官がこのように考えたのは，「酸性湖（Lago Agrio）」と呼ばれるほどに，悲劇的な意味で有名になった本件石油採掘地域の被害状況について鑑定書を作成した鑑定人が，スクンビオス裁

◆第 1 章◆　伝統的法律学に未来はあるか？

判所から鑑定人に選任される前の段階ですでに，原告の弁護士と接触していたという点（中立性の欠如）を重視したからであった。しかし，ニューヨーク州南部地区連邦地方裁判所のこの判決は，その後，ニューヨーク州連邦控訴裁判所により，取り消されている。それは，ニューヨーク州南部地区連邦地方裁判所の判決が，原告が自由意思に基づいて任意に選択した執行国における裁判所の判断権限（司法主権）を侵害しているとみなされたからである。ニューヨーク州連邦控訴裁判所判決の要点は，外国判決の執行を将来において求められる可能性のある裁判所が，執行が実際に申し立てられるよりも前の時点で，当該外国判決が自国で承認されるか否かをあらかじめ決定してはならないという点にある。

　シェヴロンは，ニューヨーク州連邦控訴裁判所の決定に納得せず，上告に及んだ。アメリカ合衆国連邦最高裁判所は，2012年10月9日，シェヴロンの上告を退けている。というのは，スクンビオス地方裁判所判決の執行がアメリカ合衆国の裁判所にいまだ申し立てられていなかったところから，シェヴロンを保護しなければならないリスクはいまだ顕在化していないと考えられたからである。

　また，シェヴロンは，このニューヨーク州南部地区連邦地方裁判所に提起した損害賠償請求訴訟において，被告側が先のスクンビオス地方裁判所による損害賠償請求認容判決に基づく反対債権の存在を主張していた点に鑑み，被告側資産の凍結を意図して，被告資産に対する差押えも求めていた。しかし，ニューヨーク州南部地区連邦地方裁判所は，この差押え請求を認めなかった。それは，被告側がスクンビオス地方裁判所の損害賠償請求認容判決に基づく執行手続をまだ開始していなかったために，シェヴロンに実質的損害が生じていないと判断されたからである。

　2014年3月4日，ニューヨーク州南部地区連邦地方裁判所の本案手続において，シェヴロンの損害賠償請求が認容された[28]。それは，シェヴロンが主張していた通り，エクアドルのスクンビオス地方裁判所における手続がRICO法上の不当訴訟に当たると判断されたからである。

---

[28]　https://www.chevron.com/ecuador/（2017年8月16日確認）。

◇Ⅱ◇　シェヴロン対エクアドル事件

　5　最後に，デン・ハーグの常設仲裁裁判所[29]における展開をみておこう。ここでは，2つの事件が区別される。

　そのひとつは，シェヴロンがエクアドル新政府を相手取って求めた仲裁判断である。シェヴロンはみずからに対する損害賠償請求訴訟が繰り返し提起されていたうえ，数週間ないし数カ月後に予定されるエクアドルでの裁判において，シェヴロンの敗訴が見込まれていたところから，何百億米ドルもの賠償を求める訴訟を封じ込めるため，2009年9月，エクアドルの新政府を相手に，常設仲裁裁判所に設けられた特設仲裁裁判所（Ad-Hoc-Tribunal）に仲裁判断請求の申立てを行った。シェヴロンはその根拠を1993年8月27日に署名され，1997年5月11日に発効したアメリカ合衆国・エクアドル間投資協定（The Treaty between the United States of America and the Republic of Ecuador concerning the encouragement and reciprocal protection of investment）[30]に求めた。それは，協定上，両締約国の法人に対して，相手国への投資が妨げられることのないように保障されていたところ，エクアドルがこの義務に違反していると考えられたからである。シェヴロンがこの点を強調したのは，エクアドル旧政府とテキサコとの間で免責の合意が交わされていたにも拘らず，スクンビオス地方裁判所がエクアドルで事後的に定められた環境規制法に基づいてエクアドル人原告の請求を認容する判決を下したことで，エクアドルが先の合意に違反していたと考えられたからである。

　シェヴロンはエクアドル新政府に対して以下の5点を実施するよう求めた。①スクンビオス地方裁判所判決の執行手続を開始しないよう，エクアドル人原告に命じること，②エクアドル人原告が執行手続を開始していても，スクンビオス地方裁判所の判決に執行文を付与しないよう，裁判所に命じること，③スクンビオス地方裁判所の判決に執行文が付与された場合でも，判決を執行しないよう，裁判所に命じること，④たとえ執行が命じられていた場合でも，シェヴロンが担保を提供していないときは，スクンビオス地方裁判所判決の執行を中断するよう，裁判所に命じること，⑤手続上必要な担保を，シェヴロンに代

---

[29]　小畑「国際投資協定と国家間請求」（前注[18]）他参照。
[30]　https://www.state.gov/documents/organization/43558.pdf（2017年8月16日確認）。

◆第 1 章◆　伝統的法律学に未来はあるか？

わって，エクアドル新政府が提供すること，これらがそうである。特設仲裁裁判所は，国連国際商取引法委員会（UNCITRAL）手続規則のもとで，本件仲裁付託の有効性を認定し，みずからが管轄権を有することを確認した後，2011年2月9日の暫定処分，2012年1月25日の中間裁定（Interim awards）および同年2月16日の中間裁定，これらを経て，同年7月27日の中間裁定により，シェヴロンが5,000万米ドルの担保を提供することと引き換えに，最終的な仲裁裁定が下されるまでの間，シェヴロンを被告とする前記スクンビオス地方裁判所の損害賠償請求認容判決の執行を停止すること，および，同判決のエクアドル内外での執行を妨げるために必要なあらゆる措置を講じること，これらをエクアドル新政府に命じる旨の裁定を下した。シェヴロンはこの裁定を受け入れて5,000万米ドルの担保を提供した。

　これに対し，エクアドル新政府は，同国の憲法上，独立性を有する司法機関に対して行政機関が介入することはできないという理解のもとに，特設仲裁裁判所の裁定が同国の主権を侵害しているとして異議を唱え，この裁定を無視した。また，スクンビオス地方裁判所も，米州人権条約がアメリカ合衆国・エクアドル間投資協定に優先するという理解のもとに，シェヴロンの執行停止要求を退けた。さらに，エクアドル人原告も，後述（6参照）するように，カナダ，ブラジルおよびアルゼンチン等においてスクンビオス地方裁判所判決の執行を求める申立を行っていた。特設仲裁裁判所は，エクアドル側のこのような一連の動きを考慮して，2013年2月7日，アメリカ合衆国・エクアドル間投資協定の有効性を前提に，エクアドル旧政府とテキサコとの間で交わされた免責の合意は有効であり，シェヴロンもこの合意を援用することができると述べ，アメリカ合衆国・エクアドル間投資協定に基づく義務にエクアドルが違反している旨を再度認定した。

　今ひとつの仲裁は，アメリカ合衆国がエクアドルを相手取って求めた仲裁裁定の申立て[31]である。テキサコがエクアドルで推進した石油開発に関する「開発協定とその付属協定の解釈・適用をめぐって」[32]生じた紛争を解決するため，

---

[31]　https://pcacases.com/web/view/83（2017年8月16日確認）。

[32]　小畑「国際投資協定と国家間請求」（前注(18)）他参照。

◇ Ⅱ ◇　シェヴロン対エクアドル事件

　1991年から1994年にかけて，テキサコがエクアドルの国内裁判所に提起した訴訟が大幅に遅延したところから，アメリカ合衆国・エクアドル間投資協定[33]第6条に基づき，アメリカ合衆国側から特設仲裁裁判所（Ad-Hoc-Tribunal）の組成が求められた。それは，同協定上，両締約国の法人に対して，相手国への投資が妨げられることのないよう保障されていたところ，エクアドルがこの義務に違反していると考えられたからである。2010年3月30日に下された中間裁定では，エクアドル裁判所における手続の遅延が同条約第2条第7項[34]違反に該当すると判断されている。

　6　最後に，舞台を今一度，エクアドルに戻そう。原告の損害賠償請求を認容したスクンビオス地方裁判所の2011年2月14日判決に対してシェヴロンが控訴したことはすでに触れた（前述3参照）。スクンビオス地方裁判所の控訴部は，2012年1月3日，原判決を確認し，同年2月20日に，控訴を退けた。これにより，上記スクンビオス地方裁判所の2011年2月14日判決は，2012年2月以降，執行可能となった。スクンビオス地方裁判所は，同判決に執行文を付与し，さらに，同年7月，原判決に損害賠償額算定上の誤りがあったことを理由に約7億米ドルを加算し，損害賠償金額を190億400万米ドルに引き上げた。シェヴロンは同判決で定められた金額の供託を拒否し，上告した。エクアドル最高裁判所は，2013年11月12日，シェヴロンの責任を認める原判決の正当性を確認したものの，賠償金額を半額の95億200万米ドルに引き下げた[35]。それは，原審で認められていた懲罰的損害賠償部分について根拠がないと判断されたためである。

　エクアドル人原告は，この間，最高裁判所判決を待つことなく，上記執行文付与決定に基づいてシェヴロンおよびその子会社に対する執行手続を開始した。まず，エクアドル国内にあるシェヴロンの銀行口座の預金1億米ドルが差し押さえられた。これに続いて，2012年5月2日，カナダのオンタリオ州控訴裁判所に，シェヴロンのカナダ子会社2社に対するカナダでの判決に執行文を付与

---

[33]　前注(29)参照。

[34]　前注(29)参照。

[35]　http://eigokiji.cocolog-nifty.com/blog/2014/01/95-de7a.html（2017年8月16日確認）。

◆第1章◆　伝統的法律学に未来はあるか？

するよう求める申立てが行われた[36]。同年6月27日にはブラジル[37]で，また同年11月1日にはアルゼンチン[38]で，さらにコロンビア[39]でも，それぞれ執行文付与の申立てが行われている。これらの国で裁判が行われているのは，シェヴロンがこれら3か国に合計約80億米ドルの資産を保有していたためであった。

◆ Ⅲ ◆　伝統的法律学からみた評価

それならば，伝統的法律学は，環境汚染の規制とそれに起因する損害の除去（原状回復）措置という点において行政法上の，また，損害賠償請求および差止請求という点において民事法上の論点（刑事法上の論点については後述[40]）に関わる，このシェヴロン対エクアドル事件をどのように受け止めていたのだろうか。網羅的検討を意図しない本章の関心事からすれば，ここでも，国家法および国際法における反応の一端を取り上げることで足りよう。伝統的法律学における問題性が少しでも明らかになれば，それで足りるからである。

1　国家法の視点

1　伝統的意味での国家法がこの事件をどのように捉えていたかという点を示す好例は，ドイツの弁護士，フェルジンクによる整理[41]である。その実務的関心は，今後，スクンビオス地方裁判所判決の執行を求める訴えがドイツの裁

---

[36] https://www.counterpunch.org/2015/09/16/ecuador-vs-chevron-by-way-of-canada/ （2017年8月16日確認）; https://www.forbes.com/sites/michaelkrauss/2016/09/12/ecuador-v-chevron-canadas-turn-to-enforce-the-rule-of-law/#589f19ae6756（2017年8月16日確認）; https://www.chevron.com/stories/canadian-court-rejects-attempt-to-enforce-fraudulent-ecuadorian-judgment-against-chevron-subsidiary（2017年8月16日確認）.

[37] https://business-humanrights.org/en/ecuador-plaintiffs-target-chevrons-assets-in-brazil（2017年8月16日確認）.

[38] https://www.cnbc.com/id/100070252（2017年8月16日確認）.

[39] 前注(38)参照。

[40] 石橋「環境保護と投資──「投資」が有する人権法アプローチとしての機能」（前注(9)）58頁および74頁。

◇ Ⅲ ◇　伝統的法律学からみた評価

判所に提起された場合，ドイツ法上，どのような対処が可能かという点にある。
　こうした関心が生じる背景には，次の事情がある。まず，シェヴロンはドイツにも子会社（シェヴロン・ドイツ有限責任会社（Chevron Deutschland GmbH））を有する。とはいえ，同社は固有の実業を営んでおらず，シェヴロン・グループに属する複数の関連会社に対する管理業務を行うにすぎない。2014年12月31日の時点で，同社が国内金融機関に有する預金残高は55万ユーロのみであった。この点を考慮すれば，差押え対象資産が少ないがゆえに，スクンビオス地方裁判所判決の執行手続をドイツで開始する実益は乏しいであろう。しかし，このほかにドイツで資産を差し押さえる可能性がないわけではない。たとえば，シェヴロン・シッピング・カンパニー（Chevron Shipping Company，カリフォルニア州に法人住所（Sitz）を有するシェヴロンの100パーセント子会社）のタンカーが原油を搭載してハンブルクに寄港する場合，シェヴロン所有の原油を差し押さえて，債権の一部を回収することが考えられる。実際，シェヴロン・シッピング・カンパニーは，中東，東南アジア，黒海，南米，メキシコおよび西アフリカに所在するシェヴロンの油田で採掘した原油を同社所有のタンカーに積載してアメリカ合衆国，ヨーロッパ，オーストラリアおよびアジアの諸港に定期的に輸送する業務に従事していた。このようにみると，被害者がシェヴロンに対する執行請求訴訟をドイツで提起する可能性が生まれる。
　2　ドイツ法上生じる最初の論点は，ドイツの裁判所が国際裁判管轄権を有するか否かである。ドイツ民事訴訟法第23条第1文は，特別裁判籍として財産所在地を規定する。シェヴロン・シッピング・カンパニーのタンカーに積まれた原油の所有権がシェヴロンに帰属する場合において，同社のタンカーがハンブルクに寄港するとき，ハンブルク港を財産所在地とみることができる。ドイツ法上，特別裁判籍が，同時に，ドイツの国際裁判管轄権を基礎付ける。執行を求める訴えが提起された時点に同社のタンカーがハンブルクに寄港していれ

---

(41) Philipp Fölsing, Haftungsrisiken internationaler Großkonzerne in Schwellenländern,（前注(12)）RIW Heft 3/2013, S.127ff..; ders., Chevron gegen Ecuador ; Lehren für den transatlantischen Investorenschutz」（前注(12)）RIW Heft 8/2014, S.500ff.; ders., Vollstreckung aus dem ecuadorianischen " Chevron "-Urteil auch in Deutschland ?」（前注(12)）RIW Heft 12/2015, S.807ff.

◆第1章◆　伝統的法律学に未来はあるか？

ば，ドイツでは差押えが可能であり，その後タンカーがハンブルクから出港していても，ドイツの国際裁判管轄権が引き続き認められる。

　3　次いで問われるのが，エクアドル判決のドイツにおける承認の可否である。ドイツ民事訴訟法第723条によって，実質的な再審査は禁止されている。

　承認の要件を定めた同法第328条のうち，第1号は，当該判決を下したエクアドル裁判所の国際裁判管轄権の有無に関わる。シェヴロンを被告とする損害賠償請求訴訟につきエクアドルが国際裁判管轄権を有することはドイツ法上も肯定される。その理由は，以下の諸点にある。まず，シェヴロンの子会社となったテキサコが，エクアドル裁判所の国際裁判管轄権をすでに認めていた。公正性の確保という点からみて，シェヴロンもこの管轄権を受け入れなければならない。この点は，ドイツ民法第242条所定の「矛盾する行動の禁止（Verbot widersprüchlichen Verhaltens）」から導かれる。また，ドイツ民事訴訟法第32条が定める不法行為の特別裁判籍もエクアドルにある。エクアドル人原告が主張する環境規制法違反行為がエクアドルで発生していたからである。

　シェヴロンは，エクアドル人弁護士を通じて防禦活動を行うなど，エクアドルでの裁判手続に積極的に関与していた。この点から，第2号所定の応訴の要件も満たされていることが分かる。第3号が定める，既存の内外判決との牴触の有無という点も問題にならない。というのは，エクアドル最高裁判所の判決が2013年11月12日に下されたことで，スクンビオス地方裁判所の判決内容がすでに確定していたのに対し，不当訴訟を理由とするシェヴロンの損害賠償請求をニューヨーク州南部地区連邦地方裁判所が認容したのはこれよりも後の2014年3月4日であり，承認対象となるスクンビオス地方裁判所判決と矛盾する判決は実在していなかったはずだからである。また，特設仲裁裁判所における仲裁手続の当事者はエクアドル政府であって，スクンビオス地方裁判所判決での訴訟当事者（原告）とは異なる。さらに第5号所定の相互の保証という要件も満たされている。それは，ドイツ裁判所の確定判決をエクアドルで執行することが可能だからである。

　残る障碍は第4号所定の公序違反の有無という論点のみである。ドイツ法上の本質的諸原則に対する違反の有無に関する主張・立証責任はシェヴロン側にある。シェヴロンは，主張・立証にあたって，2014年3月4日に下されたニュー

◇ Ⅲ ◇　伝統的法律学からみた評価

ヨーク州南部地区連邦地方裁判所の請求認容判決を援用することはできない。というのは，ドイツ民事訴訟法第723条第2項によれば，同判決はいまだ既判力を有していないからである。たとえ同判決が既判力を有していたとしても，この判決をドイツの裁判所で援用するためには，当該判決がドイツで執行できる旨の宣言がドイツ民事訴訟法第722条第1項に基づいてあらかじめ行われていなければならない。

　以上の諸点を考慮すると，スクンビオス地方裁判所による請求認容判決はドイツで承認され，執行される余地があることとなる。

　4　これに対して，ニューヨーク州南部地区連邦地方裁判所の請求認容判決がドイツで承認される可能性はきわめて薄い。というのは，この判決がドイツの公序に違反する可能性があると考えられるからである。シェヴロンが主張する「不当判決」という非難が当てはまる場合，内外国で詐欺によりまたは共謀により詐取された請求認容判決に対抗する手段として，ドイツ法上も，民法典第1004条第1項および第826条によって損害賠償請求権および差止請求権が敗訴当事者に認められている。また，将来，強制執行が行われ，損害を被る可能性がある場合には，将来の執行によって得られる損失を回復できるように，損害賠償請求訴訟を事後に提起することがドイツ民法典第826条およびドイツ民事訴訟法第259条により認められている。このような訴訟当事者の権利を一切考慮しないまま，シェヴロンの請求を認容した前記ニューヨーク州南部地区連邦地方裁判所の判決は，公正な手続が確保されていなかったという点で，ドイツ基本法第20条第3項が定める基本権が侵害されたものとみなされる余地がある。またこのシェヴロン勝訴判決は，どの法治国家にとっても本質的な重要性を有する，弁護士と依頼人との信頼関係を確保するための秘密保持特権（弁護士特権のひとつ）を尊重しておらず，この秘密保持特権を例外的に制限する「犯罪および詐欺（crime-fraud exception）」行為の有無の認定に際して，エクアドル人原告側が指摘した約20万頁に及ぶ裁判記録等を顧慮せず，一方的にシェヴロンが提出した資料のみに依拠していた。また，証人の処遇も一方的であった。たとえば，本人とその家族に対してカリフォルニア州への転居を可能としたうえ，贅沢な家屋を提供し，さらに2年間に亘って少なくとも月額1万2,000米ドルの報酬を約束して確保したエクアドル人証人の証言が採用されていた。さ

◆第 1 章◆　伝統的法律学に未来はあるか？

らに，英語を母語とせず，英語力に疑問の余地があったエクアドル人裁判官への尋問に際して，終始，通訳を起用せず，英語が使用されていた。そして，アメリカ合衆国憲法により保障された陪審を受ける権利をエクアドル人原告に認めていなかった。これらをまとめると，シェヴロン側の主張だけが考慮され，エクアドル人原告のそれが考慮されていなかったものとみることができる。さらに，ニューヨーク州南部地区連邦地方裁判所判決がシェヴロンを被告とするスクンビオス地方裁判所判決の執行を世界的規模で禁止していた点も，承認執行を求められる可能性のある他の諸国の主権を侵害するという意味でニューヨーク州南部地区連邦地方裁判所判決は不適法である。また，執行を求められる国が後に判断すべき事項を前もって決定してしまうという点も執行可能性について判断する国の主権を侵しており，越権行為に当たる。このほか，ニューヨーク州南部地区連邦地方裁判所の請求認容判決がシェヴロンのために法定信託を設定していたところからみて，ニューヨーク州南部地区連邦地方裁判所の請求認容判決は，結果的に，将来において，エクアドル人原告がスクンビオス地方裁判所判決の執行を内外諸国で求める可能性を認めていたことになる。それにも拘らず，スクンビオス地方裁判所判決が不当訴訟に当たるとシェヴロンがみることは，背理（矛盾する行動）にほかならない。

　5　最後に検討されるのは，スクンビオス地方裁判所判決の執行判決請求に際して，ドイツ裁判所がシェヴロン側のタンカーと積み荷をハンブルク港で差し押さえることができるか否かという点である。外国船舶を係留するための仮差押えに関しては，ドイツ民事訴訟法第923条，第930条第1項および第804条第1項に基づいて，第916条第1項による船舶アレストを実施することができる。いわゆる「海事債権（maritimer Forderung）の担保のための実施のみを認め，その他の損害賠償請求権の担保のための実施を認めないというかたちで，船舶アレストの実施を制限している1952年の「海洋船舶の仮差押えに関するある種の規則の統一のための国際条約（International Convention for the Unification of Certain Rules Relating to the Arrest of Sea-Going Ships）（「船舶アレスト条約」）」第2条は本件に適用されない。それは，アメリカ合衆国もエクアドルも，同条約の締約国ではないからである。ドイツ民事訴訟法第923条による仮差押えが行われる場合，仮差押えの対象とされたタンカーの価額および積載さ

れた原油の価額の合計額相当の担保を提供することにより，シェヴロンは防禦策を講じることができる。

　6　ドイツ国内法の視点からみたシェヴロン対エクアドル事件の展開に関するフェルジンクの整理は，以上の通りである。彼は，この事件の紹介と検討を通じて，一方で，世界的規模で事業を展開する巨大企業が中進国で投資活動を行う際の教訓を得ようとする。同時に，他方で，2013年7月以降，ヨーロッパ連合委員会とアメリカ合衆国との間で協議され，2014年3月に公表された，自由貿易協定に関する交渉経過（2013年9月付け）[42]のもとで，ヨーロッパの企業が対米関係において十分に保護されるか否かの検討もそこでは意図されていた。自由貿易協定は，一方における投資企業の保護と他方における投資受け入れ国の正当な規制利益との間で適切な均衡を取ることを目的とする。とはいえ，その均衡の取り方は，政治的・経済的・社会的な環境に起因する種々の制約のもとで，揺れ動かざるを得ない。この協定に対する評価もシェヴロン対エクアドル事件に対する評価も，論者が立脚する立場により，おのずから異なろう。

2　国際法の視点

　1　伝統的理解のもとで国際法がこの事件をどのように捉えていたかという点を示す一例は，石橋教授の論及である。教授は，「既存の人権法の援用」という性格を有する「人権法アプローチ（human rights law approach）」に基づいて，環境保護の実現を試みられていた[43]。シェヴロン対エクアドル事件の事実関係を概観された後，教授は，裁判等の動きを次のように整理される。

　"……①エクアドル裁判所（エクアドル現地住民対シェブロン社），②PCA（シェブロン社対エクアドル），③米国，カナダ，ブラジル，アルゼンチンなどのシェブロン社の資産が多く保有されている国家の裁判所での資産凍結をめぐる訴訟（エ

---

[42]　Transatlantic Trade and Investment Partnership: The economic Analysis explained（http://bit.ly/1nPZDAI（2017年8月16日確認）参照。

[43]　石橋「国際環境保護の実現と人権法アプローチ——手続的権利の成熟と環境紛争処理におけるその活用」（前注(12)）38頁および同「環境保護と投資——「投資」が有する人権法アプローチとしての機能」（前注(9)）72頁。

◆ 第1章 ◆ 伝統的法律学に未来はあるか？

クアドル現地住民対シェブロン社），④米国でのエクアドル司法手続における不正行為についての訴訟（シェブロン社対エクアドル現地住民側弁護士（Steven Donziger ら））……，これらに先立ちシェブロン社は別途，⑤エクアドル国内での訴訟手続の遅延につき，エクアドル政府の賠償責任（7億ドル）を認める PCA の判決を得ており……．"[44]

上の整理のうち，①，③および④の訴訟は，訴訟物（損害賠償請求事件）が示すように，民事の紛争であって，国際法の直接的規律対象ではない。このことから，国際法との関連性は②および⑤に限られることが分かる。

2　国際法との関連で特に留意されるのは，教授の次のような説明である。

"今般，実に衝撃的な事件が発生した。本年，2014年10月23日，後述のシェブロン社の事案において，被害を受けた住民らが，シェブロン社の CEO（John Watson）らを「人道に対する罪（crime against humanity）」を犯したとして，ICC へ告訴（communication の提出）するという事件が起きたのである。シェブロン社関連では，国際・国内の裁判所の判決が出ているが，判決が履行されず，救済が得られないままに数十年も放置された住民の止むに止まれぬ行動のような気がしてならない．"[45]

"……序章で指摘したように，現地住民はシェブロン社の CEO らが「人道に対する罪」を犯したとして，ICC へ communication を提出するという事態にまで発展してしまった……．"[46]

この引用に示されているのは，シェヴロン対エクアドル事件が，国際人権法，国際環境法，国際刑事法等の素材となり得るという点である。しかし，先の仲裁手続で解決を求められていたのは，シェヴロンとエクアドルとの間の紛争であり，またエクアドルとアメリカ合衆国との間のそれであった。両案件には，アメリカ合衆国・エクアドル間投資協定の解釈という国際法上の論点が確かに含まれている。とはいえ，法的な論点がどのようなかたちで解決されるにせよ，

---

(44) 石橋「国際環境保護の実現と人権法アプローチ —— 手続的権利の成熟と環境紛争処理におけるその活用」（前注(9)）38頁．
(45) 石橋「環境保護と投資 ——「投資」が有する人権法アプローチとしての機能」（前注(9)）58頁．
(46) 石橋「環境保護と投資 ——「投資」が有する人権法アプローチとしての機能」（前注(9)）58頁．

◇ Ⅲ ◇　伝統的法律学からみた評価

　エクアドル人被害者の救済のように，真に解決を求められている案件は，制度上，仲裁手続に委ねられてはならず，国民の生活を保障するエクアドル共和国，加害責任を負わなければならない企業等，関係者の実践行動に委ねられているというのが伝統的法律学の立場である。このような理解に問題があることを石橋教授も認識されていた。このことは，次の引用からも明らかになろう。

　　"……幾重にも，シェブロン社とエクアドルの紛争が異なるレベルや国家の裁判所で争われ，しかし，現実問題として一向に環境汚染の被害者救済はなされず，環境保護の実現には結びつかないという現状が極めて顕著である……"[47]
　　"……今日，環境紛争は，「投資家対国家」の枠組みだけではなく，被害者が企業を直接相手取って投資受入れ国の国内裁判所で損害賠償を求めるという形式でも数多く提起されるようになっている。それがまた，実際の救済への途を複雑にしてしまうこともある。この事件の場合も，健康被害を受けたとする現地住民（先住民）が原告となって企業を訴えたものであった。しかし，別途「投資家対国家」の枠組みでPCAの手続が進行したことから，かえって紛争が長期化し混迷化してしまっている様子が窺える。訴訟提起から20年が経過しても，現在もなお，現地住民の被害は救済されないまま，悲惨な状況が続いている。"[48]

　また，次の表現も，伝統的法律学の限界が明らかにされた例として，参照されなければならない。

　　"……今日，環境紛争は，国内裁判所で損害賠償を多国籍企業に直接求めるという形式の解決が求められることも多くなってきている。……原告となるのは，往々にして，いわゆる先住民であり，この事件の場合も，シェブロン社の前身であるテキサコ（Texaco）による開発行為で，熱帯雨林地帯，ラゴアグリオに水質汚染が生じ，それによって健康被害を受けたとする先住民が原告となって訴えたものであった。しかし，訴訟提起からすでに20年が経過しており（当初は米国裁判所に提訴していた），この事例を見ても，環境汚染の被害を受けた先住民による実体的権利（環境権，健康権）の国内裁判所での行使が，必ずしも実際の救済へとつながらず，かえって紛争を長期化させ混迷化してしまっている様子が窺える。

---

[47]　石橋「国際環境保護の実現と人権法アプローチ ── 手続的権利の成熟と環境紛争処理におけるその活用」（前注(9)）37頁。
[48]　石橋「環境保護と投資 ──「投資」が有する人権法アプローチとしての機能」（前注(9)）74頁。

◆第1章◆　伝統的法律学に未来はあるか？

　このように，国際的レベルで「環境権」が定式化されていない状況で，各国の国内裁判所で「環境権」に基づく裁判が行われることは，様々なバリエーションの「環境権」が各国毎に援用されることになり，諸国の憲法や国内法に規定される「環境権」の位置づけや権利性，有用性を低下させ，ひいては，国際的レベルや地域的レベルをも含めた環境法全体系の分断化を招きかねない。既存の人権の場合には，世界人権宣言や国際人権規約を初めとして関連の多くの文書に基づき国際的レベルでの合意がすでにあり，国内的レベルで，司法機関を始めとする国家の諸機関によりそれらと異なる解釈適用がなされるような場合には，国際的レベルでの定義や範囲を満たすものが権利として正当化され得るという「歯止め」があった。しかし，「環境権」について，そのような「歯止め」はまったくないということである。"[49]

　3　国際法の視点からみたシェヴロン対エクアドル事件の理解に関する石橋教授の到達点は，前述の通り，現行国際法による規制が十分に機能していないという点にある。その原因が「環境権」に関して真の意味での統一法が実現されていない点にあることも確認されていた。このようにみると，国際法も，地球社会で生じている悲惨な状況の改善に役立っていないという厳しい現実が明らかになる。

　なお，仲裁手続に関する今ひとつの言及として，小畑郁教授の説明[50]が挙げられる。ただ，小畑教授の関心は，国際法学の立場から，国際投資協定に基づいて締約国間で請求が行われる場合の法律構成に集中しているようにみえる。それゆえ，本章の関心事からみると，この点に関する立入った紹介は不要であろう。

---

[49]　石橋「国際環境保護の実現と人権法アプローチ —— 手続的権利の成熟と環境紛争処理におけるその活用」（前注(9)）39頁。

[50]　小畑「国際投資協定と国家間請求」（前注(18)）13-21頁。

◆ Ⅳ ◆ 法律学における教訓

1 現状と課題

1　ここに取り上げたシェヴロン対エクアドル事件からわれわれはどのような教訓（示唆）を得ることができるか。この点は，もとより，個々の論者の問題意識に全面的に左右される事柄である。それでも，この事件が孕む法的問題性の一端（何が解決されなければならないか，どのような結果が求められているか）は，昨年放映された，あるドキュメンタリー番組（「NHKBS 世界のドキュメンタリー」で2016年10月22日に放映された「国家対企業　第2回」）[51]を通じて，すでに明確に示されている。注目されるのは，以下のような説明である。

> "語り手——巨大化するグローバル企業と国家。その力関係の変化を象徴する深刻な事態が各国で起こっています。グローバル企業による，国家を相手取った巨額の裁判です。その数，累計700。訴えられている国は109か国に及びます。そのひとつ，南米の国，エクアドル。……毎週土曜日，生中継番組で国民に政策を訴えているラファエル・コレア大統領です。数々のグローバル企業から訴えられた損害賠償が国家財政を大きく揺さぶっています。
> ラファエル・コレア（エクアドル大統領）——恐ろしい衝撃です。石油会社への賠償や訴訟，半年で11億ドルもの損失です。
> 語り手——現在係争中の裁判は8件。中でも，国家財政を揺るがす事態に発展しているのが，アメリカの大手石油会社との裁判です（画面にシェヴロンのロゴが映し出される。）。争っている損害賠償額はこの1件だけで1兆円。国家予算の実に3分の1に当たる巨額です。訴訟の舞台となっているのは，コロンビアとの国境近くの油田地帯。石油の採掘が終わったはずの場所から今も原油が漏れ続け，近隣の住民に深刻な健康被害が出ています。
> 住民のひとり（男性）——話すこともつらいのですが，2002年に娘が亡くなりました。……（しばし沈黙の後，涙声で）すみません。……（さらにしばしの沈黙）……2010年には，もうひとりの娘も亡くなりました。16歳でした。
> 語り手——この油田は，エクアドル政府とアメリカの大手石油会社が採掘を行ってきました。1992年に契約が終了し，企業は撤退。その際，両者は汚染処理を施しましたが，なぜか原油が川に漏れ出てきたのです。被害や環境破壊の責任

---

[51]　https://www.youtube.com/watch?v=P07VwUQ92QE （2017年8月16日確認）。

◆ 第 1 章 ◆　伝統的法律学に未来はあるか？

をめぐり，エクアドルと石油会社は，長年，裁判で争ってきました。（画面に，ChevronTexacoの名が映し出される。）会社側は，撤退後，今後一切の責任を負わないという約束を結んだことから，責任はエクアドル政府側にあると主張。被害の賠償1兆円の支払の責任もエクアドルにあるとしています。このまま結審すれば，企業と国家との間の裁判では史上最高の賠償額になる見込みです。

ギジャウメ・ロング（エクアドル外務大臣）――石油会社の規模は我が国のGDPの2.5倍から3倍ですよ。もし裁判に負ければ，国の義務である国民の利益を守ることや教育，医療，インフラ整備などができなくなりかねません。

語り手――世界で多発するグローバル企業による国家を相手取った裁判。その背景には，ISD条項（Settlement of Investment Disputes between States and Nationals）と呼ばれる協定があります。これは，企業が外国に進出する際，相手国との間に結ばれるルールです。相手国の対応によって計画通りのビジネスができなくなった場合などに，企業が損失の補償を求め，裁判ができるという内容です。グローバル企業を呼び込みたいという国家が増えてきたため，締結するケースが増加。それと同時に，裁判の数も急激に増えています。エクアドルの場合，これまでに訴えられた件数は22件（画面では，原告として，通信会社，石油会社，製薬会社などが表示される。）。すでに結審したものだけで，賠償額が2,000億円に及びます。財政の悪化によって行政サービスのカットが始まるなど，国民生活に影響が出始めています。最大都市，グアヤキルで家政婦として働くルビンさん。2人の子供を親戚に預け，出稼ぎに来ています。

ルビン――子どもはあのくらいの年よ。（と，道端で遊ぶ少年を指さす。）

語り手――かつては，子どもと一緒に暮らしていましたが，政府が支給していた低所得者向けの支援金が打ち切られ，親戚に預けざるを得なくなりました。

ルビン――月に50ドルの援助で今まで息子たちを育てることができました。政府はそのお金を私から取り上げたのです。どう生きていけばいいか分かりません。あまりに不平等です。（……）

パウラ・カレーラ（エクアドル外務省）――私たちはいつも自問しています。市民にこれだけの損害を与えてまでお金が欲しいのはどうしてなの？って。企業の投資を守るためのルールは正しく理にかなっていて必要なことだと思います。でも巨大資本や大きな政治権力までも動かす多国籍企業がその力を濫用したときには，小さな政府や被害者たちがその身を守るメカニズムが存在しないのです。"[52]

　2　ここに再現された説明からどのようなメッセージを読み取ることができるかという点についても，それが主観的な意思解釈の問題に他ならないところから，確かに，個人差はあり得る。それでも，著者の視点からは，①何が問題

◇ Ⅳ ◇　法律学における教訓

と考えられていたか，②なぜそれが問題とされたのか，③なぜそのような事態が生じたか，④どのような結果（解決策）が求められているか，これら4点が考慮されなければならないようにみえる。以下，個々の登場人物に着目して，整理しておこう。

　まず，ラファエル・コレア大統領の場合，「石油会社への賠償や訴訟，半年で11億ドルもの損失」が生じていた点が大きな問題とされていた。それが問題だと考えられたのは，年度予算の相当額が失われたという点において国家財政に大きな影響があったためである。なぜそうした事態に至ったかについて大統領による直接の言及はない。この点，語り手の説明によれば，「国家を相手取った裁判……の背景に……ISD条項と呼ばれる協定」があったことが示されている。どのような結果が求められているかという点については，ふたたび第1点に戻るが，「石油会社への賠償や訴訟，半年で11億ドルもの損失」が生じないようにすることが当面の解決策と考えられよう。それを実現するための方法はひとつではない。この番組の趣旨から推測すると，「ISD条項」の廃止や制限が検討されなければならないのかもしれない。

　ギジャウメ・ロング外務大臣の場合，「国民の利益を守ることや教育，医療，インフラ整備などができなくなりかね」ないことが問題とされていた。それが問題だと考えられたのは，独立国として「国の義務」を果たせないと考えられたためである。なぜそうした事態に至るかについては，「もし裁判に負ければ」という条件が付されていた。どのような結果が求められているかという点については，さしあたり「裁判に負けない」こと，より根本的には「石油会社の規模は我が国のGDPの2.5倍から3倍」という自国の財政規模を改善し，必要な予算を潤沢に確保できるようにすること等が考えられよう。そのための対策もひとつではない。

⑸2　前注⑸1のサイト，特に，15分14秒から23分1秒まで。これに続けて発せられた司会者の発言（「企業が国家を訴えることは，昔はなかった……。国と企業の関係は劇的に変化している……。日本もいずれ企業から訴えられたりする可能性はあるか」）に対して，諸富徹教授は，「今のところ，そういうことはないと思う……，TPP（環太平洋パートナーシップ），この中に，似たような条項が入っている……。将来的には，日本もこのようなかたちのことが起きる可能性があります……。」とコメントする。

◆ 第1章 ◆　伝統的法律学に未来はあるか？

　外務省職員，パウラ・カレーラの場合，「企業の投資を守るためのルールは正しく理にかなっていて必要なことだ」と認めつつも，「市民にこれだけの損害を与えてまでお金が欲しいのはどうしてなの？」という疑問が生まれていた。また，「巨大資本や大きな政治権力までも動かす多国籍企業がその力を濫用したときには，小さな政府や被害者たちがその身を守るメカニズムが存在しない」という現状も問題だと認識されていた。なぜそれが問題なのかといえば，前者につき，金銭欲以外に別の目標を掲げた，人としての生き方があるとみるためであった。後者については，小さな政府や被害者たちがみずからの生き方を望まない方向で変えられてはならないと考えられていたことであろう。なぜそうした事態が生まれたかという点については，該当者の生き方を決定づける家庭環境・生育環境等の分析を待たなければならないであろうし，なぜそうしたメカニズムが存在しないかという点については，国家法上も国際法上も，そうした見方が多数意見を形成してこなかったというそれぞれの社会の実情に辿り着くことであろう。求められる結果としては，金銭欲を超えて追求すべき価値が他にもあることを関係者に理解させること，またそうしたメカニズムを政治的および社会的に作り上げて，法的な歯止めを掛けること等が考えられよう。

　他方で，エクアドルの男性住民の場合，「2002年に娘が亡くなり……2010年には，もうひとりの娘も……16歳で」亡くなったことが問題であった。なぜそれが問題と感じられたかといえば，大切な家族が失われたためである。このような事態に至った原因は，「石油の採掘が終わったはずの場所から今も原油が漏れ続け，近隣の住民に深刻な健康被害が」発生したことにあった。求められる結果は，むろん，失った家族の取り戻しでしかないが，それが不能である以上，十分な金銭補償を含め，しかるべき代替策が考えられなければならない。

　グアヤキルで働く，家政婦ルビンの場合，都会へ出稼ぎに出るため，2人の子供を「親戚に預けざるを得なくな」ったことが問題であった。なぜそれが問題なのかといえば，家族が一緒に暮らせなくなったからである。そうした事態に至った理由は，「政府が支給していた低所得者向けの支援金が打ち切られ」たことにあった。求められる結果は，2人の子供と元通りに同居することであり，そのために必要な「月に50ドルの援助」が復活されることであろう。みずからが置かれた状況を「あまりに不平等」だと彼女が感じていた点に注目する

◇ Ⅳ ◇　法律学における教訓

と，「平等な社会の実現」こそが彼女にとって真に求められる結果だとみることもできる。

　3　これらエクアドル側関係者に共通する想いは，適宜，挿入されるナレーションからも十分に窺える。この番組では，エクアドルが一例とされていたものの，番組全体を通して提起されていた問題は，「深刻な事態が各国で起こってい」ることにあった。むろんすべての国に当てはまるわけではないが，一部の国家にとって，「グローバル企業による，国家を相手取った巨額の裁判」の数が「累計700」に達し，「訴えられている国は109か国に及」んでいたことが問題だと感じられていた。「現在係争中の裁判は8件」であるが，「中でも，国家財政を揺るがす事態に発展している」エクアドルの場合，「数々のグローバル企業から訴えられた損害賠償が国家財政を大きく揺さぶってい」たことが問題であった。シェヴロンとの紛争でエクアドルが支払いを求められている「損害賠償額はこの1件だけで1兆円。国家予算の実に3分の1に当たる巨額」となっていた。同国国民にとっての問題は，「石油の採掘が終わったはずの場所から今も原油が漏れ続け，近隣の住民に深刻な健康被害が出てい」ることであった。なぜそれが問題かといえば，「財政の悪化によって行政サービスのカットが始まるなど，国民生活に影響が出始めてい」たからであり，国民の健康で安全な生活が脅かされていたからであった。なぜそうした事態が生じたかについては，直接的原因として，投資協定上，ISD条項が定められていた点が指摘され，また間接的原因として，「巨大化するグローバル企業と国家」の力関係の変化が挙げられていた。すなわち，かつては国家が企業の行動を規制することができていたのに，グローバル市場で成功する企業が続々と誕生し，ついには，国家の経済力を遥かに凌駕する超巨大企業が登場したという点である。ISD条項が定められるようになった背景には，グローバル企業を呼び込むことで，国内経済を活性化させようと目論んだ国家と，進出先の外国の対応によって計画通りのビジネスができなくなるというリスクを回避するために，裁判によって損失の補償を求めることができるような歯止めを前もって確保しておきたいと望む企業（投資者）と，両者の力関係が前述のように大きく変化したことがある。求められる解決策は，むろん，あらゆる問題事象の解消であり，そのためには，すべての原因を包括的かつ一律に除去することが必要となろう。個々の

◆ 第1章 ◆ 伝統的法律学に未来はあるか？

局面に限定して部分的解決策を探求しても，他にしわ寄せが出るような選択肢は真の解決策たり得ない。しかしながら，どのようにすれば，それらすべての原因を除去できるかという点についての具体策が提示されない限り，問題の解決に至らないことも明白である。

　4　ここに取り上げたのは，あくまでも，問題性を感じる側の主張にとどまっていた。バランスを取ろうとすれば，シェヴロンに代表されるような投資者(巨大グローバル企業)側の意見にも十分に耳を傾ける必要がある。とはいえ，わずかな例[53]をみるだけでも，巨大企業が，莫大な資金を投下して立法機関や行政機構の意思決定に影響を与え，司法制度を利用して，みずからが望む結果を実現してきたことが分かる。このようにみると，弱者の主張と強者のそれとを均等に取り扱うという視点自体の当否についても目を向ける必要がある。

2　解決の視点

　1　シェヴロン対エクアドル事件に現れた社会的な歪みには，家族が一緒に生活するという私人のささやかな幸せを脅かすものから，巨額の資金を運用して国家財政を左右したり，ロビー活動を通じて国家の立法機関等を自由に動かしたりするものまで，さまざまな次元のものがある。特に留意されなければならないのは，そうした歪みが，私的自治を認め，所有権を尊重し，契約自由の原則を重視する伝統的な法律学体系のもとで生じているという点である。しかしながら，一国内における正義の実現や法的安定性の確保という目的を掲げてきた伝統的法律学が当然の前提としていた社会状況が，空間的観点では地球的規模の広がりを持つようになり，また，時間的観点では次の世代にも深刻な影響を及ぼすようになっている(自然環境面での異常気象の多発，温暖化，酸性雨，海の酸性化のほか，世代を超えた貧困の連鎖等)。さらに，「巨大化するグローバル企業と国家」との間での力関係の変化という表現で端的に示されているように，主権国家による統制が空回りするほど，今日，巨大企業をめぐる社会環境

---

[53] 山内「最終講義・21世紀法律学の課題と法律家の責任 —— 国際企業関係法学科四半世紀の経験を通して」(前注(1))　白門69巻4号52-53頁。

◇ Ⅳ ◇ 法律学における教訓

は大きく変動している。それにも拘らず，この点が伝統的法律学においては必ずしも十分に考慮されていないようにみえる。そのことは，租税回避に対する対策が長期に亘って一向に成果を挙げていないという現状をみるだけでも，すぐに了解されよう。また，一国内では，弱者保護の観点が考慮されていながら，資金力や技術力に差のある，国家（中進国，途上国等）と企業（巨大企業）との間で結ばれる投資契約にあっては，弱者を保護する歯止めがまったく考慮されていないという現状もそのまま放置されている。

2　このような状況をみると，現行の諸制度を支える伝統的法律学のもとでは，上の諸問題の解決をまったく期待できないことが分かる。シェヴロン対エクアドル事件に即していえば，以下の諸点が考慮されなければならないようにみえる。

第1に，石油の採掘が必要であるか否かが，世界の原油市場やエクアドルの国内事情からだけではなく，人々の生活環境や次世代以降の社会環境等をも含めた地球社会全体を考慮して，総合的に決定されなければならない。世界的規模でのエネルギー需要をいかに確保するかという観点はもとより無視し得ないとはいえ，経済的観点が環境保全や安全性より優先されたために，悲惨な結末が生じている現実を改めて見直し，歴史に学び続ける姿勢が求められる。

第2に，石油採掘の必要性が肯定される場合でも，それを個別民間企業の経営判断や個別国家の政治判断（市場経済）に委ねることの当否も再検討される必要がある。確かに，1974年12月開催の第29回国連総会で採択された決議「国家の経済的権利義務憲章（Charter of Economic Rights and Duties of States）」[54]では，あらゆる富，天然資源および経済活動に対する恒久主権が確立されていた。しかし，2度の世界大戦を経て，少数の力ある者の影響下で意図的に形づくられた世界の勢力図のもとで，資源国が自国の領土に埋蔵されている化石燃料を独占し続けた結果が今日の各方面に及ぶ諸状況をもたらしたという歴史的事実も深刻に反省されなければならない。改めて強調されなければならないのが，化石燃料も食糧も特定国の資産とみなされてはならず，地球市民の共有財産とみなされ，将来の数世代を含め，地球社会全体のために用いられなければ

---

(54)　決議第3281号，http://www.un-documents.net/a29r3281.htm（2017年8月16日確認）。

ならないという点である。

　第3に，スクンビオス地域における石油を，同地域の環境を破壊せずに，採掘できるだけの技術が開発されていたか否かが確認されなければならない。開発技術が環境を害さないほど十分に発展している場合でも，環境に影響を及ぼさずに済むだけの十分な資金が投下されていなければならなかったはずである。この種の判断を的確に行うためには，それぞれの専門機関の判断が優先されるべきであり，使用・収益・処分の自由を内容とする所有権が絶対的に尊重されてはならない。

　第4に，これら地球的規模での社会的，経済的，技術的な配慮はそのまま，われわれの将来の法制度に反映されなければならない。その際，現行法制度との整合性が優先的に図られてはならず，次の世代への資産継承可能性を含めて，まったく新しい地球規模での法律学体系が構築されなければならない。

　3　上に触れた諸点が実現されるならば，シェヴロン対エクアドル事件のような紛争は，事前に回避することができたはずである。とはいえ，目先の利益を追いがちな現下の資本主義社会では，こうした考えを述べること自体，強い抵抗に逢うことも十分に予測され得る。それは，主権国家制のもとで活動する多くの法律家にとって，みずからの生活形式を根本から変えることが強制されるという意味で，受け入れがたい提案だからである。しかしながら，よく考えなければならないのは，伝統的法律学のもとではこの種の問題を解決する道筋をまったく見出すことができず，却って，同種の問題事象が繰り返し現れ続けるという現実をそのまま放置しておいてよいかという，文字通り深刻な問題意識である。根本的な対策をみずから見出すことができていないにも拘らず，新たな制度の導入に背を向け，現行制度を維持し続けることは，意図していないとしても，消極的な加害者の地位をみずから選び取ることに他ならない。

◆ V ◆　　結びに代えて

　1　法律学の，とりわけ実務法学の重点は，小手先の法律構成を駆使し，目先の紛争を，一国内で，それも一時的に解決することにあるのではなく，長期的視野のもとにかつ全地球的な視点で，人間社会の正義を実現することにこそ

◇ Ⅴ ◇　結びに代えて

置かれなければならない。われわれの地球社会が掲げる正義の中核的内容は，世界人権宣言，経済的，社会的及び文化的権利に関する国際規約，市民的及び政治的権利に関する国際規約等によってすでに世界的規模で明確に表現されている。そこには，確かに，所有権や契約自由の原則と密接に関わる経済的自由[55]も掲げられている。しかしながら，これら国際的規範の規律事項を通覧すれば，生存権[56]に最優先順位が与えられていることが分かる。

　今なお根本的な解決をみていないシェヴロン対エクアドル事件に即していえば，住民の生命に多大な影響を及ぼすほどの悪質な水質汚染を発生させた直接の原因が長期に亘る石油採掘行為にあったのだとすれば，採掘事業に直接または間接に従事した複数の企業（資本，技術等において関連性を有するすべての事業者を含む）だけでなく，採掘許可を与えた行政機構（間接的当事者）も，生命尊重の観点から，損害の発生を防止し，被害の拡大を防ぐ対策を早急に執らなければならないことであろう。被害者の救済に取り組むよりも，みずからの責任を回避するため，誰がどの程度の責任を負うべきかという法的論点（免責合意の有効性他）を挟んで延々と争い続け，結果的に被害者救済が先送りにされたという意味で，この事件は，これまでの法律学にも現場の法律家にも致命的な欠陥があることを見せつけたひとつの典型例とされよう。

　大切なのは，ひとりひとりの地球市民の生命を守ることであって，国家主権や政権を維持することではない。それだけではない。法理上は独立国家として単独で法律行為および行政行為をなし得るものと認められているにせよ，実際には，国民に対して生存権を保障できないほど財政基盤が弱体化した国家に対して野放しの主権をそのまま認め，契約（条約）締結能力を付与する従前の法的理解についても，解釈上，一定の限界が設けられなければならないことが分かる。国際社会の現実が示すように，現代の諸国家間には，政治的，経済的，軍事的，文化的に極端な格差が存在する。このような格差を固定化したままで，法的に対等であるという建前を掲げても，現場では，真の対等性は決して生ま

---

[55]　世界人権宣言第17条。
[56]　世界人権宣言第3条，経済的，社会的及び文化的権利に関する国際規約第11条，市民的及び政治的権利に関する国際規約第6条。

◆ 第1章 ◆　伝統的法律学に未来はあるか？

れない。国内でも国家間でも，平等を実現するためには，あらゆる意味で，真の競争が可能となるように，各種資源の地球規模における適正配分を優先的に実現する必要がある。

　2　それならば，われわれは，シェヴロン対エクアドル事件の展開から，21世紀の法律学のために，どのような教訓を読み取ることができるのだろうか。この事件をめぐる長年の動きをみると，生存権の保障さえ実現できず，真の解決を実現できない伝統的法律学に多くを期待することはできないようにみえる。このことは，頻発する地球的諸課題に対して伝統的法律学がまったく無力（Ohnmacht；helplessness；impuissance）であることを意味しよう。「伝統的法律学に未来はあるか」という表現で冒頭に提起した問いに対して著者が否定説を採るのは，以上の経緯を考慮したためである。「伝統的法律学に未来がある」と肯定説を声高に主張する者は皆，国際環境問題にせよ，国際人権問題にせよ，伝統的法律学体系のもとでの早急な解決を可能とする過程を具体的に明示する責任があろう。しかしながら，遺憾なことに今日まで，そうした例はまったくと言ってよいほどどこにも示されていない。

　もとより，冒頭の問い掛けに対する否定説の意義が確認されたからといって，それで終わるわけではない。主権国家制に立脚する伝統的法律学に代わるべき，新たな地球社会法学の体系を確立するための努力が続けられなければならない。著者が想定する地球社会法学には，以下の特徴が認められなければならない。

　第1に，人類の生存に必要な各種の資源はどれも，全地球的規模で適正に再配分されなければならない。人間の生存にとって何より必要な衣食住（特に重要なのが食糧の確保である）の適正な確保と配分，そのために必要な労働資源，エネルギー資源，金融資源，技術資源，情報資源等，必要最小限のものはすべて，適正配分の対象とされなければならない。競争に委ね，市場経済を活用する手法の採否それ自体を決めるに当たり，74億人をすでに超えている世界人口[57]全体だけでなく，事後の世代の生存という全地球的な配慮が優先されなければならない。

---

[57]　世界総人口の変化は，http://arkot.com/jinkou/（2017年8月16日確認）等を通じて，日々，確認することができる。

◇Ⅴ◇　結びに代えて

　第2に，全地球的規模での真の競争環境を確立するためには，歴史的経緯から人為的に形成されてきた現代の国民国家制（所有，相続等，国家法上の諸制度を含む）そのものを全面的に見直す必要がある。国益が主張されるのは，国家が存在するからであり，国益優先論によって全地球的課題の取組みが永らく阻害されてきたという事実をわれわれは深刻に反省しなければならない。個々の地域の特殊性はもとより尊重されなければならないが，個別的活動によって得られた種々の成果を地球社会の共有資産とするか，特定の者の所有に帰属させるかという点は，全地球的視野のもとで決定されなければならない。現行法制度を利用して各種資源を独占するために，強大な国家が経済的，政治的，軍事的な行動を採ることで深刻な問題事象が頻発している現状を知りながら，それを傍観する以外に解決策を持たない社会の現状は早急に改められなければならない。

　第3に，上の指摘を前提とするが，これまで永らく承認されてきた三権分立制を例に取れば，地球社会全体を統括する世界的立法機関，世界的行政機構，世界的紛争解決制度等が可能な限り早期に組織されなければならない。中央集権的諸機関の設置にあたっては，アメリカ合衆国（連邦憲法と州憲法の二元制）やヨーロッパ連合（統一型と分権型の併用）のような広域的諸制度も過渡的モデルとなり得よう。とはいえ，それらは，いかなる意味でも，完成形ではない。地球規模の中央集権体制が真に確立されるまで，完成形探求の旅に終わりはない。最大の障害は，部分的利益擁護論が繰り返し主張される現況にある。部分的利益の主張者は，自助努力の意義を強調し，努力の結果として獲得した成果の独占を，所有権の名において，正当化しようとする。とはいえ，自助努力の重要性と成果の独占とを直結させる主張それ自体がひとつの政策的（恣意的）判断にとどまることも指摘されなければならない。

　第4に，伝統的理解に基づく訴訟実務の現場では，このような試みの実現は相当に難しいものと予測される。それでも，双方当事者の意見を擦り合わせるという従来型（2項対立型）の視点にとどまらず，一般条項（信義誠実の原則，権利濫用論，公序良俗論）の名において地球社会全体の利益（地球公益）を考慮する余地があるようにみえる。

　目先の論点を優先し，問題の根本的な解決を先送りにするという伝統的法律

◆ 第 1 章 ◆　伝統的法律学に未来はあるか？

学の体系や法律家の姿勢は早急に改められなければならない。本章がそうであるように，現行法制度の枠内で可能な種々の試みが，今すぐにでも，繰り返し，実践されなければならない。われわれは，小さな実績を積み重ねてゆくことによって初めて，次の一歩への手掛かりが得られることが少なくないという経験的事実に改めて留意する必要がある。重要なのは，どの国の法律家も，実践に際しては，みずからが所属する国家等の一員であるという個別的立場と並行して，地球社会の一員であるという当事者意識を絶えず自覚して行動しなければならないという点である。みずからの判断（行動）が全地球社会からみてどのように評価されるかという視点に絶えず配慮するならば，部分的利益擁護論の問題性が誰にもすぐに自覚されるはずである。

　3　本章の出発点は，法，法律学，法律家に対する信頼をいかにして回復するかという点にあった。その過程で行き着いたのが，伝統的法律学との訣別であった。確かに，伝統的な学問体系における諸専門分野の相互補完性に着目すれば，法と政治（法律学と政治学）との間に，明確な棲み分けがある。しかしながら，この種の問題の解決は決して政治にのみ押し付けられてはならない。法律学も政治学も経済学も，基準，権力，価値というように，それぞれの分野が着目する視点が異なるにせよ，社会科学を構成するどの分野も，人間社会の永続を目指して，それぞれの専門分野固有の方法論を用いながら，連帯して地球的諸課題の解決に日々取り組まなければならない。人間性（人倫の哲学）から離れた活動は，いかなる意味においても，歴史的社会的な評価に値しない。この意味において，本章はこれまでの政治学や経済学を含む社会科学の全領域に対しても根本的な再検討を求めるものとなろう[58]。

　周知のように，法律学それ自体は，あくまでも中立な存在である。法律学の活用の仕方は，法に携わる者の心得次第である。21世紀の法律学を真に価値

---

[58]　経済学分野でのこの種の先駆的試みについては，宇沢弘文『地球温暖化を考える』（岩波新書，岩波書店，1995年），同『社会的共通資本』（岩波新書，岩波書店，2000年），同『人間の経済』（新潮新書，新潮社，2017年），「宇沢弘文・社会的共通資本を語る」（https://www.jstage.jst.go.jp/article/jares/22/4/22_113/_pdf（2017年8月16日確認））他参照。政治学分野では，ディヴィッド・ヘルド他著（古城利明他訳）『グローバル・トランスフォーメーションズ──政治・経済・文化』（中央大学出版部，2006年）他参照。

◇Ⅴ◇　結びに代えて

のあるものにすることができるか否かはわれわれの当面の決意と現下の実践にかかっている。世界中の法律家には，対立に代えて，相互の協働のもとに，真の法律学を求めてさらに努力を重ねる使命が委ねられている。こうした課題の解決に向けて，われわれは皆，直ちに立ち上がらなければならない。

第2章　法律学における2008年食糧危機の教訓
―「国際化」から「地球社会化」への転換―

Ⅰ　はじめに　　　　　Ⅲ　法律学における教訓
Ⅱ　素材の紹介　　　　Ⅳ　結びに代えて

> "……文明化された諸価値が危急存亡の状態にあるような世界にわれわれは生きている……学者の世界は、いったいどういうやり方でその社会的責任を果しているのか？" *

◆ Ⅰ ◆　はじめに

1　いかなる分野であれ、学問の存在意義が、長い歴史の過程で生み出されてきた人類社会の維持および発展にあることに異論はないであろう。むろん、「人類社会の維持および発展」という表現の意味内容如何という問いに対して複数の解答が用意され得ることに疑いはない。人（旅行者のほか人的資源としての労働者を含む）や物資の日常的越境、技術、資本、情報等の国際的共有化に伴って、かつては地域的関心事にとどまっていた事柄がやがて一国全体の[1]、そして諸国共通の問題[2]へ、さらに全地球的な課題[3]へと変化した例は稀では

＊シオドア・ローザク編（城戸明子・高橋葉子・田中淳・田村道子・山口節郎訳）『何のための学問』（みすず書房、1974年）3頁。
(1)　わが国の廃藩置県やドイツにおけるプロイセン国家の成立等がその好例となろう。
(2)　ベネルックス三国の形成、ヨーロッパ共同体（EC）からヨーロッパ連合（EU）への発展の過程、東南アジア諸国連合（ASEAN）形成過程等がその好例となろう。内外法制間の差異に着目したオアシス会社、便宜置籍船、租税回避等の利用に対し、関係諸国間の協力が模索される例もここに含まれる。
(3)　気候変動への対処等がその好例となろう。

ない。歴史的経緯をみると，これまではもっぱら諸国家間の協力（国際機関の設立，国際協定の締結等を含む）がそうした課題の解決策として優先され，それなりの成果を挙げてきた。法律学の分野でも，「国際化」は着実に進行してきたのである。

しかしながら，各種メディアが示す通り，人口急増，食糧危機，貧困撲滅（格差解消），人権尊重(4)，難民救済，環境破壊，民族問題，治安維持（テロ対策，平和構築）等，「様々なタイプの脅威のグローバルな拡散 —— 地球的問題群への深刻な認識」(5)の解決（自覚と実践）が現代社会における喫緊の課題として繰り返し提示されてきたことも，われわれは忘れてはならないであろう。そのいずれもが未解決の課題として残されている —— 率直に言えば，時として「国益」代弁者となっているために，これまでの法律学（国際法を含む）が上の諸課題を根本的に解決できていないどころか，却って問題を複雑化させ，新たな課題を増幅し続けている —— という厳しい事実を今こそわれわれは真剣に受け止めなければならない。こうした認識は伝統的な法律学の存在意義を，ひいては，そのあり方如何を改めてわれわれに問い掛けるものとなろう。

2 国家主権の是認が不可侵の前提とされているという意味で，伝統的な法律学では，国民国家制の桎梏は今なお牢固として抜き難いものがある。しかしながら，多くの法律家が山積する課題の前に立ち竦んでいる状況をみると，主権国家の併存を前提として地球的課題の解決を図ろうとするこれまでの思考方法そのものの妥当性如何や有効性の有無が改めて問われていると考えなければならない。端的に言えば，国家主権相互間での利害調整を試みる「国際化」と

---

(4) 国連人権理事会は2016年3月23日に，「北朝鮮での人権侵害を非難し，人権状況の改善を求める決議を採択した。……北朝鮮は今回，自国の人権が絡む審議会を欠席し，決議を事実上無視。決議に実効性を伴わせることが，今後の課題となる。」（2016年3月25日朝日新聞朝刊7面）

(5) 滝田賢治「編集後記」（日本国際政治学会編『国際政治150 —— 冷戦後世界とアメリカ外交』（有斐閣，2007年）217頁）。そこでは，地球的問題群として「大量破壊兵器の拡散，地域紛争の増加・激化，テロの頻発，感染症の蔓延など」が列挙され，これら「新たな脅威に対しては国際社会が多国間協調主義で対応せざるをえない筈であった」と述べられている。多国間協調主義の制度的限界を考慮する私見では，滝田教授の場合とは異なる解決策が模索される。

◇ I ◇　はじめに

いう手法の制度的限界がそこに露呈されており，伝統的な法律学に代わる新たなパラダイムが求められているとみる理解である。「国際化」に代わる選択肢(6)としてここに登場するのが，諸国家を超越した地球規模での俯瞰的視点（「地球社会化（グローバル化（globalization, Globalisierung））」，「地球公益論」等）である。このような認識のもとに，著者は，先に地球温暖化による気候変動との関連においてささやかな実践的提言を試みたことがある(7)。新たな解決策を求めようとするこの試みは，むろん，気候変動以外の多くの地球的課題にもそのまま転用されなければならない。

3　敬愛する同僚，滝田賢治教授の古稀を寿ぐ記念論文集への寄稿にあたり，ここでは，深刻な問題を生み出しつつある人口急増(8)への対処案とも深く関わる世界的食糧問題の一端を取り上げたい。その目的は，現代社会の最先端に位置する原理的課題への論及を通じて，被献呈者が専攻される国際政治学と著者の主専攻分野たる国際私法(9)との間での学問的対話を試みようとする点にある。検討の素材とされたのは，世界的規模で多くの関心を集めた2008年の食糧危機（Food crisis, Nahrungsmittelpreiskrise, Lebensmittelskandal, Crise alimentaire）(10)である。ここでの検討は，フランス革命以来の伝統を有する西洋型法律学がこ

---

(6)　わが国の歴史を顧みると，各国実質私法の相違を前提として，いずれの国の法を適用すべきかを任務とする国際私法を「其の内容に於て又其の基礎たる諸概念に於て同一でなければならない」とした田中耕太郎による世界法の理論（同著『世界法の理論 第2巻』（岩波書店，1933年）35頁）が想起されるのかもしれない。しかしながら，上の引用から明らかなように，そこで考えられていたのは。あくまでも諸国家間に共通する国際統一法であることが読み取れる。けれども，国家主権を前提とするこのような発想では地球的課題を解決し得ないと見る著者の立場では，国民国家制を超越した新たな枠組みが構想されなければならない。

(7)　*Yamauchi*, Das globale Internationale Privatrecht im 21. Jahrhundert － Wendung des klassischen Paradigmas des IPRs zur Globalisierung, Beiträge zum transnationalen Wirtschaftsrecht, Heft 88, Juni 2009, 山内著．『21世紀国際私法の課題』（信山社，2012年）, *Yamauchi*, Festrede: Aufgabe der Weltjuristen im 21. Jahrhundert, SCHLAGLICHTER 12（2012／2013), 山内「現代国際私法の課題について――地球温暖化による気候変動をいかに受け止めるか」（法学新報122巻1・2号（廣瀬克巨教授追悼号）855-910頁）（山内著『国際私法の深化と発展』（信山社，2016年）に収録）．

◆第2章◆　法律学における2008年食糧危機の教訓

れまでに確立してきた基本的（常識的）諸概念・諸価値の見直しを提案するものに他ならない。それと同時に，本章は，全地球的規模での利益衡量に基づく「グローバル食糧法（Globales Lebensmittelrecht）」という新たな専門分野の形成に向けた挑戦の試みでもある。

　以下では，上の食糧危機に触発された2本のドキュメンタリー番組（日本放

---

(8)　BS世界のドキュメンタリー「地球を食い尽くすのは誰？——"人口爆発"の真実〜（Population Boom）」（Nikolaus Geyrhalter Filmproduktion（オーストリア），2013年制作）（http://www6.nhk.or.jp/wdoc/backnumber/detail/?pid=150310）。2015年3月11日に放映されたこの番組（同年10月27日再放送）では，「世界の人口は72億。『アジアやアフリカで"人口爆発"が続けば食料・水・エネルギー資源が不足し，温暖化も進み，人類は滅びる』と識者は警鐘を鳴らす。しかし，この議論は本当なのか？　人口が急増する貧しい国々では，1人あたりのエネルギーや食料の消費量が先進国よりずっと少なく，人口密度も低い地域が多い。本当の問題は，豊かな国が化石燃料や食料をこのまま大量に消費し続けようとしていることではないのだろうか——。」と述べられている。わが国では少子化が問題視されているとはいえ，国立社会保障・人口問題研究所の調査結果によれば，1950年当時，約25億人であった世界人口は今日では約73億人となり，やがて，2050年には95億人を超え，2100年には108億人にも達するとも見込まれている。これらの数値については，http://www.ipss.go.jp/syoushika/tohkei/Popular/P_Detail2015.asp?fname=T01-12.htm（2016年4月17日確認）他参照。

(9)　著者が構想する「国際私法」は，伝統的理解における牴触法体系を含みながらも，それにとどまらず，私人が関与する渉外的法律問題を解決する上で必要と考えられる全分野を取り込んだ総合法学として説明される。こうした考えについては，山内『21世紀国際私法の課題』（信山社，2012年）はしがき，同『比較法研究　第2巻　比較法と国際私法』（中央大学出版部，2016年）621頁以下，同『国際私法の進化と発展』（信山社，2016年）24以下他参照。

(10)　2008年の食糧危機については，「人口増加，自然災害，穀物市場への投機や原油相場の高騰，トウモロコシなど農産物を原料とするバイオ燃料の利用拡大といった複合要因で，2008年春に穀物価格が急騰。コメの国際価格は2007年末の1トンあたり320ドル前後から2008年5月には1,000ドルを超えた。穀物生産国の輸出規制が拍車をかけ，途上国で暴動やデモが頻発。中米ハイチでは政権交代を招いた。日本でも，小麦価格の上昇を引き金に幅広い食品が値上がりし，影響は食卓や学校給食に及んだ。」と解説されている（朝日新聞2009年12月31日朝刊2面）。その後の大きな話題として「『アフリカの角』地域での2011年飢餓（Hungerkrise am Horn von Afrika 2011）」（https://de.wikipedia.org/wiki/Hungerkrise_am_Horn_von_Afrika_2011（2016年4月17日確認））がある。

送協会「BS世界のドキュメンタリー」で放映された「コメ貿易の背徳 (Ricejacking)」および「収穫は誰のもの (Land Rush)」に手掛かりを求めることとする（画面に漢数字で示された個所はすべて横書きのため算用数字に変換され，また，読者の便宜を考慮して句読点を補充した箇所が少なくない）。初めに，両番組の内容が，放映順に，音声から文字への置き換えという形で再現され（煩雑さを避けるため，出典の明示は最小限にとどめる），どのような思想や制度が全地球的規模での課題解決に必要かが模索される（「Ⅱ」）。続けて，既存の思想や制度に代わるべき対案が探求される（「Ⅲ」）。ここでの検討を通じて，現時の地球的課題を解決するための示唆が多少とも得られるならば，何よりのこととされよう。

◆ Ⅱ ◆　素材の紹介

1　「コメ貿易の背徳」

　1　2010年にフランスのメディア (Ladybirds Films) により制作された「コメ貿易の背徳 (Ricejacking)」[11]は，2008年春，コメの国際価格が6倍にも高騰した事象の原因探求に焦点を当てた番組である。末尾では，セネガルにおける食糧自給路線への転換とその影響が検討されている。そこには，国際社会が長らく承認してきた伝統的価値観とそれに基づく諸制度（法制度を含む）の社会的機能とその存在意義に対する批判的問題提起が含まれている。総じて，視聴者に対し，食糧に関わる地球的課題への関心を喚起しようとした番組といえよう。当時の状況を振り返り，深刻な危機を回避する可能性を探ることは，同種事象の再発を防止することに繋がるはずである（2011年のソマリア食糧危機（東

---

(11)　この番組は，2011年1月16日に，「シリーズ グローバル化する食」の一環として放映された（再放映は同年12月15日に行われた）。http://www6.nhk.or.jp/wdoc/backnumber/detail/?pid=110114；http://yamazakijirou.cocolog-nifty.com/blog/2011/01/23116-0a92.html（2016年4月17日確認）

(12)　前注(10)参照。http://www.mofa.go.jp/mofaj/press/pr/wakaru/topics/vol78/；http://ja.wfp.org/sites/default/files/ja/file/horn_of_africa_two_pager_august.pdf；http://www.unicef.or.jp/kodomo/news/2011/08_08.htm 他参照。

◆ 第2章 ◆　法律学における2008年食糧危機の教訓

アフリカ大旱魃）では，この経験が活かされていなかった）[12]。

2　番組の冒頭では，以下の表現で，食糧としてのコメが社会生活上いかに重要か，コメを巡ってどのような事態が生じていたか，これらが説明される。

　"コメは全世界で30億人以上が毎日口にしている重要な穀物。貧しい国の人々にとっては，欠くことのできない食料です。……2008年の春，穀物すべての価格が高騰し，コメの価格も数か月の間に6倍に上昇。40もの途上国で抗議デモが起こり，……盛んに飢餓暴動が報じられました。食糧危機，飢餓といった言葉が連日メディアで流れ，不安感を煽りました。世界の主要穀物であるコメの供給がもはや保障されないと誰もが感じたのです。2008年の春，世界人口の半分近くを支えるコメの市場で一体何が起きたのでしょうか。誰がこのパニックを引き起こし，誰が利益を得たのでしょうか。……わたしたちはこの危機からどんな教訓を得たのでしょうか。知られざる世界のコメ貿易ネットワーク。小さな白い米粒を巡る人々の欲望と思惑の内幕を追いました。"[13]

　米価の高騰が「食糧危機」と呼ばれたのはなぜか。その背景を理解するためには，生産者から消費者に渡るまでの流通経路（コメ貿易ネットワーク）がどのように形成されているかがあらかじめ確認されなければならない。それは，米価がどのように決定されるかの原理的解明を通じて，主体に即して言えば誰が（行為に即して言えば何が）コメの価格形成に決定的な影響を及ぼしたかが判明するはずだからである。整理に際しては，コメの流通経路に即して，誰が（主体）どこで（場所）何のために（目的）何をしているか（行為）等に着目し，個々の行為の連鎖としてこの過程を段階的に把握することが有用であろう。

　起点となるのは，むろん，コメの生産活動である。生産地として例示されたのは，世界最大のコメ輸出国タイ[14]である。輸出量増大の背景には，機械化による効率的経営があった。収益性の重視は，人力と家畜による小規模農業に不可欠であった農民間の相互扶助（共同作業）の必要性を弱め，連帯感の喪失（地域社会の崩壊）をもたらした[15]。生産性の向上で生まれた余剰分は，備蓄米等

---

(13)　前注(11)参照。
(14)　「コメ貿易ネットワークのスタート地点は，コメの生産地，多くはアジアの国々です。そして，その中で，タイは世界最大のコメ輸出量を誇っています。」（前注(11)参照。）
(15)　前注(11)参照。

◇ Ⅱ ◇　素材の紹介

を除き，輸出に振り向けられた。複数の農家から余剰米を買い付け，転売業務のみを担当する輸出業者が生まれたのも効率化が追及されたためである。地域や規模に応じた複数の輸出業者が登場するに及んで，市場は多元化あるいは多層化し，それぞれ拡大した。コメの輸入国でも消費者の手に渡るまでの過程で，複数の輸入業者，卸売業者，小売業者が現れ，流通業者等を含め，それぞれに複数の競争市場が形成された。コメの価格は，むろん，市場の需給関係に左右される。豊作等によるコメ余りの時期は末端の消費者が，凶作等によるコメ不足のときは生産者がそれぞれ価格決定権を有するようにみえるが，どの市場でも，参加者が質量ともに増え，流通経路等も多元化および多層化することにより，価格決定過程が錯綜し，その不透明性は増大する。売り惜しみや買い控え，売り叩きや買い叩きといった人為的操作が加わり，さらに先物取引が行われることにより，米価の実質的決定過程はカード・ゲームのようにさらに複雑な様相を帯びる。簡略化のためであろうが，番組では2008年食糧危機をもたらした穀物ネットワークの主要参加者が，タイの輸出業者，消費国セネガルの輸入業者，両者を仲介するスイスの穀物商社（トレーダー）の3者に限定されている[16]。

(1) 最初に登場するのは，タイの輸出業者とタイ政府である。コメ取引における価格予測要因の変化を回顧する[17]タイの輸出業者，ビチャイ・スリパサートによれば，華僑社会に属する輸出業者は集団で行動し，利益の最大化を図っている[18]。2008年の食糧危機をもたらしたきっかけは，値上がり益を期待して意図的に出荷を抑制したタイ輸出業者の組織的売り惜しみ行為にあった。気象条件の変化により収穫量が減少したためである。しかし，それだけで価格が急

---

[16] 「実際にコメを外国へ売るのは農家ではありません。首都バンコクに事務所を構える大手の輸出業者です。チャイナタウンの繁華街には多くの業者が集まり，コメの流通を牛耳っています。」(http://www6.nhk.or.jp/wdoc/backnumber/detail/?pid=110114; http://yamazakijirou.cocolog-nifty.com/blog/2011/01/23116-0a92.html（2016年4月17日確認））

[17] ビチャイ・スリパサートの祖父は数十年に亘って川の水位の変化に注目し（「チャオプラヤ川の水位が下がればコメの価格は上がり，水位が上がればコメの価格は下がります。」），彼の父はラジオの天気予報に注目していた（「モンスーンの雨が多いとコメの価格が下がり，少ないと価格が上がる」）。前注(11)参照。

◆ 第2章 ◆　法律学における2008年食糧危機の教訓

激に上昇したわけではない。この時期に備蓄米を放出しなかったタイ政府の食糧管理政策[19]も価格高騰に一役買っていた[20]。タイ政府が250万トンのコメを市場に出したのは食糧危機が峠を越えた時期であった[21]。タイの通産相、チャイヤ・サソムサプによる「出荷時期は適正である」との弁明[22]に対しては、輸出業者側と輸出業者側の利得からの見返りを期待した政府関係者との馴れ合いで政府が意図的に放出時期を遅らせたとする疑念も示されている[23]。これらの行動は、伝統的法理のもとでは、所有権者の当然の権利として、また契約自由の原則の自然な発露として、さらに行政庁の適正な裁量行為として、それぞれ肯

---

[18]「毎週水曜日、タイの大手輸出業者が昼食会に集まります。90年間、欠かさず続けられている行事です。集まるのは、全員が華僑。中国にルーツを持つ人々です。昼食会が終わると、持ち寄った様々な情報を交換し……1週間の輸出量や交渉価格を参考に、市場価格を決めるのです。この価格はひとつの指標に過ぎませんが、世界的に影響力があり、コメ貿易のもう一方の当事者、アフリカの輸入業者が注目しています。」（前注(11)参照。）

[19]タイの輸出業者の中にも、タイ政府の政策を問題する発言がみられた。ビチャイ・スリパサートは次のように述べている。「2008年4月にコメの価格は、トン当たり1100ドルまで上がりました。あの時点で、タイは備蓄している米をできる限り輸出すべきでした。価格が高騰していたんですから。しかし、タイ政府は売ることを拒み、備蓄米を温存しました。コメを放出すれば価格が下がると懸念して、抱え込んだのです。あのような行為は、需要と供給の経済原則に適っていません。」（前注(11)参照。）

[20]「世界最大のコメ輸出国タイは、このとき、投機ゲームに参加していました。世界中がコメを探していたとき、タイの倉庫には収穫されたばかりのコメが大量に貯蔵されていたのです。合理的に考えれば、コメ危機が頂点に達し、倉庫が満杯になったとき、タイ政府は数百万トンあったとも言われる備蓄米を市場に放出するべきでした。」（前注(11)参照。）

[21]「今、バンコクでは、誰も食糧危機のことなど覚えていません。タイ政府は250万トンの備蓄米を市場に出すことにしました。食糧危機のさなかにこれだけのコメが売り出されていれば、多くの問題が解決されたはずです。」（前注(11)参照。）

[22]「大量のコメの在庫があるうえに、次の収穫期が迫っています。一刻も早く倉庫を空にしなければならないんです。もう少しすれば、新たに800万トンのコメが入ってくるんです。取引には絶好のタイミングですよ。」（前注(11)参照。）

[23]「タイの大手輸出業者が次々と入札価格を提示します。すべて公明正大に行われているようにみえますが、ここにも政府と輸出業者との癒着があるという噂は絶えません。」（前注(11)参照。）

◇ Ⅱ ◇　素材の紹介

定的に評価され，法律上の問題として取り上げられることはないであろう。

(2) 次に紹介されるのは，コメ価格の高騰という事態に翻弄されたセネガルの輸入業者と同国政府の行動である[24]。セネガルのアブドゥライ・ワッド大統領は，同国にコメが輸入されるに至った事情として，植民地時代におけるフランスの行動を挙げていた[25]。コメの商品価値（収穫の質および量）は，自然地理的環境条件，農民の技能水準等に大きく左右される[26]。セネガルが米価の高騰を防げなかったのは，自国内でコメが栽培されず，外国販売業者の意向に振り回されたためである[27]。コメの輸入先は歴史的経緯から当初ベトナムに限られていたが，増え続ける食料需要を満たすべくタイが輸入先に追加された。輸入の権限は，当初，セネガル政府に独占されていたが，独占による弊害除去のため，後に民営化された[28]。民間業者の参入により競争市場が生まれ，段階的に市場が拡大しただけでなく，国際機関からの財政支援の一環として輸入用資金も提供された[29]。しかし，高い事業収益を望みえないセネガルでは輸入業者もさほど増えず，米価決定過程への影響力も強まらなかった。このことは，コメ取引の当事者間に（契約自由の原則の前提を成す）対等な力関係が成立していないことを示している。このことは，付従契約における弱者保護の必要性を想起させるものであろう。

---

[24]　「アフリカの国々は消費するコメの大部分を輸入に頼っています。そのため，2008年の価格高騰では，とりわけ大きな痛手を受けました。ここ西アフリカのセネガルでは，40年間にコメの消費量が10倍に増えました。セネガルにはもともとコメを食べる習慣はありませんでしたが，かつてこの国を支配していたフランスがコメの輸入を始め，コメを食べるようになりました。」（前注(11)参照。）

[25]　「コメは19世紀にフランス人がセネガルに持ち込みました。当時，コーチシナ（Cochinchine française（交趾支那），フランス統治時代の呼称）と呼ばれていたベトナム南部は，フランスが支配していました。そこでコメを生産していたのです。そのコメをフランスはセネガルに売り，セネガルにコメを食べる習慣が生まれました。しかし，コメの代金を支払うのは大変でした。わたしたちは原野を切り拓いてピーナッツを栽培し，それをフランスに売って手にした金を輸入米の支払に充てていたのです。このために国土は荒れてしまいました。」前注(11)参照。

[26]　「現在，アフリカの農家は機械を買う補助金も貰えず，すべて人力で生産しているため，アジア産のコメより価格が高く，国際的な競争力がありません。」（前注(11)参照。）

[27]　食糧危機を経験したセネガルは後にコメの自給化に取り組むようになった（後注(58)参照）。

◆第2章◆　　法律学における2008年食糧危機の教訓

　(3) 輸出側でも輸入側でも，一定の数量を安定的に確保すると同時に価格の変動幅を縮小しようとすれば，リスク軽減の観点から，市場の拡大とその活用が不可欠となる。輸出業者および輸入業者が，コメそれ自体に関する農学，化学，栄養学等での，またコメ市場の動きに関する地政学，経済学，統計学等での高度の専門的知識と豊富な経験を有する貿易業者（トレーダー，商社）の活用に踏み切る必然性がここにある[30]（地域，商品，分量等に着目することにより，複数の中間的主体（卸売業者）が追加される場合，コメ取引の過程はさらに細分化される）。番組では，スイスの穀物商社の動き[31]が簡潔に紹介される。法的にみれば，ここでも，それぞれの市場で，契約自由の原則が貫かれ，また許認可権限も適法に行使されていたと説明されることであろう。

　(4) 上の説明から，タイで生産されたコメが，同国の輸出業者，スイスの穀物トレーダー，セネガルの輸入業者から成る「トライアングル」を経て，セネガルの消費者へと届けられていた[32]ことが分かる。個々の売買契約に法的な問題はない。それにも拘らず，2008年春の時点で，なぜこうした穀物取引のネットワークに「綻び」（市場におけるコメの不足[33]，これを反映したコメ価格の急騰[34]，その結果としての暴動[35]等）が生じた[36]のだろうか。スイスの穀物商社トレーダー，コンラッド・クレフィールドは，コメが品薄になった一因を悪天候に求めてい

---

[28] 「セネガルの首都，ダカール。数年前までこの国でコメを輸入することができるのは政府だけでした。しかし，その結果，私腹を肥やす政治家や高級官僚が続出し，政府によるコメ市場の独占に終止符が打たれました。現在，コメの輸入は，民間の輸入業者が行っています。」「ダカールでは名の知れた輸入業者の1人」ムスタファ・トールはセネガルにおける輸入権限の変化を次のように述べていた。「わたしは1980年にダカールに来て，83年に最初の店を持ちました。3年もかかったのは，権利金を要求されたからです。権利金を払って，さらに商売を始めるための資金を用意するのは，わたしには容易なことではありませんでした。」（前注(11)参照）

[29] 「世界銀行やIMF（国際通貨基金）は，長年，アフリカ諸国にコメの輸入を促してきました。その結果，生産性も向上しなかったのです。」（前注(11)参照）

[30] 「個性豊かなアフリカの輸入業者と長い歴史を持つタイの華僑の輸出業者。コメ貿易はこの両者の間で成立するようにみえますが，実際には，第3のプレーヤーが存在します。世界の穀物市場で投機を行い，巨大な利益を上げているトレーダー，大手の国際穀物商社です。」（前注(11)参照）

◇ Ⅱ ◇　素材の紹介

た[37]。しかし，彼自身も認める[38]ように，悪天候による不作が食糧危機の唯一の原因ではない。危機を増幅した要因として，輸入国フィリピン[39]がとったコメの買い占め行為[40]が追加されなければならない[41]。

　この年，コメの収穫量減少という事態に直面したフィリピンは，自国民の食糧を確保すべく，輸入量を大幅に増やした[42]ものの，必要量を確保できなかっ

---

(31) 「多国籍企業である商社は，ジュネーブなどに本拠を構え，一般にはほとんど知られることなく，活動しています。その代表格，フランスのルイ・ドレフュス社（Louis Dreyfus, Commodities）も，目立たないように，メディアとの接触を最小限にとどめています。」「穀物の売買に携わっているいくつかの会社が取材に応じてくれました。」穀物商社トレーダー，コンラッド・クレフィールドは「穀物の売買をしていると言うと，巨額の資金を動かして大きな利益を上げているちょっと後ろ暗い会社のように思われがちです。しかし，少なくともコメに限って言えば，それは必ずしも正しい評価ではありません。」「わたしたちはたんに，生産者と食料としてコメを求めている人々，そして資金を持った人々をつなぐ存在です。スイスの銀行家はマリの人に，パキスタンのコメを買うための金を貸すことはできません。パキスタンの人に，マリでコメを売るための資金を融資することもできません。そういった人たちの間をわたしたちがうまく橋渡ししているのです。」と語る。また，穀物商社トレーダー　ユベール・グタイは「コメのビジネスに関わっている人たちは，当たり前ですが，コメに非常に関心を持っています。わたしたちが売り買いしているのは，机上の数字ではなく，現物の農産物なんです。コメのことを知らないで取引を行うことはできません。たとえば，アメリカの年金基金がコメ市場で儲けようとしても無理です。玄人にしかできない仕事ですよ。」と述べている。（前注(11)参照。）

(32) 前注(11)参照。

(33) セネガルの輸入業者，ムスタファ・トールは「エジプト，インド，カンボジア，ベトナム，タイなど，思いつく限りの生産国を当たりましたが，どこにもコメは見つかりませんでした。」と述べていた。穀物商社トレーダー，ユベール・グタイは市場の反応を「『商品がなくなる。』『作柄が悪くて，需要が爆発的に増える。』といわれ続けていました。……もっと冷静になるべきでした。アフリカにはコメがない。アフリカは餓死するといった映像に惑わされてしまったのです。」と要約している。（前注(11)参照。）

(34) フィリピンの状況として，「もう　たくさんだ！　何もかも高すぎる！　うんざりだ！　コメが高すぎる！」（前注(11)参照。）

(35) フィリピンの状況として，「１週間で５人死亡　600人以上が負傷。国は混乱に陥っています。」「子供たちはやせ細り，うつろな目をしています。栄養不良どころではなく，今や飢餓の恐れが出てきました。」（前注(11)参照。）

⑶⑹ 「コメの国際価格が低く，輸出業者が輸出に熱心で，信用貸しが認められていれば，問題はありませんでした。」「コメ貿易は仲間内の合意に基づいて昔ながらのやり方で行われているということになります。バンコクの輸出業者，セネガルの輸入業者，そしてジュネーブのトレーダー，これで，現在のコメビジネスに必要な三角形が完成しました。コメの価格は，長い間，1トン当たり250ドル前後で推移していました。小売価格も安値安定で，貧困層も何とか手にすることができました。ところが，2007年，安定していたコメ市場に危機の最初の兆候が表れます。」「しかし，2007年から世界的にコメが不足して，価格が急騰したため，救いの手を差し伸べる者は1人もいなくなった。それが，2008年春に起きたことです。」(前注⑾参照。)

⑶⑺ 「2007年の秋以降，わたしたちは特にタイで出荷が遅れていることに気付きました。一部の国ではすでにコメが不足し始めていました。特に目立っていたのは，フィリピンと西アフリカです。原因のひとつは悪天候でした。インドの洪水，ベトナムの干ばつは，コメの収穫量を確実に減らしました。自国で必要な量を賄えなくなることを恐れた一部の輸出国は輸出を停止。小さな白い米粒は宝石に変わりました。」前注⑾参照。

⑶⑻ 「初めはたんに物流の問題でしたが，徐々に市場がパニック状態になり，ある時点でコメはまったく買い付けられなくなってしまいました。」(前注⑾参照。)

⑶⑼ 「フィリピン国内のコメの作付面積は400万ヘクタール。1ヘクタール当たりの収穫量も良好です。しかし，これでも，すべての国民に供給するには足りず，この10年でコメの輸入量は3倍に増えました。」マニラから200キロ離れた村の稲作農家で，フィリピンコメ生産者協議会会長でもあるハイメ・タデオは「以前は断続的に輸入していただけでしたが，今では，輸入量が150万トンも増えています。フィリピンは今やアフリカの国々を抜いて世界最大のコメ輸入国になりました。信じられますか。フィリピンは農業国なのに，なんとも皮肉な話です。」と述べている。(前注⑾参照。)

⑷⑳ 元世界銀行チーフエコノミスト，フランソワ・ブルギニョンは，フィリピンの状況について「世界の指導者の中には，市場を独占して，利益を独り占めしようと目論んでいる人たちがいます。だから，そのような国では，経済がうまく機能しないのです。フィリピンはまさにそういった国のひとつの例です。政治の腐敗，そして政治家と経済界との癒着は目に余るものがあります。」と述べている。(前注⑾参照。)

⑷⑴ 「2008年，世界市場はマヒ状態に陥りました。それをさらにエスカレートさせたのは，フィリピンの取った行動です。過去50年間でフィリピンの人口は4倍に増加しました。9000万人に膨れ上がった人口が主食のコメを求めていました。国民の多くは貧困ライン以下の生活をしていて，収入の大半をコメに費やしています。したがって，もしコメ不足や価格の高騰が起これば大規模な暴動になることは目に見えています。それを恐れた政府はコメの安定供給に細心の注意を払っていました。」前注⑽参照。

◇ Ⅱ ◇　素材の紹介

た。米価は異例に高騰し[43]，暴動も繰り返された。自国民向け食糧を確保するための買い付け量増加という理由は，フィリピン政府の側から見る限り，まっとうな説明であり，非難に値しないと考えられることであろう（「……限り」という留保を付したのは，自国民の食糧を確保できさえすれば，他国の国民の食糧確保に無関心でよいという自国中心主義の発想が是認される場合を想定したためである――むろん，こうした発想の当否は，それが地球共同体の利益（少ないものでも分け合うことが必要だという「共生」の思想）に合致するか否かという点で，別途，検討されなければならない）。番組では，人為的要因として，コメの価格がフィリピン国内の政治的動きに翻弄された（取引の成否に対価以外の金銭の授受が影響した）ことにも触れられている。フィリピンの上院議員，ジャンビー・マドリガルによれば，コメはフィリピンを支配する「政治の道具になる商品」である[44]。フィリピンでコメに政治的利権が絡むのは，政府がコメの輸入権限を独占しているためである[45]。コメの輸入業務を所管する政府機関NFA（National Food Authority，フィリピン食料局）のジェスップ・ナバロ局長は，政府が権限を独占していても，競争入札制のもとで公正な運用が図られているため，問題

---

[42]　「2008年春，フィリピン政府は例年よりもさらに多くのコメを輸入しようと考えました。その量は250万トンとも言われ，それだけで世界市場にパニックを引き起こすほどの量でした。」（前注[11]参照。）

[43]　価格の高騰については，「当時，さまざまな情報が飛び交っていましたが，ひとつ確かなのは，コメの価格が高騰し続けていることでした。4か月の間に1トン当たりの価格は250ドルから600ドル以上に跳ね上がりましたが，フィリピン政府は，どんな高値でもコメを手に入れる構えでした。」と解説されている。穀物商社トレーダー，コンラッド・クレフィールドは「私が聞いた最高額は，フィリピンの最後の入札でコメ1トン当たり1,200ドルというものでした。コメに1,200ドルですよ」と述べている。（前注[11]参照。）

[44]　「コメは政治の道具になる商品で，この国をいとも簡単に支配することができます。フィリピンの人々の命を支えている大事な食べ物ですから，それゆえ感情的にもなるのです。この国の経済や文化はコメを基盤として成り立っているといっても言い過ぎではありません。」前注[11]参照。

[45]　「セネガルとは異なり，フィリピンでは今も政府がコメの輸入に関して独占的な権限を有しています。マニラの港に降ろされるコメの袋に捺されているのは，政府機関であるNFA（National Food Authority，フィリピン食料局）のスタンプです。」前注[11]参照。

◆第2章◆　法律学における2008年食糧危機の教訓

はないと述べている⁽⁴⁶⁾。むろん，競争入札制の採用は「市場原理」性善説を前提とする。内外の各種事例（談合，贈収賄⁽⁴⁷⁾等を含む）が示すように，現行制度下では立証に困難があるほか，入札価格の設定局面で経済合理性以外に，情緒的・心理的要因が働く余地がある。2008年食糧危機当時，フィリピンへコメを輸出したベトナムとフィリピンとの間でこの種の問題事象が生じ得たことも番組では示唆されている⁽⁴⁸⁾。フィリピンのコメ生産者協議会会長，ハイメ・タデオ⁽⁴⁹⁾だけでなく，上院議員，ジャンビー・マドリガル⁽⁵⁰⁾も，両国関係者間で贈収賄行為が行われた可能性を示唆していた。

　人為的な価格操作は，フィリピンによる買い占め行為や，その裏に伏在したベトナムとフィリピンとの間での贈収賄疑惑だけではない。そうした欺罔行為に便乗する者も現れた。とはいえ，誰のどのような行為が米価の高騰にどの程度の影響を及ぼしたかを数量的に算出する「方程式」は存在しない。この問題

---

(46)　「2007年の12月，そして2008年の2月，3月，4月に入札を行いました。われわれは入札公告を出して，誰もが参加できる透明性の高い入札を実施し，コメを調達しています。……ベトナムだけではありません。ほかの国に対しても，入札への参加を呼び掛けました。タイ，ベトナム，中国，アメリカ，パキスタン，それから，インドネシア，韓国，日本の政府にも書簡を送りました。ベトナムだけではありません。（「しかし，契約したのはベトナムだけですね。」という質問に対して――著者注記）ええ。ベトナムの出した価格などの条件が良かったからです。ほかの国々は興味を示しませんでした。われわれは透明性の高いやり方で適切な手順に従って輸入する相手を決めただけです。」前注(11)参照。

(47)　「フィリピン政府は，結局，大量のコメを高値で買い付けました。理由は，パニック防止のためだけではなく，誰も認めたがりませんが，交渉担当者の懐に入る手数料でした。」（前注(11)参照。）

(48)　「フィリピン政府はベトナム政府から60万トンのコメを買うことで合意しました。1トン当たり1,000ドルを超える高値でした。合意の決め手となったのは，数千万ドルとも言われる巨額の手数料です。」（前注(10)参照。）

(49)　「コメを輸入すると，ベトナムやタイの輸出業者からフィリピン政府の担当者にこのコメに対する手数料が支払われるのです。国際市場におけるコメの価格はコメ危機のせいで大きく跳ね上がりました。1トン当たりの価格が260ドルから500ドルまで上がると，手数料はトン当たり20ドルから30ドルに増えます。もし1トンが700ドルから1,000ドルまで上がれば，手数料は50ドルから100ドルまでに膨れ上がるのです。」前注(11)参照。

◇ Ⅱ ◇　素材の紹介

に関心を抱く者が，独自の指標（一定の価値観）を基礎に「合理的経済人（homo economicus）」や「合理的法律家（homo juridicus）」の名においてそれぞれの恣意的な意見を表明するにとどまるのが現状であろう。

　3　このようなフィリピンの買占め行為，タイの出荷抑制，スイスの便乗値上げ（穀物商社自体が投機に参加したことは当事者によっても否定されていない[51]），これらによる包囲網に直面して，輸入国セネガルはこうした事態（便乗値上げを試みる者がセネガル国内でも現れていた[52]）をどのように受け止め，どのように行動したか。セネガル政府は，当初，消費者の購買価格に影響が及ばないよう，輸入米に補助金を出していた[53]（補助金が輸入業者に対して直接支払われたのか否かは番組では触れられていない）。しかし，補助金の交付も米価の高騰を抑えるほどの効果を持たなかった[54]。セネガルのワッド大統領は，米価が下が

---

[50]　「お膳立てをしたのは，当時のアロヨ大統領の夫です。フィリピンのヤップ農相にベトナムからコメを輸入するよう働きかけ，多額の手数料をせしめたのです。アロヨ大統領の夫がヤップ農相と親しいというのは周知の事実でした。政府間で交わされた契約書を直接見ることはできないので，証明するのは難しいのですが。」前注(11)参照。「ナバロ局長は金を受け取っていると思いますか。」という質問に対し，NFA組合副委員長，ラリー・タンは「どうでしょう。なんとも言えません。コメの輸入に関してわたしが知っているのは，すべて政府間の取引であるということです。それと，どう言えばよいか，輸入する国に手数料が支払われているということです。フィリピン国内では，アロヨ大統領とその夫が，コメの不正取引に関与していたと盛んに取り沙汰されてますよ。」と答えている。前注(11)参照。

[51]　インタビュアーの質問に対して穀物商社のトレーダー，ユベール・グタイはこう答えていた。「『あなた方も投機に参加した。』『しました。少しですが。』『したことはしたんですね。』『かなり，控え目でしたがね。』」（前注(11)参照。）

[52]　セネガルの卸売業者，ハス・ンディはインタビュアーの「2008年の3月と4月はどうでした。まだコメは残っていましたか。」という質問に「ええ，ありました。コメは残っていました。」と答えていた。「投機の動きはありましたか。」という問いには，「ありましたね。でも，わたしはしていません。」と回答した。「あなたはしてない。あなただけは善人だと言うんですね。」という追及には，「イッヒッヒ（笑い）そこまで，えっへっへ……」という表現でかわしている。（前注(11)参照。）

[53]　「セネガルでは，政府が，コメの価格高騰に危機感を抱き，輸入米に補助金を出して，小売価格の上昇を抑えようとしました。輸入業者，卸売業者，さらに小売店の店主まで，コメの流通に関わる者すべてが儲けを計算し始めます。」（前注(9)参照。）

61

◆第2章◆　法律学における2008年食糧危機の教訓

らなかった理由を国内市場の寡占状態に求めていた[55]。しかし，それが真の原因と言えるか否かは明らかではない。セネガルの輸入業者[56]と穀物商社トレーダー[57]との間でも米価が下がらなかった原因について相反する見方があるからである。

　米価の高騰は国際的規模で新たな論議を巻き起こした[58]。しかし，そうした場でも，セネガルにとって即効性のある対策は示されることがなかった。そのため，ワッド大統領は，抜本的対策として，コメの自給自足を試みるよう，政

---

[54]　政府が補助金を出しても，コメの価格が下がらなかった事態に対し，「輸入業者が利益を上げることばかり考えているからだ」と，ワッド大統領は非難した。セネガルの卸売業者，ハス・ンディは輸入価格の変化について次のように述べていた。「以前は，2,000万フランでどのくらい買えたかというと，2,000万出せば，268で割って，80トンのコメが買えました。今は，2,000万フランで50トンしか買えません。30トンも少ないんです。言っておきますが，わたしが上乗せするのは，価格に関係なく，トン当たり一律5,000フランです。コメは公定価格なので，投機の対象にして儲けることは許されません。仮に1トン40万フランで買ったら，40万5,000フランで売ります。備蓄が底をつくまではそれで大丈夫です。」（前注(11)参照。）

[55]　「セネガルにはコメの輸入業者が数えるほどしかありません。一，二の大手を含め，4社か5社だけで，これでは，寡占状態です。好きなように，価格を決めてしまいます。そのようなことは容認できないと，わたしは通達を出しました。」（前注(11)参照。）

[56]　セネガルの輸入業者，ムスタファ・トールはこう述べている。「非難された輸入業者は，悪いのは穀物商社，トレーダーだと言います。トレーダーは価格の急騰に目を付け，コメを買うばかりで売らず，投機の対象にしました。利益だけを追求していたんです。」（前注(11)参照。）

[57]　穀物商社のトレーダー，ユベール・グタイはこう述べている。「タイの生産者，輸出業者，そしてトレーダーが，コメを投機に利用しました。その結果，コメの価格が上がると，今度は，アフリカの輸入業者，卸売業者，小売業者と，コメの流通ネットワーク全体がまた少しずつ投機に参加したんです。価格高騰の理由は，これで説明がつきます。」（前注(11)参照。）

[58]　「2008年のコメの危機は人為的だったかもしれませんが，より根本的な政治問題を提起することとなりました。2008年6月，国連のFAO（食糧農業機関）は，食糧安全保障サミットを招集，発展途上国における食糧不足の深刻化に対し，先進国も含めた国際的な協力が必要だとの認識を新たにしました。そして，それまで開発戦略の中で取り残されてきた農業がふたたび優先課題となります。しかし，その後も，資金不足などから，困難な問題が山積したままです。」（前注(11)参照。）

◇ Ⅱ ◇　素材の紹介

策を大きく転換した⁽⁵⁹⁾。GOANA 計画（Grande offensive pour la nourriture et l'abondance）（モーリタニアとの国境，セネガル川の流域で開始されたコメの大規模生産計画）がそれである⁽⁶⁰⁾。しかしながら，この計画も真の解決策には程遠い。机上の計画とその実態とがかけ離れていた⁽⁶¹⁾ためである。一例を挙げよう。自給自足を実現するためには，生産過程⁽⁶²⁾だけでなく，流通過程⁽⁶³⁾もしかるべく整備されていなければならないのに，セネガルでは，そうした条件はいまだ充たされていない⁽⁶⁴⁾。セネガルにおける自給自足政策への転換もタイの輸出業者に影響を与えることはなかった⁽⁶⁵⁾。このことは，タイの輸出業者，ビチャイ・スリパサートがアフリカの自給自足政策を必ずしも脅威と捉えてはいない⁽⁶⁶⁾と

⑸⁹　「食糧危機の後，セネガルのワッド大統領は新しい農業開発プロジェクトに乗り出しました。食糧の自給自足を可能にし，輸入米に頼らなくてもいい国家を実現するためのプロジェクトです。名称は，食糧および豊かさのための大農業キャンペーン，フランス語の頭文字をとって，GOANA（ゴアナ）と呼ばれています。」セネガル大統領，アブドゥライ・ワッドはゴアナ計画についてこう述べている。「主食のコメが手かせ足かせになっていることはセネガルにとって大きなマイナスです。その問題を解決するために，わたしたちは GOANA を立ち上げました。このプロジェクトには 8 億4,000万ドル近い予算を投じています。莫大な金額です。6 年以内に，コメに関しては自立を達成できると考えています。」（前注⑾参照。）

⑹⁰　http://inter-reseaux.org/IMG/pdf_Textegoana-mai08.pdf ; http://inter-reseaux.org/vie-du-reseau/archives-des-groupes-de-travail/gt-politiques-agricoles-560/article/grande-offensive-pour-la（2016年 4 月17日確認））

⑹¹　「この一帯では，古くからコメが栽培されています。しかし，それは世界市場で競争力を発揮するようなものではありませんでした。」（前注⑾参照。）

⑹²　コメ農家，ヨロ・セックはこう述べている。「ここの面積は32ヘクタールあります。刈り取り機があれば，1 日か 2 日で作業を終えられるでしょうが，人の手でやっていたら，刈り取りと脱穀に 2 か月もかかってしまいます。大統領はトラクターと肥料を提供してくれました。補助金や脱穀機も支給してくれましたが，刈り取り機はどこかの仲介業者のところで止まってしまっています。どうして届かないのか，あちこち回って調べているんですが，よく分かりません。」（前注⑾参照。）

⑹³　「コメは作るだけでなく，売らなくてはなりません。ところが，販売ルートはまだ存在しないも同然の状態です。」「生産・流通・インフラの整備など，セネガルのコメはたくさんの難問を抱えています。そうした問題を解決しなければ，コメの自給自足は絵に描いた餅に終わるでしょう。」（前注⑾参照。）

◆第 2 章◆　法律学における 2008 年食糧危機の教訓

いう事実によっても容易に理解できよう。

　4　アフリカにおいてコメの自給自足政策に舵を切ったのはセネガルだけではない。セネガルの動きを「他山の石」とした代表例がマリ共和国である[67]。マリのモディボ・シディベ首相は，ニジェール川流域の広大な土地を利用して[68]，西アフリカにおけるコメ輸出国を目指すという政策を掲げた[69]。マリの

---

[64]　「モーリタニアとの国境の近くにある町，ロッソ。荒れ果てた建物が並んでいます。町には至る所にコメが溢れています。ロッソには精米ができる共同の設備がありますが，生産者は運んできたコメを自分で精米しなければなりません。生産者がロッソに集まってくるのには，ある理由があります。」その理由を精米者協会代表のママドゥ・ディアロはこう説明する。「セネガルではコメが売れません。だから，国境を超えてモーリタニアまで持っていって，そっちで売るんです。せっかくコメを収穫し，脱穀・精米しても，残念なことに，国内には売るところがないんですからねぇ。売れるところへ行くしかありません。セネガルでコメが売れないなら，モーリタニアまで持って行って売るしかないでしょう。」（前注(11)参照。）

[65]　「バンコクの輸出業者は，コメの自給自足を目指すアフリカの動きをどう受け止めればいいのか，困惑しています。」（前注(9)参照。）

[66]　「アフリカには自給自足を成功させるだけの潜在能力があると思います。しかし，それは，あくまでも潜在能力です。それに，アフリカの人たちは水に入って作業することを好みません。ビルハルツ住血吸虫（Schistosoma haematobium）という寄生虫がいて，感染すると，腎臓を侵されるので，水に近づきたがらないんです。ずば抜けた身体能力を持っているのに，なぜかオリンピックでアフリカから有名な水泳選手が出てこないでしょう。彼らは水の近くに行きたがらないのです。たんに文化の違いかもしれませんが，コメを生産しようというアフリカ人は多くないと思います。あくまで，わたしの推測ですが。」（前注(11)参照。）

[67]　「西アフリカのマリ。首都バマコ（Bamako）の北東 240 キロにあるセグー（Segou）という町を訪ねます。ここの暮らしはニジェール川の豊かな水によって支えられてきました。ニジェール川はマリの国土を 1,700 キロに亘って流れ，コメの栽培を助けています。2008 年の食糧危機の後，マリ政府はコメ作りを優先産業と考えるようになりました。」（前注(11)参照。）

[68]　モディボ・シディベはこう説明する。「ニジェール川公社は，100 万ヘクタールを超える土地を所有しています。そのうち，耕作の用意ができているのは 10 万ヘクタール。この 10 万ヘクタールを取得したリビアは，インフラを整備する必要に迫られます。インフラが整えばニジェール川公社の価値も上がります。そうなると，生産性も向上して，地域の農業も発展するでしょう。」（前注(11)参照。）

こうした動きは，タイの輸出業者にも注目されていた[70]。マリでは，この計画を推進するために，ニジェール川公社が設立された。同公社は開発費を捻出するため，地元農民（むろん全員ではない）[71]の意に反して，外国資本の導入に踏み切った[72]。コメの品質改良が行われ[73]，収穫量も増えた（改良されたコメは「ネリカ米（NEw RICe for Africa）」と呼ばれた）。こうした結果を受けて，シディベ首相は，「自給自足は成功した」と語った[74]。けれども，マリでも，表向きの言葉とは裏腹に，国内のすべての消費を十分に賄えるほどの生産量が確保されていたわけではない。そのことは，合法的なコメの輸入が継続されていた[75]ことからも容易に知られよう。制度や人材からみて，マリがコメの輸出国となるためのハードルはなお高い[76]。

---

[69] 「わが国にはコメ作りに適した土地が豊富にあります。しかし，以前は，コメの生産に特別な予算は組んでいませんでした。危機があれば，そこには，同じだけチャンスが存在します。わが国は，穀物の一大生産国となることが国の未来を切り開く道であると数年前から考えるようになりました。」番組では，「マリは，将来は，自給自足にとどまらず，ほかの西アフリカ諸国にコメを輸出できるようになると宣言しています。」と解説されている（前注(11)参照。）

[70] 「トレーダーたちがバンコクにやってきました。輸出業者との会合には，ある国の名前が頻繁に登場します。国内産のコメの作柄が非常に良く，輸入量が減少傾向にある国，マリです。」（前注(11)参照。）

[71] この開発計画を推進するにあたり，それまで農民が耕作していた土地が強制的に取り上げられた。このような立ち退き処分が適法に行われたか否かは明らかにされていない。NGOグリーンアフリカ（マリ担当）のモハメド・ハイダラは次のように述べていた。「どうしてマリはこの土地を耕作できるように整備してマリの人たちに提供しないんでしょうか。外国人に土地を売るにしても，条件を明確に定めるべきです。これは，新しい形の植民地主義なんですから。……政府にもいろいろと事情はあるでしょうが，将来の世代のことも考えて，慎重に検討すべき問題です。」また，「マリ政府とリビア政府の間でどのような取り決めがあったのか，住民には知らされていません。このほか，サウジアラビアの資本もマリの土地を買い上げてプロジェクトを進行中です。」という解説も行われている。土地を追われた農民は，ニジェール川公社が指定する土地に移住して耕作を継続するか，農業を断念するかの選択を迫られていた。農民は口々に次のように訴えていた。「わたしたちのような零細農家には1平方メートルの土地も残されません。すべて大投資家に売られてしまったんです。わたしたちにも仕事は貰えるかもしれないけど，もうそれだけですよ。」（前注(11)参照。）

◆ 第 2 章 ◆　法律学における2008年食糧危機の教訓

⑺2　ニジェール川公社 CEO のセイドゥ・トラオレはこう語っている。「これからはニジェール川公社の所有する土地を，農業に投資する意欲と資金力のある人たちに開放するつもりです。」彼の念頭にあるのはあくまでも外国の投資者である。「2008年春の食糧危機以降，食料を安定供給するために一部の豊かな国が貧しい国々の土地を買い漁ったり借り上げたりする動きが加速しています。ラオスやカンボジア，そしてアフリカの国々では何百万ヘクタールもの土地の所有権が外国の手に渡りました。マリの土地も例外ではありません。ニジェール川流域の開発にあたっているニジェール川公社はこの広大な流域を西アフリカの穀倉地帯にすることを夢見てきました。しかし，現実は夢には程遠く，これまでに耕作が始まった土地はわずか10パーセントに過ぎません。ところが，ここにきて，意外なところからオファーがもたらされました。リビアです。」関係者はこう語る。「これは，リビア政府が資金を提供する緊急プロジェクトです。もう御覧になったかもしれませんが，全部で10万ヘクタールあります。」ニジェール川公社 CEO のセイドゥ・トラオレは「リビアが取得した10万ヘクタールは，輸出用のコメを栽培するのだと思います。自分たちの国で消費するコメを生産するために，マリにやってきたのです。」とも述べている。「リビアと契約した中国系企業がニジェール川公社の土地で巨大プロジェクトに着手しました。」という解説が示すように，土地利用の主体は世界的規模で拡散し始めた。（前注⑾参照。）

⑺3　「コメの収穫量を増やし，生産国としての地位を高めるため，マリの研究者は難しい課題に取り組みました。雨季の雨水だけで生育し，不順な気候に堪え，高い収穫が期待できる品種の開発です。できた新種のコメは「NEw RICe for Africa」と命名され，「ネリカ（NERICA）米」と呼ばれることになりました。ネリカ米の御蔭で2009年はコメの収穫量がさらに増えました。」（前注⑽参照。）

⑺4　「現在，マリでは毎年162万3,000トンのコメを生産しています。そのうち100万トンは商品として売れる品質ですから，国内消費は十分賄えます。」（前注⑾参照。）

⑺5　「首都バマコで最大の輸入業者の倉庫。運び込まれてきたコメの袋はすべてタイから輸入されたものです。表向きの発言とは裏腹に，政府は今もコメの輸入を許可しています。」輸入業者，バコレ・シッラはこう語る。「先ほど，4万8,000トンの買付注文を出したところです。これで足りればいいんですが。もし足りなければ，また後で追加の注文を出さなければなりません。」（前注⑾参照。）

⑺6　「マリには開発の余地があり，コメ生産者に希望を与えているようにみえます。しかし，政府の開発戦略を軌道に乗せるのは，隣国のセネガルと同様，それほど簡単なことではありません。政府首脳の発言はしばしば現実から大きくかけ離れています。」「マリは自らをアフリカの農業革命の先駆者と位置付けています。しかし，わずかな期間で状況を変えることは到底できません。」（前注⑾参照。）

5　以上の説明をまとめよう。2008年の食糧危機は，異常気象による収穫量の減少という事態から始まった。収穫量の減少にも拘らず，タイの輸出業者は平年並みの利潤を上げようとして出荷を抑制した。さらに，彼らは，抑制策の効果を高めようとして，コメの放出時期を遅らせるよう，タイ政府に働きかけた。コメ収穫量の減少にも拘らず，増え続ける国民への食糧供給に配慮したフィリピン政府はコメの買い占めに走った。フィリピン等では，儲け幅の拡大を意図した関係業者がコメ投機ゲームに参加した。この食糧危機はこれらの要因によって複合的に創出されたものである。地球温暖化の進行による異常気象の多発および人口増加傾向の一層の拡大を考慮すれば，同種の食糧危機が再来しないと誰も断言することはできない[77]。コメの買い占めに動いたフィリピンでは，国内産コメの収穫量を増やすよう，生産面での改革を目指す研究が進められている[78]。しかし，コメが生産者の手から消費者の手に渡るまでの流通ルートそれ自体にまったく変化はない。流通経路に関わる者が皆，個別的利益（事業者自らの利益，業界の利益，国益等）に代えて地球社会全体の利益（グローバルな視点に立ち，関係者すべての利害に配慮し，それらを地球的規模で調整する立場）を優先する趣旨の行動を取るようにならなければ，同種の過ちは幾たびも繰り

---

[77]　「2050年までに世界の人口は90億人を超えると言われています。将来の世代が決して避けて通れないのが食糧問題です。人口の増加に対応するため，コメの生産量は今よりさらに増やさなければなりません。どうすればより多くのコメを収穫できるようになるのか。」（http：//www6.nhk.or.jp/wdoc/backnumber/detail/?pid=110114；http：//yamazakijirou.cocolog-nifty.com/blog/2011/01/23116-0a92.html（2016年4月17日確認））

[78]　「皮肉なことに，2008年の危機の震源地となったフィリピンで，今，21世紀の食糧問題を見据えた研究が進められています。1,300人の研究者を擁する世界最大級の研究施設，国際稲研究所です。」国際稲研究所（フィリピン）の活動については次のように解説されている。「ここに保存されているコメの品種は10万9,000種。そのすべてが異なる特性を持っており，そのどれかが，将来，人類の役に立つかもしれません。世界のコメのすべてのデータは，耐震構造の冷蔵室で大切に保存され，完璧に保護されています。こうして貴重な食料資源であるコメは守られても，それを扱う人間次第で，諸刃の剣となります。無責任で腐敗した大勢の人間によって引き起こされた2008年の食糧危機。これをわたしたちは，未来への教訓としてゆかなくてはなりません。」（http：//www6.nhk.or.jp/wdoc/backnumber/detail/?pid=110114；http：//yamazakijirou.cocolog-nifty.com/blog/2011/01/23116-0a92.html（2016年4月17日確認））

◆第2章◆　法律学における2008年食糧危機の教訓

返されることであろう。

2　「収穫は誰のもの」

1　2012年に，日本放送協会他，複数のメディア[79]が共同制作した「収穫は誰のもの（Land Rush）」[80]は，2008年春の食糧危機そのものについて報道した番組ではなく，食糧危機に直面した諸国がその後どのように行動していたかを紹介したものである。この危機の兆候は2007年に現れ，2008年春に顕在化した。この危機が起きるまで，概ね楽観的な見方が支配していた（字幕では「21世紀の終わりまで　世界の食糧価格は安定　飢餓は徐々に減少」[81]と表現されている）。

---

[79]　参加したメディアは，NHK/Normal Life Pictures/BBC/DR/ITVS/SVT/ZDF/Arte/VPRO/Steps International，これらである。http://www.whypoverty.net/video/land-rush/（2016年4月17日確認）

[80]　この番組は，日本放送協会（NHK）「BS世界のドキュメンタリー」の枠内で，「シリーズ　Why poverty ?」の一環として2012年12月6日に放映された。http://www6.nhk.or.jp/wdoc/backnumber/detail/?pid=121205（2016年4月17日確認）。「なぜ世界から貧困は消えないのか」を問うこの国際共同制作プロジェクトでは，「世界の食糧供給のために貧しい国の農地を奪うべきか」という問題が提起されている。この放送では，2つの説明が付されている。最初の説明では，「世界では農地をめぐる争奪戦が激化している。人口の7割が農業に従事するアフリカのマリでは，中国，韓国，サウジアラビアなど海外の投資家が広大な土地を借り上げ，農家から土地と食糧を奪っているという。現在マリ政府は，最も肥沃なニジェール川沿いの土地を海外からの投資家に提供する事業を進めている。投資家の1人が，バイオ・エネルギー企業を経営するアメリカ人のミマ・ネデルコヴィッチ。アフリカ各地で大規模なサトウキビ農園を立ち上げてきた彼は，マリでも200平方キロの農地を借りる計画を立て，地元農家がサトウキビ畑で働けば彼らの生活は向上すると主張している。」と述べられていた。もうひとつの説明では，「広大な農園は何世代も農業を営んできた何千もの小規模農家が土地を失うことを意味する。このため，自分たちの土地と食糧を守ろうと呼びかける農家がいる一方，雑穀の栽培をやめてサトウキビで収入を増やしたいという者も多い。予定通りに事業が進まず，政府の対応の悪さに疲れるネデルコヴィッチだったが，彼の"壮大な計画"は思いがけない理由で中止となってしまう…。食糧の安全保障の最前線を取材し，アフリカ土地問題の現実を描く。」と述べられている。この番組は，多くの関心を集めたためか，同年12月12日，2013年1月1日および2015年10月9日の3回に亘って再放映された。

◇ II ◇　素材の紹介

「2008年に事態は変わ」[82]り，食糧危機を伝える多くのニュース報道[83]が世界を震撼させた。食糧事情の悪化から，「将来，食料を巡る戦争が起きるかもしれ」[84]ないとの観測も生まれたことで，「世界にどう食糧を供給するのか？」[85]という課題が改めて浮き彫りにされたのである。

2　このような事態に直面して，「裕福な国々も危機感を抱」[86]くようになり，農地の獲得に向けた海外投資が活発に行われるようになった[87]。外国に農地を求めようとするこうした動きに呼応する国々も現れた。番組では，食糧危機が顕在化する前の時期を含めて，マリ共和国の動きが紹介されている。マリのアガタム・アルハッサン農相は，世界食糧賞シンポジウム（Partnership to Cut Hunger and Poverty in Africa: Research−Based Advocacy for African Agricultural Development）[88]での挨拶において自国農地の積極的活用を諸外国に訴えていた[89]。マリは，外国投資を受け入れ，農業を展開するための受け皿としてニジェール川公社を設立した[90]。番組の大部分は，ニジェール川公社が推進した「マルカラ地区砂糖プロジェクト（Markala Sugar Project）」[91]（「ソスマー計画」と略称される）を巡る動きを紹介する。ソスマー計画は，「マリ政府，アメリカに拠点を置くネデルコビッチのコンサルティング会社，そしてアフリカ

---

[81]　http://www6.nhk.or.jp/wdoc/backnumber/detail/?pid=121205（2016年4月17日確認）（前注[80]）参照。

[82]　前注[80]参照。

[83]　「基本的な食料品が買えないのは非常事態です。」「アルジェリアでまた食料暴動が起きました。」「米配給センターには常に軍隊がいます。」（前注[80]参照。）

[84]　前注[80]参照。

[85]　前注[80]参照。

[86]　前注[80]参照。

[87]　「豊かな国々は海外の農地を取得し，食糧供給を確保しようとしています。」「それに備えて，サウジアラビア，中国，韓国などは広大な土地を買い漁っています。2008年の食糧危機以降，土地への投資は爆発的に増加しました。」「肥沃で低価格なアフリカの農地は，投資の対象になっています。」（前注[80]参照。）

[88]　http://fsg.afre.msu.edu/africanhunger/（2016年4月17日確認）

[89]　「わが国は2008年の食糧危機で大きな打撃を受けました。そこで私たちはこの危機に構造的に対応したいと考えました。わが国には灌漑可能な土地が250万ヘクタールありますが，利用されているのは50万ヘクタール以下……。」（前注[80]参照。）

◆第2章◆　法律学における2008年食糧危機の教訓

最大手の製糖会社である南アフリカのイロヴォ社（Illovo sugar refinery）が提携して進める6億ドル規模の大事業」[92]であった。この計画は，ニジェール川公社が管理する土地に小規模自作農を入植させ[93]，付加価値の高い作物を生産させ，農業立国を目指そうとするものであった[94]。マリ政府は自国の土地につき外国の投資家と賃貸借契約を締結した[95]。計画を進めるため，「アフリカ開発銀行，韓国輸出入銀行，サウジアラビアに拠点を置くイスラムミック・ファイナンス・コーポレーション（Islamic Finance Corporation）など，17の金融機関」[96]が融資を行っていた。ソスマー計画の立案と実行を実質的に担ったのは，

---

(90) 「わが国土の3分の2は砂漠ですが，ニジェール川が流れているので，灌漑を行うことができます。マリは有望な投資先です。」「ニジェール川公社が管轄する農業地域は1930年代に植民地を支配していたフランスによって開墾されました。フランスは，本国向けのコメや綿花を栽培するために，数百万ヘクタールもの土地を収奪，ニジェール川にダムを建設し，土地を切り拓いたのです。」（前注(80)参照。）

(91) このプロジェクトは，同国の公用語，フランス語表記の頭文字をとって，「ソスマー（SOSUMAR（Société Sucrière de Markala））計画」と呼ばれている。https://ejatlas.org/conflict/markala-sugar-project-sosumar-illovo-sugar-refinery-in-cercle-de-segou-mali

(92) 前注(80)参照。

(93) 「ソスマー計画では，農園と工場を建設するために，マリ政府から，ニジェール川公社の管轄する農業用地，200平方キロメートルを借りる予定です。」「200もの灌漑システムを導入するこの大規模なプロジェクトが実現すれば，何世代も前からここで農業を営んできたたくさんの農家が土地を失うことになります。ネデルコビッチは，土地を手に入れたら，これらの人々にサトウキビの契約栽培者になってもらおうと考えています。広大な農園の中で，栽培に携わってもらうのです。」ネデルコビッチはこう語る。「小規模な自作農との連携を大いに期待しています。これがソスマー計画の新機軸です。この計画のよいところは自営農家を作り出せるところです。私たちが70ヘクタールの農園を開発すれば，6家族から7家族がその70ヘクタールの耕作をします。こうすることで，商品作物生産農家という新しい職業が生まれるのです。」（前注(80)参照。）

(94) 「マルカラ砂糖プロジェクト（Markala Sugar Project）。頭文字をとって，ソスマー（SOSUMAR（Société Sucrière de Markala））と呼ばれているこの計画は，成功すれば，マリの経済に弾みを付けると目されています。」（前注(80)参照。）

(95) 「政府は，リビア，中国，ウクライナ，サウジアラビア，セネガルなどの投資家に土地のリースを始めました。外国人が入ってくると，地元住民への暴力や虐待が各地で起こるようになりました。」（前注(80)参照）

(96) 前注(80)参照。

70

◇ Ⅱ ◇　素材の紹介

アメリカのサトウキビ農園開発業者，ネデルコビッチであった[97]。彼自身，立ち上げ時に必要な資金を提供していた[98]。「ネデルコビッチが最初にソスマー計画に関わったのは，世界に食糧危機が広がる前，2000年」[99]のことである。「マリ政府がこの国を砂糖の輸出国にしたいと考え，サトウキビ農園の開発に取り組んでいたネデルコビッチに話を持ち掛けた」[100]のが始まりであった。マリの農民は，食糧生産の面で，決して恵まれた環境にはなかった[101]。2008年の食糧危機を経験したことで，マリは，ソスマー計画の存在意義を改めて実感したことであろう。計画を推進する内容のラジオ放送が同国では繰り返し流されていた[102]。とはいえ，資金面[103]を含め，計画は必ずしも順調に進んだわけではない[104]。ここでも，内外の関係者の間で政治的な駆け引きが繰り返し行われていたからである[105]。

---

[97]　「アメリカの農業開発業者，ミマ・ネデルコビッチ。これまで，アフリカ各地で大規模なサトウキビ農園を建設してきました。今回，農園の計画を進めているのは，アフリカでも貧しい国とされているマリ共和国の中央部です。」（前注[80]参照。）

[98]　「現地での建設工事はすでに始まっていますが，マリ政府は融資の包括契約をまだ締結していません。今は，ネデルコビッチと共同出資者たちが急速に膨らむ経費を自分たちの資金で賄っています。」財務担当取締役のウォーレン・ウェッスルズによれば，「2011年10月までに総支出は1,680万ドルに達しました。この10か月で支出が大幅に増えています。」ソスマー取締役のニック・モリスはこう語る。「前回の役員会以降，計画には多くの面で進展がありました。しかし，期待したほどではありません。残る問題をすべて解決すれば，アフリカ開発銀行が融資に踏み切るでしょう。」（前注[80]参照。）

[99]　「このプロジェクトについて話合いを始めたのは，今から10年以上も前のことです。官民一体のプロジェクトはこの規模では初めての試みです。国内環境を一から整えていかなければならないので，時間がかかります。なかなか簡単ではないんですよ。」（前注[80]参照。）

[100]　前注[80]参照。

[101]　「アフリカは世界の食糧生産において重要な役割を担っています。現在，利用可能な世界の耕作地のおよそ60パーセントがアフリカにあるのです。ところが，飢餓に苦しんでいる人の半数は農民です。十分な食料を生産していないのです。」「小規模な自作農は1ヘクタールから2ヘクタールの畑を所有して雑穀を栽培しています。何百年も前から変わっていません。この人たちを大きな事業に参加させ，付加価値のある作物を栽培してもらって，貨幣経済の担い手にします。食べる量以上の作物を栽培するのです。」（前注[80]参照。）

◆第２章◆　法律学における2008年食糧危機の教訓

⑽　「こんにちは。ラジオ・ヤマカンです。もう，うわさの段階ではありません。この地域でソスマーのプロジェクトがスタートしようとしています。」」「サトウキビ栽培プロジェクトが行われる区域―マルカラ地域周辺のすべての村には誇りが生まれました。将来が保証されるということです。病院が建設され，若者が仕事に就ける―。更にそれ以上が期待されます。これこそが発展のあり方です。」しかし，このラジオ放送を聞いたカッソウムは「夢の中で声を聴きました。私たちの土地を奪うという声です。目が覚めると，もう眠れなくなりました。ラジオでは，このプロジェクトは私たちにとっていいことだと盛んに言っています。まるで明日からでもサトウキビ農園で働けるようなことを言っているんです。」と述べている。（前注⑻参照。）

⑽　ソスマーの取締役，アルナ・ニアンは，同僚との打ち合わせでこう提案した。「現在のスケジュールを守りたいなら，役員会に頼むしかない。来年３月まで持ちこたえられるように。あと7,000万CFAフラン（セーファーフランは，西アフリカ，中部アフリカ地域の旧フランス植民地を中心とする多くの国で用いられる共同通貨。西アフリカ諸国中央銀行（Banque Centrale des Etats de l'Afrique de l'Ouest, BCEAO）発行のもの（ISO 4217コードXOF）と中部アフリカ諸国銀行（Banque des Etats de l'Afrique Centrale, BEAC）発行のもの（同XAF）との２種類），つまり，1,000万ドル増資して欲しいと。リスクを回避するため，新たな計画は基本的にすべてストップ。今すぐ中止する。」同僚はこう答えた。「わかった。だが，別の選択肢もあるだろう？」アルナ・ニアンは言う。「資金が尽きてしまったのは純然たる事実だ。銀行口座を見たまえ。残高がゼロになっている。それで何ができるというんだ。」同僚は沈黙した。（前注⑻参照。）

⑽　以下に示すような，ある日の会議における発言の数々が，関係者間でのチームプレー精神の不足を示す証左となろう。計画の遅れを懸念してアフリカ開発銀行のムハンマド・アリは「この危機から脱出するためには，工程表を作る必要があります。それには産業省もペースを上げてもらわないと……」と述べた（ソスマー取締役のニック・モリスが頷く）。産業省の担当者は，ソスマー計画実施主体が「送ってきた書類が多すぎますよ」と，口を挟んだ。ソスマー側は「それは謝ります。」と答えた。産業省の担当者は「ソスマーだけじゃないんです」と述べ，多忙さを強調した。ソスマー側も負けずに，「永遠に待っているわけにはいきません。迅速に行動してもらわないと，計画を前進させなければいけないんですから。」と抵抗した。別の参加者が「ソスマーを放置していると産業省を責めることはできません。本当は議員たちに急いでもらいたいところですが，彼らを操作することはできません。」と述べ，産業省を援護した。ソスマー側はなおも「産業省の役人は議会へ乗り込んで承認させればよい」と述べた。産業省の担当者は「プロジェクトの書類が今どうなっているか，逐一知らせます。」と述べた。ニック・モリスは発言を求め，「この手続きが完了するまでの工程表が必要です。どのステップを，どの順番で進めるか，全員が理解できるように。１ステップ進むたびに確認しているようではダメです。」と述べた。帰路についたニック・モリスはこうつぶやく。「ひどい話だ。戻って整理しよう。」（前注⑻参照。）

◇ Ⅱ ◇　素材の紹介

　3　むろん，この計画は，安定した生活を望む農民たちに歓迎されるものであった[106]。しかし，すべての農民が賛成していたわけではない[107]。従前の生活様式に疑問を抱かなかった農民は全面的に反対した[108]。焦点のひとつは，シアバターノキ[109]伐採の是非にあった[110]。変化を受け入れることに同意しながらも，事後の処遇それ自体に不満を漏らす者もいた。ネデルコビッチはこの計画を推進するうえで地域住民との合意があった旨を指摘する[111]。ネデルコビッチは，

---

[105]　「ソスマー・プロジェクトの行き詰まりを打開するため，ネデルコビッチは議会に乗り込み，非公式な働き掛けを試みました。」ネデルコビッチはマリ共和国議会（Assemblée National du Mali）にムンタガ・タール議員を訪ね，こう切り出した。「雇用の創出はもちろんですが，灌漑用機械やトラクターなどを扱える人材を育てたいのです。私にとっては40パーセントの農民が本当の自営農家になることのほうがはるかに重要です。それぞれ，0.5ヘクタールの小さな畑では農業を続けていくことはできません。」議員はこう答える。「ニジェール川公社は神からの贈り物ですが十分に活用されてはいません。このプロジェクトによって活用できるようになるでしょう。」ネデルコビッチは「私が申し上げたいことは1つ。政府がぐずぐずしているなら，政治家のお力を借りるつもりです。」と述べた。議員は笑い出した。ネデルコビッチは続けた。「私はまた来ますよ。それが民主主義だ。」議員は答えた。「国民の利益になることですから。」ネデルコビッチは相槌を打つ。「そうですね。」（前注80参照。）

[106]　「わたしは，マッサ・サノゴと言います。テイン村に住んでいます。ここで雑穀を栽培して暮らしてきましたが，収穫量は，もう長い間，増えていません。だから，農園の開発に同意したのです。わたしたちは変化を望んでいます。」「ここの村人は，毎日3食，食べることができない。プロジェクトに土地を与えたのは政府だ。おれたちじゃない。マリ国内の貧困を解消するために，政府がそうしたんだ」「ここには女性の仕事がありません。ソスマーの話を聞いたとき，女性にも得るものが多いと思いました。女性が，1年中，働けるようになるでしょう。」サノゴはこうもいう。「『土地を奪われて，どうやって食べていくのか？』と聞くと，『サトウキビで6,000ドルも稼げ』と現地の人は答えたそうです。そして，その金を貯めておけると。今，一番望んでいるのは，プロジェクトが早く進むことです。」（前注80参照。）

[107]　「しかし，ソスマーに対する意見は，同じ地域の村でも両極端に分かれています。1キロも離れていない村同士で意見が異なることもあります。」農民運動家はこう述べる。「この国のために食料を生産しているのはわたしたちです。マリの人口の75パーセントは農民です。しかし，政府は，投資という名目で，マリの農業を破壊しようとしています。農民からすべてを奪っても，土地だけは奪えません。土地は農民のものなのです。」（前注80参照。）

◆第2章◆　法律学における2008年食糧危機の教訓

(108)　「私たちは地域社会の公開討論会を開きました。その席では，すべての村の村長がソスマーにも反対を表明しました。」「プロジェクトを望んでいるのは一握りの人たちだけだ。その人たちが集まって，地元のラジオ放送で話をしている。我々は話をさせてもらえない。」ソウンゴ村のある農民はこう述べていた。「わたしはカッソウム・ディアラ。68歳です。このソウンゴ村で生まれて，一度も離れたことがありません。3人の妻と16人の子供がいます。30ヘクタールほどの土地を持っています。そこで，家族全員で農業をして生活しています。作っているのは，キビと豆とトウモロコシ，コメ，それと落花生も栽培しています。ソスマーのことは聞きましたが，まったく興味はありません。わたしたちの親も先祖もここで畑を耕して暮らしてきました。誰かに援助を求めたことは一度もありません。お金は貰っても，いずれ使い果たします。でも，土地は使い果たすことはありません。」カッソウム・ディアラはこうも語る。「『幸せをくれる』と言われたら，『いらない』と答える。もう一度来ても『いらない』と断る。3度目にやってきたら，こう言う。『あんたがくれるというものは，あんたを幸せにするけれど，俺を幸せにはしないんだ』。古いことわざだ。」と。その他の農民は口々にこう語っている。「所有しているのがたった1ヘクタールでも，それは一家の魂だ。その農地で一生懸命に働き，作物を作れば，5ないし6か月は一家が食べていける。後は，やりくりで何とかなる。だが，土地を奪われたら，その後はどうにもならない。」「村を壊すのは，国全体を壊すのと同じだ。奪った土地の代わりに別の土地をくれるわけでもない。」「カネの価値を分かっているのは白人だけだ。おれたちの土地に大金を払っても，それより，もっと大きな価値が土地にはあるはずだ。」

　こうした反対意見に対し，ネデルコビッチは，こう説明していた。「変化は誰にとっても受け入れがたいことです。ずっと変わらない伝統の中で生きてきた人にはなおさらです。未知のことなんですから。でも，暮らすのに精一杯だった小規模農家がゆっくりと小規模な商品生産農家になり，やがて大規模な生産農家になるとしたら，いいと思いませんか。しかし，それでも，伝統の方が重要で，いかなる変化も嫌だというなら，荷物を纏めて退散しますよ。ここにいる意味がありませんから。」(前注(80)参照。)

(109)　学名 Vitellaria paradoxa，その種子の胚から得られる植物性脂肪シアバター（shea butter）は，食用や薬として用いられる。

(110)　「ソスマーが作付を始めれば，土地を失う農民は2つにひとつの選択をしなければなりません。ネデルコビッチと契約してソスマーの農園でサトウキビを栽培するか，それとも，この土地を諦めて，補償として，プロジェクトの地域内に新たな土地を貰うか，です。農園を作る際には数千本のシアーバターノキを伐採する必要があります。この木は，シアバターの原料で，地元の女性たちの大事な収入源になっています。」「シアバターノキはとても大切なものです。女性たちにとってはね。自分たちの木を切らせた女たちが私たちのシアの実を取るんです。だから「どうして私たちの実を取るのよ」と聞きました。それでケンカしました。シアバターは生計の手段なんです。」(前注(80)参照。)

◇ Ⅱ ◇　素材の紹介

ナイジェリアのアキンクミ・アデシナ農相との会談において土地の強制的収奪を望まない旨を伝えていた[112]。しかし，マリでは，農地の一部が強制的に収奪されていたことが紹介されている[113]。「世界的な食料主権運動の提唱者で」「2008年までは政府で農業政策を改善するために働いてい」[114]たイブラヒマ・クーリバリー（マリ農民連合代表）は，「食料主権」についてこう述べている。

　"食料主権とは政治理念です。国は食糧を自給するべきなのです。そうすれば，

---

[111] 「地域社会と地元住民の支持が何より大切です。そのために，時間を掛けて話し合ってきました。長老や村長たちに新しい生活がどうなるかを伝えるようにしています。」（前注80参照。）

[112] 「農業規模の拡大というご意見には賛成です。しかし，私たちは，土地の収奪によってそれを実現しようとは考えません。プロジェクトの中に個々の農家を組み入れるのです。」（前注80参照。）

[113] マリ農民連合の代表，イブラヒマ・クーリバリーはこう述べている。「フランスの入植者が来てダムができる前は，昔からの古い村がいくつもありました。その後は，行政府が土地の所有権を奪い，以来，ずっと地元の人々の所有権を否定してきました。まるでそんなものは初めから存在しなかったかのように振舞ってきたのです。」ある出席者の発言。「行政責任者はこう言った。『お前たちの土地は没収する。』『この土地は国のものだから，取り上げることができるんだ』と。何の契約書も見せず，何の補償も申し出なかった。」ソウンゴ村の反対派農民，カッソウム・ディアラはこう語る。「この村から始めると言われました。そして，いずれ，全部の村を壊すそうです。その日は彼らと長々と議論しました。わたしは，『ソウンゴ村を壊すのか。1,000年も前からある村だぞ。大変なことになるよ』と言いました。それでも，彼らは，『この順番は譲れない』というんです。」ある女性農民はこう語る。「彼らは催涙ガスを使いました。電撃棒を持ってきて殴り，私たちを倒しました。そして，連行したんです。向うに着くと，『降りろ！』と命じられました。地面に伏せた状態で，死ぬかと思うほど殴られました。『頭を上げたら，思い知ることになるぞ』と言われました。そのあと，ようやく誰か来て，『もう十分だ』と言ったんです。」ある農民は，こう語る。「ここは，祖父母や両親や弟たちの墓でした。ところが，彼らは墓地を壊すと言い，重機で遺体を掘り起こしました。自分たちでやろうとしたら，乱暴に遺体を持ち上げて放り出しました。私たちはマリの国民じゃないんでしょうか。」別の農民の話を聞こう。「そんなかたちで土地を引き渡すべきではありません。これは，政府に責任があります。国内の土地所有法や人権保護条約にも違反しています。」（前注80参照。）

[114] 前注80参照。

世界の食糧市場に頼る必要がなくなります。小規模な農家に十分な生産手段を与え，農作物の販売量を増やして，彼らの生活の尊厳を守るべきです。また，生物学的な多様性を守り，遺伝子組み換え作物を拒否します。こうした農業生態学的な次元も食料主権の一部なのです。"[115]

マリでは，「食料主権」という思想を体現した法律[116]が2006年に制定されていた[117]。画面では，同法のフランス語法文が映し出される。第51条の箇所では，趣旨を要領よく伝えるために，フランス語法文[118]に代えて，日本語の「食料主権はあらゆる農業振興政策の指針である」という説明文が映し出された[119]。こうした明文規定があるにも拘らず，それが活かされなかったため，クーリバリーは反対運動を行うようになった[120]。反対の声はさらに広まりを見せた[121]。「Stop a l'accaparement des terre（土地の買い占め阻止）」という横断幕を掲げた集会で，クーリバリーはこう訴える。

"……皆さん。土地収奪と戦うために，世界中から仲間が集まってくれました。2008年の厳しい食糧危機のあと，状況は大きく変わりました。当時，私たちは農業の家族経営に政治は力を注ぐべきだと考えました。ところが，3,000万ヘクタール以上の土地が投資家の手に引き渡されたのです。現在の法律では，政府によるそのような行為を許していません。完全に違法です。"[122]

4　ソスマー計画を巡るマリのこうした動きは世界の識者からどのようにみ

---

[115]　前注[80]参照。

[116]　Loi No 06-045 du 05 septembre 2006, Portant loi d'orientation agricole, L'Assemblée Nationale a délibéré et adopté en sa séance du 16 août 2006この法律は，https://www.google.co.jp/?gfe_rd=cr&ei=jNTfVqyMIuXZ8Afop4ugCQ&gws_rd=ssl#q=loi+no+06-045+du+05+septembre+2006%2C+portant+loi+d%E2%80%99orientation+agricole%2C+mali（2016年4月17日確認）により表示された頁の2番目に挙げられた「[DOC] Loi d'orientation agricole - Roppa」を介して閲覧することができる。

[117]　「イブラヒマの長年の主張が認められ，マリは2006年，世界で初めて食料主権を政府の政策に取り入れた国のひとつとなりました。」（前注[80]参照。）

[118]　"La souveraineté alimentaire constitue la ligne directrice de toute la politique de développement Agricole. La sécurité alimentaire est une dimension de la souveraineté alimentaire."

[119]　前注[80]参照。

◇ Ⅱ ◇　素材の紹介

られていたのだろうか。論点は多岐にわたるが，土地所有制度のあり方如何をめぐる認識がひとつの論点を成していたことに疑いはない。

　環境歴史学者[123]のスティーブン・ストールは，「小作農の社会における大きな問題のひとつは，農民が自分の土地を所有していないということです。それは，土地の所有権という概念が存在しなかった時代まで遡ります。異なる土地所有制度に属する人々は国や企業の力による被害を受けやすいのです。」[124]と述べていた。当該国家は自国の領土を，国民の意思の有無に関わりなく，自己の意思に基づいて強制的に収用できると考えていたことであろう。むろん，「私有財産は，正当な補償の下に，これを公共のために用ひることができる」（日本国憲法第29条第3項）という制度のもとで，土地の収用を可能とする考えも

---

(120) 「2008年に世界的な食糧危機が起きたとき，イブラヒマは新しい農民運動に踏み出しました。」イブラヒマはこう語る。「政府は，マリの新しい農業政策を私たちと一緒に策定したのです。食料主権を尊重し，小規模農家に土地の所有権を与えました。しかし，今，それは踏みにじられています。たんなる営利事業にとって代わられました。だから，私たちは失望しているのです。」マリの農民集会では，「反撃しなければ死んでしまう。マリの指導者は，土地のことを農民と話し合わなくてはいけない。我々は立ち上がるべきだ。」という声が聞かれた。イブラヒマは農民に対してこう訴えている。「武器を手にしてはいけない。だが，何かしなければ，我々が消されてしまう。彼らは1,000平方キロの土地を取り上げ，売り渡そうとしているのだ。2011年までに，ニジェール川公社では，22件の大規模な土地取引が行われた。」http://www6.nhk.or.jp/wdoc/backnumber/detail/?pid=121205（2016年4月17日確認）

(121) 2009年，ニジェール川公社が管轄するコロンゴ村で行われた農民集会の出席者はこう述べていた。「問題はマルカラの砂糖プロジェクトです。この地域では，昔からキビや米や落花生を栽培してきました。サトウキビの生産地域ではなかったのです。彼らは我々の土地を奪おうとし，指導者を逮捕しました。そのうち2人に，先週，判決が下りました。」マリ農民連合の代表，イブラヒマ・クーリバリーはこう述べた。「私たちの戦いは新たな段階に入っています。マリ政府を相手取ってニジェール川公社の中の町が2件の訴訟を準備しているところです。裁判に負ければ，政府も方針を変えざるを得ないでしょう。」（前注80参照。）

(122) 前注80参照。

(123) 「人と自然との関係を歴史学として取り上げる新しい学問」（http://www.yamakawa.co.jp/product/detail/734（2016年4月17日確認））。

(124) 前注80参照。

第2章　法律学における2008年食糧危機の教訓

ある。「公共のため」に該当するか否かの判断も,「正当な補償」の内容如何の判断も,ともに権力者による政治的操作の対象となる。制度が濫用される場合,権利の保障は空洞化せざるを得ないであろう。

　土地所有問題の専門家,リズ・アルデン・ウィリーは,「アフリカの土地を所有しているのは,誰なんでしょう。アフリカの住民でしょうか,農民でしょうか。それとも政府でしょうか。ヨーロッパのような土地の所有権を認めているのは,アフリカのおよそ10パーセントに過ぎません。残りの90パーセントの土地はいったい誰のものなのでしょう。」[125]と語り,「土地を奪われる人々の本物の怒りを私たちは見ています。内戦や紛争の多くは土地に絡む問題がその根源にあるのです。ルワンダにもその要素はありましたが,スーダン,リベリア,シエラレオネ,南アフリカの紛争は明らかにそれです。この土地は自分たちのものか,それとも政府のものか,所有権をめぐって,これから様々な紛争が起こることが予想されます。」[126]と吐露する。われわれは,「所有権」という言葉で,権利者が使用・収益・処分の自由を有すると考えがちである。しかし,もともと近代所有権制度が発達していない社会の土地を権利の対象として渉外契約を結ぶ場合,近代私法が前提とする所有権制度という枠組みでこれを捉えるという発想それ自体の当否が問われよう。実定法の形式的比較よりも法文化比較を重視する立場では,近代的所有権制度とこれと異なる制度とを同列に論じ得ないとみることとなろう。

　今ひとつの重要な論点は,農業の位置付け如何に関わる。すなわち,農業への参画も農業からの離脱も,生計手段が変更されるため,生活そのものに決定的な影響を及ぼすという点である。国際開発学者,カレスタス・ジュマは次のように解説する。

　　"農業というのは生活様式であり,文化です。生活様式を変えようというときには,利益とリスクの割合を人々は真剣に考えます。文化のシステムを変える前に議論を尽くさなければなりません。"[127]

---

(125)　前注(80)参照。

(126)　前注(80)参照。

(127)　前注(80)参照。

◇ Ⅱ ◇　素材の紹介

　マリ政府は，農業立国への転換という手法を用いて，マリ農民の生活水準を引き上げることをソスマー計画の目標としていた。しかしながら，「目標」自体が目標達成の「方法」を正当化するとは限らない。目標を達成する方法が複数存在する場合，いずれの方法が優先するかはそれぞれの方法を支える根拠とはまったく別の中立的基準（「比較の第三項」）に基づいて決定されなければならない。この点からみると，どのような貧困対策が優先されるべきかの評価にあたり，しかるべき客観的基準が探求されなければならない。土地所有問題の専門家，リズ・アルデン・ウィリーはこう述べる。

　"2012年には世界の貧困は改善されるだろうと考えられていました。ところが，実際はその逆で，貧しい人たちにはさらなる困難が降りかかっています。気候変動で農業がより難しくなり，使える水も少なくなりました。土地の所有権の問題もなかなか解決しません。彼らはそのまま泣き寝入りするしかないのでしょうか。それとも，21世紀の農民たちは，抵抗し，大きな社会紛争や内戦までも起こすような存在になっていくのでしょうか。"[128]

　さらに手続的な側面も無視されてはならない。強制的手段による土地の収用措置にも非難が向けられている[129]からである。マリ共和国においてどこまで「法による支配」が貫徹されているかという点も法比較研究の課題となり得よう。
　5　マリのソスマー計画は，その後，急展開を見せた。軍によるクーデターが起きた[130]ためである。クーデター勃発の原因は，マリ政府の姿勢に対する軍

---

[128]　前注(80)参照。
[129]　アフリカの開発学者は次のように述べる。「土地収奪の第1段階は植民地時代でした。しかし，今日では，そのような方法は採るべきではありません。地域社会と投資家の双方に利益をもたらすような契約を結ぶべきです。」農業開発業者は次のように言う。「投資家や民間企業の出資者は，現地で直接，土地を収奪しています。完全機械化の農業は地域社会には何の利益ももたらしません。そんなプロジェクトは長続きしないでしょう。」「国民が無視されたままでは発展は望めません。」「何よりも話し合うことが大切です。」（前注(80)参照。）
[130]　「2012年3月21日，バマコ近郊の陸軍基地で起きた騒乱が軍事クーデターに発展した。」「大統領選挙の1か月前，マリではクーデターが起こりました。北部でも，分離独立の動きに対する政府の対応に不満を抱いた軍人たちが反乱を起こしたのです。政権はもろくも崩壊しました。」（前注(80)参照。）

◆第2章◆　法律学における2008年食糧危機の教訓

部の不信にあった(131)。ソスマー計画は頓挫したのである(132)。この計画を支持した農民は落胆した(133)。ネデルコビッチは「たくさんの人を落胆させてしまうことにな」ると嘆きつつも，「新たな目標をナイジェリアに見つけ」(134)た。この計画に反対していた農民は，むろん，歓迎の意を表している(135)。イブラヒマ・クーリバリーはフランスのパリで開かれた飢餓撲滅会議の会場で，クーデターの成功を肯定する旨，述べた(136)が，それと同時に，彼は，マリの先行きに懸念を示してもいる(137)。ほどなく，マリの状況はさらに悪化した。「イスラム系武装組織が北部を制圧」し，「西アフリカ諸国は軍事介入を行うことで合意した」(138)か

---

(131) 「我々，共和国軍は憲法を守るためアマドゥ・トゥマニ・トゥーレ氏の率いる無能で評判の悪い政権に終止符を打つことにした。」ネデルコビッチはこう述べている。「選挙を前にして，政府はこの1年間何事に対してもはっきりした決断を下そうとしませんでした。軍は戦っているにもかかわらず，きちんと対応してもらえなかったことに苛立ちを覚えたのです。こんなことなら，私たちも産業省に攻め込めばよかったと思いましたよ。冗談ですがね。」(前注(80)参照。)

(132) 「クーデターの翌日，ソスマーの事務所は働いている外国人を帰国させ始めました。銀行はマリへの融資を凍結。ソスマーの財源は底を尽きました。一部の投資家は地元農民のニーズを無視した開発を続行しました。しかし，農民の暮らしを向上させたいという夢を描いていたネデルコビッチは計画を断念せざるを得ませんでした。」http://www6.nhk.or.jp/wdoc/backnumber/detail/?pid=121205

(133) テイン村のマッサ・サノゴはこう述べる。「クーデターが起きたとき，真っ先にソスマーのことを考えました。ソスマーは白人のプロジェクトです。白人は争いを好みません。紛争と聞くと，おびえてしまいます。それでプロジェクトが実現しなくなることが何より怖いです。とても心配です。それだけでなく，心がとても傷ついています。3日間，寝ても覚めても，このことが頭から離れませんでした。すべてが無駄だったのかもしれないとも考えました。自信がなくなりました。」(前注(80)参照。)

(134) 前注(80)参照。

(135) ソウンゴ村のカッソウム・ディアラはこう語る。「クーデターの御蔭で，土地を取り戻すことができそうです。女性たちは喜んでますよ。大事なシアバターノキを切られずに済んだってね。私もクーデターの後は，嫌な夢を見なくなりました。神様に感謝しています。この7年間の私たちの苦しみはひとことで言い表せるものではありません。問題はまだ全部終わっていませんが，ようやく，一息つけました。」(前注(80)参照。)

(136) 「クーデターについて問われたら，「拍手を送る」と答えます。軍事政権を支持するわけではありません。」「2008年以前の食糧主権の政策が見直される可能性があります。」(前注(80)参照。)

らである。

　マリ共和国のソスマー計画をめぐる動きはこのようなものであった。以上の説明をみても，われわれの法的常識が他の国でもそのまま当てはまるとは言い得ないことが容易に読み取れる。このことは，国家主権，先進諸国に共通する現代的法制度，これらの見直しを含め，すべての国を含む地球社会に固有の法制度の確立を求める欲求へとつながることであろう。

◆ Ⅲ ◆　法律学における教訓

　われわれは，これら2つの素材から，法律学にとってどのような教訓を読み取ることができるのだろうか。ここでは，基本的視座の設定，当該視座を反映させた新たな法制度（パラダイムの転換），そして新たな制度の下での2008年食糧危機への対処可能性（食糧危機への適用），これら3点について少しく考えてみたい。

1　基本的視座

　1　セネガル共和国[139]のゴアナ・プロジェクトやマリ共和国[140]のソスマー計

---

(137) 「もし新しい大臣が『やはり農民は土地を所有できない』と決めたらどうなるでしょうか。不安はぬぐえません。今，マリが方向を転じなければ，アフリカ全体がおかしくなってしまうと思います。」イブラヒマがこう考えたのは，彼が「わが国のエリートたちは欧米の理論をうのみにしているからです。」とみていたことによる。彼は，こうも述べていた。「アフリカのエリート官僚の多くは農業を嫌っています。口に出しては言いませんが，人間の生存のまさに基礎となっている農業に対して，ある種の嫌悪感を抱いているのです。彼らのほとんどはフランス式の教育を受けています。こうしたエリートたちは現実を見ようとせず，欧米を唯一の好ましい手本であると考えています。アフリカを発展させる本当の方法を見つける代わりに，決してアフリカには合わない欧米の手本を無理やり押し付けようとしています。私には戦いに加わる責任があると思っています。国民のほとんどが無視されている今の状況では，安定した発展を着実に続けていくことはできません。」（前注(80)参照。）

(138)　前注(80)参照。

画を含め，主権を有する独立国家が自国の政策を具体化するために実施するどのような行為も，それらが当該国の法制や国際法に違反していなければ，すべて適法な行為として是認されることであろう[141]。このような理解は，今日広く受け入れられている常識的事項に属する。こうした認識を前提とすれば，先の食糧危機は政治的解決を要する問題ではあっても，法律家の関心をいささかも呼ぶことはないという結論が容易に導かれよう。

　2　しかしながら，真の問題提起は，現行法の下ではこのような食糧危機を解決することはできず，もっぱら関係諸国の国内政治や国際政治の領域に解決策を委ねざるを得ないとする態度（伝統的な法律学が有する体系的思考の枠組み）それ自体の当否にあると言うべきであろう。たとえ専門分野の違いから解決方法を異にするにせよ，政治学も法律学も経済学も，等しく社会科学として，現実の社会に生じた諸課題の解決を委ねられているとすれば，原因や状況の分析的解説にとどまることなく，実践的解決方法を提案する責任があろう。現実的課題の解決に向けた実践活動への参画は，立場の如何を問わず，誰にとっても，地球社会全体を構成する者としての社会的責任といわなければならない。上の「常識的」理解は，人間性が問われているにも拘らず，人間性を発揮することよりも，人間が作り出した制度それ自体の維持を優先するという意味で，場違いな行動様式であるようにみえる。人間の尊厳を守るひとつの方法に過ぎない法を守ることが最優先事項ではなく，人間の尊厳を守ることにこそ意味がある。社会秩序を維持することはもとより法の目的のひとつであるが，法が実現すべき目的のすべてではない。その説明としては，正義の実現もまた法の目的とされていることを想起すれば，十分であろう。社会正義の実現を考慮する立場では，法の遵守によって人間性が否定されるような事態を放置すること自体が法

---

(139)　セネガル共和国の政情等については,外務省情報（http : //www.mofa.go.jp/mofaj/area/mali/data.html#section1（2016年4月17日確認））他参照。

(140)　マリ共和国の政情等については，外務省情報（http : //www.mofa.go.jp/mofaj/area/mali/（2016年4月17日確認））他参照。

(141)　たとえ贈収賄の疑いのある行為であっても，そのことが立証されていなければ，刑事裁判上の原則（「in dubio pro reo」（「疑わしきは罰せず」，「疑わしきは被告人の利益に」）があるため，訴追されることはない。

◇ Ⅲ ◇　法律学における教訓

律学の存在意義を実質的に損なうものと考えられる。このようにみると，伝統的法律学に代わる新たなパラダイムが今こそ求められなければならない。

　3　それならば，新たなパラダイムはどのようなものであるべきか。この問いは21世紀の地球社会に生きるすべての人々に対して，みずからがいかなる価値基準（世界観）を持とうとするのかという点についての自覚と実践を求める踏み絵となろう。われわれの社会生活の起点は，いつの時代にあっても，誰もが衣食住を適正に確保できることに置かれなければならない。人間あっての社会なのであって，社会的諸制度の維持それ自体が人間存在の前提となるわけではない。

　生活必需品の適正な確保を求める要請は，社会の現状をみると，確かに，国家実定法上の「生存権（droit à la vie, Recht auf Leben, right to life）」として規定されることも少なくない[142]が，他方で，これを人間の尊厳それ自体に由来する，実定法以前の存在価値とみる理解（自然権，天賦人権説，人権の前国家性）もある。後者の場合，国家は生存権を付与する立場にはなく，ただ公共の福祉等との関連で一定の場合に生存権の行使を制限することができるに過ぎない。このようにみると，食糧危機をどのように受け止めるかという点についても，伝統的理解と後者の理解とが併存することが読み取れよう。確かに，現実の社会には，これら2つの見解を対置させ，多数決原理に従っていずれの立場を優先するかを決定しようとする考えもないわけではない。しかし，よく考えて

---

[142]　1776年のアメリカ独立宣言では，「生命，自由および幸福追求において」すべての人が誰も排除することのできない一定の権利を有すると宣言されていた。1919年に制定されたドイツのヴァイマール憲法は生存権具現化の先駆けとして知られている。1947年施行の日本国憲法第25条第1項では「すべて国民は，健康で文化的な最低限度の生活を営む権利を有する」旨，規定されている。1948年に第3回国連総会で採択された世界人権宣言第3条は「人はすべて，生命，自由及び身体の安全に対する権利を有する」と謳う。1949年に旧西ドイツで制定されたドイツ連邦共和国基本法でも，人間の尊厳の原理が最高とみなされている。1950年，欧州評議会によって採択された欧州人権条約第2条では，生存権が保障されている。1966年第21回国連総会によって採択された市民的及び政治的権利に関する国際規約（自由権規約）第6条でも生存権は保障されている。この生存権は国民の生存の脅かす緊急事態の場合に認められる違反の状況であっても犯すことが許されないとされている。

◆第2章◆　法律学における2008年食糧危機の教訓

みると，秩序の維持と正義の実現との間でいずれを優先すべきかという問いの立て方それ自体の適否という前提的争点の存在が自覚されなければならない。それは，両者の間で優劣を付けることのできる共通判断基準（比較の第三項）を見出しがたいという意味で，両者がそもそも比較対象たり得ないとする見方もあり得るはずだからである（秩序の維持と正義の実現との間での序列決定不能説）。このような見方に立てば，秩序の維持と正義の実現とを並べて序列づけを行ってはならず，2つの要請を同時に実現できるような方法を根気強く探究し続けなければならないこととなる。

　4　このような途を模索する場合，次の2点に留意されなければならない。まず，学問の存在意義を「人類社会の維持および発展」に求める本章の出発点に立ち返れば，社会を組成する人々の幸福を実現することこそが何よりもまず優先事項となる（第1の留意点）。いかなる制度も人々の幸福のために存在するのであって，これと逆の発想（制度維持のために人々が奉仕するという主張）は取り得ない。実定法上生存権に関する明文規定が少なくないという歴史的・社会的な事実は，人命尊重の傾向が世界的規模で相当程度広まっていることを意味しよう。このような理解を2008年食糧危機にあてはめてみると，最も重視されるのは，どの関係者も，他国民の生活環境に配慮する責任があり，他国民の生活の糧が確保されないような状況を作り出してはならないということになる。すなわち，食糧を必要とする他国民が食糧を得られないといった事態を招来した行為それ自体を問題視する立場である（ここには，そうした事態をもたらした者に対する全地球的視点からの民事法・行政法・刑事法上の責任追及が含まれる）。現代の法制度（国家法および国際法）もまた，政治制度や経済体制と同様に，これらの課題を解決できていないだけでなく，この種の問題を生み出し続けているという深刻な反省に立てば，こうした人権尊重という旗印を掲げることが基本的視座として確立されなければならない。こうした考えをさらに推し進めれば，この種の問題[143]がすべて解決されたと言えるような「共生」社会を可能

---

[143] 本章では，食糧危機に注目しているが，この種の視点は，人口急増，貧困撲滅（格差解消），人権尊重，環境破壊，民族問題，治安維持（大量破壊兵器の拡散防止，地域紛争の防止・解決，テロ対策，平和構築），難民救済，感染症蔓延防止等のすべてに共通する。

◇ Ⅲ ◇　法律学における教訓

な限り早期に実現することができるように，法律学も実践的努力を重ね続けなければならないということになる[144]。

　今ひとつ考慮されなければならないのは，自然科学的な観点から生じ得る制約である（第2の留意点）。この点は誰もが否定し得ないという意味で，客観的基準となっている。これは，地球で生活する者は皆，自然科学的知見のもとで地球の存在を危うくする行為をしてはならないという主張にほかならない。平和利用という美名のもとに，悪用（濫用）の危険性をはらむ事柄に手を染める行為は，時間や空間を超えて，いささかも奨励されてはならない（自然の摂理を克服する各種の試み（発見および発明）も奨励や顕彰の対象とされてはならず，知的財産権として保護されるべきではない）。自然科学的知見に一致がみられない場合には，そのなかでも最も厳しい制限論（事後の修復を困難とみる見方）が世界的規模で優先的に採用されなければならない。

　以上の視点は，語源的意味や国語的意味から離れるとはいえ，「器量」という言葉を借りて説明することができる。むろん，「器（うつわ）」という語についても「量（はかる）」という語についても，多様な解釈があり得る。私見では，各行為が実践される場という意味での社会（家族，内外の各種組織，国際社会，地球社会も含む）を「器」で表し，当該社会で行われる各行為の適否，当否，成否，成否等を判断する基準を「量」で表すことができよう。個々の行為が行われる場（前提的枠組み）としての当該社会それ自体の破壊をもくろむ行為はすべて禁止されざるを得ない。このように解さなければ，社会それ自体が成り立たないはずだからである。この点は事柄の本質に内在する絶対的制約である。「器」（団体）の規模をどのように捉えるか（家庭内，会社内，地域内，国内，国家間関係，地球社会全体等）に応じて，「量」という行為を評価する判断基準の内容（衡量すべき利益の質量等）にも差異があり得る。どのような内容を法として定めるか（立法），そのようにして定められた法の内容をどのように実現するか（行政），法をどのように解釈するか（司法），これらすべての局面

---

[144]　名古屋外国語大学は，「多文化共生社会に向けてグローバル人材人を育成する」ため，2017年度に「世界共生学部」を設置する旨，発表した（2016年3月26日朝日新聞朝刊12面）。

において，問題とされる行為の空間的広がりに応じて，用いられる評価基準は変わり得る。主権国家ごとに当該社会に固有の法が存在するのと同様に，地球社会全体にも地球社会に固有の法秩序がある（これは成文化されたものではないが，地球社会そのものの本質を否定するような行為をすべからくしてはならないという禁止規定として措定することができる）。このようにみると，まず，地球社会全体に亘る諸問題の解決を特定の国家法に基づいて規律するという主張は否定されなければならない。また，国家間の合意によって規律するという考え方も不適切なものとして排除されなければならない。ただひとつ残るのは，全地球的課題は地球社会そのものが構想する法規範のみによって規律されなければならないという考えのみである。

2 パラダイムの転換

1 それでは，上の基本的視座を反映させた法制度はどのようなものとなるか。伝統的な法律学で認められてきた諸原理が食糧危機をもたらした要因であったという事情を考慮すれば，法律学が伝統的に重視してきた概念それ自体の当否が改めて検証されなければならないであろう。2008年春の食糧危機は各行為者の種々の欲望（金銭欲，支配欲等）が複合的に結び付いてもたらされたものであった（「複合汚染」）。そうした欲望を支えた主要な思想が自由意思尊重の原理にあったことに疑いはない。この原理に立脚する派生的原則として，契約自由の原則や所有権絶対の思想が挙げられよう。

2 誰にも受け入れられやすいのは，自由意思の尊重という一般的原理を肯定した上で，政策的配慮から，自由意思尊重の範囲を縮減する方法である。自由意思を尊重すべきか否かという争点とこれを肯定した上でどの範囲で尊重すべきかという争点とは，論理上，別個の問題だからである。この趣旨を定める明文規定として日本国憲法第13条が挙げられる。同条第2文は，「すべて国民は，個人として尊重される」という第1文に続けて，「生命，自由及び幸福追求に対する国民の権利については，公共の福祉に反しない限り，立法その他の国政の上で，最大の尊重を必要とする」旨を規定する。重要なのは，「公共の福祉」という文言の意味内容如何を決定する判断基準を何に求めるかという点

である。憲法分野の概説書[145]によれば,「公共の福祉」は自由が主張される社会において「人権相互の調整を計る内在的な規制理念」[146]と説明されている。そこにいう社会はむろん日本社会を意味しよう。つまり,日本国憲法にいう「公共の福祉」の内容は日本社会に固有の理念であって,国際社会における理念とは異なるという主張である。こうした考え方が不都合をもたらすのが渉外私法事件の場合である。どの国内法でも,立法時の利益衡量では,国内での利害調整が意図されているため,他国の諸事情はまったく考慮されていない。渉外事件において内外国いずれの国家法が準拠法として適用されるにせよ,渉外契約当事者双方が主張する自由には,複数国の自由が含まれているはずである。このことは,特定国の国内的利益衡量の結果でしかない「いずれかの国家法をもって複数国当事者間の利害調整を行おうとするところに,すでにミスマッチが生じていることを意味する(国境を超える事案の解決基準は,本来的に,複数国にまたがる諸事情間での利益衡量を基礎とした法源でなければならない)。つまり,準拠法として適用される法秩序はあくまでも「代用法規」でしかない(「真の法源」ではない)。この点を考慮すると,国内法上の「公共の福祉」概念であっても,その解釈上,純粋国内概念に代えて,「当該事件に特有の国境を超えた部分社会(2国間社会等)」に固有の新たな「公共の福祉」概念が考慮されなければならないこととなる(より一般的に言えば,国益に基づく「公共の福祉」概念から地球社会公益に基づくそれへの転換)。そのような概念が採用されていない裁判は,法適用上の疑義があるという理由で,再審査の対象とされなければならない。

　国益に拘る解釈の問題性は,国際法に言及するとしても,まったく取り除くことはできない。日本国憲法第98条は「この憲法は,国の最高法規であって,その条規に反する法律,命令,詔勅及び国務に関するその他の行為の全部又は一部は,その効力を有しない」とする第1文に続け,「日本国が締結した条約及び確立された国際法規は,これを誠実に遵守することを必要とする」旨,規

---

[145]　小林直樹著『憲法講義[改訂版](上)』(東京大学出版会,1972年)281頁以下,佐藤幸司編著『憲法Ⅱ　基本的人権』(成文堂,1988年)38頁以下他。
[146]　佐藤・前掲書(前注[145])38頁。

◆ 第2章 ◆ 法律学における2008年食糧危機の教訓

定する（第2文）。確かに，国家法たる憲法上の文言解釈に国際法の成果を盛り込もうとして，第13条第2文にいう「公共の福祉」概念に国際法上の法源[147]の内容を取り入れた解釈を行うこともできないわけではない[148]。とはいえ，国家間の合意で考慮された諸利益はあくまでも関係諸国に共通する利益にとどまり，関係諸国以外の国をも含む地球社会全体の公益と同義ではない。このようにみると，現行法の解釈に際しても，地球社会全体に共通する諸利益を衡量の対象とする可能性が新たに提案されなければならない。

　以上はわが国の実定法を参考にして考えられたひとつの解釈可能性である。このような見方が成り立ち得るとすれば，世界人権宣言の採択に賛成票を投じたシャムの後継国タイ（1939年タイ王国と名称変更）でも同じ解釈が採用される余地があろう（このことは，市民的及び政治的権利に関する国際規約を批准するかまたはこれに加盟した国についてもあてはまる）。食糧危機時にみられたタイの出荷抑制行為，フィリピンのコメ買占め行為，自国産米の販売先を確保するため贈収賄疑惑を生み出したベトナムの行為，これらはいずれも，当該国で法規制の対象とされていなかった。このような法律学の「無力（Ohnmacht）」を棚に上げて，可能な法規制の探求を断念すること（体系的整合性を説明できる部分だけを取り上げて，国家法の完全性を主張すること）は法律家の責任放棄となろう。

　3　国家法上認められた自由であっても，無制限の自由はない。所有権だけでなく，契約自由の原則についても制限の可能性が考えられるべきである。食

---

[147] ここでは，世界人権宣言，市民的及び政治的権利に関する国際規約（選択議定書）等が考えられる。むろん，世界人権宣言（国連総会決議）の法源性については，「国際連合総会決議は勧告であり法的拘束力がない」という主張のほか，「慣習国際法を明文化したものであり，慣習国際法としての拘束力があるとする」説，「慣習法になる手前の段階である『ソフト・ロー』として法的拘束力があるとする」説，「採択された当時は拘束力がなかったものの，その後に宣言を基礎にした各種人権条約の発効や各国の行動によって現在は慣習国際法になっているとする」説等の対立がある。いずれの立場を優先すべきかは，むろん，論者の世界観を反映して異なったものとなろう。
[148] こうした検証過程を実効性のあるものとするためには，原告適格等，訴訟法上の手当ての当否も実体法的評価と並行して検証されなければならない。この場合，国際的合意を考慮の対象としなかった行政行為および司法判断も司法審査の対象とされなければならない。

◇ Ⅲ ◇ 法律学における教訓

糧危機当時，それぞれの国では，みずからが所有するコメをいつ誰にいくらで売るかを所有者は自由に決定できていた。確かに，伝統的法理のもとでも，民事実体法上，信義誠実の原則，権利濫用の禁止，公序違反禁止等の一般条項を通じて，法律上認められた自由を制限する余地は残されていたことであろう。手続法でも信義則や公序条項により，牴触法でも公序条項等により，これに類似した結果をもたらす可能性がなかったわけではない。それでも，これまでの実務をみる限り，内外の裁判所における法解釈はおおむね自国法の枠内で行われており，自国の公益を排して他国の公益や地球公益を尊重することまでは考慮されていなかったことであろう。当時も今も，一国の国益しか考慮していない行政判断や司法判断を地球公益の視点から検証するシステムはまったく予定されていないようにみえる。

　財産権を制限する方法として制度化されているのは，収用という行政行為である。日本国憲法第29条の場合，第１項では「財産権は，これを侵してはならない」と原則を述べつつも，財産権の範囲如何は「財産権の内容は，公共の福祉に適合するように，法律でこれを定める」（第２項）として法律に委ねられ，第３項で「私有財産は，正当な補償の下に，これを公共のために用いることができる」と規定されている。食糧危機当時，売り惜しみ行為等に対して諸国が収用措置を講じる余地はあったのかもしれないが，そうした措置が講じられた形跡はない。また，当該国が売り惜しみ行為に加担していれば，こうした規制措置が講じられる可能性はまったくない。主権国家が行う政策選択行為それ自体を地球社会全体の視野から評価するシステムの確立が必要となる所以である(149)。むろん，このような主張は，既得権益を主張する既存の勢力からみれば，論外の暴挙とみられ，伝統的法律学からはまったくの異端者と断じられるはずである。けれども，地球社会に住む人々の共生を願う立場からみれば，地球社会への配慮こそまっとうな主張だと言わなければならない。一方で内に向かって国内法上は私的自治を制限していながら（日本国憲法第13条第２文），他方で

---

(149)　地球公益的観点以前に国際法による制限の可能性を検討するものとして，Sandrock, Völkerrechtliche Grenzen staatlicher Gesetzgebung－Eine Skizze－, ZVglRWiss 115 (2016) SS.1-94他参照。

◆第 2 章◆　法律学における2008年食糧危機の教訓

外に向かっては自国の自由権行使（国家主権の発動）に制限がないと主張することは，行動の一貫性という点からみて，信頼ある評価を得られないであろう。国民国家制のもとに「国家主権を互いに尊重し合う」という現行国際法の立脚点は，地球社会の公益が考慮されない場合の絶対的修正装置を持たないという意味で完成品ではない。食糧危機をもたらしたどの行為も規制することはできなかったという事実をみれば，国家法はもとより，国際法を含めて，現代の法律学には致命的な欠陥が内在すると言わなければならない。

　確かに，全地球的視点から国家法の内容を規制するシステムは現行法上どこにも存在しない。しかし，それは，そうした制限の可能性が国家法および国際法において実在していないだけであって，制限の可能性が考えられないというわけではない。現状と理念とは別に論じられなければならない。それでは，どのようにすれば，こうした理念を実現することができるのだろうか。長い歴史をみると，ひとつの可能性として，諸国の不適切な行為を地球的規模で審査する仕組みを国家および国家の連合体にではなく，国家の対抗軸としての民間の活動（連帯）に求めることが考えられよう。国家がみずからに不都合な行為を行うことはもともと期待できないからである（「猫の首に鈴を付けることはできない（Who is to bell the cat ?）」）。民間の活力が国家の政策選択に影響を及ぼす例は，多国籍企業（超国家企業）等の存在によって古くから実証されている（法律回避行為）。パナマ文書[150]の登場によって改めて注目を浴びている租税回避行為も，国益を中心とする考え方に立つ（国家間の合意という方法を採用する）限り，まったく解決することはできないであろう。真の解決策は，地球社会の公益を考慮する立場へと転換する以外にはない。現下の課題は，この理念の当否にはなく，そうした民間の活力を組織化し，運営することのできる人材と資金をいかに生み出すかという方法論に置かれるべきであろう。

　4　以上の説明から，新たなパラダイムの概要が明らかになる。終局的な決め手は，諸国家の意思の多数という従来型の決定基準ではなく，地球社会全体の「擬制された意思（地球公益）」に求められなければならない。この意思は，

---

[150]　自国の歳入を確保すべき責任のある各国首脳がタックス・ヘイブンを利用して私腹を肥やしている実態を示した文書。各国2016年 4 月 5 日日本経済新聞夕刊 1 面他参照。

◇ Ⅲ ◇ 法律学における教訓

人命尊重，衣食住に代表される生活圏の確保，地球環境の保全，資源エネルギーの浪費防止といった様々な表現で言い換えることができる。実定国際法（世界人権宣言，市民的及び政治的権利に関する国際規約（自由権規約，B規約）等）という形式をとるか否かに拘らず，重要なのは，国家法に代えて，地球社会の公益こそが絶対的優越性を有するという視点である。このようにみると，先に主張された「食料主権」という思想にも共鳴することはできない。けだし，イブラヒマ・クーリバリーが提唱した「食料主権」は，食料に関わる規制を市場任せにすることで生じる難点を除去するため，各国に「食料主権」を認めようとする点において，国家主権という思想の枠内にとどまる提言だからである。食糧危機を招いた大きな原因が国家主権にあるとみる立場からは，国家主権を否定し，地球公益を世界的規模で実現する途が何よりも優先されなければならない。

3　食糧危機への適用

1　上の基本的視座のもと，伝統的理解に代えて，地球社会の公益を基盤とする新たな法律学が構想される場合，2008年春の食糧危機はどのように解決されるか。地球社会の法秩序には，国家法上の規制がもたらす結果の当否を検証する規定が含まれていなければならない。このような考えは，現行法の解釈上，まったく取り得ないというわけではない。それは，たとえ成文規定が欠けているとしても，諸国の裁判所が，不文の法源として地球社会の公益を推定し，自国成文法よりも地球社会の公益を優先する旨の判断を繰り返すならば，国家判例法の形成を通じて危機をもたらす種々の行為を規制することができるはずだからである。こうした活動を行うか否かはすべて，諸国裁判所の個々の裁判官の意欲と実践にかかっている。新たなパラダイムのもとでは，審査の実効性を高めるために，すべての関係国の協力の下に，個々の私法上の行為の適法性に関する審査が一元的に行われなければならない。一元化のためには，裁判所間での情報の共有（外国人裁判官の採用等を含む）が不可欠である。「一元的に」という言葉の趣旨は，国家法という観点からみると，最も厳しい国の規制が行われることを意味するとも言い得る。

◆第2章◆　法律学における2008年食糧危機の教訓

　2　実践にあたっては，どの案件でも，当該国家法上の内部的評価に加えて，地球公益に適うか否かという外部的（総合的）観点からの審査が追加されることとなろう。こうした発想は食糧危機のみならず，その他の地球的課題にも転用されなければならない。地球公益という「統一法」が適用されるならば，諸国実定法間に実在する法的水準格差の利用行為（租税回避等）はすべて否定されるはずである。地球公益という観点からみると，世界各地に散在する天然資源も海洋資源も特定国の所有に帰属するものと解釈されてはならず，地球市民全体のために用いられるべき共有資産とみられなければならない。地球に遍在する資産価値を特定国が独占する自由を認める現行の国際法は，「競争の出発点において機会の平等を否定し，不公平な事態を固定する」という意味で，地球公益とはまったく相容れない。武力や資金力による一方的な支配，そしてそうした事実を正当化するための便法としての既得権益尊重といった旧来型の思考を除けば，73億人とも言われる地球人口が生活する共同の場を運営するうえで必要な資源を少数の者に独占させ続ける正当な理由を見出すことはできないであろう。それにも拘らず，こうした事態を放置してきたのが，これまでの法律学であった。伝統的法律学は，歴史が示すように，特定の者が自らに都合のよい結果を一方的に固定するための道具として用いられてきたという意味で，「不当な制度」に属する。地球上の諸課題の解決それ自体に賛意を示しながらも，現行法上解決することはできないと主張する者は皆，繰り言を連ねるだけの態度に代えて，深刻な地球的課題を真に解決する新たな実践的提案を探究する責任を負わなければならない。

◆ Ⅳ ◆　結びに代えて

　1　食糧をめぐっては，これまでも，食糧生産過程における遺伝子操作の当否，食品廃棄のあり方如何[151]等，多様な論議が行われてきた。食料を増産して飢餓を克服した歴史に学ぶことを訴える者[152]もあれば，「食料争奪」という表現で，他国に先んじて食料を確保すべき旨を説く者[153]もあり，また飢餓と肥満とを同時に生み出すフード・ビジネスの問題性を指摘する者[154]もある。わが国でも，民間企業と政府が手を携えて途上国の食品市場の開拓に乗り出す動き[155]

◇ Ⅳ ◇　結びに代えて

や，環太平洋経済連携協定（TPP）発効をにらみ，非効率な生産体制にメスを入れ，農業分野の競争力を一層強化すべく産業競争力強化法を農業分野に初めて適用しようとする動き[156]が報じられている。こうした状況をみると，国益重視の発想は根強く，国益確保のために国家主権の行使を厭わないという主張が依然として揺るぎないものであるかのようにみえる。

　それでも，他方では，食のグローバル化の進展を紹介したり[157]，児童労働の

---

[151]　BSドキュメンタリーWAVE「食料廃棄物をゼロにせよ～フランス社会の挑戦～」（2016年4月17日放映）（http://www6.nhk.or.jp/nhkpr/post/trailer.html?i=05099（2016年4月17日確認）；http://www.nhk.or.jp/docudocu/program/1844/2263168/index.html（2016年4月17日確認））。この番組では，食料生産量の3分の1が廃棄されている世界の現状を受け止め，食料および食料生産用の膨大なエネルギーが浪費され，深刻な環境問題を引き起こしている現状を変えようとして，すべての大型スーパーに売れ残りの食料の廃棄を禁じ，慈善団体への寄付を義務付けた世界初の国家法，すなわち，フランスの食料廃棄禁止法（la proposition de loi relative à la lutte contre le gaspillage alimentaire (n° 245, 2015-2016)）が紹介されている。この法律については，http://www.senat.fr/dossier-legislatif/ppl15-245.html（2016年4月17日確認）他参照。

[152]　ルース・ドフリース著（小川敏子訳）『食料と人類──飢餓を克服した増産の文明史』（日本経済新聞出版社，2016年）他。BS世界のドキュメンタリー「食料増産へのチャレンジ（1）変わる企業型農業～アメリカ～」（2011年1月11日放映）（http://www6.nhk.or.jp/wdoc/backnumber/detail/?pid=110110（2016年4月17日確認）），「食料増産へのチャレンジ（2）不毛の大地がよみがえる～オーストラリア～」（2011年1月12日放映）（http://www6.nhk.or.jp/wdoc/backnumber/detail/?pid=110111），「ETV特集・地球の裏側で"コシヒカリ"が実る」（2012年9月9日放映）（http://www.nhk.or.jp/etv21c/file/2012/0909.html（2016年4月17日確認）他。

[153]　柴田明夫著『食料争奪──日本の食が世界から取り残される日』（日本経済新聞出版社，2007年）他。「NHKスペシャシリーズ"ジャパン　ブランド"　第1回　"食と農"に勝機あり」（2014年1月11日放映）（http://www6.nhk.or.jp/special/detail/index.html?aid=20150314（2016年4月17日確認）他。

[154]　ラジ・パテル著（佐久間智子訳）『肥満と飢餓──世界フード・ビジネスの不幸のシステム』（作品社，2010年）他。

[155]　日本経済新聞2016年3月9日夕刊1面。

[156]　日本経済新聞2016年3月10日朝刊5面。

[157]　サーシャ・アイゼンバーグ著（小川敏子訳）『スシエコノミー』（日本経済新聞出版社，2008年）他。

◆第2章◆　法律学における2008年食糧危機の教訓

問題性やアグリビジネスの闇を告発したり[158]する指摘が後を絶たない。このような動きは，食糧問題を全地球的規模で構想しようとする考えが依然として一定の勢力を保っていることを示すものでもある。こうした指摘が後を絶たないのは，地球公益に関わる諸課題が今日でもまったくといってよいほど解決されていないためである。問題の根は，多くの主張に共通するが，地球社会の公益よりも個別事業者や個別国家の利益を優先しようとする考え方が，若い世代を含め，広く蔓延していることにある。

　地球環境の保全および改善 ── 化石燃料を含む天然資源の利用による環境の変化は，増え続ける世界の人口に必要な食糧の確保とも緊密に関わる問題である ── が特定国の関心事にとどまらず，地上にあるすべての国の，すべての人々にとって共通の課題であるという認識が世界各地の心ある人々の間で広まってから，すでに久しい。このことを改めて考えさせたのが，「世界で一番貧しい大統領」として知られたホセ・ムヒカ元ウルグアイ大統領が2016年4月6日に東京で行った呼び掛けであった[159]。彼の基本思想はすでに2012年6月20日に「リオ＋20 地球サミット2012（国連持続可能な開発会議）」で行われた印象的なスピーチ[160]に示されている。しかしながら，何よりも，この演説が多くの注目を浴びたという事実それ自体が，世界的規模でみても，あらゆる社会問題を地球的規模で構想する必要性があるという意識がなお希薄であることを如実に物語っているとみることができよう。国家主権の護持という考えが依然として多くの人々の思考を支配していることは，法律学においても「抜き難い桎梏」となっている。憲法を中核とする国家法の併存を当然の事理とする伝統的な考え方を墨守する限り，地球規模での諸問題を解決することは不可能である。わが

---

[158]　キャロル・オフ著（北村陽子訳）『チョコレートの真実』（英治出版，2007年）他。
[159]　2016年4月8日朝日新聞朝刊13面参照。「生活水準の高い日本の人たちが，世界はどこに向かっていると考えているのか，聞いてみたいと思っていました。将来の夢を語ることなしには，私たちの未来はないからです。」「科学や技術が発展し，寿命も長くなっていますが，貧富の格差も広がってしまいました。若い人にはこのような間違いを繰り返さないでほしいと思う。」「若者には，豊かさを求めるあまり絶望する生き方をせず，毎朝，喜びがわき上がるような世界を目指してほしいと思う。」(http://www3.nhk.or.jp/news/html/20160406/k10010469461000.html（2016年4月17日確認））

◇ Ⅳ ◇　結びに代えて

国の食糧法制（条約を含む）をみても，当然のことながら，その目的はあくまでも国益尊重にある[161]。法律学が前提とする諸利益相互間での政策的調整——立法段階でのそれにとどまらず，解釈段階でのそれも含む——は，このようにどの国家法でも自国領域内での利益衡量に基づいて行われており，世界的規模での利益衡量はまったく行われていない。国家法相互の調整を行う国際法領域でも，世界的規模での利益衡量は軽視されたままである。このことは，主権国家間の合意を基礎とする国際法が多くの重要な課題を解決できていないという現実によっても容易に知られよう。

　2　このような厳しい現実をみれば，法律学の分野でも，伝統的な制度や枠組みの機能と存在意義を改めて問い直し，新しいパラダイムを提案する時期に来ていることが明らかになろう。本章はもっぱら法律学の現代的課題（向かうべき方向性（Reorientation））を示すことを意図したものではあるが，それでも，

---

[161]　2016年4月1日朝日新聞朝刊15面参照。「質問をさせてください：ドイツ人が1世帯で持つ車と同じ数の車をインド人が持てばこの惑星はどうなるのでしょうか。息するための酸素がどれくらい残るのでしょうか。同じ質問を別の言い方ですると，西洋の富裕社会が持つ同じ傲慢な消費を世界の70億〜80億人の人ができるほどの原料がこの地球にあるのでしょうか？　可能ですか？　それとも別の議論をしなければならないのでしょうか？　なぜ私たちはこのような社会を作ってしまったのですか？　マーケットエコノミーの子供，資本主義の子供たち，即ち私たちが間違いなくこの無限の消費と発展を求める社会を作って来たのです。マーケット経済がマーケット社会を造り，このグローバリゼーションが世界のあちこちまで原料を探し求める社会にしたのではないでしょうか。私たちがグローバリゼーションをコントロールしていますか？　あるいはグローバリゼーションが私たちをコントロールしているのではないでしょうか？　このような残酷な競争で成り立つ消費主義社会で「みんなの世界を良くしていこう」というような共存共栄な議論はできるのでしょうか？　どこまでが仲間でどこからがライバルなのですか？　このようなことを言うのはこのイベントの重要性を批判するためのものではありません。その逆です。我々の前に立つ巨大な危機問題は環境危機ではありません，政治的な危機問題なのです。現代に至っては，人類が作ったこの大きな勢力をコントロールしきれていません。逆に，人類がこの消費社会にコントロールされているのです。私たちは発展するために生まれてきているわけではありません。幸せになるためにこの地球にやってきたのです。人生は短いし，すぐ目の前を過ぎてしまいます。命よりも高価なものは存在しません。」(http://www.webdice.jp/dice/detail/3584/（2016年4月17日確認))

◆第2章◆　法律学における2008年食糧危機の教訓

　現行諸規定中，一般条項の拡大解釈を通じてこのような考えを実践できないわけではない。全地球的課題の解決に取り組む場合，われわれは，国家主権制度を動かしがたいものとみる前提のもとで地球的規模での利益衡量を否定する立場を全面的に放棄し，地球社会の公益を起点に据えた包括的な法体系を目指して新たな1歩を踏み出さなければならない[162]。こうした見方は，決して事新しいものではない。著名な先駆者[163]の活動や世界連邦運動（World Federalist Movement, WFM）[164]を想起すれば，たとえ部分的なものにとどまっていたにせよ，国家主権を乗り越える必要があるという認識が古くから提唱され，それなりの成果を挙げてきたことが確認されよう。「地球社会法学（地球社会の法律学）」の確立に向けて，こうした歩みはさらに拡大されなければならない。次の課題は，こうした考えを法律学の分野で正面から受け止め，さらに発展させるため

---

[161]　食育基本法（平成17年6月17日法律第63号）の前文は「21世紀における我が国の発展のためには，子どもたちが健全な心と身体を培い，未来や国際社会に向かって羽ばたくことができるようにするとともに，すべての国民が心身の健康を確保し，生涯にわたって生き生きと暮らすことができるようにすることが大切である。」とする。食品安全基本法（平成15年5月23日法律第48号）第1条は「この法律は，科学技術の発展，国際化の進展その他の国民の食生活を取り巻く環境の変化に適確に対応することの緊要性にかんがみ，食品の安全性の確保に関し，基本理念を定め，並びに国，地方公共団体及び食品関連事業者の責務並びに消費者の役割を明らかにするとともに，施策の策定に係る基本的な方針を定めることにより，食品の安全性の確保に関する施策を総合的に推進することを目的とする。」と規定する。外国政府等に対する米穀の売渡しに関する暫定措置法（昭和45年5月28日法律第106号）でも「政府は，当面の米穀の需給事情等にかんがみ，米穀の円滑な輸出に資するため，当分の間，次の各号に掲げる者に対し，その保有する米穀を当該各号に掲げる条件により売り渡すことができる」と規定する。食糧援助規約（昭和55年11月26日条約第37号，同日発効（外務省告示410号））第1条は，「この規約は，国際社会の共同の努力により，かつ，この規約の定めるところにより，開発途上国に対し人間の消費に適する小麦その他の穀物の形態により毎年1000万トン以上の食糧を援助するという世界食糧会議の目標の実質的な達成を確保することを目的とする。」と定め，対象国を「開発途上国」に限定する。しかし，こうした建前の説明と世界の現状との間には大きな乖離がある。

[162]　山内「現代国際私法の課題について──地球温暖化による気候変動をいかに受け止めるか──」（法学新報122巻1・2号（廣瀬克巨教授追悼号）855-910頁（後に山内著『国際私法の深化と発展』（信山社，2016年）に転載））。

◇Ⅳ◇　結びに代えて

にいかに行動すべきかという点にある。その具体化は次の世代に委ねられるべき課題となろう。

⑴63　すぐに想起されるのが，「汎ヨーロッパ主義」を提唱し，欧州連合構想の先駆けとされたリヒャルト・クーデンホーフ＝カレルギー（Richard Nikolaus Eijiro Coudenhove-Kalergi）（https://de.wikipedia.org/wiki/Richard_Nikolaus_Coudenhove-Kalergi（2016年4月17日確認），https://en.wikipedia.org/wiki/Richard_von_Coudenhove-Kalergi（2016年4月17日確認）他参照），独仏和解，ヨーロッパ和解に立ち会い，欧州連合の父とも評されたロベール・シューマン（Robert Schuman）（https://de.wikipedia.org/wiki/Robert_Schuman, https://en.wikipedia.org/wiki/Robert_Schuman（2016年4月17日確認）他参照），欧州統合の推進者として知られたジャン・オメール・マリ・ガブリエル・モネ（Jean Omer Marie Gabriel Monnet）（https://de.wikipedia.org/wiki/Jean_Monnet, https://en.wikipedia.org/wiki/Jean_Monnet（2016年4月17日確認）他参照）らの名前である。

⑴64　https://en.wikipedia.org/wiki/World_Federalist_Movement（2016年4月17日確認）他参照。

第3章　法律学における"人口増加"問題の教訓
―― 「国家法学」から「地球社会法学」への転換 ――

　　Ⅰ　問題の所在　　　　　　Ⅲ　法律学における教訓
　　Ⅱ　素材の紹介　　　　　　Ⅳ　結びに代えて

"自然やほかの国々…を…相互の再創造…プロジェクトにおけるパートナーだとみなす世界観が前面に出てこなければならない。" *

◆　Ⅰ　◆　問題の所在

1　国際連合開発計画（United Nations Development Programme（UNDP），国際連合総会の補助機関）は，「世界人口推計2017年改訂版[1]」を公表し，今後も毎年約8,300万人規模で人口増加（population growth）（「人口爆発（population explosion）」）が続く旨，予測した（増加傾向の実態は世界人口ランキングに示されている[2]）。この見通しによれば，約74億人とも約76億人とも言われる現在[3]の世界人口は，2030年までに約86億人に，また2050年には約98億人に，そして2100年になるとおよそ112億人にまで膨れ上がるものと推測されている[4]。このように恒常的な世界人口増加の社会の問題性は，国際連合開発計画の運営理事会

＊ナオミ・クライン（幾島幸子・荒井雅子訳）『これがすべてを変える ―― 資本主義 vs. 気候変動　上』（岩波書店，2017年）31頁。

(1) 2017年6月21日発表。The 2017 Revision of World Population Prospects（World Population Prospects, the 2017 Revision），https：//esa.un.org/unpd/wpp/（2018年4月23日確認）；https://www.compassion.com/multimedia/world-population-prospects.pdf（2018年4月23日確認）；https://esa.un.org/unpd/wpp/Download/Standard/Population/（2018年4月23日確認）；http://www.unfpa.or.jp/publications/index.php?eid=00033（2018年4月23日確認）

◆第3章◆ 法律学における"人口増加"問題の教訓

(Governing Council)が1989年に定めた「世界人口デー（World Population Day)）」[5]（7月11日）を迎えるたびに，繰り返し強調されてきた[6]。世界人口の急激な増加[7]が各種社会資産（食糧，天然資源等）の配分比率，住宅，用水，

(2) http://ecodb.net/ranking/imf_lp.html（2018年4月23日確認）。同ランキング第1位の中国では13億6,072万人（2013年）から14億3,226万人（2022年）へ（http://ecodb.net/exec/trans_country.php?type=WEO&d=LP&s=2013&e=2022&c1=CN（2018年4月23日確認)），第2位・インドでは12億4,982万人（2013年）から14億583万人（2022年）へ（http://ecodb.net/exec/trans_country.php?type=WEO&d=LP&s=2013&e=2022&c1=IN（2018年4月23日確認)），第3位・アメリカでは3億1,648万人（2013年）から3億3,565万人（2022年）へ（http://ecodb.net/exec/trans_country.php?type=WEO&d=LP&s=2013&e=2022&c1=US（2018年4月23日確認)），第4位・インドネシアでは2億4,882万人（2013年）から2億7,905万人（2022年）へ（http://ecodb.net/exec/trans_country.php?type=WEO&d=LP&s=2013&e=2022&c1=ID（2018年4月23日確認)），第5位・ブラジルでは2億104万人（2013年）から2億1,477万人（2022年）へ（http://ecodb.net/exec/trans_country.php?type=WEO&d=LP&s=2013&e=2022&c1=BR（2018年4月23日確認)），第6位・パキスタンでは1億8,357万人（2013年）から2億1,726万人（2022年）へ（http://ecodb.net/exec/trans_country.php?type=WEO&d=LP&s=2013&e=2022&c1=PK（2018年4月23日確認)），第7位・ナイジェリアでは1億6,928万人（2013年）から2億1,610万人（2022年）へ（http://ecodb.net/exec/trans_country.php?type=WEO&d=LP&s=2013&e=2022&c1=NG（2018年4月23日確認)），第8位・バングラデシュでは1億5,660万人（2013年）から1億7,182万人（2022年）へ（http://ecodb.net/exec/trans_country.php?type=WEO&d=LP&s=2013&e=2022&c1=BD（2018年4月23日確認)），第9位・ロシアでは1億4,337万人（2013年）から1億4,235万人（2022年）へ（http://ecodb.net/exec/trans_country.php?type=WEO&d=LP&s=2013&e=2022&c1=RU（2018年4月23日確認)），第10位・日本では1億2,733万人（2013年）から1億2,458万人（2022年）へ（http://ecodb.net/exec/trans_country.php?type=WEO&d=LP&s=2013&e=2022&c1=JP（2018年4月23日確認)），第11位・メキシコでは1億1,840万人（2013年）から1億2,935万人（2022年）へ（http://ecodb.net/exec/trans_country.php?type=WEO&d=LP&s=2013&e=2022&c1=MX（2018年4月23日確認)），第12位・フィリピンでは9,818万人（2013年）から1億1,733万人（2022年）へ（http://ecodb.net/exec/trans_country.php?type=WEO&d=LP&s=2013&e=2022&c1=PH（2018年4月23日確認)），第13位・ベトナムでは8,976万人（2013年）から9,821万人（2022年）へ（http://ecodb.net/exec/trans_country.php?type=WEO&d=LP&s=2013&e=2022&c1=VN（2018年4月23日確認)），第14位・エチオピアでは8,696万人（2013年）から1億31万人（2022年）へ（http://ecodb.net/exec/trans_country.php?type=WEO&d=LP&s=2013

◇Ⅰ◇　問題の所在

&e=2022&c1=ET（2018年4月23日確認)），第15位・エジプトでは8,470万人（2013年）から1億339万人（2022年）へ（http://ecodb.net/exec/trans_country.php?type=WEO&d=LP&s=2013&e=2022&c1=EG（2018年4月23日確認)），第16位・コンゴ（旧ザイール）では7,699万人（2013年）から1億46万人（2022年）へ（http://ecodb.net/exec/trans_country.php?type=WEO&d=LP&s=2013&e=2022&c1=CD（2018年4月23日確認))）というように，上位16か国をみても，ロシアおよび日本を除くどの国でも人口は増え続けていることが分かる。

　大陸別の人口（2017年）（http://ran-king.jp/continent/（2018年4月23日確認))をみると，第1位・アジア大陸の43億9,329万人，第2位・アフリカ大陸の11億8,617万人，第3位・ヨーロッパ大陸の7億3,844万人，第4位・北アメリカ大陸の5億7,377万人，第5位・南アメリカ大陸の4億1,844万人，第6位・オーストラリアの3,933万人，第7位・南極大陸の4,490人となっており，中国やインドを抱えるアジア大陸の人口が圧倒的に多いものの，「近年はアフリカ大陸の人口増加も目まぐるしく，2050年には25億人を超える」旨，予測されている。

(3)　人口統計資料が世界的規模で統一されていないところから，関連の数値はいずれも推定値とみられる。世界人口に関する別の資料によれば，1年に1億3,000万人（1分に137人，1日で20万人）が生まれ，6,000万人が死亡する結果，毎年7,000万人ずつ増えているとされる（http://arkot.com/jinkou/（2018年4月23日確認)。このサイトには，急増する世界人口が毎秒リアルタイムで表示されている)。

(4)　https://www.jircas.go.jp/ja/program/program_d/blog/20170626（2018年4月23日確認）

(5)　http://www.stat.go.jp/naruhodo/c3d0711.html（2018年4月23日確認）

(6)　http://www.unic.or.jp/news_press/messages_speeches/sg/19739/（2018年4月23日確認）

(7)　人口増加の要因は一様ではない。これまでの指摘では，①医療技術の発達により乳児や高齢者の死亡率が著しく低下したこと，②化学肥料・農機の生産や使用電力の増大（工業化）により穀物産出力が高まったこと，③技術革新による農業革命，緑の革命等の結果，穀物を初め，食糧の大量生産が低コストで行われるようになったこと，④輸送手段の進化に伴って物流の効率が上がり，穀物貿易のコストが低下し，穀物貿易が促進されたこと，⑤先進諸国に「資源」や「換金作物」を輸出している国（旧植民地を含む）で，貨幣の流入により一時的に食糧の供給が増えたこと，⑥都市化の進展により若年層の都市への人口集中が加速するとともに，農村における旧来の道徳・文化・制度的な制約が廃れ，また公衆衛生が発達し，出産環境が改善されたこと，⑦開発途上国に経済的不平等・貧困や社会的不平等が存在すること等が挙げられていた（http://www.chikyu-mura.org/environmental/earth_problem/population_explosion.html（2018年4月23日確認))。

◆ 第3章 ◆　法律学における"人口増加"問題の教訓

雇用等を含む社会環境の利用機会に対して深刻な影響を及ぼすとみる者は，異様な人口増加傾向に早急に歯止めを掛けなければならないと主張する[8]。しかし，こうした見方に対しては，「先進国はアジア・アフリカの"人口爆発"によって地球上の食料や資源は無くなってしまうと主張するが本当か」[9]という根本的な疑念が向けられている。それは，「人口が急増する貧しい国々では，一人当たりのエネルギーや食料の消費量が先進国よりずっと少なく，人口密度も低い地域が多い」[10]ため，食糧や資源の消費量は先進諸国の消費量ほど急激には増えないものと見込まれているからである。このような認識に共鳴する者は，人口抑制策に同調する者に対して逆に，人口増加対策という隠れ蓑を纏って誤魔化しているが，「本当の問題は，豊かな国が化石燃料や食糧をこのまま大量に消費し続けようとしていることではない……か」[11]と批判する[12]。

2　現代の世界が企業レヴェルでも国家レヴェルでも強い相互依存関係にあることは，今日，われわれの一般常識に属する。このことは，人口問題にとっても無縁ではない。政府開発援助（ODA）の対象とされるなど，アフリカ地域

---

[8] 自給自足型の社会では，食料の生産・供給量以上に人口が増えることはないところから，人口は比較的に安定しているようにみえる。しかし，自給自足型ではない社会を含む世界的規模での人口の恒常的増加は，自給自足型社会に対しても種々の影響を及ぼさずにはおかない。

[9] https://blogs.yahoo.co.jp/fukaya1951/68068725.html（2018年4月23日確認）

[10] BS世界のドキュメンタリー「地球を食い尽くすのは誰？〜"人口爆発"の真実〜（Population Boom）」（オーストリア　Nikolaus Geyrhalter Filmproduktion（https://www.geyrhalterfilm.com/（2018年4月23日確認）），2013年）（2015年3月11日，NHKBS1放映）（http://www6.nhk.or.jp/wdoc/backnumber/detail/index.html?pid=150310（2018年4月23日確認））「先進国はアジア・アフリカの"人口爆発"によって地球上の食料や資源はなくなってしまうと主張するが本当か？　ケニアやバングラデシュなど世界各地を訪れ，検証していく。世界の人口は72億。「アジアやアフリカで"人口爆発"が続けば食料・水・エネルギー資源が不足し，温暖化も進み，人類は滅びる」と識者は警鐘を鳴らす。しかし，この議論は本当なのか？　人口が急増する貧しい国々では，一人当たりのエネルギーや食料の消費量が先進国よりずっと少なく，人口密度も低い地域が多い。本当の問題は，豊かな国が化石燃料や食料をこのまま大量に消費し続けようとしていることではないのだろうか―。」

[11] 前注[10]。

◇ I ◇　問題の所在

⑿　BS世界のドキュメンタリー（シリーズ・消費社会はどこへ？）「食品廃棄物は減らせるか（Taste the Waste）」（ドイツ（Schnittstelle Film Köln & Thurn Film），2010年）（NHKBS１，2013年３月27日放映）（http：//www6.nhk.or.jp/wdoc/backnumber/detail/index.html?pid=120719（2018年４月23日確認））「世界中で膨大な量の食品が，多くの場合，食卓に上がる前に廃棄されているという現実。「規格に合わない」，「賞味期限が近い」といった理由から，食べられるものでも廃棄されているのだ。ドイツの取材班がヨーロッパやアメリカなどで食品廃棄の現状を取材するとともに，食品の無駄を減らす取り組みを追った。１年間に300万トンのパンが廃棄されるEU。店頭に出したパンのおよそ２割が売れ残るというドイツでは，捨てられるパンを木材と混ぜて燃料にし，パンを焼いている業者もいる。さらに，食品廃棄物をバイオガスに利用するビジネスも進んでいる。しかし，廃棄物処理場に運ばれる食品ゴミは，大量のメタンガスを発生する。食品の廃棄物を減らすことは，自動車の数を減らすことと同じく温室効果ガスの削減のために重要になっている。ヨーロッパやアメリカで捨てられる食品の量は，世界で飢えに苦しむ人に必要な食料の３倍以上に及ぶという。番組は，食品を捨てている現実にもっと思いをはせるべきなのではないかと問いかけていく。」，BS世界のドキュメンタリー「食料廃棄物をゼロにせよ～フランス新法の衝撃～」（NHKBS１，2013年３月27日放映）（http：//www.dailymotion.com/video/x454wmd（2018年４月23日確認））「大型スーパーに売れ残りの食料の廃棄を禁じ，慈善団体への寄付を義務付けた新法がフランスで制定された。世界初の試みが投げかける食料廃棄の現状と課題を見つめる。今，世界では，食料生産量の約３分の１が廃棄されている。食料だけでなく，食料を生産するための膨大なエネルギーが浪費され，深刻な環境問題を引き起こしている。こうした現状を変えようという世界初の法律が今年２月，フランスで制定された。すべての大型スーパーに売れ残りの食料の廃棄を禁じ，慈善団体への寄付を義務付けた食料廃棄禁止法である。フランスの画期的な試みが投げかける食料廃棄の現状と課題を見つめる。」，BS世界のドキュメンタリー，シリーズ魅惑の食卓「すべて食べよう（Just Eat it. A Food Waste Story）」（カナダ（Peg Leg Films），2014年）（NHKBS１，2018年３月30日放映）（http：//www6.nhk.or.jp/wdoc/backnumber/detail/index.html?pid=180330（2018年４月23日確認））「廃棄食品だけを食卓に載せる実験を始めたカナダのディレクター夫婦。前菜からメインまで何でも揃うが，……生産の現場も訪ね歩き，食品ロスにビックリ！　バナナの"曲がり方"が"規格外"のため，７割が出荷されない果樹園。巨大コンベアーではじかれる生鮮食品。ラスベガスでは，ディナーの食べ残しだけを餌にする養豚場も。そして，スーパーや料理店から，賞味期限やラベルの欠陥を理由に捨てられる食品のなんと多いこと…夫婦の半年あまりの試みは，地球で生産される食品の３割以上が捨てられているという現実に，改めて目を開かせてくれる。映像と演出に工夫を凝らした作品。」。

◆第3章◆　法律学における"人口増加"問題の教訓

における人口増加問題への対処は先進諸国の関心事ともなっている。世界人口抑制の当否という地球的規模の政策課題に答えようとすれば，人口問題だけを切り離して取り上げるのではなく，関連する数多の論点が併せて中長期的に検討されなければならない。法律学の領域では，すべての個人とカップルの性と生殖に関する健康・権利を保障し，推進するという視点から，「産む自由」[13]や「リプロダクティブ・ライツ（Reproductive Rights）」[14]がかねてより論じられ，母体を提供する女性の自己決定権（人権）が強調されてきた。また，家系の伝承（位牌，墓石，資産等の継承を含む）を重視する儒教的伝統[15]のもとで，妊娠・出産を，自己決定権を超える家族（大家族，核家族等，種々の家族形態を含む）全体の共通課題[16]とみる文化論的理解も見出されている。さらに，国家の財政（税源確保等の歳入関連事項，教育関連経費，社会保障経費等の歳出関連事項を含む），防衛等に関わる国力に着目し，個別国家全体の利益確保という観点を強調する立場も現れている[17]。少子化[18]への懸念を示し続けるわが国の内閣府[19]が示した現状認識はその典型例といえよう。こうした状況をみると，世界人口の恒常的な増加現象をいかに受け止めるべきかを考えるにあたり，個人や家族の視点，地域社会や国家の関心事，さらには，地球社会全体のバランス論，これらを全地球的視野のもとに総合的に考慮する必要性が生まれよう。

　3　このように，恒常的な人口増加問題にどのように向き合うべきかという点は，居住地や社会生活環境の如何に関わりなく，妊娠・出産に直接携わる女性自身の個別的利益を超えて，地球社会規模で次世代を担う人材確保策（出産環境，保育・養育・教育環境，就業環境，高齢者保護環境等，万般を含む）の段階

---

(13)　金城清子著『生殖革命と人権』（中公新書1288）（中央公論社，1996年）
(14)　谷口真由美著『リプロダクティブ・ライツとリプロダクティブ・ヘルス』（信山社，2007年）
(15)　加治伸行著『儒教とは何か』（中公新書989）（中央公論社，1990年）
(16)　「嫁して3年，子なきは去る」（貝原益軒が著した『和俗童子訓』巻5の「女子ニ教ユル法」として知られる。
(17)　「改革　光と影①　見えぬ危機に無策　年金・医療で巨額借金」日本経済新聞2018年4月7日朝刊8面（そこでは，「人口危機は社会保障と国の財政を侵食した」と書かれている）他。

◇ Ⅰ ◇　問題の所在

的実行方法如何というグローバルな政策決定問題に直結する。この点は，一国内での政策決定や個別国家間での利害調整をはるかに超えた地球社会全体に共通する喫緊の応用的課題として位置付けられ，すべての地球市民に関わる論点とされなければならない。このように考えるのは，世界人口の急激な増加がすでに長期に亘って全地球的課題となり続けている点が国際連合の諸機関により繰り返し指摘されてきたにも拘らず，これまでの法律学（国家法および国際法）もこの難題を今なお解決できていないという歴史的事実に着目することによる。この課題に応えようとすれば，この点は政治が担うべき課題であって，法律学には何の関係もないと開き直ったり，自国の少子化問題さえ解決すればよく，他国の人口問題の解決は当該国の主体的判断に委ねればよいと居直ったりする

⒅　世界人口とは異なり，わが国は少子化問題に揺れ続けている。わが国では，「平成が人口危機とともに始まった……出生率1.57ショックはまさに元年であった」（「改革　光と影①　見えぬ危機に無策　年金・医療で巨額借金」日本経済新聞2018年4月7日朝刊8面）と言われるように，1947年に4.54を記録した合計特殊出生率は，1989年に1.57となり，その後も低下傾向を示してきた。1994年のエンゼルプランを初めとして，少子化対策が試みられてきたが，2005年の1.26で底を打ったとみられているものの，2016年のそれは1.44であり，合計特殊出生率2の達成にはほど遠い状況が続いている（「内閣府・出生数及び合計特殊出生率の年次推移」（http://www8.cao.go.jp/shoushi/shoushika/data/shusshou.html（2018年4月23日確認）），「厚生労働省・平成29年（2017）人口動態統計の年間推計」（http://www.mhlw.go.jp/toukei/saikin/hw/jinkou/suikei17/dl/2017suikei.pdf（2018年4月23日確認））他参照）。自然増減数170万人台を記録した1948年および1949年はともかく，1964年から1978年まで100万人を超えていた自然増減数は2007年以降常時マイナスを記録し，2017年には40万3,000人減となっている（「厚生労働省・平成29年（2017）人口動態統計の年間推計」（http://www.mhlw.go.jp/toukei/saikin/hw/jinkou/suikei17/dl/2017suikei.pdf（2018年4月23日確認））他参照）。これらの統計資料に示された恒常的な人口減少は，高齢者の寿命の伸び・高齢者数の増加と相俟って，人口増と高度成長を前提とした社会保障制度（年金，医療等）の見直しを強く求めるようになっているが，歪な人口ピラミッドの是正も社会保障・税制の抜本的な変革も先送りされたままであり，「人口危機」に対する危機感が乏しい状況が続いている。

⒆　内閣府の認識については，http://www8.cao.go.jp/shoushi/shoushika/index.html（2018年4月23日確認）他参照。厚生労働所の発表によれば，2017年の子どもの出生数は94万6,060人（出生率1.43）となり，過去最少を更新した（『日本経済新聞』2018年6月2日朝刊5面）。先進諸国でも少子化が再び進んでいる（同朝刊1面）。

◆第3章◆　法律学における"人口増加"問題の教訓

独り善がりの態度を全面的に改める必要があろう。ここでは，憲法や行政法，民法や国際法といった既存の個別法分野を超越し，以後の世代への継承という時間的観点（ここでは少なくとも100年以上の期間が考慮されなければならない）をも考慮したうえで，全地球的視点に立った包括的な対策が講じられなければならない。

　以下では，この点について，1つの検討資料を提示することとしたい。素材とされるのは，ドキュメンタリー番組「地球を食い尽くすのは誰？～"人口爆発"の真実～（原題・Population Boom）」[20]である。オーストリアのドキュメンタリー映画制作者，ヴェルナー・ボーテ[21]の現地報告（アメリカ合衆国，メキシコ，中国，バングラデシュ，ケニアなど）を紹介したこの番組では，種々の論点が多面的に取り上げられている。ここでの検討を通じて，地球社会の法律学が早急に取り上げるべき課題と解決策[22]がより明確になるとすれば，何よりのこととされよう。

---

[20]　BS世界のドキュメンタリー（NHKBS1，2015年3月11日放映（同年3月18日および同年10月27日再放映））（http://www6.nhk.or.jp/wdoc/backnumber/detail/index.html?pid=150310（2018年4月23日確認）；http://countrysign.hateblo.jp/entry/2015/11/08/165147（2018年4月23日確認）；http://81251650.at.webry.info/201503/article_2.html（2018年4月23日確認）；https://chikrinken.exblog.jp/24240882/（2018年4月23日確認））「先進国はアジア・アフリカの"人口爆発"によって地球上の食料や資源はなくなってしまうと主張するが本当か？　ケニアやバングラデシュなど世界各地を訪れ，検証していく。世界の人口は72億。「アジアやアフリカで"人口爆発"が続けば食料・水・エネルギー資源が不足し，温暖化も進み，人類は滅びる」と識者は警鐘を鳴らす。しかし，この議論は本当なのか？　人口が急増する貧しい国々では，1人当たりのエネルギーや食料の消費量が先進国よりずっと少なく，人口密度も低い地域が多い。本当の問題は，豊かな国が化石燃料や食料をこのまま大量に消費し続けようとしていることではないのだろうか－。」。

[21]　前注[10]。

[22]　本章は，前稿「法律学における2008年食糧危機の教訓──「国際化」から「地球社会化」への転換（1）」（法学新報123巻7号（滝田賢治先生古稀記念論文集）717頁以下および「法律学における2008年食糧危機の教訓──「国際化」から「地球社会化」への転換（2・完）」（同8号89頁以下）（本書第I部第2章）に倣って，国家法学の限界を如何に乗り越えるべきかという問題意識のもとに行われた継続的研究の一部である。

◆ Ⅱ ◆　素材の紹介

　番組の冒頭では,「地球が小さすぎるのか,それとも,この惑星には人が多すぎるのか」[23]という問いが示される。われわれはこの問いをどのように理解することができるか。「それとも」という接続詞に着目してこの問いを二者択一型の問題提起とみれば,何よりもまず,小さすぎる地球に居住可能な人数を超える人々のために,地球とは異なる空間に新たな住処と資源を求めて宇宙へ進出するという奇抜な発想（宇宙開発支持説）と,多すぎる人間を如何に減らすべきかを考えなければならないというラディカルな主張（人口削減支持説）との間での選択に直面すると考えることであろう。これら2つの可能性は論理的択一関係にはなく,この問いをひとつの例示とみる者は,この主題に関してどのような問題提起が可能かという応用的課題がわれわれに突き付けられていると受け止めることであろう。また,人口削減論に論及する前に取り組むべき先決的課題として,これまでの各種資源の採取（栽培,採掘等を含む）,流通,配分（特に政治力,経済力（資金力）,軍事力等による独占）,消費（特に食品ロス）等のすべてを有効利用（無駄の排除,節約）という視点から見直すべきである旨（生活方法改善説）を主張する者は,人口抑制の当否を問うことは時期尚早であり,各種資源の採取,配分,消費等を早期に如何に効果的に行うべきかという先決的論点をまず解決すべき旨,主張することであろう。

　冒頭の表現の受け止め方に関してはこのように多様な理解があり得る。ここでは,さしあたり,上に示された2つの現実的選択肢（人口削減支持説および生活方法改善説）を主題に即して紹介・整理し,関連するいくつかの視点を例示するにとどめたい。

1　人口削減支持説

　1　「人口削減支持説」とは,地球上で生活できる人口には上限があり,この限界を超えないように努めなければならないとする主張をいう。該当人数の

---

[23]　前注(10)。

◆第3章◆　法律学における"人口増加"問題の教訓

算定にあたっては，居住環境の改善，食糧増産等，関連事項の詳細な情報があらかじめ与えられていなければならないはずであるが，必要な情報が明示されていないところから，結論を下すことは容易ではない。それにも拘らず，人口問題と開発問題とを関連付け，しかも開発問題を優先して，「人口の急激な増減や，移動により社会が不安定になると，スムーズな発展を続けることが難しくな」[24]る（この点は，近年注目を集めた難民のヨーロッパへの大量流入[25]等によっても明示されている）と説くのが，国際連合人口基金（United Nations Population

---

[24] http://www.unfpa.or.jp/about/index.php?eid=00003（2018年4月23日確認）

[25] クローズアップ現代「"地中海難民"——EU揺るがす人道危機」(2015年6月24日，NHK総合1放映) (http://www.nhk.or.jp/gendai/articles/3674/index.html（2018年4月23日確認))「欧州を目指す密航船が地中海で次々と転覆し，数多くの犠牲者を出している。今年はこれまでにおよそ2,000人が命を落としたとみられ，国際社会に衝撃が広がった。去年1年間に17万人の難民が到着したイタリアでは受け入れ態勢が限界を超え，これ以上の難民の受け入れに反対する抗議デモも相次いでいる。EU＝ヨーロッパ連合ではこれまで「難民を最初に受け入れた国がその責任を負う」というルールがあった。しかし難民の急増で，EU各国が公平に負担すべきだとする意見と，これまでの原則を主張する立場とが激しく対立。押し寄せる難民がEUを揺るがす事態となっている。この人道危機にEUは，一致団結した姿勢を貫くことが出来るのか？　難民の問題そしてEUの行方を占う。」，クローズアップ現代「ヨーロッパ激震　押し寄せる難民」(2015年10月14日，NHK総合1放映) (http://www.nhk.or.jp/gendai/articles/3715/index.html（2018年4月23日確認))「泥沼の内戦が続くシリアなどからヨーロッパをめざす難民や移民が過去にない規模で急増している。その数は今年だけでこれまでに50万人を超えている。人道的責任を掲げて『難民受け入れ』を表明したドイツに対して，ハンガリーが難民を押しとどめようと国境沿いにフェンスを設けるなど東ヨーロッパ諸国は猛反発。難民への対応をめぐって欧州内の対立は深まっている。一方，シリアやその周辺国での人道危機は，国際社会が有効な対策を打ち出せないまま，悪化するばかりだ。難民の数は400万人にまで増え，資金不足から食糧援助が減らされるなど，支援が頼みの綱の難民たちは追い詰められている。『今世紀最大の人道危機』に私たちはどう向き合うべきなのか，考える。」，ドキュメンタリーWAVE「止まらないEUへの難民流入〜フランスの港町は今〜」(2015年10月18日，NHKBS1放映) (ヨーロッパに流入する大量の難民が目指す町の1つが，フランスのカレー。海底トンネルでつながるイギリスに渡るためである。決死の密入国を繰り返す難民の日々を見つめる。)，BS世界のドキュメンタリー「密航

◇ Ⅱ ◇　素材の紹介

Fund（UNFPA））の立場[26]である。同基金は，2011年秋の段階で，この点を次

地中海を渡ったシリア難民の記録」（2016年1月5日，NHKBS1放映）「去年8月，命がけで密航船に乗り，希望を胸にヨーロッパに渡ったシリア難民の半年間に密着する。彼ら自身がカメラを回し，難民の目線で描かれた貴重なドキュメンタリー。」，BS1スペシャル「難民クライシス」（2016年2月28日，NHKBS1放映）（http：//www.dailymotion.com/video/x4agqg1（2018年4月23日確認）；http：//www.dailymotion.com/video/x4ap7po（2018年4月23日確認））「戦禍を逃れるために，命をかけ欧州を目指す難民や移民。そして100万を超える難民たちの受け入れの是非を巡って揺れるヨーロッパ。双方の視点から多角的に前後編で迫る。」，NHKスペシャル「難民大移動　危機と闘う日本人」（2016年2月28日，NHK総合1放映）「100万人超の難民が欧州に押し寄せる今，人道支援に奔走する日本人がいる。UNHCR・国連難民高等弁務官事務所の職員たちだ。難民問題の最前線に日本人の姿から迫る。」，大型討論番組グローバル・アジェンダ「難民危機～岐路に立つヨーロッパ～」（2016年6月27日，NHKBS1放映）「多様な価値観の重要性を掲げ，難民の受け入れを進めてきたヨーロッパ。難民によるとされる事件の発生などを受けて高まる反移民感情をどう乗り越えるのか，専門家が討論。」，ドキュメンタリーWAVE「ギリシャ　消える難民の子どもたち」（2016年12月11日，NHKBS1放映）（https：//hh.pid.nhk.or.jp/pidh07/ProgramIntro/Show.do?pkey=109-20161211-11-23026（2018年4月23日確認））「出口の見えない難民問題に揺れるヨーロッパ。いま，戦乱の続く中東などから渡ってきた難民のうち，1万人の子どもの行方が分からなくなっている。彼らはどこへ消えたのか─？　EU各国が国境管理を強化する中，6万人の難民が受け入れ国が決まらず，足止めされているギリシャ。行き場を失った子どもたちが頼るのが密航業者だ。その費用を稼ごうと，犯罪に巻き込まれるもケースも相次いでいる。消える子どもたちの行方を追った。」，BS世界のドキュメンタリー「ヨーロッパ難民危機～越境者たちの長い旅路～」（イギリス，BBC製作，2015年）（2016年12月13日，NHKBS1放映）（https：//hh.pid.nhk.or.jp/pidh07/ProgramIntro/Show.do?pkey=001-20161213-11-08098（2018年4月23日確認））「リポーターがまず訪ねたのはギリシャのコス島。海岸に無数の救命胴衣が捨てられている。ギリシャに流入する難民は月に10万人を越え，その7割はシリア人。いくつもの国を経てオーストリアを目指すが道のりは厳しく，生き残るため『子供や老人を連れている』と言い張って出入国を有利にしようとする者もいれば，シリア人を偽装する他国籍の者もいる。終わりが見えない難民流入の現実に，ヨーロッパは解決の糸口を見出せずにいる。」他参照。国連難民高等弁務官事務所の発表によれば，2017年末の時点で，難民数は6,850万人となり，過去最高を記録した（『日本経済新聞』2018年6月20日勇敢3面）。

[26]　https：//www.unfpa.org/（2018年4月23日確認）；http：//www.unic.or.jp/info/un/unsystem/other_bodies/unfpa/（2018年4月23日確認）

◆第3章◆　法律学における"人口増加"問題の教訓

のように述べていた。

　"来週，ハロウィンでお祭り気分の間に世界の人口は70億に達します。……爆発的な増加です。12年前は60億，1987年には50億でした。……1940年と比べると3倍です。……
　2011年10月31日，国連は，人口が70億に達したとして，記者会見を開きました。この日はハロウィン。皮肉にも死者の霊を称える日です。……国連人口基金の報告書……には，世界の人口は，アジアや発展途上国を中心に，驚異的な速さで増え続けると書いてありました。今後100年間で，増加に歯止めがかかる見込みもないとしています。読み進むうちに，貧しい国々が裕福な国々を人口で圧倒するのも時間の問題だという印象を受けました。国連がどんな声明を出すのか，わたしは興味津々でした。"[27]

　パン・ギムン国際連合事務総長とババトゥンデ・オショティメイン国際連合人口基金事務局長は，その当時，共同記者会見で次のように述べていた。

　"世界の人口は，本日，70億人に達しました。60億人になったのは1998年でした。この記念すべき日は70億人目の赤ん坊の誕生を祝うだけの日ではありません。人類全体の問題を考える日です。視野を広げ，ニュースに目を向けると，アフリカでは食糧難が，シリアでは戦闘が続いています。……"[28]

　ボーテは，ババトゥンデ・オショティメイン事務局長へのインタヴューを行った。

　"ボーテ "人口はもっと少ない方がいいのですか。"
　オショティメイン "難しい質問ですね。なぜなら，地球が人間を何人までなら養っていけるのか。持続可能な収容能力を教えてくれる人は地球のどこにもいないからです。……1960年代に人口が35億人に達したとき，雑誌「タイム」の表紙に，「人口過剰」という言葉が載ったんです。35億人でですよ。今は，70億。何人から人口過剰なのか，わたしには何とも言えません。"
　ボーテ "なんだか，当たり障りのない言い方ですね。今の人口は多すぎると言いたくないように聞こえますが……。"
　オショティメイン "現在，人口が増加している地域は世界のわずか10パーセント

---

[27]　前注(10)。
[28]　前注(10)。

にすぎません。当たり障りのない言い方などしていません。はっきりお答えしようと努めています。具体的な例を挙げるとしたら、今のメキシコについてお話ししましょうか。人口について各国の政府に働きかけるとき、メキシコと中央アフリカのブルンジとでは、働きかけ方がまったく違います。メキシコでは女性にも教育を受ける機会が確保されていて、出産に関しても、自分で産む子供の数を決めることができます。メキシコの女性は、家族計画によって子供の数を調整できるんです。しかし、アフリカのブルンジでは、そうはいきません。ですから、人口が増えすぎないよう、われわれが取り組む必要があるんです。""[29]

地球社会が受け入れる人数の上限を問うボーテに対し、オショティメインは回答を留保した。それでいて、人口増加傾向に歯止めを掛けるべきだという主張（人口削減支持説）は維持されている。人口が多すぎるか否かという問いに回答不能と述べていながら、同時に他方で、人口抑制を主張する姿勢には論理的破綻がみられよう。オショティメインは人口削減支持説の論拠を明らかにしないまま、どのように歯止めを掛けるべきかという方法論に移行し、メキシコとブルンジでは異なる方法が採用されなければならない旨、主張する。ブルンジ[30]の女性は概して教育を受ける機会に恵まれず、家族計画によって子どもの数を調整できないため、国際連合人口基金が、ブルンジの人口が増えすぎないよう、人口削減と関わる事項について積極的に「取り組む必要がある」と述べるオショティメインの主張は、どのような合理的根拠に基づくものか。しかしながら、この点を探る手掛かりはない。

世界の人口はむろん調査の時期により異なるとはいえ、国際連合の諸機関が数十年に亘り一貫して人口過剰の脅威を訴えてきたことに変わりはない。この点はボーテの次の説明からも明らかになる。

"最近はトーンダウンしているものの、国連は数十年に亘って人口過剰の脅威を訴えてきました。国連と世界銀行によると、貧困や飢餓の問題は人間の数が多す

---

[29] 前注(10)。

[30] ブルンジは、世界の人口ランキングでみると87位に位置する（http://ecodb.net/ranking/imf_lp.html（2018年4月23日確認））。1990年に546万人であった人口は、2000年には668万人へ、2010年には837万人へ、そして2017年には988万人へと増加している（http://ecodb.net/country/BI/imf_persons.html（2018年4月23日確認））。

◆第3章◆　法律学における"人口増加"問題の教訓

ぎるせいなのです。"⁽³¹⁾

　貧困や飢餓は，確かに，分かり易い病理現象である。可処分所得が少なければ少ないほど貧困に陥り易く，飢餓に至る可能性もそれだけ高まる。その背景には，自助努力だけではそうした事態から脱し得ない状況を作り出した，関係諸国に固有の政治的・経済的・社会的な環境があり，各国の法律学もそうした制度を作り出し，支えてきたことについての加害者責任を免れることはできない。この点に触れることがなければ，「人間の数が多すぎる」と断定する主張の論拠を見出すことはできないであろう。

　2　国際連合のこうした懸念は，部分的であるにせよ，アメリカの企業経営者にも共有されている。テッド・ターナー（CNN 創業者）は，次のように述べていた。

　　"わたくしの一番の懸念は，人口過剰になって，地球環境に過大な負荷がかかることです。近い将来，人が住めなくなり，人類は滅亡する……。……人口過剰は地球温暖化を引き起こし，旱魃や飢饉を招く。やがて人間は共食いするようになり，人類は死に絶える……"⁽³²⁾

　ボーテは「富と影響力を持つ人たちは数十年前から人口の削減を望んでいたようです」と述べ，こうした認識が1994年に行われたディヴィッド・ロックフェラー（ロックフェラー財団会長）の次の言葉にも見出される点を指摘する。

　　"皮肉にも，人間の健康が革新的に向上したことが新たな問題を生んでいます。それは，われわれが暮らす世界に大惨事を引き起こすでしょう。人口増加が生態系にもたらす負の影響は明白になりつつあります。"⁽³³⁾

　このような人口削減支持説はいつ頃からみられるようになったのか。紹介されるのは，アメリカ合衆国ジョージア州エルバート郡に建造された花崗岩製のモニュメント「ジョージア・ガイドストーン（The Georgia Guidestones）」⁽³⁴⁾（1980年）である。この石碑が取り上げられたのは，8つの言語で書かれた「10

---

(31)　前注(10)。
(32)　前注(10)。
(33)　前注(10)。

のガイドライン」の第1項目に「Maintain humanity under 500,000,000 in perpetual balance with nature（大自然と永遠に共存し，人類は5億人以下を維持する）」と記されていることによる。このガイドラインを前にして，ボーテとモニュメント見学者たちは次のような会話を交わした。

> 見物人 "自然との調和を保つため，人口を5億以下に維持せよ。適応性と多様性を向上させ，生殖を管理せよ。新しい言語で人類を団結させよ。情熱，信仰，伝統などすべてを理性で支配せよ。"……
> ボーテ "「人口を5億以下にしろ」なんて。"
> 見物人 "誰もそんなこと……"
> 別の見物人 "共感できない。"
> 見物人 "彼らは，人口が5億を超えたら，地球が破滅すると考えたのでは？"
> ボーテ "もう超えてるよ。"
> 見物人 "だから，地球はめちゃくちゃです。環境汚染，過剰な人口，テクノロジーのせいです。"
> 別の見物人 "資源も枯渇している。"
> ボーテ "どうすれば5億人以下になるか……"
> 見物人 "例えば，大災害が起こるとかね。"[35]

見物人との会話を終えて，ボーテは次のように独り言つ。

> "恐ろしい話ですが，人口を激減させる方法なら，いくらでもあるのかもしれません。この石碑が建てられた1980年当時，正体不明の発注者は人口40億人が多すぎると考えていました。しかし，一体，誰が余計だというのでしょう。"[36]

3　人口削減支持説の出所はほかにも見出される。ジョージア・ガイドストーンの建造に先立って1974年に開催された世界人口会議もそのひとつである。

> "国際社会に本格的な人口抑制政策が打ち出されたのは，1974年のことでした。

---

[34] https://www.mnn.com/lifestyle/arts-culture/photos/10-of-the-worlds-biggest-unsolved-mysteries/georgia-guidestones（2018年4月23日確認）；https://www.atlasobscura.com/places/georgia-guidestones（2018年4月23日確認）

[35] 前注(10)。

[36] 前注(10)。

◆ 第3章 ◆　法律学における"人口増加"問題の教訓

　当時のアメリカの国務長官，ヘンリー・キッシンジャーが国家安全保障研究「メモランダム200」を作成。そのなかで，アメリカの外交政策の最優先課題は人口削減だと主張したのです。ターゲットは外国の人口でした。早急に削減すべきと名指しされたのは12か国。フィリピン，バングラデシュ，パキスタン，インドネシア，タイ，トルコ，ナイジェリア，エジプト，エチオピア，コロンビア，ブラジル，そしてメキシコでした。これをうけて，1974年に国連が主催した世界人口会議では，137か国が人口増加を抑制することで合意しました。"(37)

　ボーテは，1974年の世界人口会議でメキシコ代表を務めたエンリケ・メンドーサ・モラレス弁護士をメキシコシティーに訪ね，彼へのインタヴューを試みた。

　　モラレス　"話は，第二次世界大戦の終わった直後まで遡ります。戦争に勝ち，国土もほぼ無傷の状態だったアメリカは戦後の国際社会の秩序を支配し，ソヴィエト連邦の対抗勢力として，存在していました。アメリカが恐れていたのは，人口の爆発的増加と共産主義の広がりでした。とりわけ，人口が急増している国の共産化を恐れたのです。実際，人口は国力に直結しますからね。"
　　ボーテ　"つまり，人口が多い国ほど力を持つと。"
　　モラレス　"そう。まさにその通りです。人口が爆発的に増加する国が次々に出てきたとしたら，世界で主導権を発揮したいアメリカの安定が脅かされます。少なくとも，当時は，脅威でした。このようななか，世界人口会議で，人口増加を抑制するための行動計画が採択されたのです。メキシコでは大規模な宣伝活動が始まりました。「わが国は出生率を下げる必要がある」とジャーナリストや出版社が国民に熱心に呼び掛けました。メキシコの人口抑制政策は「家族計画」と呼ばれました。「産児制限」なんていうと，強引で容赦のない感じに聞こえたからです。結果的に，われわれの取った対策は，大成功を収めました。……メキシコの家族計画の成果ははっきりと数字に表れました。国連によると，それまで女性1人当たり6人だった合計特殊出生率（1人の女性が一生に産む子どもの数の平均値）が2.1人にまで下がったのです。2.1人はまさに人口を安定させる数字です。……人口増加を恐れ，抑制しようという動きは世界に広まりました。政治的・経済的な圧力が掛けられることも珍しくありませんでした。"(38)

　モラレス弁護士の話から，人口削減支持説の今ひとつ異なる出所が明らかに

---

(37) 前注(10)。
(38) 前注(10)。

◇ Ⅱ ◇　素材の紹介

なる。「人口が急増している国の共産化を恐れた」アメリカが「世界人口会議で，人口増加を抑制するための行動計画が採択され」るよう，意図的に働き掛けたという点である。この評価があてはまるとすれば，人口削減支持説自体，アメリカ合衆国の恣意的な国策にすぎないこととなろう。

　4　ボーテは，次に，数十年間に亘って人口削減策を実施していた中国を訪れ，実情を探った。この点は，以下のように説明される。

　　"1979年，キッシンジャーの報告書から5年後，中国では，いわゆる一人っ子政策が導入されました。国際社会はこれを歓迎します。どんどん増える中国人がこぞって車に乗りだしたら，環境に負担がかかりすぎるというのがよく聞く理由です。一人っ子政策は，強制的な避妊手術や人工中絶を取り入れるなどして，数十年間，厳格に行われてきました。永年，人権侵害を批判されている中国政府，外国人ジャーナリストは政府にとって目障りな存在です。ですから，中国当局がわたしの公式訪問を認めてくれたのは，嬉しい驚きでした。"(39)

　ボーテは胡宏桃（国家人口・計画出産委員会）にインタヴューを行った。

　　"ボーテ　"今日の新聞……に中国の計画出産の政策に関する記事があります。……ホットな話題なんですね。"
　　胡宏桃　"……何が書いてありますか。"
　　ボーテ　"家族の人数についてです。一家に子供が2人以上生まれたら罰金を払わねばならない。罰金はその家庭の年収を超える金額になる，と。"
　　胡宏桃　"1組の夫婦がたくさん子供を持ったら，より社会に負担を掛けることになります……，決まった収入で暮らす家族で考えてみましょう。収入はアメリカドルで2,000ドルとします。その2,000ドルを使う方法は，2通りあります。ひとつは，子供を何人も産み，育てること，もうひとつは，投資をしたり，ちょっとしたビジネスに使うことです。子供が増えたとしても，その家族はすぐにこれといった利益を得ることはできませんが，収入をどんどん投資に回していけば，すぐ金持ちになります。これは，たんなるたとえです……。今後，50年のうちには，もっと子供を産むよう奨励するようになるかもしれません。""(40)

　インタヴューを終えたボーテは，中国では，「経済成長を達成するため，さ

---

(39)　前注(10)。
(40)　前注(10)。

115

◆第3章◆　法律学における"人口増加"問題の教訓

まざまなことが国民の頭越しに決定されます。多くの場合，国民1人1人の希望は国の経済成長の犠牲になる」[41]という状況に懸念を抱いた。実情を知ろうとして，ボーテは結婚式場の控室に乗り込み，身だしなみを整えている新婦（王文君）にインタヴューを申し込んだ。

　ボーテ　"子どもはたくさん欲しい？……ああ，中国は一人っ子だったね。"
　王文君　"ええ。1人だけ。……別にいいの。"
　ボーテ　"法律が変わるかもしれない。"
　王文君　"変わるとしても，遠い先の話です。何年かかるかわからない。"
　ボーテ　"もし変わったら，2人目を産む？"
　王文君　"ええ，たぶん。"
　ボーテ　"そう？　なぜ？"
　王文君　"息子と娘が1人ずつ欲しいから。男の子と女の子を並べた字「好」は「良い」という意味なんです。""[42]

画面は，王文君の結婚式場に変わる。来賓の挨拶[43]でも一人っ子政策の正当性になんら疑念は示されていない。ボーテは，次のような印象を抱いた。

　"一人っ子政策で4億人もの人口が抑制された結果，平均所得が増え，国民の消費は盛んになりました。中国経済は潤いました。しかし，長期的にみると，人口構成のバランスが崩れるなど，国民にしわ寄せがきています。政府が一人っ子政策を採った結果，中国は，男の子だらけの国になってしまったのです。"[44]

人口構成のバランス維持と国民の平均所得の増加は両立不可能なのだろうか。両者は，そもそも，単一の基準で優劣を決めることができるような並列関係に立つ選択肢なのだろうか。両立不能とみる場合，どちらを優先するかを時期に応じて使い分けることができるのだろうか。当時の中国がこれらの疑問にどのように答えていたかを正確に確認する作業は専門家に委ねざるを得ないが，人口削減案が実施されていた中国でも，その後，人口削減支持説に異論が唱えら

---

(41)　前注(10)。

(42)　前注(10)。

(43)　「ふたりが末永く健康で仲良く暮らしますように！　家族計画を実践し，科学的な方法の助けを借りて，一人っ子政策を守り，ご両親の願いをかなえてください。」(前注(10))

(44)　前注(10)。

◇ Ⅱ ◇　素材の紹介

れるようになっている。ボーテは，政府当局の立会いのもとで，人口・開発研究所の解振明教授にインタヴューを行った。

 ボーテ　"中国が人口過剰になる恐れはすでになくなっているのだから，政策を変えた方がいいとおっしゃっているそうですね。"
 解振明　"人口過剰が解消されたほかにも，理由はいろいろあります。まず，一人っ子の家族はあまり強い家族とは言えないからです。もし家族というものの幸せを考えるなら，子どもは1人ではなく，少なくとも2人必要です。たった1人の子どもが病気になったり亡くなったりしたら，家族は子孫繁栄の望みを失ってしまいます。2番目の理由は，社会の高齢化です。高齢者の数が多くなりすぎて，若い人たちは支えきれなくなってしまいます。三番目の理由は，産み分けの問題です。中国人は男の子を欲しがります。これは経済的な問題ではなく，文化的な問題です。中国の文化を変えるのは，容易ではありません。"
 ボーテ　"今でも，女の子が3,000万人足りないと聞いています。"
 解振明　"そうです。女の子が足りません。だから，問題なのです。"
 ボーテ　"中国の男の子は，将来，どうなるでしょう。"
 解振明　"社会の安定という意味では，いいことはないでしょう。……グローバル化が進んだ社会では，外国の影響を避けることはできません。世界全体の5分の1の人口を抱える中国のような国ではなおさらです。1970年代に人口抑制政策をとっていたのは，中国だけではありません。""[45]

5　中国に加え，ケニアも人口削減支持説を採った国としてよく知られている。

 "中国に先駆けて，ケニアは1967年から国家家族計画プログラムを導入しました。西側諸国の政府が推進したこのプログラムによって，ケニアの出生率は40年間で半分近くまで下がりました。……先進国からアフリカに送られる大量の支援物資。そのほとんどは，避妊具や避妊薬です。もはや，避妊がビジネスになっているのです。避妊具の普及は確かに重要です。しかし，1997年にケニアでマラリアが大流行したときには，治療薬が不足する中，薬品棚には経口避妊薬や子宮内避妊器具がたくさん余っていたのです。"[46]

ボーテはナイロビ（ケニア）のある病院を訪ね，妊婦と看護師に話を聞いた。

---

[45]　前注(10)。
[46]　前注(10)。

◆第3章◆　法律学における"人口増加"問題の教訓

"看護師　"あと何人欲しい？"
　妊婦　"たぶん，この子が最後。"
　ボーテ　"ケニアの女性は，10人や15人，産むんじゃないの？"
　妊婦　"まさか。産みたい人は何人産んでもいいけど，育てられるかが問題でしょ？
　　　　私には2人で十分です。"
　ボーテ　"2人だけ？"
　　妊婦　"ええ。"
　ボーテ　"どうして？　すごい喜びがあるんでしょ？"
　妊婦　"喜びが大きいからといって，毎年産むことはできないわ。"
　ボーテ　"なぜ？"
　妊婦　"大体は経済力の問題です。お金がないとね……""(47)

　6　最後に，人口削減支持説の要点と問題点が整理されなければならない。人口削減支持説には複数の論拠が示されていた。そのひとつは，食糧や資源の配分量や配分率が次第に減少することへの深刻な懸念である。新たな発見，技術改良等を通じて，埋蔵資源の採掘量や食糧の生産量が増えるとしても，消費の状況や動向に変化がないまま，同じ消費行動を有する人口が増え続けるならば，それに応じて，食糧や資源の1人当たり配分量が段階的に減少することは容易に見込まれる。そうした主張に対しては，現在の消費生活様式がなぜ固定されなければならないかという批判が向けられてきた。今ひとつは，「地球環境に過大な負荷がかかる」とか「生態系にもたらす負の影響」とかという言葉で表される，生活環境の悪化への懸念である。その背景にあるのは，人口過剰が直接的に「地球温暖化を引き起こし，旱魃や飢饉を招く。やがて人間は共食いするようになり，人類は死に絶える」という短絡的な理解である。ここでは，地球温暖化等，生態系の悪化をもたらした原因をもっぱら人口増加に求める主張の合理的論拠が明らかにされなければならない。さらに，アメリカのように，「人口が急増している国の共産化を恐れた」国策も人口削減案の根底にあったことが示されていた。ここでは地球規模の課題がなぜに一国の国策に劣後するのかという点がしかるべく説明されなければならない。
　惟うに，人口削減支持説の根底には，自由競争至上主義（その全面的肯定論

──────────
(47)　前注(10)。

がある。自由競争の結果，一定の成果を上げた場合には，それが既得権として勝者に保障されなければならないという主張である。しかし，生産分野であれ，流通分野であれ，また消費の分野であれ，競争の重要性を強調する場合には，良好な競争環境を確保するため，競争を刺激する良質の参加者の増加はむしろ歓迎されなければならないであろう。他方で，既得権の主張はそれ自体，出発点での不均衡を固定するという意味において，平等・対等であるべき競争条件を歪めるものであり，排除されなければならない。このようにみると，人口削減支持説それ自体が客観的論拠を欠く主張であったことが分かる。

2 生活方法改善説

1 人口削減支持説と視点をまったく異にするのが生活方法改善説である。「生活方法改善説」とは，地理的・社会的な環境の特殊性や歴史的な経緯から，食糧や天然資源が，軍事力，経済力（資金力），技術力等に基づいて，一部の国々，また一部の人々に有利に配分され，利用されてきた状況の不当性（食品ロス等，不適切な資源利用状況を含む）を弾劾し，それらの配分方法，流通方法，利用方法等の全面的または部分的な見直しを提言する主張をいう。この点は，ボーテのインタヴューに応じたオバディウス・ンダバ（世界青年同盟アフリカ）の次の意見から明らかになろう。

 "ンダバ"アフリカは決して人が多すぎるわけではありません。もちろん，人口過剰の問題は，食糧不足から環境破壊まで，あらゆる問題と結び付けられるので，そう言いたがる人はいます。しかし，アフリカは，実際には，最も人口密度が低い地域の1つなのです。アフリカの人口密度は，1平方キロメートル当たり，40人以下です。"
 ボーテ"ええ。"
 ンダバ"それに，地球上で最も貧しい地域でもあります。一方，西ヨーロッパには，1平方キロメートル当たり，170人が暮らしています。つまり，もしアフリカの人口が4倍になっても，人口密度は西ヨーロッパより低いのです。読み書きのできない住民が多い村では，「人口を抑制することこそ，発展への道だ。子どもが少ない方が国は発展するのだ」と教えられます。しかし，欧米諸国が発展してきた過程をみると，そうではありません。彼らは，人口が増えて，豊か

◆ 第3章 ◆　法律学における"人口増加"問題の教訓

になったのです。その後，教育や所得の水準が上がってから，子どもは少ない方がよいと考えるようになりました。それも，誰かに強要されたわけではありません。"
ボーテ　"ええ。"
ンダバ　"つまり，ヨーロッパは豊かになった後で，少子高齢化が進んだのです。アフリカの場合，このまま少子化が奨励されれば，裕福になる前に高齢化が進む恐れがあります。そんなことになれば，悲惨です。経済成長の原動力は人です。政府を初め，関係機関は，人材育成にもっと投資すべきです。"
ボーテ　"人口を減らすのではなく，ということですね。何人までなら産んでもいいとか，子どもは何人にすべきだとか，指図するのは，間違っていると。"
ンダバ　"そうです。それは，個人の当然の権利ですから。人口抑制の数値目標を達成するために，産んでもいい子どもの数を強制するのは人権の侵害です。アフリカの人々が貧しいのは事実です。しかし，人が多すぎるから貧しいのではありません。ほんの一握りの人間がわたしたちの資源を不正に管理し，浪費しているせいなのです。""[48]

ンダバ自身は妊娠・出産を「個人の当然の権利」と考え，「産んでもいい子どもの数を強制するのは人権の侵害」であると主張する。その後，誰もいない広大な草原に案内されたボーテは，ンダバの「これが，アフリカです。これでも，人口過剰ですか？」という説明に深く頷く。ボーテは次のように考えた。

　"わたしは，世界には人間が多すぎると思い込んでいました。もし，地球上の全人類がわたしの小さな国，オーストリアに押し込められたとしたら，積み上げられた人の山がこの惑星の軌道すら変えてしまうと思っていました。しかし，実際は，1人当たり11平方メートル，終身刑の受刑者の独房より広いスペースを確保できます。そして，その場合には，オーストリアを除く世界中が無人と化すのです。"[49]

ンダバから「人口密度が低い」と聞かされたボーテは，さらに，ケニアに住むマサイ族のフランシス・カマキアを訪ね，人口過剰とは程遠い同地の実情を目の当たりにする。

　"ボーテ　"ここはあなたの村？"

---

(48) 前注(10)。
(49) 前注(10)。

◇ Ⅱ ◇　素材の紹介

　　カマキア　"父の村です。"
　　ボーテ　　"お父さんの村。"
　　カマキア　"はい。"
　　ボーテ　　"何人住んでる？"
　　カマキア　"72人"
　　ボーテ　　"72人？　大家族だ。"
　　カマキア　"ええ"
　　ボーテ　　"お父さんは子だくさんなの？"
　　カマキア　"はい。小さな子供が22人，奥さんが15人います。"
　　ボーテ　　"奥さんが15人？　子どもは何人ずつ？"
　　カマキア　"人によって。10人以上とか……"
　　ボーテ　　"では，あなたの世代は？　あなたも15人と結婚する？"
　　カマキア　"もっと少ないです。僕らの世代は，妻を貰っても2人がせいぜいです。"
　　ボーテ　　"なぜ？"
　　カマキア　"妻1人につき牛が10頭必要だし，父と違って，土地もないから。"
　　ボーテ　　"子どもは何人くらい？"
　　カマキア　"3人か4人で十分。"
　　ボーテ　　"それだけ？"
　　カマキア　"ええ"
　　ボーテ　　"この村を見ると，お父さんはさぞ忙しかったでしょう。"
　　カマキア　"全部，父の家ですからね。"
　　ボーテ　　"土地がないというけど，見渡す限り……"
　　カマキア　"この辺は全部，政府の土地です。"
　　ボーテ　　"政府の所有地？"
　　カマキア　"マサイの土地はこっちだけ。土地があれば，妻をたくさんもらえるのに。"
　　ボーテ　　"僕の国では大抵，子どもは1人。"
　　カマキア　"1人？"
　　ボーテ　　"せいぜい2人。平均でも2人未満。社会が高齢化して，年寄りを支える若者が足りなくなっている。国にとって一大事だ。""⁽⁵⁰⁾

　2　アフリカでンダバとカマキアの話を聞いたボーテは，人口が増えても格別の問題は生じないのではないかと考えるようになった。「人口過剰の問題は，食糧不足から環境破壊まで，あらゆる問題と結び付けられるので」，「アフリカ

⑸⁰　前注⑽。

121

◆第3章◆　法律学における"人口増加"問題の教訓

は……人が多すぎる」と「言いたがる人」がいることをンダバから聞かされたボーテは、「地球の状況を悪くしているのが人口過剰でないとしたら、原因はどこにあるのか」を調べるべく、アメリカ合衆国マサチューセッツ州に人口統計学の第一人者ベッツィー・ハートマン（ハンプシャー大学教授）を訪ねた。

　　ハートマン　"このままいくと、世界人口はあと20億から30億は増えるでしょう。たとえ世界中で出生率が下がり、一世帯の平均人数が減少しても、自然に増加する計算です。現在、世界の一世帯当たりの子どもの人数は、平均すると、2.5人です。出生率が下がっても、子どもを産める年代の人口が非常に多いので、大きな災害でも起きない限り、30億程度の増加が見込まれるんです。したがって、何より大切なのは、世界中の人が家族計画を実施できるようにすることです。人工中絶や家族計画は健康に対する基本的な権利ですから、わたしは反対しません。その上で、さらなる人口増加に備えるべきなんです。これ以上産むなといっても、生まれてきますからね。"

　　ボーテ　"誰かに、「僕らの資源は限られているから、もう産まないで」と訴えてもらうべきでは？"

　　ハートマン　"わたしは、そうは思いません。問題はそこではないと思います。訴えるとしたら、ウォール街のビルの高層階にいるような人たちが相手でしょう。たとえば、「すみません。世界の金融制度をもてあそぶのをやめて下さい。」とかね。あるいは、石油会社の人たちに、「環境破壊をやめて下さい。石油の掘削やシェールガス開発のために自然を壊さないで下さい。」とか、こういったことこそ訴えるべきではないでしょうか。つまり、わたしたちは、「やめて」という相手を間違っているんです。人口70億の問題がなぜ今でてきたのでしょう。格差や金融主義の行き過ぎに反対する政治的な動きが活発になったとたん、人口過剰が言われ始めたのです。わたしには、差し迫った問題から目をそらそうとしているようにしかみえません。気候変動に本気で取り組まなくてはならないときに、なぜこの問題が出てきたのか、どんなに熱心な環境保護主義者でも、「人口は気候変動の重大な要因ではない」というはずです。"

　　ボーテ　"違うんですか？"

　　ハートマン　"違います。1番の原因は、化石燃料の使用です。化石燃料の世界最大の消費者は誰でしょう。アフリカの貧しい人たちではありません。今も出生率が高い貧しい国々は化石燃料をあまり使っていません。彼らにはほとんど責任がないんです。何をどれだけ消費するかは、どんな社会に暮らしているかで決まります。そして、軍隊の問題があります。アメリカの国防総省は、単体の組織としては、世界最大の石油の消費者です。1日の使用量はスウェーデン一国とほぼ同じなんです。""[51]

◇ Ⅱ ◇　素材の紹介

　ハートマンは「人工中絶や家族計画は健康に対する基本的な権利」であることを認めながら，「出生率が下がっても，子どもを産める年代の人口が非常に多いので，大きな災害でも起きない限り，30億程度の増加が見込まれる」と予測する。彼は人口増加が有限の資源の配分に影響を及ぼすという見方を明確に否定し，「問題はそこではない」と断言する。ハートマンは「格差や金融主義の行き過ぎに反対する政治的な動きが活発になったとたん，人口過剰が言われ始めた……。わたしには，差し迫った問題から目をそらそうとしているようにしかみえません。気候変動に本気で取り組まなくてはならないときに，なぜこの問題が出てきたのか，どんなに熱心な環境保護主義者でも，『人口は気候変動の重大な要因ではない』というはずです。」と述べ，「環境破壊」の「一番の原因は，化石燃料の使用」であり，「アメリカの国防総省は，単体の組織としては，世界最大の石油の消費者」であるという事実を強調する。

　3　ハートマンの所見を確認したボーテが次に向かったのは，世界人口ランキング[52]第8位のバングラデシュ[53]であった。ボーテはこの国でも多くを経験した。

　　　"世界のメディアが人口過剰の国を取り上げるとき，よく引き合いに出されるのがバングラデシュです。バングラデシュは，世界一，人口密度が高く，1平方キロメートル当たりの人口は1,000人，首都のダッカでは，信じられないことに，4万6,000人です。混雑を嫌って，外国で暮らすのは自由ですが，それはお金のある人の話です。
　　　人口密度の高いバングラデシュにおいても，今日は特別な日です。世界中どこを探しても，これほど狭い空間にこれほど多くの人が集まることはまずないでしょう。
　　　毎年恒例のイスラム教の巡礼のお祭り，ビッショ・イステマ[54]（Bishwa Ijtema），

---

(51)　前注(10)。

(52)　http://ecodb.net/ranking/imf_lp.html（2018年4月23日確認）

(53)　同国の人口は，2013年には1億5,660万人であったが，翌2014年には1億5,822万人へ，2015年には1億5,986万人へ，2016年には1億6,151万人に，2017年には1億6,319万人にまで増えている。2022年には1億7,182万人にまで増えることが見込まれている。http://ecodb.net/exec/trans_country.php?type=WEO&d=LP&s=2013&e=2022&c1=BD（2018年4月23日確認）

◆第3章◆　法律学における"人口増加"問題の教訓

男性信者500万人が集結しています。3日間続くこの行事のために，世界中から熱心な信者が集まります。人でごった返しているにも拘らず，参加者がぜいたくを言わないおかげで，衛生施設や食べ物に関するトラブルはほとんど起きません。"⑸⑸

ボーテは，多くの人で溢れかえるダッカに戻り，科学者兼NGO活動家のファリダ・アクテルを訪ねた。

　　ボーテ　"ダッカはスモッグがすごいですね。ここに来てから，まだ太陽を拝んでいません。"
　　アクテル　"ダッカは大気汚染がひどい都市のひとつですからね。"
　　ボーテ　"人が多すぎる？"
　　アクテル　"違います。『人が多すぎる』という言い方をわたしは好きではありません。なんというか，不愉快な表現です。なぜなら，『人が多すぎる』というのは，自分たちより貧しい人を見ていう言葉だからです。あなたがたは，道路やバスや列車に溢れかえる大勢の人たちを指してそう言います。切符すら買えない人たちです。彼らに十分なチャンスを与えもしないで，無責任に『人が多すぎる』と言うんです。人の数にはとやかくいう人たちも，消費の在り方の問題にはダンマリを決め込んでいます。裕福な人たちの資源の使い方や資源の開発の仕方は，誰も本気で問題にはしないのです。"
　　ボーテ　"貧しい人たちがそれほど消費をしないのはいいことですよね。収拾がつかなくなる。"
　　アクテル　"ええ。でも，まずは富める人たちが消費を控える方法を学ぶべきです。"
　　ボーテ　"消費を控える方法なんて学ぼうとするでしょうか？"
　　アクテル　"学ぶつもりがないなら，わたしたちが教えなくてはなりません。"
　　ボーテ　"どうやって？"
　　アクテル　"何かにつけて，『お前たちのせいだ』とこちらを指さす彼らのやり方を指摘するのです。子どもの数を制限するなら，車の数にも制限が必要だと言わなければなりません。"
　　ボーテ　"それはうまくいかないでしょう。そのうちみんな，車やテレビを欲しが

⑸⑷　ベンガル語で「世界大会（Global Congregation; Welt-Versammlung）」の意味。バングラデシュのダッカ市郊外に位置するトンギで開催される，イスラム教徒にとって（サウジアラビアのメッカ巡礼に次ぐ）世界で2番目に大きな巡礼祭。バングラデシュ国内はもとより，世界各国（一説には80か国ともいわれる）からも信者が集い，みなでアッラーに祈りを捧げる祭事。

⑸⑸　前注⑽。

りますから。"
アクテル "あなたは，家族全員が 1 台ずつ車を持つような生活がよいとおっしゃるんですね。そういうライフ・スタイルを広めたいと。"
ボーテ "人でごった返している場所では，わたしはいつも傘を持ち歩くんです。傘があると，万が一のときに安心だと思いません？ 特に，この傘があると。"
アクテル "特にこの傘？ 世界銀行の傘ですか？ なるほど。"
ボーテ "この傘に入りたくない？"
アクテル "世界銀行の傘の下には入りたくありません。なぜなら，バングラデシュ政府は，長年，世界銀行の傘の下で援助を受けていますが，代わりに，その傘の骨のように，多くの条件が課されてきたんです。世界銀行の傘を使うには，骨が全部揃っていることが大事です。骨をきちんと維持しなければなりません。世界銀行の言うことを聞かないと，傘は壊れてしまう。条件を守らないと，保護してもらえないんです。"
ボーテ "どんな条件ですか？"
アクテル "彼らはまず，『国の人口を減らせ』と言います。そして，『農業を近代化して，化学肥料や農薬を使え』とか，『医療の質を上げるように，インフラを整備しろ』とか，また，『民営化を進めろ，自由化を促進しろ，国内で生産するより輸入をしろ』と言います。彼らは，世界銀行から富裕国銀行とでも名前を変えるべきです。"
ボーテ "なるほど。"
アクテル "実際，貧しい国に住んでいる人たちの方が自然に寄り添った生活をしています。最終的に生き残るのはわたしたちです。金持ちは生き残れません。彼らは，『自分たちにはお金があるから，天然資源を開発し，石油を確保し，何でも手に入る』と思っていますが，それは幻想です。一方，貧しい人たちは，今は飢えに苦しんでいても，生き延びることができます。彼らは多くを必要としないし，子どもを産み続けていますから。人口過剰の問題では，人間は『口の数』として捉えられます。口だけを見て，すべてを食い尽くすなんて言われるんです。でも，わたしたちには，手が二本ある。口はひとつですが，手は二本あります。金持ちは，貧しい人よりずっと大きな口を持っていますが，その手は働いていません。欧米諸国は人の自由な移動を禁止します。商品や資本は簡単に移動できるようにしたがるくせに，人が移動するのは嫌なんです。わたしは，人がもっと自由に動き回れる世界になってほしい。そうすれば，人口が一部に集中することもなくなり，みな，いろいろなところへ行くことができます。すべての人が共有できる世界を作り，共存しようではありませんか。……わたしたちが恐れなければならないのは，人間の数ではありません。本当に脅威なのは，目先の利益だけを追求する人たち，環境汚染や過剰な資源開発をす

◆第3章◆　法律学における"人口増加"問題の教訓

る人たち，気候変動を促す人たち，戦争をする人たち，富を不当に分配したり，住民から土地を強奪している人たち，そういった人たちにこそ，制限を課すべきではないでしょうか。今こそ，みんなで行動するときです。わたしたちは地球というひとつのコミュニティの住民なのですから。"[56]

　アクテルの話は，人口統計学者ハートマンの見解と軌を一にする。アクテルは，「人の数にはとやかくいう人たちも，消費の在り方の問題にはダンマリを決め込んでいます。裕福な人たちの資源の使い方や資源の開発の仕方は，誰も本気で問題にはしない」ことこそが問題なのであって，「富める人たちが消費を控える方法を学ぶべき」だという。「本当に脅威なのは，目先の利益だけを追求する人たち，環境汚染や過剰な資源開発をする人たち，気候変動を促す人たち，戦争をする人たち，富を不当に分配したり，住民から土地を強奪している人たち，そういった人たちにこそ，制限を課すべき」だというアクテルの指摘に，大多数の当事者はどのように答えるのだろうか。この点は多数決で決定できる論点ではない。

　4　ボーテは，ふたたび，ダッカの街に戻る。満員のバスに乗り込もうとしても，多くの人々が殺到して果たせず，「僕も乗せて。中心街へ行きたいんだけど。」と叫ぶボーテを残してバスは発車する。何度「乗せて」と呼び掛けても乗せてもらえず，バスを見送り続けざるを得ないほど多数の人に囲まれて呆然とするボーテ。バスの利用を諦めて，ボーテは徒歩で駅へ向かう。駅で汽笛を鳴らしながら発車する汽車を遮るように線路にも溢れ返る人，人，人の波。溢れ返る人の群れが果てしなく続く。ひとりがやっと窓から列車に乗り込むと，すぐにその窓にはシャッターが下ろされる（芥川龍之介『蜘蛛の糸』）。ボーテはようやく列車の屋根に上ることができた。動く隙間もないほど多くの人に囲まれてボーテらは列車の屋根の上に立ち続ける。そのまま，汽笛を鳴らしながら，列車はゆっくりと動き始める。地球に「何人いるかは問題ではありません。大切なのは，お互いにどう接し，どう付き合うか。人間と地球との関係もこれと同じなのだと，今，わたしは思っています。」[57]というボーテの言葉を映して，

---

(56)　前注(10)。
(57)　前注(10)。

この番組は終わる。

　5　最後に，生活方法改善説の要点と問題点が整理されなければならない。生活方法改善説でも複数の論点が取り上げられていた。それらはいずれも，人口削減支持説の論拠それ自体の成否に対する批判的意見に関わる。まず，妊娠・出産に関する意思決定を「個人の当然の権利」とみる立場では，人口削減支持説を主張すること自体が人権侵害に当たると考えられよう。基本的人権(妊娠・出産に関する自己決定権)を貫徹することそれ自体を絶対的な要請とみる場合，それだけで人口削減支持説への異論として成立するため，この立場と生活方法改善説との間に直接的な因果関係はない。むしろ，生活方法改善説の真の論拠は，「わたしたちは地球というひとつのコミュニティの住民」であるという共通認識(「比較の第三項」)のもとに，「先進諸国に生活する多くの人々の」生活方法自体を改善しなければ，地球の環境破壊等を防止することができないという政策的評価にある。地球温暖化等の問題事象を解決するためには，そうした事態をもたらした特に先進諸国関係者の問題行動自体が全面的に改められなければならないとする主張である。「目先の利益だけを追求する人たち，環境汚染や過剰な資源開発をする人たち，気候変動を促す人たち，戦争をする人たち，富を不当に分配したり，住民から土地を強奪している人たち，そういった人たち」，つまり，「裕福な人たちの資源の使い方や資源の開発の仕方」が不適切であるために，好ましからざる結果が生じているにも拘らず，「消費の在り方の問題にはダンマリを決め込んで」いることに問題があると考える論者は，みずからの消費行動には目を瞑り，自分たちに不利な「環境破壊……格差や金融主義の行き過ぎに反対する政治的な動きが活発になったとたん，人口過剰」を言い出すようなやり口を，「差し迫った問題から目をそらそう」とする意図的妨害行為とみなしている。

　むろん，生活方法改善説にも課題が残されていないわけではない。われわれが「地球というひとつのコミュニティの住民」であるという認識は確かに「比較の第三項」たり得る。しかし，いつどこで誰が誰に対して何をどのように実行すれば，「環境汚染や過剰な資源開発をする人たち，気候変動を促す人たち，戦争をする人たち，富を不当に分配したり，住民から土地を強奪している人たち，そういった人たち」の生活方法を改善できるかという点について，具体的

◆第3章◆　法律学における"人口増加"問題の教訓

な提案が示されていないため，生じ得る結果をすぐに予測することはできない。当事者自身が生活方法の具体的改善策を主体的に考えるべきだというのでは，課題の解決は先送りされ続けることであろう。富める人たちが消費を控える方法を「学ぶつもりがないなら，わたしたちが教えなくてはなりません」と考えるアクテルは「車の数も制限が必要だと言わなければなりません」と具体的に提言するが，地球社会が許容し得る乗用車，貨物車等の台数如何にはまったく触れていない。環境に優しい自動車を製造しようという試みがあるにせよ，世界の自動車メーカーが販売台数を競い合う現状をみると，台数を削減しようとすれば，「自由市場原理主義の波が全世界を覆」[58]う現代社会の仕組み自体の根本的な変革が不可避であることが分かる。このことは，現代社会の仕組みと密接に関わる伝統的法律学の在り方そのもの，特に伝統的法律学が中核に据える諸原理（思想の自由，営業の自由，契約締結の自由等）の全面的な見直しも必要とされることを意味しよう。

◆ Ⅲ ◆　法律学における教訓

1　争点整理とシナリオ

　1　世界人口（特にアフリカ諸国のそれ）が絶えざる増加傾向にあることは，国際連合開発計画や国際連合人口基金の統計資料によって繰り返し指摘され，その問題性が強調されていた。わが国[59]を含め，少子化が取り沙汰される国もないわけではないが，それでも，世界人口の総計が右肩上がりの状態にあることに変わりはない。顕著な増加傾向を示していたのはアフリカ諸国であった。われわれは，世界の合計特殊出生率ランキング（2015年）[60]をみるだけで，この点をすぐに確認することができる。上位20か国（カッコ内の数値は合計特殊出生率を示す）の状況をみると，第1位のニジェール（7.290）以下，アフリカ諸国

---

[58]　ナオミ・クライン（幾島・荒井訳）・前掲書（下）（前注（＊））626頁。
[59]　前注(19)。
[60]　http：//ecodb.net/ranking/wb_tfrtin.html（2018年4月23日確認）他参照。

◇ Ⅲ ◇　法律学における教訓

が高い数値を示し続けている。第2位以下の国名（第9位の東ティモール（合計特殊出生率5.618を除く））は，ソマリア（6.365），コンゴ（旧ザイール）（6.202），マリ（6.145），チャド（6.050），ブルンジ（5.781），アンゴラ（5.766），ウガンダ（5.682），ナイジェリア（5.591），ガンビア（5.488），ブルキナファソ（5.436），モザンビーク（5.305），タンザニア（5.079），ベナン（5.048），ザンビア（5.041），コートジボワール（4.976），中央アフリカ（4.940），南スーダン（4.938），ギニア（4.938），と続く[61]。むろん，合計特殊出生率[62]はどの国でも国情に応じて変動する。しかし，先進諸国で採用される合計特殊出生率2.07をはるかに超える数値を示す国はおそらく人口削減措置の対象国とみなされていることであろう。

　国際連合人口基金等は，増加傾向に歯止めを掛けるべきであるという立場から，しかるべき対処案（増加傾向に歯止めを掛けるべきか否かという問いに対する肯定説，人口削減支持説，第1のシナリオ）を関係諸国が採用するよう個別に求めてきた。どの程度の人数削減が必要かという点は国ごとに異なり得る。合計特殊出生率ランキング（2015年）第44位のケニア（合計特殊出生率3.917）[63]など，生まれる子どもの数を家族計画により自力で調整できる国の政府や企業に対しては，支援のために，先進国から避妊具や避妊薬が大量に提供されていた。そ

---

[61]　前注(59)。

[62]　「合計特殊出生率」とは，人口統計上の指標で，1人の女性が出産可能とされる15歳から49歳までに出産する子どもの数の平均値をいう。生まれる子どもの男女比を1対1と設定し，全女性が出産可能年齢以上まで生存すると仮定する場合，合計特殊出生率2は「人口は横ばいとなる」ことを意味し，2より多ければ自然増を，2より少なければ自然減を意味する。とはいえ，この数値は2に代えて，2.07とされている（https://ja.wikipedia.org/wiki/%E5%90%88%E8%A8%88%E7%89%B9%E6%AE%8A%E5%87%BA%E7%94%9F%E7%8E%87（2018年4月23日確認））。実際に生まれる子供の性別比率では男性が若干高いこと，調査対象女性が49歳以下で死亡する可能性があること，医療技術や栄養状態が相対的に良好な先進諸国で自然増と自然減との境目がおよそ2.07とされていること，これらが考慮されたためである。戦争や貧困により乳児死亡率が高い地域では，人口維持のため，合計特殊出生率は，諸国の実情に合わせて，2.07よりも高く設定される。

[63]　http://ecodb.net/ranking/wb_tfrtin.html（2018年4月23日確認）他参照。

◆第3章◆　法律学における"人口増加"問題の教訓

れに伴って，アフリカにおける避妊関連市場の規模も拡大するようになっている[64]。他方，ブルンジ（同5.781）のように，家族計画によって子どもの数を調整できない国の政府に対しては，人口が増えないよう，医療水準を高めるなど，各国の国情に合わせて，国際連合人口基金自体が削減を働き掛ける必要性のあることも指摘されていた[65]。むろん，ケニアの合計特殊出生率をそのままブルンジに応用することはできない。世界の経済成長率ランキング（2016年）[66]でみると，ケニア（第28位）がプラス5.849と高い成長率を示している[67]のに対し，ブルンジ（第173位）ではマイナス1.042となっている[68]点も考慮されなければならないからである。

　2　人口削減支持説（第1のシナリオ）は，当然のことながら，いくつかの仮説の成立を前提とする。⑴新たに生まれる子どもたちが皆，先進諸国にみられがちな消費中心の生活様式（「目先の利益だけを追求する人たち，環境汚染や過剰な資源開発をする人たち，気候変動を促す人たち，戦争をする人たち，富を不当に分配したり，住民から土地を強奪している人たち」のそれ）を踏襲する（それに伴って，消費する食糧や資源の量が段階的に増大する）はずだという仮説，⑵生産可能な食糧，採掘可能な天然資源，居住可能な空間等が頭打ちの状況にある（それに伴って，食糧や資源を入手する可能性が次第に制約される）はずだという

---

[64]　https://www.ippf.org/jp/news/sayana-efforts-will-help-widen-contraceptive-choice-worlds-poorest-and-neglected-women-says（2018年4月23日確認）他参照。

[65]　前注⑽。

[66]　http://ecodb.net/ranking/imf_ngdp_rpch.html（2018年4月23日確認）

[67]　ケニアの経済成長率の推移をみると，8.40（2010年），6.11（2011年），4.56（2012年），5.88（2013年），5.35（2014年），5.71（2015年），5.85（2016年），5.02（2017年）となっている（http://ecodb.net/country/KE/imf_growth.html（2018年4月23日確認））。

[68]　ブルンジの経済成長率の推移をみると，5.12（2010年），4.03（2011年），4.45（2012年），5.94（2013年），4.49（2014年）と高い成長率を示していたが，その後は，マイナス3.96（2015年），マイナス1.04（2016年）と後退を続けている（http://ecodb.net/country/BI/imf_growth.html（2018年4月23日確認））。経済停滞の一因は，1972年のブルンジ・ジェノサイド（少数派ツチ族の支配に不満を抱いたフツ族が1万人のツチ族を殺害したことに対する報復として，ツチ族系軍隊がフツ族10万人を殺害した事件）以降，民族対立を抱える同国の特殊事情にあるのかもしれない。

◇ Ⅲ ◇ 法律学における教訓

仮説，(3)社会を支える就労環境・社会保障環境等に変化がない（それに伴って，インフラ整備や社会保障等に要する資金等は増えない）はずだという仮説，これらがそうである。これらがすべて同時に成り立つ場合には，食糧，資源等に関する「パイ」の大きさが変わらないため，1人当たり配分量が人数に反比例して減少することとなろう。金融資本主義が支配する社会では，資金力等の面で優位にある者に有利な配分が行われる可能性も否定され得ない。配分量が生存に必要な最小限度以下に落ち込むことのないようにという政策的配慮の前提には，今を生きる者の既得権を新規参入者（削減対象となる新生児）の利益に優先させるという欲求があろう。しかしながら，誰にも寿命があることを考えれば，社会の人的構成が緩やかに変化する過程を正面から受け止めなければならない。ここでは，自己満足などとは別の視点から，先人の既得権益がなぜ新規参加者の利益主張に優位するかのしかるべき根拠が改めて必要となろう。極端な貧富の格差を是正するためには，部分的手直しに代えて，現行相続制のような偏った資産配分原則の見直しも考慮される余地がある。われわれの限られた社会資産を次世代以降の発展に向けて地球規模で公正に配分し続けることは先人の社会的責任とされなければならない。

　それならば，人口削減支持説が前提とする上記の仮説はすべて同時に成立するのだろうか。この点は慎重に検討されなければならない。第1の仮説については，先進工業国や中進国で開発された技術や生産された製品の消費市場が途上国に求められたという歴史的事実がすぐに想起されよう。電化製品であれ，移動手段であれ，また，食生活の向上であれ，ファッションビジネスであれ，IT関連ビジネスであれ，先進諸国がみずからの生活様式を途上諸国に持ち込もうとしたのは，途上諸国を自国産品の販売市場として位置付けたためであった[69]。競争の激化に伴ってより低廉な価格が求められたため，生産・製造過程が途上諸国へ移転したこともわれわれには既知の事項となっている。よく知られているのが，中国やバングラデシュ，カンボジアなどが世界の繊維製品の「工場」たる役割を担ってきたという事実である[70]。これまでの歴史を顧みると，第1の仮説が成立すると直ちに断言することはできないようにみえる。というのは，消費中心の生活様式に対しては，折に触れて，厳しい批判（この点は，「MOTTAINAI」[71]，「清貧の思想」[72]，「求めない」[73]といった言葉に示されている）が

◆第3章◆　法律学における"人口増加"問題の教訓

向けられてきたからである。
　第2の仮説の成立にも疑義があろう。確かに，食料増産のための工夫[74]は種々試みられてきた。エネルギー資源については，シェールガス，海底油田の探査等が推進されてきた[75]。他方で，地球温暖化防止の一環として，太陽光発電等，

---

[69] BS世界のドキュメンタリー「LoveMEATender～どれだけ肉を食べ続けるのか～」（ベルギー（AT-Production R.T.B.F），2011年）（NHKBS1，2013年10月23日放映）（http://www6.nhk.or.jp/wdoc/backnumber/detail/index.html?pid=131022（2018年4月23日確認））「この数十年に作られた肉の大量生産・大量消費のシステムは，家畜を単なる商品へとおとしめ，資源の枯渇や温暖化などさまざまな問題を加速させている。ベルギーでは，1人が生涯に消費する肉の平均量は，鶏891羽，豚42頭，牛5頭，羊7頭，七面鳥43羽，うさぎ24匹分にも上るという。1950年頃，先進国の肉の年間消費量は1人約50キロだったが，2050年には90億人に達するといわれる世界人口の平均消費量が一人当たり約90キロになると推測する専門家もいる。需要増大に応えるため，1960年代，畜産の大規模化・集約化が進展。家畜をより早く大きく育てるため，狭い場所に押し込め，多くの飼料や化学薬品をつぎ込むようになった。近年では，新興国の経済発展で肉の需要がさらに増加する中で，打撃を受けているのが，ブラジルのアマゾンだ。熱帯雨林が切り拓かれ，牧場や飼料の生産に使われている。運搬のための燃料も合わせると，世界の温室効果ガスの18パーセントが，食肉生産によるものだとFAOは試算する。長年，家畜の命と関わりながらその恩恵を受けてきた私たち。産業化した食肉生産から脱却し，健康的に生産された少量の肉を選ぶことが，これからの社会の選択ではないのか？　肉の大量消費が生む課題を見つめる。」，NHKスペシャル「世界"牛肉"争奪戦」（NHK総合1，2015年3月14日放映）（https://www6.nhk.or.jp/special/detail/index.html?aid=20150314（2018年4月23日確認））「アメリカ，ブラジル，オーストラリア，ニュージーランド，ベトナム，中国，そして日本。取材班は，世界中の『穀物や肉の最前線』を追い続けている。ほぼ完全にグローバル化した世界の『食』の市場。国境も大陸も，各国の事情も飛び越えてビジネスが加速。そこに巨額のマネーも，奔流となって流れ込んでいる。多くの関係者が語る。『食の世界がここ数年で全くの別世界になった』。それはどういうことか。世界で何が起きているのか。その激動は『日本の食』にどう影響していくということなのか。ほとんどの日本人がまだ気づいていない『核心』に迫る。」他参照。

[70] BS世界のドキュメンタリー・シリーズ値段の真実「低価格時代の深層（The Age of Cheap）」（フランス（AMIP），2012年）（NHKBS1，2013年7月9日放映）（http://www6.nhk.or.jp/wdoc/backnumber/detail/index.html?pid=130708（2018年4月23日確認））「消費社会に生きる私たちにとって低価格の魅力は大きい。だが，低価格は本当に生活を豊かにしているのか―？　安い中古車でアイルランド，フランス，ブルガリアなどヨーロッパ各地をめぐり，ディスカウントの舞台裏を探る異色のロードムービー。最初の目

◇ Ⅲ ◇ 法律学における教訓

的地はダブリンに本社を置く格安航空。航空業界に徹底したローコスト戦略を導入したとCEOは自慢するが，それが低賃金，パイロットたちの心理的，肉体的負担，サービスの低下につながり，会社全体が疲弊しているという証言も得る。フランスの大手格安スーパーでは，人員削減のためマネージャーみずからがレジを打ち，1日5トンもの商品を運ぶ。ルーマニアではアメリカの豚肉生産業者が40もの大規模プラントを建設したが，地元の雇用はわずか4人。大量に出る豚の糞が地下水を汚染し，住民が長年利用してきた井戸水が使えなくなる事態が発生している。低賃金，重労働，環境破壊－低価格の代償は決して安いとは言えない。ディスカウントに依存する経済活動とは何か考えていく。」，BS 世界のドキュメンタリー「ラベルの裏側～グローバル企業の生産現場～(Underhand Tactics : Toxic Lable)」（フランス（Prémieres Lignes Télévision），2012年）（NHKBS 1，2014年3月18日放映）（http : //www6.nhk.or.jp/wdoc/backnumber/detail/index.html?pid=130710（2018年4月23日確認））「過去10年間でフランスでは洋服の値段は13パーセントも下がったという。その代償を支払っているのは誰なのか－？　アパレル産業が輸出の8割を占めるバングラデシュを取材したクルーは，工場でさまざまな"搾取"が行われている現実を目の当たりにする。バイヤーを装って有名ブランドの商品を請負う工場を訪れた取材班は，低年齢の未成年が多数働いているところをみる。そして，労働者が住むスラムに潜入し，12歳の少女から週に60時間，労働しているという証言を得る。健康に被害を及ぼすため先進諸国では禁止されている加工方法も行われている。働く職人は，健康被害を食い止めるためにも，ただちに仕事を辞めるよう医者に勧められるが，家族を養うためには，それはできないという。さらに取材班は，ブランドを多数展開する欧州大手企業の取引先工場に関する文書を入手。どの工場も労働環境が劣悪だと知りながら取引を続けていたことも発覚する。」．

(71)　2004年ノーベル平和賞受賞者，ワンガリ・マータイの言葉（http : //www.mottainai.info/jp/about/（2018年4月23日確認））．「食品廃棄　ネットで削減－『もったいない』が縁結び」（『日本経済新聞』2016年6月16日夕刊1面）．

(72)　ドイツ文学者，中野孝次著『清貧の思想』（草思社，1992年），後に文春文庫（1996年）に収録．

(73)　詩人，加島祥造著『求めない』（小学館，2007年），後に小学館文庫（2015年）に収録．

(74)　BS 世界のドキュメンタリー，シリーズ・グローバル化する食「食糧増産へのチャレンジ(1)　変わる企業型農業～アメリカ～」（NHKBS 1，2011年12月12日放映），同「食糧増産へのチャレンジ(2)　不毛の大地がよみがえる～オーストラリア～」（NHKBS 1，2011年12月13日放映）

(75)　この点については，山内「現代国際私法の課題について ── 地球温暖化による気候変動をいかに受け止めるか ──」（法学新報122巻1・2号（廣瀬克巨教授追悼号）855-910頁）870頁以下（同著『国際私法の深化と発展』（信山社，2016年）3頁以下に転載，18頁以下）他参照．

◆第3章◆　法律学における"人口増加"問題の教訓

自然エネルギー利用の可能性も一段と追求されている。これらの事実を考慮すると，「生産可能な食糧，天然資源の採掘量，居住可能地域の面積等が頭打ちの状況」にあるとは必ずしも言い得ないであろう。それでは，第3の仮説は成立するか。「社会を支える就労環境・社会保障環境等」も，諸国が置かれた政治的・経済的・社会的な環境に応じて絶えず変化し続けている。金融市場の近未来予測が必ずしも容易ではないように，諸国の経済状況や雇用事情等について，希望的観測はあり得ても，客観的な見通しを可能とする数式等はいまだ見出されていない。このようにみると，上の仮説のいずれについてもその成立を肯定することはできないことが分かる。

　3　このように，第1のシナリオがいくつもの争点について客観的根拠を示さないままに一方の評価を優先していた点を考慮すると，第1のシナリオにはしかるべき根拠のないことが判明する。そうであれば，われわれは，論点ごとに異論の当否を検討する作業を通じて，別のシナリオを探求しなければならない。そのひとつは，上記の番組でも触れられていた，われわれの生活様式を根本的に見直すべき旨を説く生活方法改善説（第2のシナリオ）である。第1のシナリオが先進諸国の生活様式の踏襲を掲げていたのに対し，第2のそれは，そうした生活様式が生み出す無駄をなくし，各種資源の有効活用を訴えることにあり，決して途上諸国に固有の生活様式へと立ち戻るように求めることではない。個人および組織の消費レヴェルでの大幅な削減から，開発や生産といった行為の縮小まで，すべての段階のさまざまな活動が規制の対象として想定されるのは，開発独裁等，先進諸国，特に関係諸国の大企業による利権の独占が一部の富裕層をさらに豊かにするという意味で，各種資源の公平な配分から程遠い現実を改めなければならないと考えられたからである。天然資源を優先的に確保すべくカナダで行われたタールサンドの大規模開発は富の独占を目指して富裕層が行った活動の一例であるが，そうした行動がメタンガスの大量発生を生み出し，地球環境を悪化させてきたこともよく知られている[76]。地球温暖化，海水の酸性化等による環境悪化が生態系に影響を及ぼし，主食作物収穫量の大幅な減少が見込まれるという認識は，これまでに，われわれの一般常識になりつつあり，環境保全のために早期の対応が不可欠だという考え[77]に行き着く。欲望の蔓延が社会を滅ぼすという評価[78]に立てば，第2のシナリオを受け

◇ Ⅲ ◇　法律学における教訓

入れることに疑問はないであろう。むろん，このような考えが実行に移される場合，消費が落ち込むため，経済の規模は世界的に縮小することであろう。しかし，地球社会あっての経済システムであって，その逆ではないことを想えば，

---

(76)　BS世界のドキュメンタリー「岐路に立つタールサンド開発〜カナダ　広がる環境汚染〜前編（Tipping Point）」（カナダ（国際共同制作　NHK/Clearwater Documentary/CBC））2011年，（NHKBS１，2011年12月６日放映）（https://www6.nhk.or.jp/wdoc/backnumber/detail/index.html?pid=110325（2018年４月23日確認））「原油を含んだ砂・タールサンド。カナダのアルバータ州には１兆6,000億バレル以上のタールサンドが埋蔵されている。精製や輸送コストが高いため敬遠されていたが，石油価格の高騰で一気に開発が進んでいる。そのタールサンドの一番の輸出先は，アメリカだ。しかし精製によって有害物質が川や大気に放出され，周辺に暮らす先住民族に深刻な健康被害が起きている。アルバータ州政府は世界的な科学者たちの警告に耳を貸そうとせず，ガンの発生率が高いことを指摘した医師は職を追われた。こうしたなか，先住民たちはデネ族の伝説的長老に助けを求め，タールサンドの問題を世界に訴え始める。2009年にはCOP15の開催中にコペンハーゲンを訪れ，デモに参加してタールサンドの危険性を主張した。一方，州政府はアメリカの議員に働きかけるなど，大金を投じてタールサンドのPRを行っている。デネ族の長老は，ジェームズ・キャメロン監督に会うことを決意する。キャメロン監督は映画「アバター」で資源開発会社に立ち向かう先住民の姿を描き，環境問題に熱心なことで知られる。タールサンドは石油枯渇時代の救世主となるのか，それとも開発による環境破壊は石油への依存を見直すきっかけとなるのか。岐路に立つタールサンド開発を追う。」，同「岐路に立つタールサンド開発〜〜カナダ　広がる環境汚染〜後編（Tipping Point）」（NHKBS１，2011年12月７日放映）他参照。
(77)　ナオミ・クライン（幾島・荒井訳）・前掲書（上）（前注（＊））他参照。
(78)　ナオミ・クライン（幾島・荒井訳）・前掲書（上）（前注（＊）），BS１スペシャル「欲望の経済史〜ルールが変わるとき〜特別編」（NHKBS１，2018年４月８日放映）（https://www.nhk.or.jp/docudocu/program/2443/2225565/index.html（2018年４月23日　確認）；https://hh.pid.nhk.or.jp/pidh07/ProgramIntro/Show.do?pkey=001-20180408-11-22350（2018年４月23日確認）；https://www.nhk-ondemand.jp/goods/G2018087020SC000/index.html（2018年４月23日確認））「世界で拡大する格差，分断。そのルール変更はいつ，どこで？　利子という，時間を金と交換する神にしか許されぬ蛮行が資本主義の原点だった？　時が富を生む魔術＝利子。空間をめぐる攻防が生んだグローバリズムと国家の関係，重商主義。勤勉という美徳が社会を変えた，宗教改革。そして技術が人を動かした産業革命，フォーディズム。そして株式市場という場が引き起こす，繰り返すバブル。全５章で考える経済の本質，欲望のドラマ。」

◆第3章◆　法律学における"人口増加"問題の教訓

地球社会の存続にこそ最優先順位が与えられなければならない。

　4　このような社会経済的事実に基礎を置くシナリオに対して，人口削減を求める主張それ自体を「人権に反する」として正面から拒否する立場（第3のシナリオ）も十分にあり得る。妊娠・出産に関わる事柄を当事者が自由に決定し得ると考える者は，当事者の自己決定権にその根拠を求めることであろう。この点に留意すれば，この主張は独立したひとつのシナリオとして認められる余地がある。とはいえ，この場合も，自己決定権の成立を理由付ける別の客観的根拠がさらに遡って探求されなければならないはずである。実定法によって生存権が付与されるとみても，実定法以前に生存それ自体が保障されている（「天賦人権論」および「人権の前国家性」[79]）とみても，その根拠が生存権の確保に求められるのであれば，循環論法に陥り，その結果，第3のシナリオは最終的に第2のシナリオに吸収されることとなり，独自性を失うことであろう。

2　伝統的法律学とパラダイムの転換

　1　われわれは，以上の検討を通じて，法律学のために，どのような教訓を読み取ることができるのだろうか。論者の関心事に応じて，種々の教訓が考えられようが，著者の視点からは，総合性の欠如と人間性の不在が挙げられなければならない。総合性の欠如とは，人口問題とか環境問題とかというように，政策的課題を1点に絞り込み，全体を総合的に関連させて捉えようとしない発想をいう。また，人間性の欠如とは，人倫の哲学を欠いたまま，物質主義に走る生き方をいう。前者は，物事の一部を強調することによって，全体のバランスを欠く結果となり，後者は，われわれの行動の大前提を忘れることによって，意識的か無意識的かを問わず，極端な非人間的状況でも甘受しなければならないと説く結果をもたらす。貧困撲滅，人権尊重，平和構築，治安維持（テロ対策），難民救済，環境破壊等，どの問題をとっても，国際社会には，総合性の欠如と人間性の不在が蔓延していることが明らかであろう。

---

[79]　山内「法律学における2008年食糧危機の教訓──「国際化」から「地球社会化」への転換（2・完）」（前注[21]）98頁（本書83頁）。

◇ Ⅲ ◇　法律学における教訓

　2　改めて触れるまでもなく，伝統的法律学[80]は国家法学にとどまる。このことは，国家の意思形成過程がどのようなものであれ，国家が人口問題を規律するすべての権能を有することを意味する。たとえば，子どもを産むか否かの決定権，いつどのように産むかの決定権等を女性に固有の人権（自己決定権，「子供を産む権利」および「子供を産まない権利」）として承認する場合，国家法はそのことを明文で規定するか否かを任意に決定する権能を有する。この権利は国家法上の権利（国家法上創設された権利）として位置付けられる（他方で，この種の権利を国家成立以前に存在する絶対的利益とみる構成（国家法によって確認された権利）もあり得る）。この種の人権（利益主張）を承認する場合，人為的に受胎，妊娠，出産および／または育児を制限する「産児制限（受胎調節，家族計画）」（一人っ子政策，不妊手術，断種，避妊，堕胎（人工妊娠中絶），嬰児殺（子殺し，間引き），身売り，口減らし，母子心中等）をどの範囲で認めるかがひとつの国家政策的（国家法的）論点となる。わが国の歴史を顧みても，堕胎禁止令発布（1869年）から堕胎罪制定（1880年）を経て現行刑法における堕胎罪の制定（1907年）へと至る歩み，優生学的断種手術，中絶，避妊を合法化した優生保護法の制定（1948年）と廃止（1996年）等を確認することができよう。このほか，社会の生産性に限界（食糧不足等）があるとみて，配給制を採用してもなお国民に社会的資産（食糧等）が行き渡らない事態を回避するため（国家総動員法，食糧管理法等）とか，貧困生活のために出産や育児の費用を賄い得ない事態を回避するため（生活保護法，子どもの貧困対策の推進に関する法律等）とか，医学上の理由で母体を保護しなければならない事態を回避するため（母性の生命健康を保護することを目的とする母体保護法への（優生保護法からの）改組（1996年））とかという視点も産児制限の理由に付加されていた。

　他方で，産児制限を否定する動きもなかったわけではない。富国強兵政策の一環として「産めよ殖やせよ」政策が採用されたことも忘れられてはならないであろう。新たな生命の存在を否定される側の当事者（胎児）の人権を尊重し

---

[80]　「伝統的法律学」の意味については，さしあたり，山内「伝統的法律学に未来はあるか？──シェヴロン対エクアドル事件の教訓──」法学新報124巻9・10号（多喜寛先生退職記念号）1頁以下，2頁参照。

◆第3章◆　法律学における"人口増加"問題の教訓

ようとする者は,「私権の享有は,出生に始まる。」(民法第3条第1項)という原則に対する例外規定(「胎児は,相続については,既に生まれたものとみなす。」(同法第886条第1項)および「胎児は,損害賠償の請求権については,既に生まれたものとみなす。」(同法第721条))に着目し,産児制限に反対することであろう。このように,国家法の枠内では,人口増加に対する種々の制限論とそれに反対する論がそれぞれの国でしのぎを削ってきたが,世界人口の増加傾向を阻むほどの実効的な産児制限政策が採用されないまま,事態は推移している。

　3　新規参入者を抑制する国家法上の規制は産児制限に限られない。出入国管理制度(日本国への入国・帰国,日本国からの出国,外国人の日本国在留に関する許可要件や手続,在留資格制度,入国管理局の役割,不法入国や不法在留に関する罰則等),難民条約及び難民議定書に基づく難民認定制度等に関する出入国管理及び難民認定法は,特定国に人口が集中する事態を回避する抑制措置の一例である。わが国外務省が公表する難民受け入れ状況[81]と対比されがちであるが,国際連合難民高等弁務官事務所の「2016年上半期の統計報告書(Mid-Year Trends 2016)」[82]によれば,2016年6月末までにシリアや南スーダンから逃れた難民を最も多く受け入れたのはトルコ(280万人)であった。それに次いでパキスタンやレバノンは100万人以上を,イラン,エチオピア,ヨルダン,ケニア,ウガンダ等は50万人以上を,ドイツも47万8,600人を受け入れている[83]。中東およびアフリカからヨーロッパへ向けて大量の難民が流入するという近年の事象[84]は,産児制限とは別の意味で,人口問題に対する関心を改めて喚起した好例である。ここでも,EUにおける調整はあったものの,対処案が個別国

---

[81]　http://www.mofa.go.jp/mofaj/gaiko/nanmin/main3.html (2018年4月23日確認)。

[82]　Office of the United Nations High Commissioner for Refugees: UNHCR, http://www.unhcr.org/statistics/unhcrstats/58aa8f247/mid-year-trends-june-2016.html (2018年4月23日確認)。

[83]　パキスタン(160万人)やレバノン(100万人)は100万人以上を,イラン(97万8,000人),エチオピア(74万2,700人),ヨルダン(69万1,800人),ケニア(52万3,500人),ウガンダ(51万2,600人)等は50万人以上を受け入れ,ドイツ(47万8,600人),チャド(38万6,100人) http://www.unhcr.org/jp/10447-ws-170227.html (2018年4月23日確認)。

[84]　前注(24)。

◇ Ⅲ ◇　法律学における教訓

家の政策に委ねられた結果，難民受け入れに消極的な政治勢力の台頭（右傾化）を許す状況が生まれた[85]。国家が移民や難民に対する規制を自由に行う現在の法制度を維持し続けることは，人口の移動に伴う諸問題を国ごとに解決するというよりも，解決不能な病理現象を世界的規模で拡散させ，種々の問題をさらに派生させる結果となっていることが再確認されなければならない。

4　恒常的な人口増加は，地域的に偏りがあるにせよ，他の諸国へも影響を及ぼしてきた。世界的規模での人口増加に対する抑制措置の採用を，原則論とはいえ，歴史的事情から経済的基盤に脆弱性がみられがちなアフリカ諸国の自助努力に委ねることがそもそも可能なのだろうか（古代ローマ法の原理「ultra posse nemo obligator（何人も能力以上には義務を負うことがない。）」）。統治制度の弱さから紛争が頻発していること，人的資源が脆弱であるために教育問題を抱えており，年間の頭脳流出者が２万人を超えていること，対策の遅れからエイズ等の感染症が蔓延していること，経済がモノカルチャーに依存し過ぎていること，貿易条件の悪化から1997年末時点の対外債務が2200億ドルに上ること，外国からの援助資金が減少していること等，アフリカ諸国は多くの難題を抱え込んでいる[86]。これらの国は，どの課題についても一国内で解決するために不可欠の資金的裏付けを持たず，解決能力を備えた人材も確保できていない。

このように，諸国の国家法も国際法も，この「恒常的な人口増加」という現代的課題に対して真の解決策を提供することができていない。この意味において，伝統的法律学は機能不全に陥っている。国家法による規律には，国益を第１に考える点において部分的利益の代弁者でしかないという本質的な欠陥があ

---

[85]　近年の事象として，2017年10月15日の総選挙で，排外主義を掲げた中道右派国民党と反移民・反イスラムを掲げる右派政党・自由党が躍進したこと（https://toyokeizai.net/articles/-/194009（2018年４月23日確認）），2018年４月８日に行われたハンガリー総選挙で，反移民を掲げたオルバン・ビクトル首相率いる与党右派フィデス・ハンガリー市民連盟が圧勝したこと（http：//www.bbc.com/japanese/43694402（2018年４月23日確認））等が挙げられる。

[86]　「榎泰邦　中近東アフリカ局長演説　アフリカが直面する課題とわが国の対アフリカ外交（平成12（2000）年６月30日）」（http：//www.mofa.go.jp/mofaj/press/enzetsu/12/sei_0630.html（2018年４月23日確認））。

◆第3章◆　法律学における"人口増加"問題の教訓

る。そのことは，国家法の適用範囲が限定されているという点に現れている。この点は，国際法においても変わらない。適用範囲が批准国に限られているからである。国民国家制のもとに「国家主権を互いに尊重し合う」という現行国際法の立脚点は，国家法が機能しない場合の絶対的修正装置を持たないという意味で完成品ではない。国家法も国際法も恒常的な人口増加を放置してきたという事実をみれば，伝統的法律学には致命的な欠陥が存在することが明らかになる。国家主権にせよ，私的自治原則にせよ，契約自由原則にせよ，伝統的な法律学が墨守してきた諸原理が恒常的な人口増加現象を生み出してきたひとつの要因であったという事情を考慮すれば，伝統的な法原理それ自体の当否を，今日的観点から，改めて検証する必要性が生まれよう。人口問題の解決に際して関係諸国の国家法にさほどの成果を期待できない現実は，人口問題を当事国内で解決しようとする発想自体に限界があることを意味する。このようにみると，真の問題は，現行法のもとではこのような世界的規模での人口問題を解決することのできない伝統的法律学自体の存在意義如何にある。地球社会全体に及ぶ諸問題の解決を特定の国家法に基づいて規律しようとする伝統的法律学に代わる新たなパラダイムが早急に求められる所以である。

5　いつの時代にあっても，われわれの社会生活の起点は，誰もが衣食住を適正に確保できることに置かれなければならない。周知のように，法の存在意義は社会的諸利益の対立を調整する機能を果たすことにある。国家法は国内社会における諸利益の対立を調整する機能を有するにとどまり，それ以上には及ばない。地球社会における諸利益の対立を調整する役割は，地球社会そのものが主体的に構想する「地球社会固有の法秩序」に委ねられなければならないが，そうしたシステムは今なお欠けている。その核心部分は，諸国家の意思の多数という従来型の決定基準によってではなく，地球社会全体の「擬制された意思（地球公益）」に基づいて構想されなければならない。この「擬制された意思」は，人命尊重，衣食住に代表される生活圏の確保，地球環境の保全，資源エネルギーの浪費防止といったさまざまな価値を取り入れた判断基準に求められよう。行政および司法の現場で地球社会の公益を基盤とする地球社会法学を具体的に適用する場合，当面，外形的には国家法に依拠しながらも，内容上，地球公益に基づく普遍的利益衡量（地球的規模での正義および公平の実現）という解

釈方法の採用が不可避となろう。

　恒常的人口増加に直面するわれわれが21世紀の法律学のために読み取る教訓として，著者は総合性の欠如と人間性の不在に着目した。どの教訓もただ紙の上で示されるだけに終わってはならない。伝統的法律学がこれらの欠陥を除去し得ていない以上，われわれは，伝統的法律学に代わるべき新たなパラダイムを模索しなければならない。人口増加への対処（国際人口法，国際食糧法等）と生活様式の改善（国際環境法，国際資源法等）とを統合する視点を備えた地球社会法学の形成に向けて，われわれには，再出発する心構えとその具体化に向けた不断の努力が求められよう。

◆ Ⅳ ◆　結びに代えて

　1　学問は，学問それ自体のために存在する営為ではない。学問の存在意義は，人類社会の維持および発展に資することにこそある。法律家も，職業人である以前に，何よりも1人の社会人として「禍根や最悪の事態をもたらさないように行動すること」[87]が求められている。われわれはいつでもどこでも「愛に基づく正義を築き，世界を助ける行動を促す」[88]ように努めなければならない社会的責任を負っている。ここでは，日本国憲法前文の以下の表現が改めて想起されなければならない。

　　"……われらは，平和を維持し，専制と隷従，圧迫と偏狭を地上から永遠に除去しようと努めてゐる国際社会において……全世界の国民が，ひとしく恐怖と欠乏から免かれ，平和のうちに生存する権利を有することを確認する。われらは，いづれの国家も，自国のことのみに専念して他国を無視してはならない……。"

　日本国憲法はこのほか，「すべて国民は，法の下に平等であつて，人種，信条，性別，社会的身分又は門地により，政治的，経済的又は社会的関係において，差別されない」旨も規定する（第14条第1項）。この「国民」は例示表現で

---

[87]　島田雅彦「今日のヒューマニズム」日本経済新聞2018年4月22日朝刊32面。
[88]　アントニア・フェリックス（渡邊玲子訳）『プライドと情熱——ライス国務長官物語 CONDI』（角川学芸出版，2007年）105頁。

◆第3章◆　法律学における"人口増加"問題の教訓

あり，日本国民以外の者もこの概念に包摂されることであろう。日本国憲法がこのように宣明した趣旨を尊重すれば，すべての日本国民に，国家の枠を超えて，地球社会全体の歴史を顧み，現状を的確に捉え，将来に思いを致す姿勢とその具体的な実践が求められることとなろう。このことは，国家法学の研究者が日本法の解釈問題を取り上げる場合でも，日本国内の利益衡量に留意するだけでなく，同時に地球社会全体に関わる諸利益にも配慮し，後者を重視した解釈論を示し続ける必要があることを意味する。この点は，わが国のみならず，すべての国のすべての法律家に当然に求められるべき重要な要請と言わなければならない。

　2　本章の主題は，結局のところ，「人間としての在るべき生き方如何」をわれわれに問い掛けるものとならざるを得ないであろう。高度に発展した技術を活用してみずからの安定した生活を確保し，これまでの生活様式を維持しようと望む者は，人口削減論に強く傾くことであろう。他方，環境への負荷がもたらす悪影響を次世代に及ぼしてはならないと考える者は生活様式の根本的な変更を強く求めることであろう。しかし，よく考えなければならないのは，両者が選択的な関係には立っていないという冷厳な事実である。われわれは双方を調和させるように新たな第3の道（「黄金の中道（die goldene Mitte）」）を探し続けなければならない。

　21世紀の法律学は何よりも特定の国の特定分野の研究・教育にとどまってはならず，全地球をカヴァーする包括的な総合学へと発展しなければならない。新たな法律学は，人口問題を取り上げる場合でも，環境，平和，食糧，資源エネルギー等，数多くの地球的課題を同時に解決できるようなシステムとならなければならない。そのためには，国家法学からの離脱が不可避となろう。アメリカの経済学者ジョゼフ・スティグリッツが「愚かな法律家の一団が，問題の中身も理解しないうちにつくったものによって，この地球を救うための活動が邪魔されるなどということが許されていいのか？」[89]と疑問を投げ掛け，また，「世界のCO_2排出量を急速に削減することを求める精力的な計画が，国際貿易協定——とりわけ世界貿易機関（WTO）のルール——に違反している」[90]といっ

---

[89]　ナオミ・クライン（幾島・荒井訳）・前掲書（上）（前注（*））100頁。

◇ Ⅳ ◇　結びに代えて

た評価が下される現実をわれわれ現代の法律家はどのように受け止めるべきであろうか。われわれは，地球が存続していなければ成り立ち得ないビジネスを，地球の存続それ自体よりも重視し，優先させるような，本末転倒の発想を退けなければならないであろう。恒常的人口増加現象も，先に見た食糧問題[91]と同様，古くから積み残されている地球的諸課題の解決を21世紀に入っても先送りし続ける伝統的法律学に対して真摯な反省を求める一例と考えられなければならない。この教訓に真摯に学び続ける者（特に法律家）のみが21世紀の社会を担う正当な責任主体としての資格を勝ち取ることができよう。

---

[90]　ナオミ・クライン（幾島・荒井訳）・前掲書（上）（前注（*））90頁。
[91]　前注(22)。

第4章 法律学における"大規模感染症"の教訓
―― 「文明論的視点」から「文化論的視点」への転換 ――

Ⅰ 問題の所在　　　　Ⅲ 法律学における教訓
Ⅱ 素材の紹介　　　　Ⅳ 結びに代えて

> "グローバリゼーションの進行にともなって生じる問題……にはグローバルなネットワークで対処しなければならない。"*
> "必要なのは…世界問題を解決し、人類の共生を可能にする新しい世界システム作りに向かうことであろう。"**

◆ Ⅰ ◆　問題の所在

1　アメリカ合衆国の地理学者、ジャレド・ダイアモンド（Jared Diamond）は今から20年以上も前に集団感染症のリスクに触れ、「急性感染症の病原菌がはびこりつづけるためには、充分な数の人間が密集して住んでいる必要」[1]があり、「人間だけがかかる集団感染症は、人類全体の人口が増加し、人びとが寄り集まって集団を形成して暮らすようになった時点で出現」[2]したと述べていた。農業が行われるようになって繁殖環境を獲得した病原菌に素晴らしい幸

＊阪口正二郎「はじめに」『岩波講座　憲法5　グローバル化と憲法』（岩波書店、2007年）vi頁。
＊＊小林直樹『憲法学の基本問題』（有斐閣、2002年）464頁。
(1)　前注(1)上巻300頁。
(2)　ジャレド・ダイアモンド著（倉骨彰訳）『銃・病原菌・鉄―― 1万3000年にわたる人類史の謎　上・下』（草思社、2000年）（原著はJared Diamond, Guns, Germs and Steel: The Fates of Human Societies, W.W Norton & Company 1997）（以下、引用に際しては、邦訳に依拠する）。上巻304頁。

◆第4章◆　法律学における"大規模感染症"の教訓

運をもたらしたのが都市の台頭である。都市生活者は，農民よりさらに劣悪な衛生環境で密集して暮らしていたからである。「病原菌にとってもうひとつの幸運は，交易路の発展によってもたらされた」[3]と指摘する彼は，病原菌が「急速に広がり，症状が急速に進む病気は，集団全体にたちどころに蔓延」[4]し，「牛や豚などの群居性の動物が家畜化されたとき，そのあいだですでに集団感染症の病原菌がはびこっていた」[5]ことにも触れている。温暖化に起因する海面上昇で沿岸地域が水没し，生活の場を失った農漁民が大量に移住したバングラデシュの首都ダッカのように，大都市への人口集中が一層進み，また格安航空会社（LCC）の登場とその拡大が物語るような交通網の整備が急速に進捗している今日の諸状況を想えば，深刻な被害をもたらす恐れのある病原菌の繁殖環境がいよいよ整いつつあることも明らかであろう。われわれは今なお，集団感染症発生の危険性，とりわけ大規模感染症（pandemic）の発生可能性を過去の問題として葬り去ることのできない時代に生きていると言わなければならない。

　こうした問題意識はわが国の行政当局等にも共有されている。たとえば，西アフリカで発生したエボラ出血熱（Ebola hemorrhagic fever；EHF）[6]の感染拡大[7]や中東呼吸器症候群（Middle East Respiratory Syndrome＝MERS）[8]の中東および韓国での発生という緊急事態への配慮から，「国際的に脅威となる感染

---

(3)　前注(1)上巻303頁。
(4)　前注(1)上巻299頁。
(5)　前注(1)上巻305頁。
(6)　発病者が出た地域に流れるエボラ川から命名された。ラッサ熱，マールブルグ病，クリミア・コンゴ出血熱と並ぶ，ウイルス性出血熱（Viral Hemorrhagic Fever（VHF））の一疾患。(https://www.niid.go.jp/niid/ja/diseases/a/vhf/ebora/392-encyclopedia/342-ebora-intro.html（2018年5月18日確認）)，「West African Ebola virus epidemic」(https://en.wikipedia.org/wiki/West_African_Ebola_virus_epidemic（2018年5月18日確認）)。
(7)　「世界銀行は，エボラ出血熱がギニア，リベリア及びシエラレオネの流行3か国のGDPに与える損失額として，2014年の短期的影響は3億5,900万USドル，2015年の中期的影響は1億2,900万～8億1,500万USドルとの内容を含む『The Economic Impact of the 2014 Ebola Epidemic Short- and Medium-Term Estimates for West Africa』を2014年10月に発表した。」(http://www.kantei.go.jp/jp/singi/kokusai_kansen/taisaku/houshin.html（2018年5月18日確認）)。

◇Ⅰ◇　問題の所在

症対策関係閣僚会議」の名において「国際的に脅威となる感染症対策の強化に関する基本方針」(平成28年2月9日改訂)(9)が公表されている(10)。この「基本方針」では、「感染症については、森林開発や気候変動等により動物等を媒介とする感染症のリスクが増大し、また交通等の発達に伴う人・物の交流・移動の増大によるグローバリゼーションの進展等により、限定的な地域での感染にとどまらず、国内での感染拡大、さらには国境を越えて国際社会全体に感染が拡大する事態が発生しやすくなって」いるという危機意識が明言されている。そこでは同時に、「人道的支援の観点のみならず、流行国から自国への波及を防止するとともに、国際社会の安全に対する脅威に対処し……、国際社会は当初からこうした認識の下で、迅速な現地対応を行うべきであった。……現地対策を行う国、国際機関、NGO間の連携が十分に取れず感染拡大を許したとの指摘も多くなされ、こういったグローバル・ヘルス・ガバナンスの課題も露呈した。」(11)という政策決定現場の問題点も自覚されている。また、日本経済新聞社

---

(8)　国立感染症研究所のサイト（https://www.niid.go.jp/niid/ja/diseases/alphabet/mers/2186-idsc/2686-mers.html（2018年5月18日確認））「2012年9月22日に英国より世界保健機関に対し、中東へ渡航歴のある重症肺炎患者から後にMiddle East Respiratory Syndrome Coronavirus（MERSコロナウイルス）と命名される新種のコロナウイルス（以下、MERS-CoV）が分離されたとの報告があって以来、中東地域に居住または渡航歴のある者、あるいはMERS患者との接触歴のある者において、このウイルスによる中東呼吸器症候群（MERS）の症例が継続的に報告され、医療施設や家族内等において限定的なヒト-ヒト感染が確認されている。」他参照。

(9)　http://www.kantei.go.jp/jp/singi/kokusai_kansen/taisaku/houshin.html（2018年5月18日確認）。

(10)　渡邉治雄「感染症の世界的動向と対応」モダンメディア61巻11号（2015年）313頁以下（http://www.eiken.co.jp/modern_media/backnumber/pdf/MM1511_01.pdf#search=%27%E5%A4%A7%E8%A6%8F%E6%A8%A1%E6%84%9F%E6%9F%93%E7%97%87%27（2018年5月18日確認））参照。そこでは、中東でのMERSの発生（2012年）、中国での鳥インフルエンザAウイルス感染症の発生（2013年）、西アフリカを中心としたエボラウイルス感染症の発生（2013年）、日本国内でのデング熱の流行（2014年）、韓国でのMERSの流行（2015年）というように、毎年、何らかの感染症の発生・流行が例示されている、（313頁表1）。

(11)　前注(6)。

◆第4章◆　法律学における"大規模感染症"の教訓

は，グローバル経済の発展につれ，国際社会にとって喫緊の課題となっている感染症対策を話し合うため2018年2月に「第5回アジア感染症会議」(12)を主催し，結核，エボラ，マラリア等の感染症や薬剤耐性菌への対策を協議していた。これらは，感染症対策が喫緊の全地球的課題であることを示す何よりの証左といえよう。

　2　しかしながら，これまで感染の拡大を早期かつ十分に抑え込むことができなかった現場の諸事情に着目すると，世界的諸課題に国際協力体制を組んで対処するという従来の解決手法に大きな限界があることも明らかになる。というのは，国家主権による制約のもとでは，協力体制の質量両面に亘って，関係諸国間に「温度差」が生じる事態を避けがたいからである。また，アメリカ合衆国の疫学者，デビッド・ヘイマン（元世界保健機関感染症部局長）(13)が分析したように，感染症の発生は当該国の経済活動に，ひいては当該国と密接な関わりを持つ諸外国の経済社会にも深刻な影響を及ぼしてきた。「コレラの発生により海産物の輸出に関税障壁がかけられたために，1991年のペルーで7億7,000万ドル，1998年のタンザニアで3,600万ドルの費用が生じ……1999年にはマレーシアでニパウイルスが発生したことによりブタの駆除に5億ドル，1995年のインドではペストにより約20億ドルの費用が発生した」(14)という彼の指摘は，2011年3月の東日本大震災に起因する福島第一原子力発電所事故が農林漁業，関連事業等に及ぼしたわが国の巨大な経済的損失を想起すれば，容易に首肯できる現実を示している。さらに，国家以外の勢力（IS他）がこれら感染力の強い病原菌を生物化学兵器として悪用するリスクもいよいよ現実性を帯びている。それでいて，感染症の予防や治療に統一的に立ち向かう効果的な仕組みは今なお実現されていない。全地球的な規模での早急な連帯こそがこの種のリスクに対処する唯一かつ不可欠の解決策である。全地球的規模で効果的な予防措置を講じ

---

(12)　日本経済新聞2018年3月5日朝刊25面，https：//www.kantei.go.jp/jp/singi/kokusai_kansen/kansen_kaigi/dai5/siryou5.pdf（2018年5月18日確認）他参照。

(13)　デビッド・ヘイマン「世界的視野からみた感染症」17頁以下（https：//www.med.or.jp/wma/wma2002/a3.pdf#search=%27%E4%B8%96%E7%95%8C%E7%9A%84%E6%84%9F%E6%9F%93%E7%97%87%27（2018年5月18日確認））。

(14)　前注(11)20頁。

ることができれば，事後の膨大な出費を抑えることができるはずだからである。

このような問題意識のもとに，以下では，近年のドキュメンタリー番組4本(「史上最悪の感染拡大～エボラ　闘いの記録～」,「迫りくる蚊の脅威～感染症からどう身を守る～」,「ウイルス"大感染時代"～忍び寄るパンデミック～」および「見えざる病原体」——いずれもNHKで放映済み)に素材を求め，国家法を中核とする伝統的法律学による解決の限界（積み残された課題）と国家法を超えた21世紀の地球社会法学が取り組むべき課題を確認したい。そのことを通じて，地球社会法学構築の手掛かりが得られるならば，何よりの幸いである。

◆ II ◆　素材の紹介

1　「史上最悪の感染拡大 —— エボラ　闘いの記録」

1　最初に取り上げられるのは，NHKスペシャル「史上最悪の感染拡大～エボラ　闘いの記録～」[15]である。エボラ（正確には，エボラ出血熱（Ebola hemorrhagic fever（EHF））またはエボラウイルス病（Ebola virus disease（EVD））[16]——エボラウイルスによる急性熱性疾患の略称——は，患者の血液や便などに触れることで感染する疾病である。エボラ出血熱の治療に関する特効薬は，今なお開発されていない。世界の感染史上，最悪90パーセントの致死率を示すエボラ出血熱患者が初めて確認されたのは，およそ40年前と言われる[17]。過去の流行例は主に中央アフリカの密林に点在する町や村に限られていた。人の往来が多くないため，ほとんどの感染は数週間で終息していたからである。この番組では，「史上最悪の感染爆発」とも言われた「エボラウイルスと人類の壮絶

---

[15]　NHKスペシャル「史上最悪の感染拡大　エボラ　闘いの記録」（NHK総合1，2016年2月6日放映）(https://www6.nhk.or.jp/special/detail/index.html?aid=20160206（2018年5月18日確認))，(http://www.nhk.or.jp/docudocu/program/46/2586690/（2018年5月18日確認))，(https://tvtopic.goo.ne.jp/program/nhk/1009/934090/（2018年5月18日確認))，(http://newskei.com/?p=11444（2018年5月18日確認))。

[16]　前注(6)参照。

[17]　前注(6)参照。

◆第4章◆　法律学における"大規模感染症"の教訓

な闘い」の舞台，ケネマ国立病院 —— 流行の初期，シエラレオネ国内唯一の専門病院 —— でエボラ出血熱対策の責任を担った感染症治療専門医，ウマル・カーン[18]の活動とその問題点が紹介される。エボラ出血熱がどのようにして広がったか —— このことは，同時に，なぜ蔓延を防止できなかったかを意味する —— の解明に焦点を当てたこの番組は，エボラ出血熱の発症と罹患範囲拡大（蔓延）の経緯（2），エボラ出血熱治療現場の状況（感染症防止の第1段階）（3），感染症防止活動はどのように評価されていたか（無関心との闘い）（4），自らもエボラに感染死したカーン医師の遺したもの（5），これら4部で構成されている。以下，それぞれの要点を紹介しよう。

　2　2013年12月頃から，強い感染性と毒性を持つエボラウイルスを原因とするエボラ出血熱の発症がみられるようになった[19]。その後，2014年3月頃から，エボラ出血熱の感染範囲が西アフリカ地域を中心に少しずつ広がり始めた。番組の冒頭では，シエラレオネにおけるエボラ出血熱蔓延騒動（「2014年の西アフリカエボラ出血熱流行（West African Ebola virus epidemic）」[20]）の発端 —— 2014年5月にケネマ国立病院に入院した患者がエボラ出血熱を発症していたこと —— と，類似の症状を示す感染者の続発，これらが示される。

　"すべての始まりはおととし（2014年）5月。産婦人科に入院した1人の患者でした。高熱を出したため，点滴をしたところ，針を指した場所から血が止まらなくなりました。患者は19歳の女性，ヴィクトリア・イラーさんでした。……感染した女性たちには共通点がありました。3週間前，ある村を訪れていたのです。イラーさんの町から8キロ離れたクポンドゥ村です。ここに住む祈祷師の女性が

---

[18]　Dr Sheik Humarr Khan（http://taizenn.com/khan（2018年5月18日確認）），http://www.bbc.com/news/world-africa-28560507（2018年5月18日確認），（http://edition.cnn.com/2014/07/29/health/ebola-doctor-dies/index.html（2018年5月18日確認）），（https://www.sciencedirect.com/science/article/pii/S016635421400254X（2018年5月18日確認）），（https://www.reuters.com/article/us-health-ebola-khan-insight/sierra-leone-hero-doctors-death-exposes-slow-ebola-response-idUSKBN0GO07M20140824（2018年5月18日確認））。

[19]　https://en.wikipedia.org/wiki/West_African_Ebola_virus_epidemic（2018年5月18日確認）

[20]　前注[19]。

死亡し，女性たちはその葬儀に出ていました。薬草などを用いて病気を治療する祈祷師。生前，ギニアから来たエボラの患者を治療し，感染したとみられています。葬儀には数百人が参列。地元の風習に則り，女性たちが遺体を素手で洗い清め……大量のウイルスが含まれる血液などに触れた恐れがありました。"[21]

　感染の連鎖を辿ると，2014年4月に，シエラレオネ東部，クポンドゥ村で行われた，当時の風習に基づく祈祷師の葬儀に原因があったことが分かる。エボラ出血熱感染者の治療にあたった祈祷師が感染し，その遺体に素手で触れた知人らが順次発症していた。2014年3月に，シエラレオネの隣国にあたるギニアとリベリアで，エボラ出血熱の小規模な感染が確認されていたことから推測すれば，祈祷師に治療を依頼した感染者はギニアまたはリベリアからの来訪者とも推測されよう（この番組における感染ルートの探求はシエラレオネ国内にとどまっている）。隣国での感染が小規模であったこととも相まって，シエラレオネ国内でも，同年5月頃は，エボラ出血熱の感染は終息に向かっているとみられていた。

　しかるに，血液検査の結果，大量のエボラウイルスが見つかったことから，カーン医師は，収まりかけていた流行がふたたび広がり始めたのではないかと考えた。同医師は，入院患者イラーをすぐに隔離病棟に隔離した上で，感染源を突き止めるため，最初の感染から2日目に調査チームを結成し，ギニアとの国境に近い，患者イラーが暮らしていた町に派遣した。調査チームの医師たちは町の診療所で，周辺の町や村から運び込まれ，高熱や下痢などの症状を訴える複数の患者らを対象としてエボラウイルス感染の有無を検査した。その結果，13人の感染が判明し，そのうち2人はエボラ出血熱の感染死と判定した。患者全員が女性であったのは，彼女らがクポンドゥ村で行われた祈祷師の遺体を素手で洗い清める儀式に参加していたためであった。カーン医師は，この異変に対処すべく，感染者ひとりひとりのデータを収集する作業にも着手した。

　エボラウイルスが広がるスピードがきわめて速いことを熟知する[22]カーン医

---

(21)　前注(15)。
(22)　画面では，ギニア，シエラレオネ，リベリアの3か国について地域ごとの感染者数（2014年3月ないし5月）が表示される（前注(15)）。

◆第4章◆　法律学における"大規模感染症"の教訓

師は，感染者が少ないうちにウイルスを封じ込める必要があると考えた。その理由は複数ある。特に人の移動によりエボラウイルスが首都フリータウンに侵入することを彼は恐れた。カーン医師がこのように考えたことには，十分な理由があった。過去10年の間に，ケネマと首都フリータウンを結ぶ道路が物流の大動脈となっていた。西アフリカは経済が発展し，交通網が急速に整備されていた。その結果，西アフリカには人口100万を超える大都市が複数生まれていた。シエラレオネの首都フリータウンからはロンドンやパリなどヨーロッパの主要都市への直行便も運航されている。これらがそうである。彼は，ウイルスの大都市への侵入（感染拡大）を抑えるため，ケネマ国立病院を含め，患者が住む地域とそうでない地域との間での人の移動を制限すべき旨を関係する各方面に提案した。それは，多くの人が，日常的に，シエラレオネ国内の交通の要衝，人口20万のケネマを経由して，ギニア国境付近の村からフリータウンまで通じる道路を移動していたからである。カーン医師は，ギニア国境付近とケネマを結ぶ道路を封鎖し，感染地域を隔離するよう政府に訴えた。しかし，シエラレオネ保健衛生省は，「当時確認されていた感染者は十数人。社会的に大きな影響を与える感染地域の封鎖はまだ必要ないと判断」[23]し，この要請を拒否した。調査チームの一員であったマイケル・グバキはこう述べる。

　"カーン医師は保健省や関係機関に連絡を取り，患者を隔離する必要があることを理解させようとしていました。しかし，カーン医師の勧告にも拘らず，政府はなかなか対応しようとしませんでした。"[24]

3　カーン医師は，ワクチンの製造や診断法の開発に役立つよう，治療の合間に患者の症状を調査し，感染者から採取したエボラウイルスのサンプルを整理し，データ化する作業を行っていた。これらのデータは，定期的に，アメリカ合衆国ボストンのハーバード大学ブロード研究所（Broad Institute）に送られていた。ウイルスの解析を行ったハーバード大学のパーディス・サベティ博士は，エボラウイルスには特効薬も予防ワクチンもないこと，ウイルスの遺伝

---

[23]　前注(15)。
[24]　前注(15)。

◇ Ⅱ ◇　素材の紹介

子は他の人に感染を繰り返してゆくうちに急速に変異し，異なる性質を持つようになること，これらの危険性を指摘していた。カーン医師から定期的に提供されたデータ類は，後の患者を治療するうえで，有効に活用された。データの提供がなければ，感染の拡大を防ぐことはおろか，感染爆発の全貌を解明することもできなかった。

　最初の感染確認から13日目，ケネマ病院内で隔離された感染者は33人に上った。全身に広がったウイルスで脳や内臓の組織が破壊された大多数の感染者は，発症から10日も経たないうちに死亡した。カーン医師は，彼なりの治療体験に基づいて，2週間，患者の体力を維持させることができれば，体の免疫がウイルスに打ち勝ち，生存の可能性が高まると考えた。彼は，最初の患者イラーの治療に際しても，水分や栄養分を補給する点滴こそが唯一の救命手段であると考えた。カーン医師は患者の容体に合わせて必要な栄養分を調合し，点滴を行った。最初の感染確認から15日目に，懸命な治療が初めて実を結び，患者イラーは回復して退院した。点滴治療の重要性が再確認されたことになる。看護師は40分から45分交替で隔離病棟に入り，病状を確認しながら，点滴の交換を続けていた。しかし，点滴治療の増加は，同時に，医療スタッフの感染リスクを高めることとなった。それは，点滴を担当する看護師の場合，血管に針を刺す必要があるため，ウイルスを含む血液に触れる機会が増大するからである。

　感染の原因を除去することができなければ，感染の拡大を抑えることはできない。カーン医師がシエラレオネ政府に求めた道路封鎖措置が受け入れられなかったことで，カーン医師の懸念は現実味を帯びるようになった。最初の感染から17日目に，感染者は確認されただけで43人と増加した。感染範囲はギニアとの国境付近から幹線道路沿いに広がり，次第にケネマへと近づいていた。最初の感染確認から24日目には，人口20万のケネマ市内で40歳の女性が感染し，エボラウイルスは町中で一気に広がった。首都フリータウンに近い町でも感染者が出た。

　感染者の数は，ケネマ国立病院の収容定員の枠を超え，隔離病棟内でも廊下にベッドを置いて対応するほど増加した。防護服など，医療物資も不足し，使い捨てにすべき手袋も洗って使い回すような状況になっていた。さらに，予測を超えて，カーン医師が感染者をケネマ病院に搬送しようとすると，患者が入

◆第4章◆　法律学における"大規模感染症"の教訓

院を拒否するケースが相次いだ。それは，入院すれば生きて帰れないという噂が住民の間に広がっていたからであった。ひとりでも多くの命を救うことで病院に対する信頼を回復しようと考えた同医師は，各地から優秀な看護師を集め，診療体制を強化した。カーン医師たちの治療によって，新たに3人の感染者が回復した。カーン医師はこうした経験から，ケネマ国立病院では治療の効果が上がっていると考えた。

　4　ウイルスの拡散を抑える次善の策として採用された，ケネマ病院内での感染者の隔離に対処するため，世界保健機関がケネマ病院に支援チームを派遣したのは，ようやくこの頃になってからのことである。しかも，治療に当たる医師はわずか2人しか派遣されていなかった。支援の時期も支援の規模も感染の拡大を防ぐ上で十分なものではなかったことが分かる。その背景には，次に示すような関係者側の認識の甘さがあった。当時は，多くの専門家が，エボラ出血熱の流行は数か月で治まると考えていた。現地の状況が正しく理解されないことに焦りを感じたカーン医師は，世界が感染爆発の危機に目を向けないうちから，警告を発していた。ケネマ病院で，長年，カーン医師と共同研究をしてきたロバート・ギャリー博士は，カーン医師の懸念をこう述べている。

　　"主要な研究者の中には，『今回の集団発生は深刻にならない』と言っている人もいました。しかし，カーン医師は西アフリカでは状況がまったく異なることを知っていました。……いま世界はつながっています。カーン医師と私が恐れていたのは，エボラウイルスが新しい幹線道路の流れに乗って，人口が100万人を超える大都市フリータウンで蔓延することです。それは致命的な感染拡大を意味していました。"[25]

　最初の感染確認から25日目，ケネマ国立病院では，エボラウイルスを封じ込めるため懸命の努力が続けられていた。カーン医師とともに，シエラレオネで3週間，感染防止にあたったロバート・ギャリーは，カーン医師の依頼を受けてアメリカ合衆国の国立衛生研究所（National Institutes of Health）や国務省，メディアなど，関係諸機関を回り，次のように訴えていた。

---

[25]　前注[15]。

◇ Ⅱ ◇　素材の紹介

　"明らかになっている感染者は氷山の一角（tip of the iceberg）に過ぎません。今日も疑わしい患者（probable cases）が25人見つかっています。全員子どもです。ある村に行くと多くの遺体を見つけました。7人家族が全員なくなっているケースもありました。史上最悪の感染拡大（outbreak）が起きようとしているのです。今すぐ支援に乗り出さなければ，手遅れになります。"⑳

　しかし，カーン医師の切実な訴えはまたも無視された。エボラ出血熱はアフリカの問題にすぎないとして，事態を深刻に受け止める人はほとんどいなかったからである。ロバート・ギャリーはこの点を次のように語っている。

　"そのころ人々はサッカー・ワールドカップに夢中でした。ISによるテロ事件も起きていました。人々の関心はそちらに向いていたのです。反応はほとんどありませんでした。『ありがとう』，『考えてみます』，『調べておきます』。結局，返事は来ませんでした。"㉗

　最初の感染確認から1か月を経て感染者は急増し，ケネマ国立病院の患者受入れは限界に達していた。カーン医師はシエラレオネ政府や海外の支援団体にしかるべき対策を講じるよう何度も訴えたが，まったく進展はなかった。そうした中，ケネマ国立病院で20年以上にわたって治療に従事してきた看護師長ら3人の看護師がエボラ出血熱に感染し，死亡した。エボラ出血熱に感染した妊婦の出産に立ち会って大量の血を浴び，防護服を脱ぐ際などに誤ってウイルスを含む血液に触れたためと言われる。「エボラが看護師を殺す（Ebola Kills More Nurses）」というセンセーショナルな見出しまで登場した。同僚の感染死をきっかけに，多くの看護師が病院への出勤を拒むようになっていた。患者の急増とは逆に，看護師が不足し，カーン医師は患者の命に優先順位を付けざるを得ない状況に追い込まれた。最初の感染確認から47日目。カーン医師が力を入れてきた点滴治療に当たるため，世界保健機関の一員として派遣された豊島病院の足立拓也医師はこの状況を「日に日に衰弱がみるみる進行していく患者……を助ける，1人の人にわれわれの限られた時間ですとか，限られた治療手段を集中させるわけには現実的にはいかなくて」㉘とその折の苦悩を述べている。

---

⑳　前注⒂。
㉗　前注⒂。

◆第4章◆　法律学における"大規模感染症"の教訓

　この頃，感染者はシエラレオネの各地で次々と確認され始めていた。エボラウイルスに対する恐怖心が民衆の間に広まったことで，暴動も発生していた。病院のスタッフがウイルスを広めているという噂も立っていた。最初の感染確認から50日目を迎え，崩壊寸前のケネマ病院で開かれたミーティングで，カーン医師は，看護師たちに治療への協力を呼び掛けた。

　　"看護師たちのことはいつも心配です。大切な同僚なのですから。しかし，理解しなくてはならないのは，病気になった人が頼れるのは医師，看護師しかいないということです。もちろん，私も命を失うことは怖いです。しかし，闘うことを恐れてはいません。……感染を食い止められるのは自分たちしかいない。……この場所は誰にとっても安全な環境とは言えません。ただ，私たちは看護が必要とされるとき，それに応えなければなりません。ボランティアで来てくれた人もいます。拍手したいと思います。"[29]

　病院を去るスタッフが相次ぐ中，12人の看護師がカーン医師とともに最後まで治療にあたった。イギリスからボランティアでやってきた看護師，ウイリアム・プーリーはこう述べている。

　　"カーン医師は医療物資を調達し……海外の専門家と話をし……人々の関心を集めようと必死でした。相当のストレスを抱えていたはず……。"[30]

　最初の感染確認から59日目。エボラ出血熱に感染した仲間の看護師を治療する際，素手で看護師の目に触れたカーン医師自身がエボラウイルスに感染する。別の施設に隔離されながら，みずからに点滴を行っていたカーン医師は，最初の感染確認から66日目に，エボラ出血熱で死亡した。孤独な闘いの中でみずからも感染し，亡くなったカーン医師の同僚は，「感染の拡大は止めることができたはずです。国際社会の支援があれば事態は違っていたでしょう。」[31]と嘆いた。

　カーン医師を失ったケネマ国立病院では，感染者が150人に達していた。遺

---

(28)　前注(15)。
(29)　前注(15)。
(30)　前注(15)。
(31)　前注(15)。

◇ Ⅱ ◇　素材の紹介

体があちこちに放置され，病院内は混乱に陥り，新たな患者の受入れも不可能になっていた。首都フリータウンでもエボラウイルスが広がり始めた。感染の範囲は，シエラレオネから陸路，海路，航空路等を介して周辺諸国にも広がり，諸国の大都市でもウイルス感染者がみられるようになった。ギニアやリベリアでも感染者は急増していた。世界への感染拡大が現実的リスクとして懸念されるようになった。遅まきながら，世界保健機関は緊急事態を宣言し，ようやく，先進国に本格的な支援を呼び掛けた。

　世界保健機関のマーガレット・チャン事務局長は2014年 8 月に記者会見を開き，エボラ出血熱が見つかって40年近い歴史を顧みて，今回の流行が最も深刻なものであると発表した。初めて大都市を襲ったエボラウイルスに対処するため，先進国は大量の物資と人員を投入し，封じ込めに奔走した。2014年 3 月から始まり，同年 6 月中旬から急激に増加したエボラ出血熱の患者は，カーン医師の死後，爆発的に増加し，感染者は 2 万8,000人に及び，死者は 1 万1,000人に達した（史上最悪の感染爆発）。2016年 1 月には感染者はさらに増え，世界保健機関がエボラ出血熱という感染症の終息を宣言するまでに 1 年半を要した。しかし，その後も，ふたたび感染者が見つかるなど，エボラ出血熱の脅威は去っていない。世界保健機関の急迫リスク・運営・人道主義部門（Emergency Risk, Management and Humanitarian）の責任者，リチャード・ブレナンは「ウイルスとの闘いは終わっていません。エボラが再び現れる危険性はまだあるのです。」[32]と述べている。

　5　このような状況をみると，医療現場での経験に基づいてエボラ出血熱感染拡大の危機にいち早く気付いたウマル・カーン医師が繰り返し警告を発し続け，内外の関係者に支援を求めていたことが知られる。それに対して，シエラレオネ政府だけでなく，アメリカ合衆国の関係諸機関や，世界保健機関を含む国際社会も，その要請に適時に応えていなかったことも判明する。ウイルスと人類の闘いが今後も続くことを想えば，ふたたび感染拡大の危機に直面したとき，狭義の関係者のみならず，世界はどう行動すべきかという点があらかじめ検討されなければならない。

---

(32)　前注(15)。

◆ 第4章 ◆　法律学における"大規模感染症"の教訓

　今回の感染爆発がどのように起きたのかを調査したイングランド公衆衛生庁のマイルス・キャロルは、ウイルス遺伝子の変異を手掛かりに、エボラウイルス感染の連鎖を辿り、新たな事実を突き止めた。一時、終息すると思われた今回の感染が、カーン医師が最初に調査したクポンドゥ村を起点に一気に広がり、シエラレオネ国内だけでなく、隣国のギニアやリベリアでも広がった事情をキャロルはこう語る。

　　"感染ルートのひとつに祈祷師の葬儀がありました。もしそこで早い時期に流行を防ぐ対策を打てていれば、感染拡大は抑えられていた可能性があります。カーン医師が訴えたように道路の封鎖などの対策が実行されていれば、その後の爆発的な感染の広がりを防げたかもしれない……。"[33]

　今ひとつ重要なのは、カーン医師が定期的にハーバード大学に提供したエボラウイルス・サンプルデータの行方である。解析された大量の遺伝子データは、医学界では異例に、すべて無償で公開された。このデータを利用してワクチンの開発が進められただけでなく、次の感染拡大に備え、ヒトに投与する臨床試験もすでに始められている。ワクチン開発会社のグレゴリー・グレンはこう述べている。

　　"カーン医師のサンプルのおかげでエボラウイルスを正確に理解し、ワクチンの開発に取り組むことができます。ワクチンができれば、感染が広がっている国の人々にも医療従事者にも安心を与えられるでしょう。"[34]

　シエラレオネ国内をみると、ケネマ国立病院では、カーン医師を含む41人のスタッフがエボラウイルスに感染し、死亡した。病院の入り口には、犠牲者全員の名前を刻み込んだ慰霊碑が建てられている[35]。大きな犠牲と引き換えに、

---

(33)　前注(15)。
(34)　前注(15)。
(35)　カーン医師とともに現場で闘った看護師セルは、最後まで患者に尽くしたカーン医師の想い出を、「カーン医師はどんな状況でも人々の命を救うために闘うことが医師の使命だと語っていました。カーン医師はエボラと闘うためにあらゆる努力を惜しみませんでした。しかし、最後は、エボラによって命を失いました。そして、多くの同僚も犠牲になりました。」と語っている（前注(1)）。

◇ Ⅱ ◇　素材の紹介

入院した感染者の半数近い210人が命を救われていた。エボラ対策の拠点として再出発するため，ケネマ国立病院に新たな病棟が建設された。カーン医師から国際社会への支援要請を依頼されたギャリー博士は，同病院でカーン医師の想いを継ぐ医師たちの育成に従事している。ギャリー博士はこういう。

　　"エボラはアフリカだけの問題ではありません。私たちは未来のために世界全体で備えなければなりません。感染症の治療に携わる医師や看護師，研究者を養成したいのです。それはカーン医師の夢でもありました。"[36]

アフリカ固有の問題であるとして，支援を先送りし，エボラ出血熱の感染拡大を見過ごした国際社会の責任は誰がどのように負うべきか。この点は，未解決のままなお放置されている。

2 「迫りくる蚊の脅威——感染症からどう身を守る」

1　次の素材は，BS世界のドキュメンタリー「迫りくる蚊の脅威〜感染症からどう身を守る〜（Mosquitos on the Rise）」[37]である。この番組は，どのような経緯で蚊が人間に感染症を媒介してきたかという点の解明を通して，感染症の危険性を訴えたものである。番組では，蚊の脅威に対抗するさまざまな努力とその成果が紹介されている。感染症を媒介する蚊を退治するため，これまでもさまざまな殺虫剤が製造され，治療のためのワクチンも開発されてきた。しかし，感染症の爆発例が示すように，十分な効果は上がっていない。

地球上には，現在，およそ3,500種類の蚊が生息する。感染症を媒介する蚊はそのうち熱帯原産のわずか数十種にすぎない[38]。蚊は感染症ウイルスにみずからの体を利用させるだけで，ウイルスに感染してはいない。蚊が媒介するデング熱やマラリア，日本脳炎，ジカ熱などの感染症はこれまで主に熱帯で猛威を振るってきた。しかし，蚊が人間のライフスタイルを最大限に利用し，生息域を広げてきた結果，感染症に罹患する地域は，熱帯だけでなく，温帯にも広がっている。その背景には，技術の高度化と相俟って産業のグローバル化が一

---

[36]　前注(15)。

◆ 第4章 ◆　法律学における"大規模感染症"の教訓

層進展したこと，都市への人口集中が一段と進んだこと，都市生活者のライフスタイルを支えるエネルギー源を確保するために化石燃料が必要以上に使用されてきたこと，その結果として，海水温の上昇を含め，気候の温暖化が後戻り不能な状態にまで進行してきたこと等々の事情がある。番組では，感染症を媒介する4種類の蚊の活動に着目されている。ネッタイシマカ（2），ガンビエハマダラカ（3），コガタアカイエカ（4），ヒトスジシマカ（5），これらがそうである。以下，それぞれの要点を紹介しよう。

　2　まず取り上げられるのが，ネッタイシマカ（Aedes aegypti）[39]である。デング熱を媒介するネッタイシマカは，120か国以上で何万人もの人々を死に至らしめてきた。ネッタイシマカの祖先はアフリカの森に生息していた。蚊の

---

[37]　BS世界のドキュメンタリー「迫りくる蚊の脅威〜感染症からどう身を守る〜（Mosquitos on the Rise）」（NHKBS1，2016年8月30日放映，2017年6月27日再放映）は，2016年にフランスのGrand Angle Productions/France Televisionにより制作された（http://www6.nhk.or.jp/wdoc/backnumber/detail/?pid=160830（2018年5月18日確認））「感染症を媒介し，"地球上で最も多くの人を殺している生物"とも言われる蚊。世界各地で深刻な脅威となっている蚊の猛威と，最新の対策を紹介するサイエンス番組。デング熱やジカ熱を媒介するネッタイシマカ，マラリアを媒介するハマダラカ，日本脳炎を媒介するアカイエカ。生息環境は違うが，温暖化とグローバル化によって蚊の生息域は世界中で拡大しており，今後さらなる被害も予想される。番組では同時に，蚊が好む成分を使った捕獲方法，オスだけが羽化するよう遺伝子組換えされた蚊を放すプロジェクト，蚊の消化器系に害を与えるバクテリアの研究など，人間側の対抗策も紹介する。」，（https://hh.pid.nhk.or.jp/pidh07/ProgramIntro/Show.do?pkey=001-20160829-11-04783（2018年5月18日確認））「デング熱やジカ熱を媒介するネッタイシマカ，マラリアを媒介するハマダラカ，日本脳炎を媒介するアカイエカ。生息環境は違うが，温暖化とグローバル化によって蚊の生息域は世界中で拡大しており，今後さらなる被害も予想される。番組では同時に，蚊が好む成分を使った捕獲方法，オスだけが羽化するよう遺伝子組み換えされた蚊を放すプロジェクト，蚊の消化器系に害を与えるバクテリアの研究など，人間側の対抗策も紹介する。」他参照。

[38]　前注[37]。

[39]　「私がネッタイシマカ。縞模様があり，小柄で，体長およそ5ミリ。背中に竪琴のような模様があるの。住んでいるのは熱帯地域。デング熱にジカ熱，黄熱病といったウイルスを運んでいる。好きなのは人間。集まって暮らす人たちが特にお気に入り。」（前注[37]）。

◇ Ⅱ ◇　素材の紹介

一生は数週間であるが，メスは生息中におよそ500個の卵を産む。卵は水に浸ると羽化して幼虫（ボウフラ）に，その後，脱皮を繰り返して成虫となる。16世紀に奴隷貿易を介してネッタイシマカは南アメリカやアジアへ渡り，都市の暮らしに適応していった。蚊の繁殖率は原生林よりも開拓地の方が圧倒的に高い。人間の近くで生息すれば，ヒトの血を吸えるだけでなく，卵を産むための水場も見つけやすいからである。ネッタイシマカのメスが人間を刺すのは，産卵の際に人間の血液に含まれるたんぱく質を必要としたことによる。感染症専門医，疫学者，パトリシア・ブラジルはデング熱についてこう説明する。

　"デング熱の一般的な症状は深刻なものではなく，発熱や頭痛，目の奥の痛み，発疹などです。ところが，一度デング熱に感染したことのある人が，その後，血清型の異なるデング熱に感染した場合，重症になる危険性があります。"[40]

ネッタイシマカに対する恐怖感は特にブラジルで顕著に表れた。リオデジャネイロは多くの人やモノが行き交う場所である。羽化寸前の蚊の卵はアマゾンの中心地マナウスを初め，他の諸都市でも発見されていた。ウイルスは感染者とともに移動を繰り返し，蚊と出会った場所でデング熱を広める。オズワルドクルス財団（Instituto Oswaldo Cruz）アマゾン支部長，昆虫学者のセルジオ・ルスは，マナウス郊外でデング熱が発生していることに注意を向けていた。

　"デング熱ウイルスの保有者がここへやってくると，デング熱が広まりやすい状況が生み出されてしまう……。人口200万のこの都市で発生したデング熱は，35,000件。これは，とても高い発生率です。大規模な感染が発生すれば，ここの住民が真っ先に被害を受けます。……デング熱を発症した人には，対症療法しかないのです。デング熱ウイルスの感染の拡大を抑えるには，蚊をコントロールしなければなりません。"[41]

ウイルス感染のリスクを軽減しようとすれば，ウイルスを媒介する蚊の個体数を大幅に減らさなければならない。ブラジルのマナウスからおよそ70キロ離れたマナカプルでは，人体に無害なピリプロキシフェンという殺虫剤を使用し

---

(40)　前注(37)。
(41)　前注(37)。

◆ 第4章 ◆　法律学における"大規模感染症"の教訓

て蚊の個体数を減らす実験が行われていた。行政機関が提供する殺虫剤を用いて，市内1,000か所に蚊を捕獲する殺虫剤入りのトラップ——メスの蚊が卵を産み付ける水場に見せかけたもの——が設置されていた。セルジオ・ルスはこう説明する。

　　"ネッタイシマカのメスには，産卵が1か所だけではないという特徴があります。あちこち卵を分けて産み付けるのです。殺虫剤入りのトラップで産卵すれば，薬が体につきます。そのメスは移動して産卵するので，結果的に，殺虫剤をあちこちの産卵場所に入れることになります。こうしてなかなか人の手が及ばないところにまで蚊がみずから殺虫剤を拡散することになるのです。"[42]

　昆虫学者のエルヴィラ・ペレア・ザモラは，この方法が採用されたすべての調査個所で，850匹ないし1,500匹であったボウフラの個体数が200匹ほどにまで激減していたことを確認していた[43]。リオデジャネイロ市内の複数のデング熱発症個所で蚊を採取し，ネッタイシマカの拡散を監視する保健医療調査チームの一員，オズワルドクルス財団の昆虫学者，リカルド・ロウレンソ・ド・オリヴィラは次のように述べていた。

　　"ネッタイシマカは住宅の中やその周りに生息しています。この地域のように，ヒトが密集して住んでいる場所では，都市のシステムに問題があり，さまざまなインフラが欠けているといえます。たとえば，上下水道やゴミの回収システムはまったく行き届いていません。これが病気の感染リスクを高めています。……この蚊はさほど遠くまで飛びません。生まれた場所から300メートル以上，離れることはないのです。では，何がデング熱を運ぶのでしょう。人間です。その中に感染者がいて，感染者を刺した蚊が別の人を刺すことで病気が広がります。人口密度の高い地域では，リスクが高くなります。……蚊がウイルスに感染した人間の血液を摂取すると，ウイルスはまず，蚊の胃に当たる中腸の中で増殖します。その後，ウイルスは蚊の体の各器官に拡散しますが，特に唾液腺に蓄積します。この蚊がほかの人を刺すと，唾液に混じったウイルスがその人の体に侵入し，発病させるのです。"[44]

---

[42]　前注[37]。
[43]　前注[37]。
[44]　前注[37]。

◇ II ◇　素材の紹介

　ブラジル東部のバイーア州ジュアゼイロでは，ブラジル政府の認可を得て，サンパウロ大学科学研究所教授，マルガレート・カプホラが遺伝子操作により蚊の個体数を減らす試み（「蚊によって蚊をなくす」）に挑戦していた。実験地に選ばれたのは，デング熱の感染者が出たジャコビナ地区である。遺伝子を組み換えられたネッタイシマカのオスは研究施設内では抗生物質を与えられ，生き続ける。成虫になったオスは自然界に放たれ，メスを探して住宅の中やその周りを飛び回る。遺伝子を組み換えられたオスと交尾した野生のメスの卵から誕生したボウフラは，組み替えられた遺伝子を受け継ぐ。屋外では，抗生物質が与えられないため，これらのボウフラは生きられない。週3回，蚊を入れた箱が数百個運び込まれ，人間を刺さないオスが放たれる。野生のオスを減らすために，遺伝子を組み換えたオスが大量に自然界に放たれた。放出されたオスはすでに1億2,000万匹に達する。蚊を自然界に放つプロジェクトとしては世界最大の規模を有する。数百万匹のオスを用意するためには，遺伝子を組み換えたオスとメスの集団を保つ必要がある。毎日生み出される卵は数十万個に及び，毎週400万匹のオスが生まれ，飼育施設の中でボウフラからさなぎへと成長する。実験は順調に進められているが，デング熱の感染を食い止め，蚊を大幅に減らし続ける上で，遺伝子を組み換えた蚊を将来的にどれだけの規模でいつまで放出する必要があるかという点についてまったく見通しが立っていない。というのは，蚊の生息域が日々拡大し，蚊の個体数が増え続けているからである。赤道直下の熱帯林では，かつては人がまったく住んでいなかった地帯でも，森林を切り拓いて開墾地が作られ，開拓が進むと定住者も増えている。地面に掘った穴に雨水がたまると，そこを産卵場所として，ネッタイシマカは繁殖行動を繰り返す。蚊が増えると，デング熱も広がるというサイクルがエンドレスに続く。フランス国立科学研究センターの生物進化研究者，フランソワ・ルノーもこう語る。

　　"森林伐採が進むと，人間がそこへ進出します。森林伐採とは，蚊のボウフラが育つ，新たな環境を生み出すようなもの……です。"[45]

---

(45)　前注(37)。

◆ 第 4 章 ◆ 法律学における"大規模感染症"の教訓

3 次に取り上げられるのは、ガンビエハマダラカ（Anopheles gambiae）[46]である。この蚊も、熱帯地域の草原や森に生息し、おもに農村の住民に影響を与えてきた。ガンビエハマダラカのメスが媒介するマラリアは年間60万人近い死者を出してきた。マラリアの死者はデング熱の20倍を記録し、世界の人口の半数に何らかの影響を及ぼしてきた。西アフリカ、ブルキナファソのク・バレーでは、1980年代以降、保健科学研究所の研究者が稲作に切り替えた農民たちと協力してマラリア感染の防止に当たってきた。同地のコメ作りは、初めの頃は、厳密な手順に沿って、田起こしから田植え、収穫まで皆が一緒に行っていた。しかし、人びとの生活様式が変化した結果、コメ作りの作業が一緒に行われなくなったことで、蚊の個体数が増え始めた。ブルキナファソ保健科学研究所調査部長のコウンボブル・ロック・ダビレはこう語る。

　"最初、農家は協力してコメ作りを進めていました。みんな同じ時期に同じ作業をしていたんです。収穫が済むと水を抜くので、ボウフラが育つ場所はなくなりました。しかし、今は、コメ作りはバラバラ。ボウフラが育つ場所が1年中あります。常に誰かがコメを作っているためです。水を引けば、ボウフラに住処を与えてしまう。ある農家がやっていなくても、その隣が水を引いてくるんです。今、田んぼは水で満たされていますが、水位が下がれば、ガンビエハマダラカにとっては理想的な環境になります。"[47]

農業技術の導入が中途半端におこなわれたことで、蚊の生育に影響を及ぼしているケースはほかにもある。

　"この国の西部では殺虫剤が濫用されたことにより、薬剤に耐性を持った蚊が増えています。田んぼに殺虫剤をまくと、そこで成長した蚊は殺虫剤に耐性を持つようになってしまうんです。"[48]

世代を経て生き残るのはいつも耐性の強い蚊である。耐性の強い蚊が繁殖す

---

[46] 「わたしはガンビエハマダラカ。特徴は、細長い口が頭、胸、お腹へと一直線になっていること。仲間は468種。そのうち数十種が、わたしみたいに、感染症を媒介するの。特にマラリア。人間が死に至る病と呼ぶ病気ね。」（前注(37)）。
[47] 前注(37)。
[48] 前注(37)。

ればするほど，殺虫剤の効果はますます薄れて行く。水田で育つガンビエハマダラカにとって，羽化後は，近くに村があるため，最高の繁殖環境が用意されている。人間の表面から発する赤外線を感知し，二酸化炭素を識別し，さらに鋭い嗅覚を備えているため，蚊のメスは，血を吸う人間を探す能力に優れている。メスの蚊は驚くべき能力で人間が編み出す防御策を乗り越えてきた。その1例は，蚊の活動時間が変化した点である。以前は，人間を刺すのは夜であったが，現在は人間が蚊帳に入る前の日暮れ時から，蚊の活動は始まっている。もうひとつ重要な視点であるが，貧困も，蚊に対する防御を難しくしてきた。

"蚊はどこからでも入ってきます。身を守るには，蚊帳が必要です。子どもたちを，蚊に刺されないよう，保護しなくてはなりません。このあたりの蚊は病気を媒介する上，殺虫剤に強い耐性を持っています。住民は蚊帳に殺虫剤をスプレーして使っていますが，さほど効果はありません。……蚊帳や殺虫剤などが買えない農民は田んぼから帰ると，無防備なままの姿で寝てしまい……刺され放題になってしまう……。当然，家族に蚊帳などを買うことはできません。一家全員がマラリアの危険にさらされることになります。子どもの具合が悪くなっても，治療薬すら買えません。"[49]

ガンビエハマダラカは，本来，草原で生息する蚊である。ガンビエハマダラカは，住みにくいはずの都市部にも進出し，人間の住宅や行動，活動時間に適応し，殺虫剤への耐性を付けてきた。ブルキナファソ第2の都市，ボボデュラッソで調査活動に従事する，ブルキナファソ保健科学研究所の衛生昆虫学者，サイモン・P・サワドゴは，ガンビエハマダラカの繁殖状況をみて強い不安を抱いている。

"ガンビエハマダラカは産卵のためにきれいな水場を必要とします。しかし，ここは都市の真ん中にあるために，綺麗な水はなく，汚染された池や川しかありません。そこで，ハマダラカは何世代にもわたって少しずつ水中のさまざまな汚染物質への耐性を身に付けていったのです。"[50]

人間の活動の変化を反映して，アフリカの蚊はさまざまな耐性を持つように

---

[49] 前注(37)。
[50] 前注(37)。

◆ 第 4 章 ◆　法律学における"大規模感染症"の教訓

なってきた。強い耐性を持つ蚊の登場がマラリアの死亡率が高い原因のひとつと考えられている。死者の9割は5歳以下の子供であった。この15年間，蚊の駆除策や治療薬が功を奏してきたが，公衆衛生上，マラリアの撲滅は未解決の大きな課題として残されたままである。フランス国立科学研究センターの生物進化研究者，フランソワ・ルノーはこう述べる。

　"マラリアを根絶しようとは考えない方がいい。第二次大戦後の1950年代はマラリアの根絶が優先課題で，多くの国々が今後10年でマラリアを消し去ると立ち上がりました。しかし，実現していません。これまでに根絶された病原体は天然痘のみという事実を忘れてはなりません。病原体は依然として存在するのです。わたしたちは病原体を征服するのではなく，無力化しなくてはなりません。病原体の繁殖を狭い範囲で低レヴェルに抑えること，そうすれば被害は最小限で済みます。"[51]

マラリアの感染を阻止するため，科学者たちは，蚊の繁殖を抑え，個体数を減らすことに取り組んできた。保健科学研究所では，マラリアに感染した子供たちの血液を採取し，感染者の血液サンプルを使って，新たなワクチンを生成し，さらに，植物から抽出された成分の利用法の研究も行っている。生化学者のR・セルジュ・イェルバンガ博士はこう説明する。

　"このアイデアのもととなったのは，植物を使った昔ながらの予防薬でした。動物実験により，わたしたちは，病原体の増加を食い止めることができる植物由来の物質を突き止めました。そこで，この物質が，媒介者である蚊の体内でも作用するかどうか，研究を始めました。"[52]

蚊の行動を研究するチームは，蚊が血液を摂取すると，病原体も体内に取り込まれ，胃の中で増殖する点に着目した。同チームは，病原体の増加を食い止めることができる植物由来物質をマラリア患者の血液に混ぜ，メスの蚊に与える実験を繰り返している。同チームの目標は，病原体が蚊の唾液に混入するのを阻止することにある。

---

(51)　前注(37)。
(52)　前注(37)。

◇ Ⅱ ◇　素材の紹介

　"言ってみれば，蚊の治療なんです。今，私たちが実験しているのは，病原体を持つ蚊の胃へ，植物から抽出した物質の分子を入れることです。これが蚊の体内で病原体の増加を食い止めることができれば，感染の連鎖を断ち切ることができるでしょう。"(53)

　ここでは，マラリアが蔓延する村の中心に設けられた施設（マラリア・スフィア）で，蚊の個体数を減らす行動学的研究も行われている。

　"マラリア・スフィアでは，蚊が生息する自然環境を再現しました。研究者たちは，夜になると集落の決まった場所に群れを成して現れるオスの生態を研究中です。蚊のオスはなぜ特定の場所を好むのか，その理由を探るために，薪の山などを用意して，蚊の群れが集まる場所の再現を目指しています。……飛び回る蚊の集団，蚊柱の中にいるのは，おもにオスです。そこへメスが入って来て，交尾が行われます。何が多くのオスを引き付けるのか。特定できれば，集落の中にそれを設置して，オスをおびき寄せることができるでしょう。"(54)

　研究の最終目標は，集落内に蚊柱が現れる場所を人工的に作ることにある。研究者たちは，メスだけを駆除するため，オスがメスを引き付けるのに発する信号に着目して，蚊の生殖機能についても調べている。

　"蚊の集団とはいわばダンスパーティーです。100人の男性がダンスをするなら，女性を誘うのに何かしら音楽を掛けますよね。蚊の場合も同じです。メスはオスが出す音にひきつけられています。まだ完全には解明できていませんが，特殊な音を使っているのは確かです。"(55)

　4　次の素材は，日本脳炎ウイルスを媒介するコガタアカイエカ（Culex tritaeniorhynchus）(56)である。30億人以上のもの人口を擁するアジア，特に東南アジアでは，気候や人口の変動，経済交流の進展，原始的農法の採用，これらが

---

(53)　前注(37)。

(54)　前注(37)。

(55)　前注(37)。

(56)　「わたしはコガタアカイエカ。学名は，キュレックス・トリタイニオリンカス。恐竜っぽいけど，ただの蚊。仲間は，1,000種類以上，いるの。胸と足は茶色い外皮に覆われている。暮らすのは東南アジアで，好きなのは野鳥の血。この鳥たちが体内に日本脳炎ウイルスを持っているの。」（前注(37)）。

◆第4章◆　法律学における"大規模感染症"の教訓

相俟って感染症拡大の原因となってきた。かつては蚊の生育地域が限定されていたため，デング熱やジカ熱といった病気の感染者も地域的に限定されていた。しかし，その後，蚊が人間の住環境に潜り込み，定着してきたことで，感染者は都市部にもみられるようになった。世界人口の半数以上は都市部に集中し，都市化のスピードは速くなっている。その結果，デング熱やジカ熱の感染者は都市部でも急速に増え続け，その撲滅が世界的な関心事となりつつある。東南アジア地域では，マラリアやデング熱の蔓延に加え，日本脳炎ウイルスの感染者も発見されている。幼児が日本脳炎ウイルスに感染すると重症化し，死に至ることもある。日本脳炎は特定の地域で繰り返し発症するだけでなく，他の地域でも感染者が見つかっている。治療用ワクチンが高額であるため，ワクチンの接種は普及していない。コートムにあるカンボジア・パスツール研究所（Institut Pasteur du Cambodge（IPC）; Institut Pasteur in Cambodia（IPC））[57]では，この病気を媒介するときの蚊の働きがほかの病気の場合とは異なる点に注目し，固有の感染ルートが探求されている。同研究所の昆虫学者，ディディエ・フォントニーユは，ブタや人を刺してウイルスを感染させる種を突き止めるため，水田など，農場周辺で蚊が好む場所に蚊の捕獲器を設置した。農場では，ウイルスの自然宿主である鳥とブタや人間との距離が近いことが問題となっている。ある種からほかの種へと蚊が簡単にウイルスを移してしまうからである。しかも，感染する確率の高い人間が蚊と病気の関連を理解していないため，感染件数を減らせていない。彼はこう説明する。

　"日本脳炎は，感染のパターンがほかとは違っています。媒介するのはコガタアカイエカという攻撃的な蚊で，水田や川辺，沼などの水中で育ちます。主に鳥の血を吸いますが，ブタやヒトなど，ほかの動物を刺すことも少なくありません。ウイルスが伝染するのは，異なる吸血対象，つまり，複数の脊椎動物の血を吸うことが原因です。……日本脳炎が広まる仕組みを解明するには，その感染サイクルを構成する鳥やブタ，ヒト，そして蚊の役割を理解しなければなりません。わたしたちは，人間にウイルスを感染させる蚊は3，4種くらいだろうとみています。……日本脳炎ウイルスからみれば，ここは理想的な場所です。宿主となる鳥もいれば，蚊が産卵し，ボウフラが成長する水田もあります。200メートル先には

---

[57]　http://www.pasteur-kh.org/（2018年5月18日確認）

村があるので，もし蚊が鳥以外の血を吸いたければ，そこへ行けばいいのです。人間の血を吸うと，蚊は水田に戻って産卵します。水が豊富な田んぼで蚊は産卵を繰り返し，日本脳炎の感染サイクルも続いていくことになるのです。……予防接種は普及していません。人々に感染症について説明する必要があります。脳炎で亡くなった子どもがいると知ってはいても，日本脳炎だとは思っていません。この病気が蚊によること，予防接種で身を守れることも知らないのです。"⒅

カンボジア国立小児病院の医師，ウング・ソファルは，感染しやすい幼児の治療経験を通して，こう述べている。

"蚊を介して感染すると，およそ1週間の潜伏期を経て，子どもたちには初期症状が現れ始めます。発熱や咳などの呼吸器感染症です。次にウイルスは神経系を攻撃し，感染した子どもは運動障害やけいれんを起こします。さらに，これによって，意識障害が起こり，昏睡に陥ることも少なくありません。そうなってくると，子どもの命に関わってきてしまいます。"⒆

人間が自然環境を乱してきたことで，従来出会うことのなかったさまざまな生物が接触し，それが新たな感染サイクルをもたらしてきた。同研究所のディディエ・フォントニーユの説明はこうである。

"蚊が媒介する新たなウイルスは明日にも出現しかねません。鳥，ブタなど，宿主はさまざまでしょうが，蚊を通じて人間へと広がる恐れがあります。そんな仕組みを理解するため，基礎研究を充実させる必要があるのです。"⒇

同研究所の研究員，ジュリアン・カペルは複数の小さな農場で調査を続け，どの農場にも蚊とウイルスが存在していること，捕獲器に入った蚊の大半がコガタアカイエカであること，これらの事実を確かめた。彼はいう。

"わたしたちはブタを感染の見張り役として使っています。ウイルスの感染経路は探知できる……。最初に採血してから，1，2カ月も経たないうちに，ここのブタすべてが日本脳炎ウイルスに感染しました。……この地区にはウイルスが蔓延し……人間へ感染する恐れが常にある……。"(61)

---

(58) 前注(37)。
(59) 前注(37)。
(60) 前注(37)。

◆第4章◆　法律学における"大規模感染症"の教訓

　5　最後に触れられるのが，デング熱やジカ熱のウイルスを媒介するヒトスジシマカ（Aedes albopictus）[62]である。ヒトスジシマカのルーツは東南アジアであるが，その生息域は，今日では，温帯にも及んでいる。事実，ヒトスジシマカの個体数は確実に増加している。水が溜まった中古タイヤなど，移動する商品の中に産卵場所を見つけたヒトスジシマカは，世界有数の侵略的な外来生物とみなされ，公衆衛生上，重要な監視対象となっている。欧米諸国の空港には，日々，何十万という旅行者が熱帯地方から到着する。旅行者にはウイルスの保有者も含まれている。多くの旅行者は，自分がウイルス保有者であるとは考えておらず，ウイルスを撒き散らしている。その結果，南フランスや日本でも，デング熱の感染者が確認されている。ヒトスジシマカは南ヨーロッパでも発見された。ヒトスジシマカは，2004年，東から西へと地中海沿岸を侵略し，主要な輸送路を辿って，トゥールーズやボルドーなど，フランスの都市部にも侵入した。2015年以降，パリの南，サヴィニ・シュル・オルジュなどでも，ヒトスジシマカが見つかった。ヒトスジシマカは，今では，南極大陸を除く4大陸のあちこちに生息している。フランスのラングドック・ルシヨン地方では，対策チームがトラップを設置し，ヒトスジシマカの卵や成虫の有無を調べてきた。昆虫学者のグレゴリー・ランベールはこう述べている。

　　"このあたりはヒトスジシマカが最初にみつかった地域です。おそらく蚊が付いたまま，商品を持ち込んだのだろうと考えられます。すでに感染者の血を吸っていた蚊がこの土地で外に出て産卵し，定着するようになったのです。駆除をしてみましたが，うまくいきませんでした。蚊は高速道路を離れ，数百メートほど先にある村に入り込んできたのです。……夏の終わりごろに生まれた卵は，すぐ孵化しないように，変化しています。寒さで死滅することがないよう，日照時間，つまり，昼間の時間が長くなり，気温が上がってくるときを待っているのです。"[63]

---

(61)　前注(37)。

(62)　「わたしはヒトスジシマカ。またの名をタイガーモスキート。いとこのネッタイシマカと似てるけど，違いは背中に1本，白い筋が入っている点ね。わたしは大陸を渡り歩くのが大好き。地球の温暖化によって都市に馴染んできたの。特技は人にさまざまな病気を感染させること。」（前注(37)）。

(63)　前注(37)。

◇ Ⅱ ◇　素材の紹介

　ヒトスジシマカは温帯へと分布域を広げる過程で，温帯でも生き延びられるように変化してきた。ヒトスジシマカの卵は発育を停止することで冬を越す。休眠することで寒さを克服したヒトスジシマカの侵入を阻止することは，容易ではない。1匹の蚊が移動中の感染者を刺すだけで，感染の範囲は飛躍的に拡大する。何より危険なことに，蚊とウイルスが出会う機会が増えている。この事態に歯止めを掛けるため，さまざまな対策が講じられてきたが，ヒトスジシマカを根絶する方法はまだ発見されていない。蚊の個体数を減らすことが当面の目標とされるのは，このためである。蚊の個体数を減らす方法をいくら改善しても，個体数の増加率が高いので，焼け石に水といった状況が続いている。この点で，蚊の個体数削減の試みは，どのくらい早く個体数を減らす方法を見つけられるかという意味で，時間との闘いとなっている。フランス，モンペリエ郊外の住宅街では，感染症の発生と流行を抑えるため，蚊の駆除に向けて，殺虫剤が蒔かれていた。モンペリエにおける駆除対策の中心は，フランス国立科学研究センター，モンペリエ大学，フランス開発研究所(Institut de recherché pour le développement, France-Sud) による共同研究チーム「MIVEGEC（感染症および媒介研究所）」である。この研究施設の長所は，ジカウイルスのような新しいウイルスに対応する上で必要な，外界と隔絶されたスペースが設けられている点にある。ウイルスや病原体を使った実験ができるこの研究施設では，飼育された蚊を用いて，新規外来種の習性や病原体との関係，殺虫剤の効果などが調査されている。また，人間の体臭など，さまざまな刺激を分析し，どんな条件が蚊を引き付け，また遠ざけるのかを解き明かすため，蚊の感覚器官の研究も行われている。MIVEGEC統括責任者，フレデリック・シマールはこう述べる。

　"わたしたちは蚊と蚊が移す病原体との関係性についても研究を進める予定です。その狙いは，いわばウイルスに対する免疫を蚊に持たせることです。蚊の免疫系は人間より単純なので，人間にするより，蚊に予防接種した方がはるかに簡単なのです。まだ仕組みは解明されていませんが。……たとえば，臭覚計という機械を使う匂いの研究。蚊を引き寄せる物質を突き止められれば，捕獲器に誘い込む技術に応用することができます。逆に，蚊を寄せ付けない何かを突き止められれば，このふたつを組み合わせて蚊の行動を操作し，捕獲器に引き寄せて，駆除す

◆第4章◆　法律学における"大規模感染症"の教訓

ることが可能となるでしょう。"⑷

　他方，パスツール研究所の研究者たちは，ボルバキア（Wolbachia pipientis）という自然界に存在する細菌に注目した。この細菌はメスの蚊の寿命を縮め，結果的に，繁殖能力を低下させる効果を有する。デング熱が発生しているベトナム南部，ニャチャン（Nha Trang）近くのチグエン島では，ボルバキアを摂取した蚊が屋外に放たれていた。この実験では，ボルバキアを感染させたネッタイシマカが野生のネッタイシマカにとって代わり，結果的にこの地域の蚊の生息密度が減少していることが分かっている。同研究所の昆虫学者，アンナ・ベラ・フェイユーはこう語っている。

　　"ボルバキアという細菌は，蚊の体内に定着します。その場所は，ウイルスが蚊の体内に入り込む入口である消化管や，出口にあたる唾液腺といったところです。研究チームはこのボルバキアがデング熱の感染を阻止することを発見しました。ボルバキアがウイルスを唾液腺の中にとどめるので，蚊は病気を移すことができなくなるのです。……病気の流行を防ぐには，まず蚊の密度を低くしなければなりません。蚊の数を減少させ，そしてウイルスがあっても感染を阻止する，その2段構えです。"⒂

6　しかし，人間の行動には総じて一貫性がない。一方では，蚊を退治しようとして，蚊の遺伝子を操作し，ウイルスとの接触を人為的に変化させている。同時に，他方では，人や物資の移動を通じて世界中を結び付け，化石燃料等の過剰利用を通して温暖化を進行させ，蚊が繁殖しやすい状況を日々作り出している。方向性を異にするこれら2つの行動にはまったく整合性がない。感染症を防ぐには，人間，蚊，病原体（ウイルス），これら3者のバランスをうまく調節する必要がある。しかし，それ自体ひとつの生物である蚊の立場に立てば，蚊の繁殖行動はなんら非難の対象とはなり得ない。ウイルスが蔓延するきっかけを作り，たやすく移動する蚊との接触を可能にしたのは，ほかならぬ人間であった。蚊の生存利益を考慮すれば，原生林を開拓し，地球の温暖化をもたらしてきた人間こそ，人間，蚊，病原体，これら3者のバランスを崩してきたと

⑷　前注⒄。
⒂　前注⒄。

◇ Ⅱ ◇　素材の紹介

いう意味で，最も重い責任を負わなければならないことになろう。約70年前，ジカ熱の発生はウガンダの森の中だけでしかみられなかったが，ネッタイシマカやヒトスジシマカの活動によって，流行地域は一段と拡散し，今や3つの大陸（アフリカ大陸，ユーラシア大陸，南北アメリカ大陸）にまで広がっている。MIVEGEC 統括責任者のフレデリック・シマールはこう述べている。

　"ジカ熱のようなウイルスは今後も出てくるでしょう。新たなウイルスが登場するのは，間違いありません。わたしたちは冷静に適切な対応をしなければなりません。"[66]

しかし，どうすればウイルスの出現を防げるのか。感染症が多発する途上諸国に先進国の技術とノウハウを伝え，病原体と闘う支援をするには，どうすればよいのか。フランス国立科学研究センターの生物進化研究者，フランソワ・ルノーはこう説明する。

　"ヨーロッパではさいわい大きな流行は起きていませんが，流行地の人々を助けるべきです。その地で起こっていることはやがてわたしたちにも関わってくるからです。"[67]

蚊は，その出現以来，1億3,000万年もの間，ウイルスや寄生生物，人間とともに，進化を遂げてきた。食物連鎖を考えれば，蚊も命の輪を形成するひとつの存在とみなされている。迫りくる蚊の脅威から人間が身を守るには，蚊の個体数を抑えたり，新たなワクチンや治療法を開発したりするだけでなく，人間，蚊，病原体，これら3者のバランスを適正に保つ必要がある。それには，多額の資金とたゆみない努力，そして世界中の協力が欠かせない。個別国家の努力には限りがあり，世界的規模の協力体制の構築が不可欠となっている。

3　「ウイルス"大感染時代"──忍び寄るパンデミック」

　1　次に，取り上げられるのは，NHK スペシャル「ウイルス"大感染時代"

---

[66]　前注(37)。
[67]　前注(37)。

◆第4章◆　法律学における"大規模感染症"の教訓

～忍び寄るパンデミック～」[68]である。「シリーズ　MEGA CRISIS　巨大危機」の第3弾として編まれたこの番組は、ウイルス感染症リスクの増大という、私たちの生活を脅かす巨大な危機をどう乗り越えればいいのかというテーマを取り扱っている。それは、20世紀以降、戦争や自然災害ではなく、感染症こそが最大の死因となってきたからである（天然痘ウイルスによる死者は3億人、インフルエンザウイルスによる死者は5,000万人、エイズウイルスによる死者は3,500万人等）。地球上のあらゆる場所に無数の多種多様なウイルスが存在する。ウイルスは、異なる種類のウイルスと結合することで、容易に駆逐できない新種のウイルスを生み出してきた。毒性の強い新型ウイルスには、人間から人間へと感染を広げる力を獲得してきたものも含まれる。交通網の一層の発達や地球規模で進行し続ける温暖化によって、未知のウイルスが世界的規模で拡散する状

---

[68] NHKスペシャル「MEGA CRISIS　巨大危機＃3『ウイルス"大感染時代"～忍び寄るパンデミック～』」(NHK総合1、2017年1月14日放映)（http://www.dailymotion.com/video/x6d26ih（2018年5月18日　確認）、（https://www.youtube.com/watch?v=WRzu4vffjpc（2018年5月18日　確認）、（https://www6.nhk.or.jp/special/detail/index.html?aid=20170114（2018年5月18日確認））「巨大災害の時代」をどう乗り越えていくのか。脅威の正体を科学的に解き明かし、その対策の最前線に迫るシリーズ「MEGA CRISIS　巨大危機」。第3集は日本に忍び寄る「ウイルス感染症」との闘いだ。この冬、新潟県などでH5型鳥インフルエンザウイルスが相次いで確認された。最も恐れられているのは、鳥インフルエンザウイルスの遺伝子が変異するなどして、ヒトからヒトへの強い感染力をもつ新型インフルエンザウイルスが出現すること。国の想定では、新型インフルエンザの感染爆発が起きた場合、国内で最悪64万人が死亡、社会機能は麻痺してしまうのだ。今、日本やアジアでは、家畜や野生動物の体内のインフルエンザウイルスの遺伝子を調べるなどの監視を強めている。事前に未知のウイルスを見つけ出し対策を探る闘いも世界で始まっている。北海道大学などの研究チームは、アフリカで約20種類の"新種のウイルス"を発見、分析を進めている。グローバル化が進み、瞬時に世界に広まる事態が恐れられているのだ。また、世界に拡大したジカ熱との闘いも続いている。最新の研究から、妊婦だけでなく、大人の脳に影響を及ぼす恐れが明らかになった。さらに、ウイルスを媒介する蚊の生息域の北限が、約60年前は栃木県北部だったのが、温暖化の影響で青森県にまで北上していることも分かってきた。次々と出現する新たなウイルスの脅威、リスクを洗い出し感染拡大を防ごうと格闘する最前線を追う。」（https://www.nhk.or.jp/special/plus/articles/20170216/index.html（2018年5月18日　確認））他参照。

況に拍車が掛かっている。感染力も毒性も強い新型インフルエンザウイルスが流行すれば，数週間後には社会機能が麻痺し，数十万人の死者が出る未曾有の事態（ウイルスの感染爆発，パンデミック，大感染時代）が生じ得る。われわれはつねに新種ウイルスの感染リスクに晒されている。この種の危険性を認識する者は，個人のレヴェルでも社会的レヴェルでも，早急な対策を講じなければならない。番組では，鳥インフルエンザウイルスの人間への感染（2），新種のウイルスの登場（3），感染症への対策（4），これら3点が取り上げられていた。以下，要点を紹介しよう。

　2　これまでに多くの農場で鳥インフルエンザウイルス[69]が検出されている。鳥インフルエンザウイルスは，通常のインフルエンザウイルスやノロウイルスなどとは比べ物にならないほど強い毒性を持っており，死に至る危険性も高い。野鳥から鳥インフルエンザウイルスが検出された例は最近1年間で165件に達した。感染の拡大を引き起こしたのは，鳥インフルエンザウイルスのうち，最も毒性が強いH5型ウイルスである。数十羽しか感染していない農場でも，感染の拡大を防ぐため，すべての鳥が地中深くに埋められた。処分された鳥の数は100万羽以上を数える。鳥インフルエンザウイルスは，本来，鳥同士の間でしか感染しないはずであるが，近年，世界各地で，鳥から人間に感染するケースが相次いで報告されている。人間が鳥インフルエンザウイルスに感染すると，重度の肺炎に罹り，呼吸困難に陥る。このウイルスは肝臓や脳などにも影響を及ぼし，多臓器不全による死亡例も見出された。エジプトではここ数年，鳥インフルエンザウイルスの感染者が急増している。感染による死者は，2015年には，39人を数えた。鳥インフルエンザウイルス研究の最先端では，鳥インフルエンザウイルスの感染者から別の人間へと，感染が順次拡大する事態が懸念されている。

　鳥インフルエンザウイルスはどのようにして人間に感染してきたか。もともとウイルスには増殖に適した温度がある。鳥インフルエンザウイルスは，鳥の

---

[69]　A型インフルエンザウイルスによる鳥の感染症。人間やその他の動物に感染した場合も，鳥インフルエンザと呼ばれる。（https://www.kantei.go.jp/jp/headline/kansensho/tori_influ.html（2018年5月18日確認））

◆ 第4章 ◆ 法律学における"大規模感染症"の教訓

体温に近い42度で増殖する。人間の体温は36度であるため，鳥インフルエンザウイルスは人間には感染しなかった。偶然の事情で誰かひとりに感染したとしても，ほかの人間には感染しにくいと考えられてきた。しかし，鳥の体温と人間のそれとの中間の体温を持つ動物，たとえばブタが介在することによって，鳥の体温と人間の体温との温度差はさほど意味を持たなくなってきた。というのは，ブタの体温が39度であり，ブタは，鳥と人間，両方のウイルスにかかりやすい性質を有するからである。ブタが鳥インフルエンザウイルスと人間が罹るインフルエンザウイルスに同時に感染すると，双方の遺伝子が混ざり合い，鳥インフルエンザウイルスが変異することで，人間の体温でも増殖しやすい性質を獲得するようになってきた。これまでの調査では，およそ400種類のウイルスがブタの体内から見つかり，その8割近くのウイルスに，鳥と人間のインフルエンザウイルスの遺伝子が混ざっていることが判明している。国立研究開発法人農業・食品産業技術総合研究機構[70]（農研機構）動物衛生研究部門[71]の研究チームは，家畜の体内で繁殖するウイルスを東南アジアで調査した。同チームは，世界で初めて，インフルエンザウイルスがブタの体内で頻繁に変化することを遺伝子レヴェルで突き止めている[72]。チーム・リーダーの竹前喜洋はこう説明する。

　"ヒトが持っているウイルスがブタに入っていったり，その結果，今までなかったウイルスができたりしているという例は，実際に見つかっています。世界中にたくさんの種類の組み合わせのウイルスが，今，いろんなところでできているのです。"[73]

このように，鳥インフルエンザウイルスの増殖に適した「温度の壁」が乗り越えられたケースはいくつも見つかっている。死者が増加しているエジプトでのケースもその1例である。エジプトではまだ人間の間での感染爆発は起きて

---

[70] （http://www.naro.affrc.go.jp/（2018年5月18日確認））
[71] （http://www.naro.affrc.go.jp/niah-neo/index.html（2018年5月18日確認））
[72] （http://www.naro.affrc.go.jp/org/niah/disease_dictionary/other/o01.html（2018年5月18日確認））
[73] 前注[68]。

◇ Ⅱ ◇　素材の紹介

いないが，インフルエンザ，エボラウイルスを研究するウイルス学者の河岡義裕（東京大学医科学研究所教授）はエジプトで流行した鳥インフルエンザウイルスの遺伝子を解析し，増殖温度にかかわる部分に大きな変異が起きていることを突き止めた。この調査では，鳥インフルエンザウイルスが42度から33度まで広い範囲で増殖しやすくなっていたことが確認されている。このようにして，鳥インフルエンザウイルスは人間の体温でも増殖するようになっている。この状況は，人間から人間への感染リスクが一層高まってきたことを示している。河岡教授はいう。

　　"鳥のインフルエンザウイルスであるにも拘らず，33度というヒトの上気道の温度で増えるようになっています。そういう意味では，ひとつ壁がなくなってしまっている……。……そういう観点からすると，ずっと危機が迫っているということになります。"[74]

鳥インフルエンザウイルスが人間同士でも感染するようになった原因は，"温度の壁"が克服されたことだけではない。鳥インフルエンザウイルスが人間に感染するには，体内に入った後，人間の細胞と結合しなければならない。しかし，鳥インフルエンザウイルスの突起と人間の受容体のかたちが合わないため，両者は結合しにくく，人間には感染しにくいと考えられてきた。河岡教授は，人間の細胞と結合する部分，すなわち，鳥インフルエンザウイルスの突起の詳細な構造を調べ，結合に関する4種類の遺伝子を発見した。この遺伝子の変異によって，新型インフルエンザウイルスが誕生し，人間から人間への感染力が一気に高まることが確認されたのである。この発見により，感染爆発が起きるリスクが高まっている。河岡教授の研究は，人間同士の感染拡大を防ぐ残された壁が受容体だけなのか，ほかにもあるのかという点にも及んでいる。彼はこう説明する。

　　"(変異までに残された遺伝子の数が) 4つという数は少ないですね。起きるかどうかというのは現段階では分からない。ただ，それに対しての準備は必要で，世界中でパンデミックが起きた時の対策というのは，研究されております。"[75]

---

[74]　前注(68)。
[75]　前注(68)。

◆第4章◆　法律学における"大規模感染症"の教訓

　ウイルス学者，押谷仁（東北大学大学院医学系研究科教授）は，鳥インフルエンザウイルスの中でも最悪のウイルスがいつ頃人間から人間に感染するのかという点についてこう説明する。

　　"今年起こるかもしれないし，10年後であるかも……20年後であるかもしれない。いつ起こるか……正確に予測することはできませんけれども，……確実に起きてくるだろうということだけは間違いないと思います。……（画面にＨ５Ｎ１型ウイルスが映し出される。）今出てきたのは，Ｈ５Ｎ１型というウイルスです……これ以外にも，パンデミックを起こす可能性があるウイルス……は，いくつも存在していて，たとえば，Ｈ７Ｎ９型という中国から出てきたウイルス……，ある程度ヒトへの適応性を獲得しつつある……といわれているようなウイルス……を考えると，いま考えられているうちのどれかのウイルスがパンデミックを起こしてくるということは確実……だと思います。……季節性インフルエンザは爆発的な流行になる……ことはなくて，しかも，多くの人にとっては，まあ２，３日寝ていれば治るというようなものだということになりますけれども，もし病原性の高いウイルスがそういうことを起こすと……１日から３日ぐらいで発症し……，……ウイルスがどんなウイルスかということにもよりますけれども，４日から５日，あるいは１週間から２週間くらいで，多くの人が亡くなってくると……考えられています。"[76]

　ひとたび日本で新型インフルエンザが発生したら，何が起こるのか。国立感染症研究所の田代眞人（前インフルエンザウイルス研究センター長）はそのリスクをこう説明する。

　　"東京都内で新型インフルエンザの感染者がひとり出た……ウイルスが咳やくしゃみなどの飛沫や空気を通じて拡散。感染した人は数日後に咳や高熱などを発症します。感染は人の密集する場で瞬く間に広がります。病院には患者が殺到。入院に必要なベッドが不足します。症状は一気に深刻化します。毒性が最も強いとされるタイプの場合，感染が特に集中するのは，肺ですと，24時間でウイルスはおよそ100万倍に増殖。次々に細胞を死滅させます。さらに，ウイルスは全身に広がっていきます。肝臓や脳などの細胞も死滅。多臓器不全に陥り，死に至るのです。国立感染症研究所の試算では，新型インフルエンザは，東京のひとりの感染者からたった２週間で全国35万人に拡大していきます。自治体は住民に外出自粛を要請。街から人の姿が消えます。やがて，生活を支える社会機能はマヒ。ド

---

[76]　前注(68)。

◇ Ⅱ ◇　素材の紹介

ライバーの感染などにより，物流が停止します。食料品の入手も困難となります。外国からの支援は期待できません。世界中で感染拡大が起きている可能性が高いからです。……最悪の場合，日本人の4人に1人，3200万人が感染。医療関係者も感染し，治療現場は崩壊。死者が続出します。火葬が追い付かず，遺体は空き地や公園などに埋葬されます。国は20世紀初頭に起きたインフルエンザの大流行をもとに致死率を最大2パーセントと想定。死者は64万人に達すると推定しています。……パンデミックは避けられません。最悪のシナリオで来る可能性はあります。最悪の事態を想定して，それに基づいて事前準備，緊急対応計画を立てておく必要があります。"[77]

このようなリスクが本当に生じるか。この点について，押谷教授は次のように説明する。

"パンデミックが起こると，感染拡大を抑えることはできない……多くの人が免疫を持っていない……ことを考えると，病原性が仮にある程度低かったとしても……致死率が0.1パーセントぐらいだったとしても……数万人の人が亡くなるという計算になります……，病原性が少しでもそれよりも高くなりますと……被害が大きくなっていく……。パンデミックのワクチンというのは，新たにそのウイルスに対してワクチンを開発して製造しなきゃいけない……。パンデミックが始まってから開発・製造をすると，どうしても数カ月はかかってしまう。そうすると，初期の段階の流行には間に合わないということがワクチンの最大の問題で，抗インフルエンザ薬もある程度は重症化を防げる，……亡くなる人の数を減らすことはできるだろうというデータは出てきている……が，……ゼロにはできない。……感染拡大を完全に抑えることはできない……，ある程度，感染拡大のスピードをコントロールすることはひとりひとりの人がいろんなことに気を付けることによって，できるだろう。……みなさん，こういう事態になったときに，自分が感染しない（ようにする）にはどうしたらいいだろうということには非常に気を遣う……けれども，手洗いをする……だけでは不十分で，感染した人たちがいかにしてほかの人に移さないかということに気を付けてもらう……ことも必要です。日本の社会では……熱が出たり，インフルエンザの症状があったりしても，会社に行ってしまうという……風潮があります……。そういうことはやっぱり感染を周りに広げることになるので，そういうことをいかにして少なくしていくのか……が必要になってきます。新型インフルエンザ等対策特別措置法（2013年施行）……ができて，より病原性が高い，被害が，相当な被害が見込まれて，急速に感

---

[77]　前注(68)。

◆ 第4章 ◆　法律学における"大規模感染症"の教訓

染が拡大していくような状況では，国が非常事態宣言……を出せるように，今，法律の枠組みでは，なっています。……ただし，必ずしも十分ではなくて，いろんな対策をする実施主体……都道府県……地域で……非常に難しい政策判断をしなきゃいけないことになります……外出の自粛要請をするというのは，非常に大きなインパクトのある対策になりますので，本当に大変な事態になったときに，どう……意思決定をしていって，どういう対策をするのかと，そのためにはどういう専門家が必要で，という……ことをきちんと考えておく……ことが必要……。そういうことを考えられる専門家……は日本で非常に少ない……のが……現状で……いつ起こるかわからない。一刻も早く，そういう体制を日本の国内全体でつくっていくということが必要……。"[78]

　　3　鳥インフルエンザウイルスが人間に感染した経緯が示すように，変異による新種ウイルスの出現は稀ではない。われわれにとっての脅威はさまざまな新種のウイルスが登場し続けているだけではない。ウイルスが耐性を強めた結果，新種ウイルスによる感染症の危険性はこれまでよりも速く，しかも広範囲に拡散しようとしている。特に懸念されているのが，重症の呼吸器疾患を引き起こし，致死率40パーセントとも言われた中東呼吸器症候群（Middle East Respiratory Syndrome Coronavirus（MERS））[79]である。この新種コロナウイルスは，2012年9月にイギリスで初めて確認され，世界保健機関に報告された。このウイルスは，中東諸国だけでなく，韓国を含む他の26か国でも見つかっている。2014年にアフリカで発生し，アメリカやヨーロッパなどに広がったエボラ出血熱の場合，11,000人以上が死亡している。今日では，地球規模で進む温暖化現象が，ウイルス拡散のリスクをこれまでになく高める大きな要因であることも明らかになっている。中でも気温上昇が進む北極圏では，新種ウイルス拡散の危険性が一層高まっている。シベリアでは，温暖化によって永久凍土が急速に溶け，むき出しになった地層から，未知のウイルスが放出されている。新種ウイルスの代表例は，フランス国立科学研究所等が3万年前の地層から発見したモリウイルス（Mollivirus sibericum）[80]である。モリウイルスは，アメーバの細胞内に入ると，12時間で1,000倍に増殖し，アメーバを死滅させ，さらに細胞

---

[78]　前注(68)。
[79]　前注(8)。

膜を突き破って，まわりに広がる性質を有する。モリウイルスを発見したフランス国立科学研究所のシャンタル・アベルジェルはその増殖能力の高さに着目し，永久凍土が掘り起こされた結果，人間がウイルスに感染するリスクが増えたことに警鐘を鳴らしている。

　新種ウイルスの危険性は，これまで封じ込められていたモリウイルスが温暖化によって解き放たれたことだけではない。温暖化がウイルスの拡散を加速させる恐れがあることも明らかになってきた。そのひとつが，ここ数年で急速に世界に広がったジカウイルス（Zika virus）[81]である。ジカウイルスを媒介するのは，熱帯地域に生息するネッタイシマカである。ネッタイシマカがジカウイルスに感染した人間を刺すと，ジカウイルスが蚊の体内に取り込まれて増殖する。蚊がほかの人間を刺すことでその者がジカウイルスに感染する。母親がジカウイルスに感染すると，胎児も母親の体内で感染し，脳の細胞が成長せず，脳が小さい小頭症の子どもが生まれる。小頭症は知的障害などを引き起こし，

---

[80]　一般社団法人予防衛生協会のサイト（https://www.primate.or.jp/serialization/69%EF%BC%8E%E6%B0%B8%E4%B9%85%E5%87%8D%E5%9C%9F%E3%81%8B%E3%82%89%E5%88%86%E9%9B%A2%E3%81%95%E3%82%8C%E3%81%9F%E7%AC%AC4%E3%81%AE%E3%82%BF%E3%82%A4%E3%83%97%E3%81%AE%E5%B7%A8%E5%A4%A7%E3%82%A6/（2018年5月18日確認））,（https://wired.jp/2015/09/12/ancient-virus/（2018年5月18日確認））他参照。

[81]　国立感染症研究所のサイト（https://www.niid.go.jp/niid/ja/kansennohanashi/6224-zika-fever-info.html（2018年5月18日確認））「ヤブカ（Aedes）属の蚊によって媒介されるジカウイルスによる感染症……ジカウイルスは，1947年にウガンダのZika forest（ジカ森林）のアカゲザルから初めて分離され，ヒトからは1968年にナイジェリアで行われた研究の中で分離された。ジカ熱は，2007年にはミクロネシア連邦のヤップ島での流行，2013年にはフランス領ポリネシアで約1万人の感染が報告され，2014年にはチリのイースター島，2015年にはブラジルおよびコロンビアを含む南アメリカ大陸での流行が発生した。WHOによると，2015年以降2016年第2週までに，中央および南アメリカ大陸，カリブ海地域では20の国や地域（バルバドス，ボリビア，ブラジル，コロンビア，エクアドル，エルサルバドル，フランス領ギアナ，グアドループ，グアテマラ，ガイアナ，ハイチ，ホンジュラス，マルティニーク，メキシコ，パナマ，パラグアイ，プエルトリコ，セント・マーティン島，スリナム，ベネズエラ）から症例が報告されている。日本への最初の輸入症例はフランス領ポリネシアでの感染症例であった。」他参照。

◆第4章◆　法律学における"大規模感染症"の教訓

死に至る例も少なくない。ジカ熱の感染例は，これまで赤道付近に限られていた。ジカウイルスの人間への感染は，1952年，アフリカのウガンダで最初に確認された。ネッタイシマカの生息地域は温暖化の影響を受けて赤道付近以外の地域へも広がっている。ジカウイルスの感染者は世界中に広がり，2015年にはブラジルで大流行を起こし，2016年のオリンピック（リオデジャネイロ）にも影響を及ぼした。ジカ熱の感染例は，アメリカ合衆国フロリダ州や東南アジアでも発見されている。温暖化の進行が止まらない現状を考慮すると，現在はネッタイシマカの生息がみられない日本でも，将来，ジカ熱に感染するリスクは高まっている。

　感染症を媒介する蚊の研究者，小林睦生（国立感染症研究所昆虫医科学部長）は，ネッタイシマカのほかに，ヒトスジシマカも，ジカウイルスを媒介することに注目した。ネッタイシマカに比べて，ヒトスジシマカは，ジカウイルスを増殖する能力が低いため，感染を広げるリスクはそれほど高くはない。ヒトスジシマカの生育域は年平均気温が11度以上の地域である。気温が上昇すると，蚊の成長は早まる。羽化するまでの日数は，気温20度ではおよそ30日であるが，気温が30度に上昇すると，羽化日数も14日と短くなる。気温の上昇は，理論上，蚊の個体数が数十倍になる可能性を意味する。このように，温暖化でヒトスジシマカの生息域が広がり続けているため，ヒトスジシマカの個体数が増加すると，人間がウイルスに接触する機会が増え，ジカウイルス感染のリスクも高まる。日本国内での調査によれば，ヒトスジシマカの北限生息域は1950年には栃木県であった。その後，温暖化の進行で，ヒトスジシマカの生息域は北上している。北限は，2000年には宮城県と秋田県に，2006年には岩手県に，そして2016年には青森県まで達している。小林部長はこう語る。

　　"数が多いと……新たに感染する確率が高まる。温暖化が進めば，広範にジカ熱のような，蚊が媒介する感染症が流行するリスクが明らかに高まるだろうと……わたしたちは考えます。"[82]

　4　鳥インフルエンザの人間への感染，コロナウイルス，モリウイルスやジカウイルスといった新種ウイルスの登場，温暖化の進行によるネッタイシマカ

---

[82]　前注[68]。

◇ Ⅱ ◇　素材の紹介

やヒトスジシマカの個体数の急増といった感染リスクの増大に対する取組みはいまだ緒に就いたばかりである。アメリカ合衆国の研究所では，最新の遺伝子組み換え技術を用いて，ウイルスを媒介する蚊を絶滅させる方法が検討されている。この研究所では，大量に飼育中のオスの幼虫の遺伝子を組み換えて，オスの寿命を短くする実験が行われている。このように育成された短命のオスを自然界に放出すると，メスと交尾してできた蚊の幼虫は，寿命が短いオスの遺伝子を引き継ぎ，次の世代を遺す前に死ぬ。世代を重ねると，自然界の蚊の個体数を劇的に減らすことができると見込まれている。しかし，この方法を実際に活用する意見に対しては，倫理的観点から，疑義が示されている。ハーバード大学公衆衛生大学院のフラミニア・カタルチアはこう語る。

　　　"蚊の放出は生態系に何らかの影響を与える……。蚊が遺伝子の作用に対する耐性を持つ可能性もあり……慎重に進めていく必要があります。"[83]

　ウイルスの拡散を防ぐには，感染地域からの旅行者数を削減することなど，ウイルスの移動経路を遮断する必要がある。しかし，世界の航空機利用者数の実績をみると，1年間で35億人を超えている。この15年間で利用者数は2倍に増えている。国際線を運航する航空会社の搭乗実績と対比すると，格安航空会社（LCC）の利用率が高まったこととも相俟って，これまで特定の地域だけで広がっていた感染症が世界中に拡散してきたことが分かる。感染症の世界的拡散リスクが急速に高まっている点について，押谷教授はこう述べる。

　　　"世界中のウイルスが日本にやってくるかもしれない。……ジカウイルス感染症がいま南米で，去年からとても大きな問題になっています……，あんなことが起こるとは……たぶん多くの専門家には予測できなかった。そういう予測不能なことがたくさんあって……想定外の事態が今後も起きてくる可能性がある……。1990年代までは……新たな感染症が……航空機に乗って世界中に広がってしまうということはあまり起こらなくて……新たな感染症は出てくるけれども，限定された地域だけで起きてきた……。2000年以降……特に，2003年にSARSというウイルスの流行がありました……中国南部から始まったウイルスが，瞬く間に航空機を介して……世界中に広がっ……た。……多くの，人が住んでいる……地域には，

---

(83)　前注(68)。

◆ 第4章 ◆　法律学における"大規模感染症"の教訓

　72時間ぐらい……飛行機に乗っていけば，日本から世界中どこでも，行ける……感染症の多くは……感染してから発症するまでの間の時間があって，72時間以内に人が移動してしまうということは多くの感染症にとって，潜伏期間……に，感染してから発症していない人たちが日本に入ってきてしまう……リスクがある……，水際対策をいかにやっても……そういう人たちが……日本に入ってくることを防げない……。新しいウイルスが出現して，さらに……拡散していくリスク……が爆発的にやっぱり増えてきている……，ウイルス大感染時代といってもいい……時代にわれわれ人類は生きている……。予測をする……研究もいろいろ進んでいますけれども，……われわれの知らないウイルスもたくさん存在し……その結果，人類にとってどういうリスクを持つウイルスが存在しているのかということは正確に分かっていない。"[84]

　獣医学者の澤洋文（北海道大学人獣共通感染症リサーチセンター教授）は，10年前から，アフリカのザンビアで，牛などの家畜の胎内に宿る，未知のウイルスの膨大な遺伝子情報を蓄積し，病原性をいち早く解明しようとしてきた。アフリカには，未知のウイルスが数多く潜んでいると考えられたためである。牛の皮膚に付着したダニは自然界に潜むウイルスを人間社会に持ち込む恐れがある。澤教授らが蚊，ネズミ，サルなどの遺伝子を解析し，発見した新種のウイルスはこれまでに20種類に上る。解析されたデータは，ウイルスの病原性を解明し，免疫力を付けるワクチン開発などに利用するため，米国生物工学情報センター（National Center for Biotechnology Information（NCBI））が蓄積・提供する世界的な公共塩基配列データベース，ジェンバンク（GenBank）[85]に登録されている。このデータバンクに登録されたウイルスの数は16万種類に及ぶ。澤教授はこう語る。

　"文明が進んで……本来だったら動物しか住んでいないような所に，人の生活がどんどん接触するようになって，動物とヒトとの接触の機会がやはり増えていったっていうこともある……。"[86]

---

(84)　前注(68)。
(85)　米国生物工学情報センターのサイト（https://www.ncbi.nlm.nih.gov/genbank/（2018年5月18日確認））他参照。
(86)　前注(68)。

◇Ⅱ◇　素材の紹介

　感染爆発の脅威が迫りつつある新型インフルエンザについても対策は進みつつある。ワクチンの製造はおもにニワトリの卵を使って行われているが，効き目が弱いなど，ワクチンの質にばらつきが出る欠点があった。河岡教授は，2015年に，ニワトリの卵の代わりにイヌやサルの腎臓の細胞を培養して，効率よくワクチンを製造する技術を世界で初めて開発した。従来の方法よりも200倍以上速く，しかも品質が一定のワクチンを製造できたことで，効き目の高いワクチンの大量生産が可能となった。河岡教授は語る。

　"いかに効率よくワクチンを作るか。つまり，パンデミックが起きても，いかに早くワクチンを用意できるか，いかに抑え込むことができるかどうかが重要になってくる……。"[87]

河岡教授によるワクチンの大量生産技術の開発の将来性について，押谷教授はこう説明を加える。

　"流行の初期にはワクチンがまったくない……この時間をいかにして短くするかと，いかにして早くワクチンを……届けていくかということが非常に大きな課題になっています……新しい技術が出てくると，その時間が短縮できる可能性がある……。"[88]

澤教授らによる，新種ウイルスデータの共有化は具体的にはどう役立つのか。この点について，押谷教授はこう答える。

　"われわれが知らないウイルス……はまだまだたくさん残っていて，全体像を把握する……ことは……非常に難しい……。全体像がわからない……未知のウイルスがヒトに感染してヒトで流行する……事態になると，どうしても対応が遅れる……，迅速な対応をするためにも，事前にそのリスクをいかに把握していくかということは重要だと思います。……特に日本では……何かが起こると，みんないったんは大騒ぎする……けれども，エボラが起こるとか，マーズが起こると……かなり過剰に反応するんです……がいったん終わって……1カ月経つとみんな忘れてしまう……，本来はもっと長い目で，10年，20年というようなスパンでみると……当然，日本にもこういうウイルスの新たな脅威というのが上陸してくる可能

---

[87]　前注[68]。
[88]　前注[68]。

◆第4章◆　法律学における"大規模感染症"の教訓

性は十分考えられ……リスクを理解した上で，対策を考えていく……ことは必要……だと思います。"⁽⁸⁹⁾

5　新型インフルエンザの脅威はどこまで迫っているのか。獣医微生物学者，前田健（山口大学共同獣医学部教授）は，アライグマを手掛かりに新型インフルエンザのリスクを解明しようと試みてきた。野生のアライグマは野鳥を好んで食べる。ペットとして飼われていたアライグマが捨てられ，野生化する例が，近年，全国的に急増している。アライグマの血液を調べてみると，アライグマがH5型鳥インフルエンザウイルスに感染していた比率が多いところで6パーセントに達していることが分かっている。前田教授は，この比率からみて，現在明らかになっている数十倍もの野鳥が鳥インフルエンザウイルスに感染していると推測している。今後，各地で調査が継続されれば，感染の広がりの実態が解明されるはずである。前田教授はこう述べている。

　　"リスクはゼロではないって……常に考えて，危険な状況であれば，そのリスクを情報提供する……のが僕らの役目だと思っております。"⁽⁹⁰⁾

衛生学者，西浦博（北海道大学大学院医学研究院教授）は，感染発生国と日本との人の行き来をあらわす航空データに着目した。彼は，独自の数理モデルで，感染リスクの数値化に取り組み，日本でジカウイルスの感染が広がる確率を8パーセントと推計した。このように，新たな手法で感染拡大のリスクを明らかにしようとする研究も進められている。西浦教授はこう述べている。

　　"リスク……を……専門家以外の人も含めて向き合って……，感染症の流行対策……を構築していくことに役立てていきたい……"⁽⁹¹⁾

このようにみると，現在は，種々の感染症をもたらすウイルスを完全には撲滅できていないこと，そして，感染爆発のリスクがいよいよ高まっていることが分かる。番組の最後に流された「かつて経験したことのないウイルス"大感染時代"。避けることのできない感染爆発にどう備えるのか。その脅威から目

---

(89)　前注(68)。

(90)　前注(68)。

(91)　前注(68)。

◇ Ⅱ ◇ 素材の紹介

を背けることはできません。」⁽⁹²⁾というメッセージをわれわれはどのように受け止めるべきか。

4 「見えざる病原体」

1　最後に取り上げられるのは，BS 世界のドキュメンタリー「見えざる病原体(Unseen Enemy)」⁽⁹³⁾である。この番組は，天然資源の枯渇，森林の減少（砂漠化），地球環境の悪化（気候の温暖化，海の酸性化）等，自然現象の変化と連

---

(92) 前注(68)。
(93) BS 世界のドキュメンタリー「見えざる病原体（Unseen Enemy）」(NHKBS１，2018年2月6日放映)（2017年，Sierra Tango Productions（アメリカ）／Vulcan Productions（アメリカ）／WDR（ドイツ）共同制作）(https://www.nhk.or.jp/docudocu/program/253/2145594/index.html（2018年5月18日確認）)「エボラウイルスはアフリカの森林破壊ですみかを追われたコウモリが媒介し，ジカ熱はサッカー大会を機にアジア太平洋の島国からブラジルへ持ち込まれた。政治不信は当局の感染拡大への対策が空転するリスクを高め，SNS で拡散するニセ情報が混乱を拡大させると専門家は指摘する。「outbreak（発生）は防げないが，pandemic（感染爆発）は工夫次第で抑止可能だ」そんな希望を抱いて最前線に立つ医師や研究者らを追う」，(http://www.dailymotion.com/video/x6eh0ob (2018年5月18日確認))，(http://kiraido.com/acupuncture/wind/ (2018年5月18日確認))，このほか，この番組の関係者を招いたトークショーが行われている(http://jomf.or.jp/pdf/2017/05/572/UE_Flyer_FINAL.pdf (2018年5月18日確認))「近年，エボラ熱，ジカ熱，インフルエンザなどの新興・再興感染症が世界的な問題になっています。グローバリゼーションが進む現代においては，ひとたび地域的な感染症が発生すれば，瞬く間に世界各地に感染が広がり，世界的な流行「パンデミック」につながり，社会・経済・公衆衛生に与える甚大な影響が懸念されています。「Unseen Enemy」は 2017年4月から CNN や世界各国のメディアで放送されて反響を呼び，北京国際映画祭などでも上映されている，社会派のドキュメンタリー映画です。このたび日本では，聖路加国際大学公衆衛生大学院と GHIT Fund が試写会（短縮版）イベントを開催することとなりました。イベントでは，ドキュメンタリー映画にも出演している，エボラウイルスの発見者であるピーター・ピオット氏（ロンドン大学衛生熱帯医学大学院学長）と，「Unseen Enemy」を制作したジャネット・トビアス氏，国際保健政策・公衆衛生行政に携わる山本尚子審議官（厚生労働省）によるスペシャルトークショーを行います。このイベントを通じて，将来起こりうるパンデミックに備えるために，私たち1人ひとりが日々の生活の中でできることを考えていきたいと思います。」

◆第4章◆　法律学における"大規模感染症"の教訓

動して生じた種々の感染症の発生（エボラ出血熱の流行，2014年ブラジル・サッカー大会（ワールドカップ）を契機にアジア太平洋島嶼国からブラジルへ持ち込まれたジカ熱の流行，インフルエンザ等の世界的規模での流行等）に鑑みて，ウイルスの感染爆発の危険性が高まっているという危機感を背景にして制作された。感染対策の遅れに起因する関係諸国政府への政治不信やSNSで拡散したニセ情報による混乱まで含めると，多くの問題が，末端の治療現場から政府の政策決定に至るまで，関係者の意思決定の拙さに起因していたことが分かる。番組では，感染症の「outbreak（集団発生）」は防げないが「pandemic（感染爆発）」は工夫次第で抑止できるという見通しのもと，最前線で挑戦を続ける医師や研究者の多面的な活動が紹介されている。番組では，ウイルス感染リスクの増大という現状の紹介（2），リベリアにおけるエボラ出血熱治療現場の状況（3），エイズ，サーズ（SARS），ジカ熱，ブタ・インフルエンザや鳥インフルエンザなどを引き起こす新種のウイルス（4），ニセ情報のリスク（5），診断体制と取るべき対策（公衆衛生の強化を含む）（6），これらが取り上げられている。以下，それぞれの要点を紹介しよう。

　2　ウイルス感染リスクが増えつつある状況はどのように紹介されているか。冒頭では，われわれがつねに感染症の恐怖に晒されている現状が関係者の声を通して紹介される。微生物学者，ピーター・ピオットはこう語る。

　　"グローバル化は世界的な現象です。経済はもちろん，人の行動や病気についても，垣根がなくなっています。人の活動範囲が広がるほど，人口が過密になるほど，社会は脆弱になって……ウイルスにとってはあっという間に何十万人もの人々に感染できる素晴らしい世界なのです。"[94]

疫学者のラリー・ブリリアントはこう述べる。

　　"パンデミック，世界的な感染爆発を引き起こし得る新たな病が近年いくつも現れています。何もしないでいたら，パンデミックは，「もし起きたら」の問題ではなく，「いつ起きるのか」，「どのウイルスの問題なのか」となってしまいます。"[95]

---

[94]　前注(93)。
[95]　前注(93)。

◇ Ⅱ ◇　素材の紹介

　アメリカ外交問題評議会の研究員，ローリー・ギャレットはこう説明する。

　　"私たちを取り巻く生態系は肉眼で見えるものから顕微鏡で確認できるものまで，次から次へと姿を変え続けています。ウイルスや細菌はかたちを変えて新しい住処をみつけ，人間を含む生き物に拡大する機会を窺っているのです。"⒃

　感染症対策財団理事（元銀行家）のピーター・サンズはこう述べていた。

　　"アウトブレイク，集団発生が起きると，瞬く間に恐怖が広がります。さまざまな情報が飛び交い，遠く離れた場所の人々までが不安と恐怖に煽られます。病原体そのものよりも，恐怖の方が早く広がっていき，そのために社会が根幹から揺らぎ始めるのです。"⒄

　これらはいずれも，グローバル化の進展に比例して，ウイルス感染のリスクが高まっている現状に警告を鳴らしたものである。

　3　シエラレオネにおけるエボラ出血熱の発生状況と感染阻止の動きについては最初の番組で触れられていた（前述149頁以下）。この番組では，シエラレオネ南方の隣国，リベリアの状況が紹介されている。リベリアでも2014年にエボラ出血熱の感染者が多数確認されていた。唾液，血液，排せつ物を介して感染するエボラ出血熱が最初に発生したのは，住民のまばらな地域であった。エボラウイルスは感染者の移動によりすぐに都市部へ広がり，まったく無防備だった医療システムを混乱に陥れてきた。エボラ出血熱患者の治療に当たったリベリアの医師，ソカ・モーゼスはこう述べている。

　　"内戦は14年続きました。子どものころ，夜暗くなるまで遊んでいると，弾丸が稲妻みたいに空を飛んでいくのがみえました。弾丸が飛んでくる方向は音で分かります。兵士は音のする方向へ向かい，僕らはその反対を目指しました。しかし，エボラはどうでしょう。目に見えず，音も聞こえない敵から，どうやって身を守ればいいのか。ウイルスから逃げることはできません。どこへ行けば安全なのか，誰にも分からない……2年前に医科大学を卒業し……ここに動員されたのは，わたししか見つからなかったからです。わたしは専門医ではありません。たった1日の研修で業務に就きました。……受入れ開始の翌日にはゲートに救急車の列が

⒃　前注⒀。
⒄　前注⒀。

189

◆第4章◆　法律学における"大規模感染症"の教訓

できていました。準備する間もありませんでした。……気が付いたときには，ものすごい数の患者に圧倒されていました。まるで死者の国に迷い込んだかのようでした。架設の病棟で，患者は嘔吐や出血を繰り返し，床に下痢を垂れ流していました。死んだ人は，運び出されるまで放置されました。3日後には病棟は満杯でした。外には順番待ちの人が大勢いて，ゲートを通るたびに，入れてくれと懇願されました。……ベッドは35床しかありません。入院患者はすでに71人。床にマットレスを敷く余裕ももはやありません。……ベッドもなく，床に転がされた患者の多くはひどく弱り，間違いなく死が迫っていました。……そんな患者をタクシーで家に送り返すとしたらどうなるでしょう。家族や村の人に感染が拡大します。そう考えたら，彼らを病棟にいるようにするしかありません。床の上で死なせるしかないのです。……わたしたちは次から次へと患者を迎え入れました。数時間，患者に付き添い，水や抗生物質などの薬を与えました。終わりなどありません。患者は次々とやってきます。家に帰り，あくる朝出勤すると，何人かは亡くなっていました。"[98]

微生物学者のピーター・ピオットはこう述べる。

"わたしたちはウイルスの力を見くびりすぎています。エボラウイルスの感染は1件でも緊急事態です。感染の勢いはすさまじく，すぐに行動を起こさないと，あとで，大きな代償を払うことになるのです。エボラ出血熱に襲われた西アフリカの3か国は，医療レヴェルが世界で最も低い国々でした。医師や看護師の数が足りていません。医療施設は人手や資金の不足が深刻で，建物などの老朽化が問題となっています。"[99]

エボラ出血熱の研究が進むにつれて，感染の経路等が次第に明らかになってきた。中国CDC副センター長，高福はこう語る。

"子どもの頃からSFが好きで，科学者になるのが夢でした。エボラの研究が進むにつれて，感染の経路やサイクルははっきりと分かってきました。感染源は間違いなくコウモリです。コウモリが保有するエボラウイルスが何らかの哺乳動物を介してヒトに感染したのだと思われます。コウモリから直接ヒトに感染した可能性もあります。"[100]

---

[98]　前注[93]。

[99]　前注[93]。

[100]　前注[93]。

このようにみると，エボラ出血熱の発生状況と治療現場の悩みは，リベリアでも前述のシエラレオネと大差なかったことが分かる。

　4　次いで紹介されるのが新種ウイルスの危険性についてである。それは，エイズ，重症急性呼吸器症候群（severe acute respiratory syndrome（SARS））[101]，ジカ熱，ブタ・インフルエンザや鳥インフルエンザなどを引き起こす新種のウイルスがさまざまな経路で人間の生活に入り込んできたからである。大きな要因となったのは，人間のライフスタイルの変化であった。増大する食肉需要に応えようとして，牧畜用地や飼料用農地を増やすため，森林の伐採が進められたことがその典型例である。エイズウイルスは数匹のサルやチンパンジーを介して，アフリカから世界中に拡散した。中国で発生した重症急性呼吸器症候群ウイルスは，コウモリなどの野生動物から人間に感染し，急速に広がった。これらの例が示すように，人間の健康と自然環境とはきわめて密接な関係にある。21世紀の新しい感染症をみると，動物に直接触れて感染するだけでなく，蚊などが媒介する間接的な感染も含め，動物が感染源の大半を占めていることが分かる。アメリカ外交問題評議会の研究員，ローリー・ギャレットはこう述べる。

　"世界の至る所で，コウモリは気候変動の影響を受けています。アフリカには熱帯雨林に住み，果実などを食べて生きるコウモリがいます。しかし，近年，地球の気温は上昇し，紫外線の量も非常に増えています。さらに人間が熱帯雨林を切り拓いて，コウモリの生息地に侵入しています。野生のコウモリは，本来，人間に好んで近づくことなど，ありません。しかし，住む場所を失い，おなかをすかせたコウモリが農作物などにたかるケースが増えています。そのような過程で，コウモリは，保有しているウイルスをほかの動物や人間に移しているのだと考えられます。……ジカウイルスはアフリカで出現し，長い間，アフリカから外に出ませんでした。しかし，21世紀に入って，南太平洋の島々でジカウイルス感染症，ジカ熱が大流行したのです。ミクロネシアのヤップ島では，ジカ熱の流行によって，島民の70パーセントが感染しました。"[102]

　ジカウイルスは，2013年頃，南太平洋からブラジルに上陸した。当時，南太

---

[101]　https://www.niid.go.jp/niid/ja/kansennohanashi/414-sars-intro.html（2018年5月18日確認）
[102]　前注(93)。

◆第4章◆　法律学における"大規模感染症"の教訓

平洋からブラジルへの旅行者が増大していたことがその原因と考えられる。サッカー・ワールドカップの予行大会もこの時期に開催されていた。ローリー・ギャレットはこう説明する。

　　"ジカウイルスを体内に持つ人……が蚊に刺されると，ウイルスは蚊に吸収されます。それが一連の出来事の始まりです。さらには，エルニーニョ現象による影響もあったでしょう。大雨や干ばつなどの天候不順によってウイルスが感染しやすい環境がもたらされていたのです。"[103]

　ブラジルでは，2015年に突然，全土に亘り，ジカ熱が流行した。ブラジル大統領は，女性に妊娠の延期を呼び掛け，駆除チームに私有地に入る権限を付与した。その後，ジカウイルスは中南米の数十か国，プエルトリコ，アメリカ合衆国フロリダ州マイアミ等にも広がった。感染者は少なくとも60を超える国と地域で確認されている。小頭症という先天性疾患を持つ新生児が劇的に増えた。こうした状況に至らなければ，医療関係者がジカウイルスの脅威を深刻に受け止めることはなかったはずである。ブラジル，レシフェの住人，ヴェロニカ・マリア・ドス・サントスはこう語る。

　　"うちの前は下水溝です。衛生状態が良くありません。雑草が多くて，蚊もいっぱい，それで，知らないうちにジカウイルスに感染していました。ジョアンは先天性の小頭症です。……1番辛かったのは，生まれたばかりの息子をみたときでした。頭がこんなに小さいんです。「ああ，神さま」って。泣きました。1,000回も。"[104]

　小児神経科医のヴァネッサ・ヴァンダーリンデンはこう述べている。

　　"9月の中頃，小頭症の赤ちゃんを1日に3人も診ました。その後も，毎週ひとりは症例を目にしました。何かが起きていると思いました。そこで医師の仲間にSNSメッセージで呼び掛けたんです。同じ状況が起きているなら，調査するべきだって。小頭症の赤ちゃんが生まれるケースがかなりの数に上ることが分かりました。わたしたちのセンターだけでも，患者はおよそ200人もいました。こんなに急速に広がる深刻な病に出会ったのは，わたし自身，初めてでした。小頭症は見て分かります。生まれた赤ちゃんの頭が小さいんです。……症状は見た目よりも

---

[103]　前注(93)。
[104]　前注(93)。

◇ Ⅱ ◇　素材の紹介

はるかに深刻です。1番心配なのは，脳の機能障害，中枢神経や視覚の障害です。"[105]

アメリカ外交問題評議会の研究員，ローリー・ギャレットはこういう。

　"蚊が媒介する病気といえばマラリア，性交渉によって感染するのはエイズウイルス。どちらも恐れられています。でも，ジカウイルスは，このふたつより，何を餌食にするかの点で，さらにたちが悪いのです。妊婦の体内に入ったウイルスは胎児に憑りつきます。形成されつつある小さな体を餌食にし，母親の血液に戻っては繰り返し感染します。ウイルスが最も巣くう場所は赤ちゃんの脳細胞です。発育過程の子どもの脳のあらゆる部分が破壊されるのです。"[106]

感染の経路は異なるが，ジカウイルスもエボラウイルスも，相手を選ばず急激に広がる特性を有する。これに対して，さほど目立たないものの，毎年確実に多くの命を奪う感染症がある。感染し易く，死者が多いという点で，世界で最も恐ろしい感染症はインフルエンザである。年間の入院患者はおよそ500万人，死者は毎年20万人に上る。毎年世界中で流行する季節性インフルエンザの場合，感染源や感染ルートの多くはほとんど分かっていない。特に懸念されているのが，誰も罹ったことのない新型のインフルエンザである。免疫を持つ者がほとんどいないからである。2014年にアメリカ合衆国ミネソタ州で流行したインフルエンザの場合，ワクチンの製造が遅れ，感染死が続いた。小児科医のバーバラ・ラースはこう述べている。

　"人はどのような状態のときに，どのようにしてインフルエンザで死亡するのか……はいまだ解明できていない，難問中の難問です。……重い症状に陥る成人の患者の多くはリスク要因……を抱えています。免疫系が弱かったり，糖尿病や肥満だったり，女性の場合は，妊娠していることもリスクになります。しかし，インフルエンザウイルスはきわめて健康な人にも襲い掛かることがあって，昨日まで幸せだった若者がたった数日で命を落とすことがあるのです。"[107]

生物学者のマーク・スモリンスキーはこう語る。

---

(105)　前注(93)。
(106)　前注(93)。
(107)　前注(93)。

◆第4章◆　法律学における"大規模感染症"の教訓

　"パンデミックが世界に広がる脅威に関して，最も警戒すべきは，空気感染するウイルスです。SARSやインフルエンザの場合，ウイルスを含む空気を介して広がるため，感染の抑止が難しいのです。ウイルスに感染した人の多くは，症状に気付くまで時間がかかります。ウイルスを体内で培養しながら，病気だという自覚もないまま，世界中を飛び回ることができるのです。"[108]

　2009年には，ブタ・インフルエンザと呼ばれる新しいＨ１Ｎ１型のウイルスが現れた。このウイルスは最初にアメリカの養豚業界で見つかり，農産物の展示会を介して人間に感染した。ほぼ１年間でおよそ13億人がブタ・インフルエンザに罹り，人類史上最大の感染者数を記録した。

　カンボジア・パスツール研究所のインフルエンザ専用室では，感染すると50ないし60パーセントが死亡する鳥インフルエンザの研究が行われている。致死性の高い鳥インフルエンザウイルスが人間に感染した例はまだ少ないが，野鳥や食用の鳥の間では，急速に広がっている。専門家は，これが新たな感染症の脅威になることを恐れている。鳥インフルエンザウイルスの感染ルートには，鶏肉市場も含まれている。カンボジアの市場で生きた鳥だけが売られているのは，客が新鮮な肉を買い求めようとするためである。売り手は，買い物客が選んだニワトリやアヒルをその場で絞め殺し，内臓処理も行っている。取り出した内臓はバケツに入れられ，鳥は熱湯に浸けられた後，羽をむしる機械に放り込まれる。店員は，素手で内臓や羽を処理し，鶏肉を濯ぐ水にも素手で触れ，すべての鳥を大量のウイルスが潜んでいる水で洗っている。こうした状況をみると，鶏肉市場でもウイルス感染の可能性が相当に高いことが分かる。カンボジアの行政当局が2011年に鶏肉市場の排水を検査したところ，サンプルの18パーセントで鳥インフルエンザの感染が発覚した。４年後の2015年に行われた検査では，感染率は66パーセントにまで増えている。生物学者のマーク・スモリンスキーはこう述べている。

　"致死性の高い鳥インフルエンザ，急速に広がるブタ・インフルエンザ，わたしたちが恐れるのは，この２つが混じり合って変異し，急速に広がり，かつ致死性の高い新型ウイルスが表れることです。実に恐ろしい。なぜなら，今，ふたつの

---

(108)　前注(93)。

ウイルスは同じ培養皿の上に乗っているのも同然だからです。"⁽¹⁰⁹⁾

ロンドンに住む感染症対策財団理事（元銀行家）のピーター・サンズは，感染力の強い重症急性呼吸器症候群の発生を懸念して，こう述べていた。

"パンデミックは現代社会における最大のリスクのひとつです。大勢の人間の命に関わる問題です。テロや自然災害と同様，どのようにして備えるかを十分に議論しなくてはなりません。国家や経済の安全保障にも関わる重大な問題です。……SARSが流行した都市では，誰も外に出ようとはせず，その経済的損失たるや，ものすごいものでした。もしパンデミックになれば，損失は何兆ドルという規模になるでしょう。甚大な影響を企業や一般市民に及ぼすのです。"⁽¹¹⁰⁾

ロンドン大学衛生・熱帯医学大学院学長のピーター・ピオットはこう述べている。

"感染症が発生すると，医療現場だけでなく，社会の反応をコントロールする必要が生じます。社会の平穏を保つのは，病気への対応と同じくらい重要なのです。"⁽¹¹¹⁾

5 感染症の流行については，ニセ情報で社会が混乱するリスクも無視され得ない。「エボラなどウソだ（Matrix）」，「人口調節の陰謀ではないか（Chris Brown）」，「アメリカはエボラ感染国からの航空便を即刻禁止せよ（Donald J. Trump）」といった科学的根拠のない書き込みがSNSを通じて拡散したことで，大きな混乱が生まれたからである。エボラウイルスの恐怖が広がるなか，西アフリカ各国の政府は感染を防ぐため，大規模な検疫を行った。それでも，感染者の増加を止められず，また正確な情報が提供されなかったことで，政権への不信や社会不安が強まり，各地で暴動が発生した。治安部隊が有刺鉄線で道路を封鎖する中，住民が隔離病棟の入り口を実力で突破したことから，警官隊は実弾と催涙ガスを発射して，暴動を抑え込んだ。リベリア政府は当時，エボラ出血熱の撲滅を"戦争"と表現し，国際社会に支援を呼び掛けていた。人類学者のハイディ・ラーソンは，こう述べている。

---

(109) 前注(93)。
(110) 前注(93)。
(111) 前注(93)。

◆第4章◆　法律学における"大規模感染症"の教訓

　"わたしは，社会の噂に注目しています。噂が噂を呼び，広がっていく様子は，ウイルスの感染の仕方に似ています。噂もまた増殖するために，移る相手が必要なのです。噂は，人類の誕生以来，存在してきましたが，ソーシャルメディアやインターネットは噂の広がる範囲とスピードを大きく変えました。……短い文章で次々と発信されるメッセージ，わたしたちは，その影響や広がる過程を追跡しています。分かったことのひとつは，物事が不確実で，人々が答えを求めているときに，噂が増殖するということです。"[112]

6　最後に，感染者の診断体制と感染防止策が取り上げられる。中国CDC副センター長の高福はこう述べている。

　"ウイルスの予防は，新しい種類であろうとなかろうと，つねに3つの観点から行われるべきです。早期の発見，適格な診断，そして，即座の行動です。……特にワクチンの開発に関しては，インフルエンザの研究はエボラよりも遅れをとっています。求められるのは，汎用性の高いインフルエンザワクチンで……早急に必要です。……現在は，その年の流行に合わせて，毎年新しいインフルエンザワクチンが作られています。製造には数か月以上かかります。科学者が目指しているのは，あらゆるタイプのインフルエンザに効果のある万能型のワクチンの開発です。……今はひとつのワクチンを開発するのに時間がかかりすぎています。パンデミックが起きたら，ワクチンができる前に，大勢が死んでしまいます。……ワクチンだけではなく，診断の向上も必要です。"[113]

アメリカ合衆国ニューヨークの微生物学者，アドルフォ・ガルシア・サストレはこう語る。

　"このプロジェクトでは，人間やブタ，鳥などから，ウイルスのサンプルを取り出して，ウイルスが蔓延するメカニズムを研究しています。ワクチンの開発に役立てるためのものです。"[114]

感染症の流行を防ぐには，臨床現場で的確な診断が行われていなければならない。こうした指摘が行われるのは，インフルエンザの診察現場では誤診が多く，エボラ出血熱やジカ熱の診断で病名の特定が遅れたこともあったからであ

---

[112]　前注(93)。
[113]　前注(93)。
[114]　前注(93)。

◇ Ⅱ ◇　素材の紹介

る。ボストン大学新興感染症研究所のジョン・コナーはこう説明する。

　"ここにあるのは，わたしたちが開発している診断機器の一部です。採取したサンプルをここにセットし，ICチップで読み取らせます。カートリッジを診断機器に入れましょう。読み取る時間はおよそ30分。モニター上のウイルスの特徴から診断が可能です。エボラかもしれないし，インフルエンザ，ジカ熱かもしれない。これが病院にあれば便利だし，空港でも役に立ちます。また，大災害やアウトブレイクが起きたときに，現場に持っていくこともできます。"[115]

　的確な診断よりもっと重要なのは，地球規模で公衆衛生の充実に目を向けることである。増え続ける感染者の治療に要する費用と対比すると，前段階に位置する予防措置の費用が低廉ですむからである。この種の指摘は多くの識者に共通する。アメリカ外交問題評議会の研究員，ローリー・ギャレットは強く訴える。

　"公衆衛生は政府と国民，双方向の信頼関係に基づいています。人々の協力がなければ，政府は保健衛生の政策を実行できません。もし政府が「ここには危険な病気を運ぶ蚊がいる」といったら，住人は自宅に役人を入れて，蚊を駆除できるようにしなくてはなりません。「誰もわたしの土地に入る権利などない」と突っぱねたら，公衆衛生は成り立たないのです。同様に，感染症が流行したときに，ワクチンの接種を子どもたちに受けさせるのは，政府ではなく，親です。それを怠る親は公衆衛生の基本である信頼関係から逸脱しているのです。今，世界中で起きているのは，政府への信頼の低下です。信頼関係の崩壊のために，公衆衛生は大きな代償を払わされているのです。……パンデミックが引き起こす最悪のシナリオとは，このようなものです。あるとき，ウイルスは特定の動物から人間に感染します。最初に，動物の近くにいる人たちが感染し，すぐに家族や学校の子どもたちに広がります。感染の拡大は止まらず，たった数日で感染は地域の外にまで広がるでしょう。仮に感染者の5パーセントが亡くなるとすれば，世界全体で死者は数億人に上ります。……感染症の流行が加速したら，どのような勢いで広がっていくか，予測すらできません。……膨大な数の人が仕事を休みます。その中には水道局や警察，消防など，公共の安全に欠かせない仕事の人も大勢いるでしょう。混乱する街で，人々はこの病気の感染源は何なのか，誰に責任があるのか，噂や陰謀説をまき散らします。世界中でモノやサービスの不足が相次ぎ，医薬品が品切れになります。病院は患者で溢れ，遺体安置所は満杯となるでしょう。

---

[115]　前注(93)。

◆第4章◆　法律学における"大規模感染症"の教訓

病人と死者がともに膨大な数に達します。重大な感染症が世界中で流行すれば，社会は崩壊の危機を迎えます。"⁽¹¹⁶⁾

疫学者のラリー・ブリリアントはこう述べていた。

"1918年のインフルエンザ大流行は，地球を4周したとされます。まだ旅客機のなかった時代，100年前です。この大流行で5,000万人から1億人が死亡したといわれます。当時の世界人口は現在の3分の1以下ですから，今なら，死者の数は当時の3倍，おそらく2億人になるでしょう。壊滅的な大惨事となり，経済は想像を絶する打撃を受けます。2006年に，世界中の疫学者が一堂に会しました。その大多数が，今後20～30年のうちにパンデミックが起きると考えていました。人類は危機に瀕するかもしれません。"⁽¹¹⁷⁾

感染症対策財団理事のピーター・サンズはこう述べている。

"アウトブレイクへの対応策ではなく，有事への準備に力を割くべきです。つまり，病が流行する前に，予防を徹底した方が，遥かに費用対効果が高く，また安く済むのです。"⁽¹¹⁸⁾

予防医学の必要性と重要性がこのように指摘されていても，世界の国々が感染症の危機管理に投じる金額は，概して，国防予算の数十分の1にすぎない。インフルエンザはこれまで数十年ごとに大流行してきた。1968年の大流行と同規模の流行が現代の世界に起きた場合，死者は200万人と予想されている。1918年のようなパンデミックになれば，死者の数は2億人に上る。この数値は，ドイツ，イギリス，スペインの総人口に匹敵する。パンデミックはいつ起きてもおかしくない状況にある。パンデミックを防ぐためには，感染拡大をコントロールすることが必要となる。ロンドン大学衛生・熱帯医学大学院学長，ピーター・ピオットはこう述べる。

"わたしには，西アフリカの人たちに対して果たさなければならない約束があります。それは，次にウイルスが暴れ出すまでに，エボラの感染を食い止められる

⑴⑹　前注⑼⑶。
⑴⑺　前注⑼⑶。
⑴⑻　前注⑼⑶。

◇ Ⅱ ◇　素材の紹介

公衆衛生のシステムを彼らとともに構築することです。海も国境も防護壁にはなりません。ウイルスが入り込めない場所はないのです。エイズやインフルエンザ，SARS との闘いは遠く離れた国の人たちにも将来必ず恩恵をもたらします。わたしたちは国境を超えて協力する必要があるのです。"[119]

　エボラ出血熱が流行したリベリアでも，その後，予防体制や治療環境は改善されてきた。医師のソカ・モーゼスは次のように述べている。

　"今は，患者はほとんどいません。スタッフは訓練を積み，エボラへの備えができています。このような準備があれば，もっといい初動対応ができたはずです。12月に16人か17人の感染者が入院しました。そのうち，14人はまもなく退院します。……奇跡をみるようです。瀕死の患者が2，3日後には体力を取り戻し始めるのです。植物が伸びようとして日々強くなってゆくみたいに。一番感動するのは，患者を病棟の外に出したあと，防護服を脱ぐ瞬間です。患者はわたしの顔をみます。ドクター・モーゼスの名前は知っていても，どんな人間か，みるのは初めてです。泣き出す人もいます。言葉にならない，その瞬間がわたしの喜びです。……ヒトの体には，その人を生き延びさせる固有の何かがあって，それは，人によって異なっています。病状がかなり重くても助かる人もいれば，重症ではないのに死ぬ人もいます。「なぜだろう」といつも思います。同じように治療を受け，同じように看護されたはずなのに，……。分かりません。……医師としてより多くの人を救うために何ができるのか，わたしは公衆衛生システムを学びたい。この国をよりよくするために。……感染症についてすべての人が知るべきです。世界中が安全になるまで，どこも安全ではありません。"[120]

　今ひとつ，強調されなければならない点がある。それは，感染者の治療に要する直接費だけでなく，感染の結果，機会利益が相当に失われるという点である。感染症の恐怖にさらされただけで，経済は脅かされ（関連企業の株価下落，生活物資の不足等），政治への不信は強まり，人びとは安全な居場所を失う。感染症対策財団理事のピーター・サンズはこう述べている。

　"感染拡大が起きるたびに対応する，その繰り返しではだめです。有事への準備と予防に投資を振り向けなければ，パンデミックは必ず起きます。そのときには，死者の数も経済的損失も膨大なものになるでしょう。"[121]

---

(119)　前注(93)。
(120)　前注(93)。

199

◆第4章◆　法律学における"大規模感染症"の教訓

この番組は，次の言葉で結ばれる。

"「対策を立てても無駄だ。パンデミックは避けられない」という人がいます。それは違う。アウトブレイク（集団発生）は避けられなくても，パンデミック（感染の爆発的拡大）は避けられます。すべてはわたしたち次第です。社会のリスクに見て見ぬ振りをするか，いざというときのために十分な備えをするか。恐ろしい事態は防ぐことができます。しかし，それには，わたしたちみんなの協力が必要です。"[122]

21世紀の特徴的現象のひとつは，グローバル化によって，世界各地の結び付きがより多くなり，より強くなってきたことである。このような相互関連性は時代を経るごとに一層緊密になり，影響が及ぶ速度も増しつつある。このことはウイルスの拡散についてもそのままあてはまる。それだけに，危険性のネットワークに代えて，安全性のネットワークを地球的規模で構築することが必要となろう。より安全で健康な社会生活を営む上で，感染症との闘いに終わりはない。

◆ III ◆　法律学における教訓

1　それならば，われわれは，これら4本のドキュメンタリー番組から法律学のためにどのような教訓を読み取ることができるのだろうか。「史上最悪の感染拡大〜エボラ　闘いの記録〜」の場合，エボラウイルスの感染例をみると，医療現場の担当者が実感した事態の深刻さがシエラレオネの行政当局や他の専門家，国際機関の担当者に理解されていなかったために感染の連鎖を防げなかったことが分かる。何よりもまず，ギニアから訪れたエボラ出血熱患者を治療したクポンドゥ村の女性祈祷師およびその周辺に同感染症の治療に不可欠の医療知識が欠けていた。祈祷師自身に医学の知識を期待し得ないとしても，感染症患者の治療を専門医師に委ねず，祈祷行為の対象とする社会行動基準の適否の判断力そのものは祈祷師の職分に必要な専門知識とされなければならない。

---

(121)　前注(93)。
(122)　前注(93)。

◇ Ⅲ ◇　法律学における教訓

祈祷師にそうした判断を期待できない状況を作り出した責任はシエラレオネの医療行政が負わなければならない。祈祷師自身がエボラ患者への治療行為を通じてエボラ出血熱に感染死した点については，祈祷師本人の治療に関わる事項であるがゆえに，本人以外にも，祈祷師の家族を含む周辺関係者が感染症に関する予備知識を備えておくことが期待されるし，（それが不能の場合）少なくとも伝統的医療行為で対処できない場合に採るべき次善の策が用意されていなければならなかった。さらに，祈祷師の遺体を素手で洗うという同地の風習についても，その適用範囲に関する慣行の見直しが求められなければならない。この風習が絶対的規範であれば，そうした風習に従うことによる感染リスクを誰がどのような形で負担するかが問われようし，感染リスクがあるとその風習に従う必要はないというのであれば，感染リスクの有無を誰がいかなる基準のもとにどのような手続に従って判定するかがすべて明らかにされなければならない。ここでは，当該地域にしかるべき水準の医療制度が十分に普及していたか否かという点も問われよう。これらは，総じて，シエラレオネ国内における医療行政，保険行政，教育・文化政策等に関わる問題である。

　次に，ケネマ国立病院において，治療に必要な人的物的環境が十分に整えられていなかった点も確認されなければならない。患者を選別しなければならない事態の発生がそのことを物語る。カーン医師の存在がシエラレオネにおいてまったくの例外だったというのでなければ，シエラレオネ政府には医療体制の国内的整備に努める責任がある。世界保健機関が適時に医療支援チームを派遣せず，最初の派遣医師が 2 名で，必要とされる人数に満たなかったという状況は，治療現場の要請が無視された結果というほかはない。治療の責任を負っていたカーン医師の判断よりも，他国の専門家や世界保健機関関係者など，統計数値等を重視しがちな専門家の意見が優先された背景には，現場軽視の姿勢があった。さらに，感染の拡大を防ぐ方策として，エボラウイルス保有者との接触を断つという現場の提案が無視された点にも問題がある。シエラレオネ保健衛生省は，当時確認されていた感染者が十数人であったところから，社会的に大きな影響を与える感染地域の封鎖を不要と判断した。ここでは，感染者の人数（形式基準）が重視され，ウイルスの強い感染力（実質基準）がほとんど考慮されていなかったという点で，関係当局の判断力不足が問われよう。このほ

◆第4章◆　法律学における"大規模感染症"の教訓

か，メディアの責任も無視することはできない。シエラレオネ国内だけでなく，近隣諸国，さらにはロバート・ギャリーの働きかけを受けたアメリカ合衆国でも，メディア関係者にしかるべき問題意識が十分に備わっていたならば，この種の事態が放置されることはなかったはずであろう。エボラ出血熱はアフリカ固有の問題にすぎず，自分たちには関わりがないとして，当該事態を等閑視ないし無視した多くの関係者にも，感染拡大に対する不作為責任が生じ得よう。

　このようにみると，西アフリカにおけるエボラ出血熱の感染拡大は明らかな人災であったことが分かる。確かに，「想定」外の事態が生じたという説明には合理性があるようにみえる。法が前提とする行為者は合理的人間であって，決して法律の専門家ではなく，「法は不能を強制しない（何人も能力以上には義務を負うことなし）(ultra posse nemo obligator)」（ローマ法の法諺）からである。しかし，たぶん起こらないだろう（起きてほしくない）という楽観論を前提とした「想定」外の内容と，最大のリスク（発生時の具体的対処案検討済み）を予測した悲観論を前提とする「想定」外の内容との間には，雲泥の差がある。このことは，「想定」の内容決定基準の選択にも幅があり得ることを意味しよう。シエラレオネ国内，支援を求められた他国の専門機関や国際機関の意思決定権限を有するポストにしかるべき識見と能力を有する人材が適切に配置されていたならば，この種のリスクは回避され得たであろう。この点を考慮すれば，そうした人材を確保できていなかった人事政策の点で各機関の判断力の有無が問われよう。個人の資質の欠如とみなされがちなこの種の事項を取り上げて諸国の人材育成過程（躾け，教育等）の適否を改めて問うというのであれば，結局は，制度論に触れざるを得ない。「法」の意味内容に多様性があることを了解しながらも，法治国家の自治の枠内でそれぞれの制度が適法に形成されていたことに着目すると，制度の在り方如何という点で，法律学にも前述の人災をもたらした原因との関わりを考える余地が生まれる。

　国家主権を乗り越えることは国家法の自己否定につながるという意味で，現代の国際社会には国家主権という制約がある。それでも，みずからの利害に影響を及ぼす可能性がある事象について当事者に発言権を認める民法上の妨害排除請求権および妨害予防請求権を想起すれば，国家主権の適用範囲を縮減することも考えられなければならない。それでも，国家主権行使範囲の制限を例外

とみる点で，伝統的法律学には体系的な限界がある。今ひとつ重要なのは，資金的制約という視点についてである。国家も，加盟諸国の拠出金によって運営される世界保健機関も，それぞれに知識や技術，資金の制約から行動範囲に限界があるが，そうであるとすればなおさら，世界で利用可能な有限の資金を兵器製造や宇宙開発よりも公衆衛生や医療現場に優先的に配分する政策がなぜ実施されないのだろうか。足元の人命を疎かにして領域主権を競い合い，地球公益よりも国益を優先し，76億人を超える地球人口の大多数に代えて，限られた一部の者の特権を優遇するこれまでの歴史が多くの政策課題を再生産し続けている現実をみれば，そうした歴史を支えてきた伝統的法律学とその担い手たる諸国の法律家も，その責任を負わなければならないであろう。

2 次に「迫りくる蚊の脅威～感染症からどう身を守る～」の場合はどうか。番組で取り上げられた4種類の蚊（ネッタイシマカ，ガンビエハマダラカ，コガタアカイエカおよびヒトスジシマカ）はどれも個体数が増え，生息域が拡大していた。その過程を調べてみると，以下の共通点が見出される。(1)原生林が伐採されたため野生の動物を宿主としていた蚊は生息地域を奪われ，新たな住処を求めて開墾地や開拓地に棲むようになり，人間との距離が縮まった。(2)人の移動や物資の流通に伴って，近距離区域のみならず，遠距離の地域にも蚊が移住するようになった。(3)産卵に必要なたんぱく質を得る際に，蚊が人間の血を移住先の宿主として利用するようになった。(4)人間との接触の機会を増やすため，活動時間帯を増やすなど，蚊が移住先の環境に適応してきた。(5)都市化に伴って産卵に必要な宿主や水場の確保が格段に容易になった。(6)蚊の生育環境が改善されたことで，蚊の繁殖率が高まり，個体数が増えた。(7)ワクチンや殺虫剤の開発が繰り返されたことで，耐性の強いウイルスが生まれ，それが蚊の個体数増加の一因となった。(8)温暖化の進行によって，蚊の生息域が熱帯地域だけでなく温帯へと拡大し，その結果，蚊の個体数も増えた。(9)近代化や文明化を追求したことでこれまでの生態系が破壊されたことも感染症増加の原因となった。これらがそうである。

これまでに実施されたウイルス感染を防ぐ種々の試みをみると，必ずしも上の調査結果に対応するものばかりではない。蚊の繁殖を抑える方策（消極策）として，これまでに殺虫剤の直接散布，殺虫剤入りトラップの設置等が採用さ

◆第4章◆　法律学における"大規模感染症"の教訓

れてきた。また，蚊の個体数を減らす方策（積極策）として，遺伝子を組み換えたオスの自然界への放出，繁殖能力を減じさせる細菌ボルバキアを摂取したメスの自然界への放出，病原体の増加を止める植物由来物質とマラリア患者の血液との混合物のメスへの投与等の措置が実施されてきた。さらに，感染者の血液サンプルを用いた新たなワクチンの開発等，治療の現場でも種々の工夫が行われている。しかしながら，殺虫剤やワクチンの品質向上を目指す努力自体が，蚊の耐性の向上という結果を生み出し，決定的な解決策となっていない現実も同時に指摘されてきた。蚊の繁殖力が高まり，蚊の生息域が格段に広がったりしたことで，蚊の個体数は等比級数的に増え続けている。蚊の個体数を減らす種々の予防策もワクチンを用いた治療面での対策も何ら根本的な解決策とはなり得ていない現実は，これまでの感染症対策が「焼け石に水」でしかなかったことを意味しよう。感染症ウイルスを媒介する蚊の撲滅は「時間との闘いである」とか「ヒトスジシマを根絶する方法はいまだ見つかっていない」とかという言葉が示すように，ウイルスを媒介する危険性の高い蚊の個体数が大幅に増えているという事実こそがこの問題の深刻さを表している。地球的規模で感染症を防ぐ努力が継続されなければならないのに，現場の研究者に共有されているこうした危機感が公衆衛生行政や医療行政の担当者に共有されていないのはなぜだろうか。

　番組では，上下水道やゴミの回収システム等，インフラ整備の遅れた社会の状況のほか，蚊帳や殺虫剤を買えず無防備のまま生活するしかない農民の姿が紹介されていた。これまでに積み重ねられた政府開発援助（ODA）等，各種の支援措置によっても根本的な解決に至らない現実をみると，途上諸国だけでなく，先進国の一部にも表れている貧困問題は地球社会にとって未解決の最重要課題のひとつであることが分かる。また，人間が自然環境を乱してきたことで，従来出会うことのなかったさまざまな生物が接触し，それが新たな感染サイクルをもたらしてきたという点に留意すれば，「地球の温暖化をもたらしてきた人間が，ヒト，蚊および病原体（ウイルス）のバランスを崩してきた点において，最も重い責任を負わなければならない。」という指摘に対して，開発優先型の社会は，しかるべき解答を用意しなければならないであろう。地球環境の保全を重視する政策（原生林の保護，砂漠の緑地化，自然エネルギーの利用等）の

優先的採用が地球社会の存続に不可欠とされているからである。

　法（法制度）も法律学もその表現自体は価値中立的であるが，具体的な利益の対立を解消するために主体と客体，行為を特定する段階では，特定の価値観と無縁ではいられない。立法の過程でも，行政や裁判の現場で法を適用する場合でも，一定の価値観に基づく一部の政策が優先され，法の名において運用されてきた。個々の文言の意味内容を決定する解釈でも，一定の価値観に基づく一部の政策のみが通説や支配的見解として優遇されてきた。公衆衛生や医療に関わる法や法律学の現状はそうした政策決定の歴史によって生み出されたものである。このようにみると，これまでの政策決定を正当化してきた法律学と21世紀の地球社会に求められる政策を具体化する法律学との異同を確認した上で，前者を後者に染め替える作業が必要となろう。

　3　「ウイルス"大感染時代"〜忍び寄るパンデミック〜」については，以下の諸点を指摘することができる。番組では，まず，鳥インフルエンザウイルスが，鳥の体温と人間の体温との中間の体温を有するブタへの感染を介して「温度の壁」を乗り越え，人間に感染したこと，その結果，鳥インフルエンザウイルスの感染が人間同士の間でも広がったこと，これらが紹介されていた。また，地球規模で進む温暖化現象がウイルスを媒介する蚊の生息域を広げただけでなく，蚊の繁殖力を高め，蚊の個体数を増やしたことで，MERSコロナウイルス（中東呼吸器症候群の病原体），モリウイルス，ジカウイルスといった新種ウイルスの拡散を招いたことも述べられていた。さらに，感染リスクの拡大に対して種々の対策（オスの幼虫の遺伝子組み換えによりオスの寿命を短くすることで次世代以降の個体数を削減する実験，感染地域からの旅行者に対する移動制限の可能性，未知のウイルス発見に向けた努力，ワクチン大量生産技術の開発等）も概観されていた。最後に，各種感染症をもたらすウイルスを撲滅できていないだけでなく，新種ウイルスの登場と増加によって，感染症流行の危険性がいよいよ高まっている状況が再度強調されていた。

　この番組でも，早急に解決を要する課題とそれぞれの現場における課題克服への努力の跡が示されていた。しかしながら，「史上最悪の感染拡大〜エボラ闘いの記録〜」および「迫りくる蚊の脅威〜感染症からどう身を守る〜」という先のふたつの番組と同様，それぞれの現場で小規模の弥縫策が散発的に行わ

◆第4章◆　法律学における"大規模感染症"の教訓

れてはいても，抜本的な対策は今なお見つかっていない。その原因は，感染症リスクの深刻さが政策決定現場を含む多方面で必ずしも共有されておらず，必要不可欠の措置が執られていないことに求められよう。このような無関心や感染現場の軽視は，国際機関にも関係諸国にも共通する。このようにみるのは，国際機関や関係諸国の機関が十分に対策を執っているというのであれば，少なくとも感染症のリスクが目に見えて軽減されていなければならないはずだからである。

　それならば，この種の危機意識はどのようにすれば関係者間で共有できるのだろうか。歴史が示すように，大規模な被害の発生は確かにショック療法として有用ではある。しかし，事柄の深刻さを想えば，予防段階での十分な対策に勝るものはない。それにも拘わらず，これまでの行政も科学も哲学も，一部の識者の声はあっても，総体としてみれば，冷淡な態度に終始していたと言わなければならない。そうした事態をもたらしたのは現在のライフスタイルを維持し，またより便利な生活を志向するわれわれ自身の心の持ちようにあったことであろう。このようにみると，われわれの生き方そのものを改めて見直すことが必要となり，また，伝統的な法律学の在り方についても根本的な反省が求められよう。地球社会のあらゆる出来事に無関心を装って一国内の小さな利益の対立を解決することに汲々とする態度を捨て去らない限り，この種の問題は永遠に解決されることはないからである。社会的諸問題の解決を目的とする法律学もその責任を免れることはできない。

　4　最後に，「見えざる病原体」についてである。番組では，まずウイルス感染リスクの増大という実情が紹介されていた。人や物資が国境を超えて移動する頻度の増加と，ウイルスや感染症の世界的規模での拡散リスクの高まりとの間には，十分な相関関係がある。そのことを実証したのが，リベリアにおけるエボラ出血熱の感染例であった。この種の危険性は，エイズ，重症急性呼吸器症候群，ジカ熱，ブタ・インフルエンザ，鳥インフルエンザ等，新種のウイルスについても十分に予測されている。感染症の脅威は，病原菌の伝播だけでなく，フェイクニュース（ニセ情報）の介在とその増加によって，さらに深刻化する。感染症を防止する最大の策は，公衆衛生の徹底にある。また，感染者の治療では早期の的確な診断が不可欠である。これがなければ，ワクチンを適

時に製造できないからである。

　こうした内容をみると，先の３つの番組の場合と重なる部分が多い。新種のウイルスを含め，その拡散の原因が人や物資の移動にあることは事実であるが，世界的規模での相互依存関係がいよいよ密接になりつつある現在，人や物資の移動を止めることは経済活動等に深刻な影響を及ぼす。検疫体制の整備や強化と並行させなければならないが，公衆衛生を世界的規模でしかるべく徹底できれば有力な感染防止策となり得よう。前述の公衆衛生制度も医療制度も，報道環境も教育環境も，国家法により規制されている。法律学の現状からみれば，教育や科学技術の水準，経済力や政治力の差があるため，先進諸国の制度と途上諸国のそれとの間には埋めることのできない懸河がある。この差は，国民国家制度を維持し，諸国が自国利益第一という考え方を維持する限り，永遠に埋められないであろう。これこそ，伝統的法律学の宿痾と言わなければならない。

◆ Ⅳ ◆　結びに代えて

　1　改めて触れるまでもなく，法（法律，法制度）は，道徳等と並んで，社会に現れる諸利益を序列付けることによって，潜在的な紛争の可能性を予防し（行為規範），また顕在化した対立を調整する（裁判規範）社会規範（優劣判定基準）のひとつである。しかも，序列の決定にあたっては，意思決定の方法（多数決制，独裁制等）に関する形式基準（手続規範）の遵守に加えて，意思決定の内容（正義，平等，公平，博愛等）に関する実質基準（実体規範）もしかるべく確保されていなければならない。このことは，諸利益の対立を実質的に調整する機能を果たさない法規範も，また，世界人権宣言や世界人権宣言の内容を条約化した国際人権規約（経済的，社会的及び文化的権利に関する国際規約（社会権規約）および市民的及び政治的権利に関する国際規約（自由権規約））に定められた国際的な正義公平観念を実現できていない法規範も，真の意味の法に値しないこと（二重要件論）を意味しよう。この点を考慮すると，公衆衛生の徹底という予防の場面でも，感染症発生後の治療の局面でも，――一部の恵まれた諸国ではすでに実現されているとはいえ――，国際社会が求める正義公平観念が国際的規模で実現されていなかった点において，内外諸国の法も国際法も十分

◆ 第4章 ◆ 法律学における"大規模感染症"の教訓

には機能していなかったことが分かる。真の意味における法を研究対象とする法律学には，実定諸法の解釈に関する諸問題の解決策を具体的に提示する役割（実定法解釈学）に加えて，国際社会が求める正義公平観念を実現する方法（方向性（目標設定），方法論（実現過程））を具体的に示す役割（基礎法学）も期待されている（二重要件論）。これらふたつの役割を同時に果たし得ていなければ，真の意味における法律学とは言い得ない。

　前述の検討結果をこのような視点から眺めてみると，われわれの法律学が抱える問題点が明確になる。それは，第1に，感染症の発生や拡大がみられた場合に，当事国の自己責任という視点が優先され，他の諸国や国際機関から適時かつ適正な支援が得られなかったという点であり，第2に，感染症の原因や感染経路の調査がもっぱら専門家およびその集団の研究に委ねられ，全世界を挙げた協力体制が構築されていないという点であり，第3に，現下の状況では，危険性の高い感染症の予防にも治療にも，効果的な解決策が見出されていないという点である。世界的規模での着実な解決の必要性が強調されていながら，内外諸国の法律学では実効性ある手だてが講じられていないという実態を明らかにした点において，大規模感染症に関する前述の事例は大いなる教訓を示したものといえよう。法律学は，このような教訓を活かして，種々の難題の解決に向けて具体的行動を起こさなければならない。

　伝統的な意味における法律学は国家法学にほかならない。国際法でさえ，国家間の合意に基礎を置いており，国家法の枠組みを超えるものではない。立法過程に現れた国家法等の表現内容（文言それ自体）は，各立法主体がそれぞれの時期に行った主観的かつ部分的な政策判断の結果にほかならない。このことは，法の適用過程（裁判）における個々の文言の意味内容（文言の理解・認識・解釈）の探求の場合にも，全面的にあてはまる。それぞれの地域で具体化された国家法は，諸国（よりよく言えば，それぞれの国家を構成する諸地域）が置かれた自然地理的および社会経済的な環境によってそれぞれの文脈で作り出された，別々の特異な存在である。法の継受という手法が採用され，母法と娘法との間に一定の歴史的社会的な関係が見出される場合でも，継受された法の受入国固有の環境への適応過程で，娘法が母法とは異なって運用されがちである（現地語への翻訳が行われる場合，原語と訳語とのニュアンスの差が考慮されないリス

◇ Ⅳ ◇　結びに代えて

ク（言葉のリスク（Sprachrisiko））が生まれる）。国家法の歴史的文化的な側面を重視すれば，必然的に，技術的発展段階を重視する文明論的視点に代えて，それらの価値を同列に位置付ける文化論的視点（多文化主義）が考慮されることであろう。多文化主義では，優劣の決定に代えて，差異の調整が優先される。法の地域性を重視し，国家法の併存は当然に認められなければならないという従来の主張には，それなりの歴史的背景があったことが認められなければならない。

　2　しかしながら，グローバル化がいよいよ進展する現代の地球社会にあってこれまでの国家法的思考はいつまで命脈を保つことができるのだろうか。幸いにして，法律学の分野でも，このような認識（問題意識）が表明された先例がある。たとえば，小林直樹博士は，つとに次のように述べていた。

　　　"文明の世界化は，"人類の時代"の到来を意味する。……現在はまだナショナリズムの時代に足を踏まえているために，大方の諸個人は一定の国家・民族に帰属し，自らのアイデンティティをその中で保持しており，世界市民の自覚は殆ど持っていない。……しかし，地球がこんなにも"縮小"し，通信・交通がこれほどに各地を接近させ，また世界問題の重圧が全人類の上にのしかかっている時代に，思考力をもった人々が偏狭な国家（民族）意識に凝り固まっているわけにはいかない。すでに人類は，宇宙空間から"青い地球"を眺め，そこで繰り広げられている戦争や環境破壊の愚かしさを客観視できる時代に立っている。人類が教育と学習を進め……互いに地上の"同胞"であるという認識をすぐにも共有できるだろう。「宇宙船地球号」に乗り合わせた仲間という認識に立てば，「地球市民」たる自覚はあと一歩である。すでに"地球社会学"とか，"世界法"とかが日常語になり始めている今日，多数の諸個人が地球市民の一員として考え・行動する時期は，それほど遠い未来のことではないであろう。現に世界の各地で，環境の保全や難民の救済等の幅広い活動を展開している，NGOのメンバーの多くは，国境にとらわれない世界市民的意識を持って働いている……。少なくとも彼らの活動が，客観的にそのような意味を示していることは，高く評価されなければならない。"[123]

　　　"今日のグローバリゼーションは，単に歴史の必然だとか，或いはUSAなど有力国の先導になる所与の成行きだといった，消極的な姿勢で受けとめるべきものではない。その過程で，民族紛争がこじれて大規模戦争が生じるかもしれないし，

---

[123]　小林直樹著『憲法学の基本問題』（有斐閣，2002年）462頁以下。

◆第4章◆　法律学における"大規模感染症"の教訓

自由市場の拡大で世界環境の悪化が急速に進むことになる恐れも大きい。——こうした「負」の蓋然性が否定できないとすれば，我々は敢えて「予測」を越え，あるべき世界のシステムの設計図を描き，その方向に向かって積極的に努力する途を選ぶべきではないか。その必要は何よりも，先に挙げた世界問題ののっぴきならない圧力から生ずる。……それらの処理・解決に失敗すれば，文明の未来は暗黒に閉ざされ，悪くすると人類の存在じたいが危うくなる以上，グローバリゼーションも各国家や大企業のエゴイズムの角逐のままに委ねるのではなく，人類の理性を総動員した方向づけを行うべきである。そうだとすれば，いま何よりも必要なのは，人類の未来を暗い袋小路に追いやるような世界問題を解決し，人類の共生を可能にする新しい世界システム作りに向かうことであろう。このような目標設計には，幾つかの基本条件が前提される。何よりも先ず，それは実現可能な政策目標でなければならない……。そこで達成されるべき価値理念としては，すでに20世紀の中頃UN総会で採択された世界人権宣言が……先人達の努力のお蔭で，手近に見出すことができる，基本の基準標として再確認されるだろう。……"[124]

また，阪口正二郎博士も次のように述べていた。

"グローバリゼーションの進行により，世界は広く共有された社会空間へと形を変え，経済，政治，情報，文化など広範な領域においてグローバルな規模で相互依存性が高まる中で，一国では適切には処理できない問題が発生していると同時に，その問題の原因や，問題を解決するにあたっては，国際組織や多国籍企業など脱国家的なアクターが絡んでいることが多い。ある国家の憲法がガバナンスの総体を規制しうる時代は過去となりつつある。たとえば，武器商人……生物兵器の開発……。グローバリゼーションは恐怖をもグローバル化させている。グローバリゼーションの進行にともなって生じる問題に対して一国で対応してもおよそ無意味である。グローバルなネットワークを利用した脅威に対応するためにはグローバルなネットワークを利用した対応を考えざるを得ない。……一国の統治では収まりきらない問題についてはリージョナルなネットワークで，そしてグローバルな問題にはグローバルなネットワークで対処しなければならない。"[125]

これら先駆者の問題提起を真摯に受け止めることはわれわれ後進の社会的責任に属する。「世代を超えた持続性に関する政策課題を解決し，将来世代に持続的な自然環境と人間社会を引き継いでいく」[126]ことが求められる時代に生き

[124]　小林直樹著・前掲書（前注[123]）464頁以下。
[125]　阪口正二郎「はじめに」『岩波講座　憲法5　グローバル化と憲法』（岩波書店，2007年）ⅴ頁以下。

◇ Ⅳ ◇　結びに代えて

るわれわれは，本章で取り上げた大規模感染症のほか，地球環境問題[127]，食糧問題[128]，人口問題[129]等，文明社会に共通する諸問題の解決に向けて地球社会全体が協力し合う抜本的な枠組みを構想すべく，具体的な行動に移らなければならない。

　3　本章を結ぶにあたり，今一度，ジャレド・ダイアモンドの警告に立ち戻ることとしよう。前著で感染症の恐怖を指摘した彼は，2012年に刊行した後の著書において非感染症疾患への対処の必要性を追加している[130]。それは，西洋風の食生活や生活様式が途上国等にも相次いで取り入れられるようになった結果，糖尿病，高血圧，脳卒中，心臓発作，アテローム性動脈硬化，循環器疾患，癌等が文明社会共通の病気（文明病）として深刻さを増しつつあるからである（先進諸国から途上諸国への文明病の輸出）。世界保健機関を初めとする国際機関の長期にわたる努力はもとより多とされるべきであるが，繰り返される感染症の流行が示すように，諸国が疾病への対策を別々に練り上げても，感染の拡大を地球規模で抑え切ることはできず，あちこちで多大な被害が生じる可能性を閉ざすことはできない。それは，特に途上国の場合，教育，医療技術や看護技術，資金力，意思決定過程等の面で，充分な対策を執ることが期待され得ないからである。感染症についても，非感染症についても，疾病への対策を地球社

---

(126)　小林慶一郎「経済教室　エコノミクストレンド　未来の利益いまどう代弁？」日本経済新聞2018年2月13日朝刊23面。

(127)　山内「伝統的法律学に未来はあるか？——シェヴロン対エクアドル事件の教訓」法学新報124巻9・10合併号（多喜寛教授古稀記念号）1頁以下（本書第Ⅰ部第1章）。

(128)　山内「法律学における2008年食糧危機の教訓——「国際化」から「地球社会化」への転換－（1）（2・完）」法学新報123巻7号（滝田賢治教授古稀記念号）717頁以下，同8号89頁以下（本書第Ⅰ部第2章）。

(129)　山内「法律学における"人口増加"問題の教訓——「国家法学」から「地球社会法学」への転換」比較法雑誌52巻2号1頁以下（本書第Ⅰ部第3章）。

(130)　ジャレド・ダイアモンド著（倉骨彰訳）『昨日までの世界——文明の源流と人類の未来　上・下』（日本経済新聞出版社，2013年（2017年に文庫化））（原著は，Jared Diamon, The World until Yesterday: What can we learn from traditional Societies? (Viking Penguin 2012である)（以下，引用に際しては，邦訳（文庫版）に依拠する）。下巻350頁。

◆第4章◆ 法律学における"大規模感染症"の教訓

会全体で取り組もうとすれば，これまで国家法学が当然の前提としてきた社会制度や経済制度（新薬の競争的開発に投じる高額の研究費，新薬の積極的な開発を促進する知的財産権制度等）を改めて見直すことが不可避となろう。21世紀のグローバル社会は，この問題を地球社会共通の課題と受け止め，社会総体として取り組む姿勢を早急に示す必要がある。そのための基準策定もその運用も「地球社会法学」が担うべき課題とされなければならない。

第Ⅱ部 講演

第1章　21世紀法律学の課題と法律家の責任
―― 国際企業関係法学科4半世紀の経験を踏まえて ――

　　Ⅰ　はじめに　　　　　　　　Ⅳ　21世紀法律家の責任
　　Ⅱ　これまでの法律学に対す　Ⅴ　国際企業関係法学科の過去，
　　　　る評価　　　　　　　　　　　現在，未来
　　Ⅲ　21世紀法律学の課題　　　Ⅵ　むすび

"書かれた医学は過去の医学であり，目前に悩む患者のなかに明日の医学の教科書の中身がある。"*

中島法学部長
法学部の先輩および同僚を含む，教職員の皆様
御来賓の皆様
法学部および大学院法学研究科の卒業生の皆様
今年度「比較法文化論」履修者を含む，在学生の皆様
最終講義に御出席戴き，心より感謝致します。

◆　Ⅰ　◆　はじめに

　世界の高等教育の一翼を担う中央大学法学部において，恩師・桑田三郎先生の学統を受け継いで40年，今，訣別の時に当たり，わたくしが果たすべき役割は何か。本日の演題は，このような視点から，次代を担う皆さんへの贈り物として，選ばれたものです。種々の制約がありますが，この原理的な課題について，改めて，一緒に考えてみたいと思います。

　＊沖中重雄「内科臨床と剖検による批判」『最終講義』（実業之日本社，1997年）61頁以下，115頁。

◆第1章◆　21世紀法律学の課題と法律家の責任

　法律学は一体，何のために存在するのでしょうか。また法律家は，誰のために，どのような活動に携わるべきでしょうか。これらは，法律学を学び始めた新入生が最初に考えるべき論点ですが，同時に，法律学と取り組むすべての者が，絶えず考え続けなければならない永遠の課題でもあります。今，改めてこの点を問うのは，わたくし自身，自戒を込めてのことですが，現代の法律学が，そして，法律家が，国際社会ではさほど有用とみなされていないのではないか，という疑念を払拭できていないことによります。

　今日の地球社会全体を眺めてみると，頻度と威力を増しつつある異常気象，多発する武力紛争，増え続ける難民，貧困の連鎖と拡大など，地球規模での解決を要する課題が山積みになっている現実があります。法律学の存在意義と役割は，武力や権威，数の力による一方的な解決に代え，言葉による説得を基盤とする平和的交渉を通して，多辺的な解決を実現することにあります。このことを良く示すのが，東洋では，聖徳太子による17条憲法の冒頭に掲げられた，「和を以って貴しとなし」という言葉[1]であり，西洋では，1648年，30年戦争を終結させたウェストファリア条約の締結を記念するドイツ・ミュンスターの市庁舎（Rathaus）に設けられた「平和の間（Friedensaal）」の一隅，古びた暖炉に刻まれた詩人，シリウス・イタリクス（Silius Italicus）による，ラテン語の警句，「Pax optima rerum（平和こそあらゆるものの中で最上の価値である）」[2]です。シリアやイラクにおいて，IS掃討作戦の名目で繰り返される空爆がもたらす難民の大量発生，止むことのない報復テロなどが示すように，国際社会で真の平和が実現されていないという現下の状況は，国内では栄華を誇っているように見えていても，世界から見ると，現代の法律学が機能不全に陥ってお

---

[1]　「一に曰（い）わく，和を以（も）って貴（とうと）しとなし，忤（さから）うこと無きを宗（むね）とせよ。人みな党あり，また達（さと）れるもの少なし。ここをもって，あるいは君父（くんぷ）に順（したが）わず，また隣里（りんり）に違（たが）う。しかれども，上（かみ）和（やわら）ぎ下（しも）睦（むつ）びて，事を論（あげつら）うに諧（かな）うときは，すなわち事理おのずから通ず。何事か成らざらん。」(http://www.geocities.jp/tetchan_99_99/international/17_kenpou.htm（2017年1月15日確認))。

[2]　"Frieden ist das höchste Gut", https://de.wikipedia.org/wiki/Pax_optima_rerum（2017年1月15日確認）。

◇ Ⅱ ◇　これまでの法律学に対する評価

り，法律家の努力がまったく足りないことを意味するはずです。

　今日の講義の要点は，以下の3つです。まず，これまでの法律学は，その本質において，致命的な問題を抱えた「欠陥品」ではないかとわたくしは考えます。次に，この認識から，今こそ，新しい法律学が構想されなければならないという主張が導かれます。さらに，新しい法律学では，実定法解釈学に軸足を置いた紛争「解決」技法の伝授という裁判法学的局面よりも，紛争「予防」技法の解明と伝授が中心に置かれなければならない。なかんずく，新しい法律学の中心に「比較法文化論」が据えられなければならないとわたくしは考えております。以下，順次，説明を加えます。

◆ Ⅱ ◆　これまでの法律学に対する評価

　まず，これまでの法律学は，その本質において，致命的な問題を抱えた「欠陥品」ではないかとわたくしが考えるに至った事情をお話しします。

1　問題の所在 ── ドネガル・インターナショナル・リミティッド対ザンビア共和国事件

　中央大学法学部は1885年に英吉利法律学校として発足しました。この歴史に鑑み，イギリスの裁判例から話を始めます。取り上げるのは，2007年2月にイギリス高等法院で決着を見たドネガル・インターナショナル・リミティッド対ザンビア共和国事件[3]です。

　アフリカ大陸中南部に位置し，銅やコバルトを産出するザンビア共和国[4]は，わが国にとって重要な資源供給国のひとつです。2015年の統計では，人口1,621

---

(3) Donegal International Ltd. vs. Republic of Zambia [2007] 1 Lloyds Rep 397. この事件については，黒木亮著『国家とハイエナ』（幻冬舎，2016年）55頁以下他でも触れられています。
(4) かつてイギリス領北ローデシアと呼ばれ，現在ではイギリス連邦に加盟する大統領制の立憲国家。http://www.mofa.go.jp/mofaj/gaiko/oda/files/000142287.pdf（2017年1月15日確認）。

217

◆ 第1章 ◆　21世紀法律学の課題と法律家の責任

万人，平均寿命48歳，国民の約半数が15歳という若い国家[5]です。1964年の独立以来，輸出額の約6割を占める銅の生産に依存するモノカルチャー経済の国として知られたザンビアの国内経済は，銅の生産量と国際価格の変動による影響を大きく受けてきました。鉱業への過度の依存から脱却できるよう，欧米諸国からの投資を促進し，農業，観光等を中心として，国内の産業構造を改革する試みが行われてきたのです。2013年度末におけるザンビアの対外債務残高は約56億ドルにのぼります。本件は，このような国策変化の1コマです。

　1979年9月，ザンビア政府はルーマニア政府から農業用トラクターとその部品を購入しました。代金1,500万ドルはルーマニア政府から提供され，ルーマニア外国貿易銀行を介し，ザンビア商業銀行経由で，ザンビア政府への有償融資という形を取りました。この売買契約を担保する，両行（ルーマニア外国貿易銀行とザンビア商業銀行）間でのローン契約には，ザンビア中央銀行の保証が付いていました。ザンビア政府が農産物の輸出で手にする現金をザンビア商業銀行に返し，ザンビア商業銀行がルーマニア外国貿易銀行に返済する，そして，ルーマニア外国貿易銀行がルーマニア政府に返金するというスキームです。しかし，同国の農業改革は，様々な事情から，思うように進みませんでした。返済が滞り，債務不履行が繰り返された後，1985年，両国間で新たに債務繰り延べ契約が結ばれました。新たな契約の金利は，ベース金利8パーセントに不履行分のペナルティ1パーセントが加わり，9パーセントになりました。経済成長が見込めない途上国にとっては，相当の高利です。1999年の時点で，債務は，当初の1500万ドルから2倍近い2983万ドル余りにまで増えていました。ザンビア政府はIMFおよび世界銀行の助言に基づき，ルーマニア政府に対し，当該債権の買戻し（バイバック）を求めました。「額面1ドルにつき11セント，額面金額（2983万ドル）の11パーセント，総額328万ドルでザンビアがこの債権をルーマニア政府から買い取る」，つまり，ルーマニア政府に89パーセント（約2655万ドル）の債権放棄を認めさせる「厚かましい提案」です。しかし，「328万ドルの現金での即時返済をザンビア政府に期待することはできない」と考えた

---

[5] http://www.mofa.go.jp/mofaj/gaiko/oda/seisaku/houshin/pdfs/zambia-1.pdf（2017年1月15日確認）。

◇ Ⅱ ◇　これまでの法律学に対する評価

　ルーマニア政府は，1999年，本件債権の回収を断念し，流通市場で，イギリス領ヴァージン諸島設立のヘッジファンド，ドネガル・インターナショナル・リミティッド（以下，「ドネガル」と略記）に，この債権を売却しました。ドネガルの買い取り価額は，ザンビア政府が申し出ていた金額と同額の328万ドルでした。ルーマニア政府とドネガルが交わした債権譲渡契約には，被譲渡債権の相手方たる債務国ザンビアにとって極めて不利な条項が含まれていました。ザンビアが主権免除特権を放棄する条項，ロンドンの裁判所を専属管轄とする合意管轄条項，イギリス法に依る旨の準拠法条項，これらです。ザンビア政府がこれらの不利な条件を受け入れたことを示す，同国の「債権者変更に関する譲渡認諾書」が，後日，ドネガルに提供されました。むろん法理上，ザンビアは，主権免除特権を放棄しなくても済みます。しかし，現金での即時返済が難しく，さらなる借金を必要としたザンビア政府には，免除特権を放棄する以外，2983万ドルから328万ドルへと，債務を大幅に圧縮する見込みがなかった，というのが財政面での厳しい現実でした。

　当初の1,500万ドルから3,500万ドル以上へと膨らんだ債務の処理を巡って，ザンビア政府とドネガルとの間で，債務返済交渉が繰り返されました。ザンビア政府は，2003年に計342万ドル余りを支払ったものの，それ以上の返済ができませんでした。しびれを切らしたドネガルは，2003年12月，ついにデフォルトを宣言し，ロンドンの裁判所に，元本債権5,500万ドルおよび利息債権（金利相当分）の全額即時支払を求める訴えを起こしました。この訴えには，イギリス国内にあるザンビア資産の暫定的凍結命令の発布を求める申立ても含まれていました。この在英資産にはザンビアが輸出した銅の売上金，日本政府を含む海外諸国がザンビアに拠出した無償援助資金[6]が入った銀行口座も含まれていました。3年余り法廷闘争が続いた後，2007年2月，イギリスの高等法院は，債権譲渡の有効性とザンビア政府による主権免除特権の放棄を認め，在英ザンビア資産の凍結を命じました。万策尽きたザンビア政府は，法廷闘争を断念し，

---

(6)　http://www.mofa.go.jp/mofaj/gaiko/oda/shiryo/jisseki/kuni/index.html（2017年1月15日確認）。https://www.jica.go.jp/hiroba/program/join/reporter/report/2015/prmiv10000002rrj-att/zambia_01_06.pdf（2017年1月15日確認），http://www.kyoto-bhutan.org/pdf/Himalayan/012/Himalayan-12-232.pdf（2017年1月15日確認）。

◆第1章◆　21世紀法律学の課題と法律家の責任

債務の一部，1,550万ドルを現金で一括して支払うことで，ドネガルと和解しました。イギリス領ヴァージン諸島に本拠を置くこのヘッジファンド（ドネガル）はアメリカ・デラウェア州法人により設立されたペーパー・カンパニーで，ザンビア政府に対する債権が唯一の資産だという特殊な会社です。このファンドは，8年間で，実質利益1,020万ドルを儲けたことになります。この事件は，途上国債務に着目した国際金融訴訟ビジネスの典型的な成功例です。

　この事件は決して稀な例外ではありません。1983年にペルー国民銀行（Banco de la Nación）が借り入れた額面1,140万ドルの，ペルー政府の保証付き債権を流通市場で手に入れたアメリカ・ニューヨーク州のヘッジファンド Elliott Associates は，ニューヨーク州南部地区連邦地方裁判所[7]およびその控訴審たる第2巡回連邦控訴裁判所[8]で全額認容判決を得た後，ペルー政府との和解契約で，当初支払った1,140万ドルと対比すると5倍以上に相当する5,845万ドル（金利分を含む）を手に入れました。また，額面6億1,700万ドルのアルゼンチン国債を，額面の約6.5パーセントに当たる4,000万ドルで購入した，Elliott Management（Elliott Associates の後身）など，ヘッジファンド各社は，2012年のニューヨーク州南部地区連邦地方裁判所およびその控訴審たる2013年の第2巡回連邦控訴裁判所の全額認容判決を得て，2016年2月，アルゼンチン政府との和解契約で，投資額の58倍となる，22億8,000万ドルを獲得しました[9]。契約

---

(7) Elliott Associates, L.P. v. The Republic of Peru, Elliott Associates, L.P. v. Banco de la Nación, 961 F. Supp. 83（S.D.N.Y.1997）ほか

(8) Elliott Associates, L.P. v. Banco de la Nacion and the Republic of Peru（http://caselaw.findlaw.com/us-2nd-circuit/1201641.html（2017年1月15日確認））。このほか，Elliottは1995年10月に，額面2875万ドルのパナマ政府の債務を1750万ドルで購入し，1996年7月に，パナマ政府から5700万ドルの支払を受けています（http://caselaw.findlaw.com/us-2nd-circuit/1201641.html（2017年1月15日確認））。

(9) Elliott Management vs The Republic Of Argentina, http://www.valuewalk.com/2016/02/elliott-management-vs-the-republic-of-argentina/（2017年1月1日確認）。この事件では，アルゼンチン海軍の船舶がガーナで差し押さえられた処分につき，国際海洋法裁判所（ITLOS）が主権違反を認定しています（https://www.bloomberg.com/news/articles/2014-08-07/argentinas-vulture-paul-singer-is-wall-street-freedom-fighter（2017年1月15日確認））。

◇ Ⅱ ◇　これまでの法律学に対する評価

社会では，確かに，借金は返さなければなりません。しかし，数年がかりになるにせよ，投資額の数十倍から数百倍の利益を，極端な場合，900倍を超える利益を上げることができる，このような「阿漕な」債務国訴訟ビジネスははたして，貸金業者の「正当なビジネス」と言えるのでしょうか。そして，英米諸国の超一流の多国籍法律事務所（Law Firm）の優秀な弁護士たちが実定法解釈論を武器にしてヘッジファンドのこうした利潤獲得のために奔走する姿の中に，法律学を学ぶ純粋な若者たちが，尊敬すべき理想的な法律家のモデルを見出すとでもいうのでしょうか。ペンシルヴァニア・ロー・スクールのスキール（Skeel）教授[10]は，このようなヘッジファンドの活動を「道徳に反するもの」[11]と評しています。この非難は，むろん，原告側の弁護士だけでなく，請求認容判決を下したすべての裁判所の裁判官にも，向けられているはずです。

　もとより，債務国側に，ヘッジファンドの攻撃に対する法的な防御手段がまったくないわけではありません。その典型例は，第1に，国際法上の主権免除特権を行使することであり，第2に，融資契約や債務繰り延べ契約の中に，自国法による旨の準拠法条項や自国の裁判所を専属裁判所とする合意管轄条項を盛り込むことです。さらに，一定数の債券保有者の同意を得れば，償還条件を有利に変更できる集団行動条項（Collective Action Clause）を入れさせることも有効な手段です。しかし，資金需要のひっ迫した最貧国は，投資家に対して，これらの条項の挿入を主張できるほど強い立場にはないというのが，誰もが認める経済の現実です。また，英米法上の「Champertyの法理」[12]に依拠して，訴訟による債権回収を目的として流通市場で債権を譲り受けたヘッジファンドの訴訟上の請求それ自体を不適法とみなす方法もないわけではありません。このほか，2010年にイギリスで成立した，債務削減に同意しない（hold out）債権者に対しても，IMFの重債務国救済計画（HIPCS Initiative）が定めた高い

---

[10]　S. Samuel Arsht Professor of Corporate Law at the University of Pennsylvania Law School, https://www.law.upenn.edu/cf/faculty/dskeel/（2017年1月15日確認）

[11]　https://www.bloomberg.com/news/articles/2014-08-07/argentinas-vulture-paul-singer-is-wall-street-freedom-fighter（2017年1月15日確認）

[12]　利益配分約束付きの訴訟肩代わり禁止条項（一種の権利濫用論）。1818年ニューヨーク州裁判所法第489条（New York Judiciary Law § 489）。

221

◆第1章◆　21世紀法律学の課題と法律家の責任

債務削減率[13]を適用する「発展途上国」債務軽減法[14]，2015年にベルギーの下院（House of Representatives）で成立した，ハゲタカ・ファンドへの対抗策に関する法[15]などの国内立法措置によって，ヘッジファンドの提訴そのものを封鎖する手法も，イギリスやベルギーの裁判所がこれらの法律を適用する限り，有効な手段となるはずです。けれども，「自由意思に基づく契約の履行を強制することに何ら法的な問題はない」という原則論を重視する英米の裁判所が上述のようにヘッジファンドの主張を支持し，巨額の資金回収に歯止めをかけない以上，国際政治の文脈において，世界銀行[16]，G7やパリクラブがどれだけ途上国債務の軽減策を合意してみても，「笊に水を灌ぐ」ような，徒労感を拭い切れないことでしょう。ここには，立法や行政と司法との間に，明白な断絶があります。

　ここに取り上げた事案は，決して少数の途上国のみに特有の事例でもありません。ヨーロッパでも，ギリシャの債務を巡って何件も訴訟が起きています。トロイカ（IMF，EU，ヨーロッパ中央銀行）の債務削減方針に反して，年金一時支給金や難民対策費を支出しようとしたギリシャの行動[17]もソブリン債務訴訟のリスクを高めているのです。ここ20年以上，歳入より歳出が多い日本の国債発行累積額（日本国の借金額）は，2015年度末で1,049兆円[18]に達してい

---

[13]　1994年のナポリ合意で67パーセントと定められた数値は，その後，引き上げられ，2000年の沖縄サミットで付保商業債権（非ODA債権につき100パーセントの削減が合意されました。http://nexi.go.jp/topics/general/003814.html。

[14]　Debt relief (Developing Countries) Act 2010,http://www.legislation.gov.uk/ukpga/2010/22/pdfs/ukpga_20100022_en.pdf（2017年1月15日確認）。

[15]　Proposition de loi relative à la lute contre les activités des fonds vautours,；https://www.dekamer.be/flwb/pdf/54/1057/54K1057001.pdf；（2017年1月15日確認）http://www.dekamer.be/FLWB/PDF/54/1057/54K1057003.pdf（2017年1月15日確認）。

[16]　「世界銀行グループは2017年夏にアジアやアフリカの最貧国向けの開発支援に充てる資金を確保するため，初めて債券御発行に乗り出す。発行額は3年間で200億ドル（約2.3兆円規模を想定。貧困国では生活に不満を持つ人たちがテロリストになりやすく，世界経済のリスクとなっている。…」日本経済新聞2017年1月10朝刊3面）。

[17]　ユーロ圏財務相会議は，2016年12月14日ギリシャへの金融支援の一環である短期間の債務軽減策の導入を見合わせる旨，決定しました（日本経済新聞2016年12月15夕刊3面）。

[18]　https://matome.naver.jp/odai/2141561241304660701（2017年1月1日確認）。

す[19][20][21]。2017年度の国債発行計画では，154兆円[22]です。もとより，2014年度末で574兆円に達する金融資産の存在，政府が実物資産（土地や官庁の建物など）を保有しているという事実，日本の対外純資産が366兆円（24年連続で世界一[23]）に及ぶという事実，さらに家計の金融資産も1,700兆円以上に達するという事実，日本政府債務が円建て発行債務であるという現実（債務の全額を返済できるよう，日銀が紙幣を印刷すれば良いという考え），これらを考慮して，日本政府がハゲタカ・ファンドに襲われる可能性はないという楽観論があります。しかし，わが国の経済が順調に回復せず，魅力が失われるようなことがあれば，日本の在外資産がヘッジファンドに狙われる可能性を否定できません。

2　法律学の前提に対する疑問

このような，ヘッジファンドの，度を超したリターンの確保を支え続ける英米の諸判決を，われわれはどのように受け止めるべきでしょうか。多くの法律家は，「これらの裁判は法律論として極めて正当であり，当然の帰結だ」と考えられるはずです。しかし，わたくしは，「ヘッジファンド（強者）が法律家の知恵を悪用して，自らの利益を守り，途上国（弱者）を支配するための道具

---

[19] 平成28年度末の公債残高約8383兆円，勤労者世帯の平均年間可処分所得約508万円に対して，国民1人当たり約664万円，4人家族で約2656万円の借金額（財務省の試算による）。http://www.mof.go.jp/tax_policy/summary/condition/004.htm（2017年1月15日確認）。

[20] 平成28（2016）年度当初の新規国債発行約34兆円，平成29（2017）年度当初のそれは約34兆円（財務省の試算による）。http://www.mof.go.jp/budget/budger_workflow/budget/fy2017/seifuan29/01.pdf, http://www.mof.go.jp/jgbs/issuance_plan/fy2017/yoteigaku161222.pdf（2017年1月15日確認）。

[21] 日銀の異次元緩和による大量の国債買入（年間保有額の増加ペースの80兆円と償還分の40兆円の都合約120兆円 http://blogos.com/article/151870/（2017年1月15日確認）。

[22] 日本経済新聞2016年12月20日夕刊3面。

[23] アメリカ財務省が発表した10月の国際資本統計によると，日本による財務省証券の保有額は1兆1319億ドルとなり，中国のそれを上回って世界1位を回復しています（日本経済新聞2016年12月16日夕刊3面）。

◆第1章◆　21世紀法律学の課題と法律家の責任

として巧妙に法を活用し，途上国が泣き寝入りせざるを得ない」という悲惨な結果をみて，法律家の意識と世間一般のそれとの間に大きな落差があるのではないかと感じています。このような結果が法律論だと主張されること自体，現代法律学の本質的な欠陥を露呈したものではないかとわたくしは考えます。それは，判断基準とその適用基準との区別がまったく行われていないのではないかとみることによります。ある争点を解決するための判断基準は，それだけをみればよいわけではなく，当該判断基準の存在を正当化する形成基準（政策的立法理由）の正当性を突き詰めて考えなければなりませんし，同時に，その判断基準をどの範囲で用いるべきかの決め手となる適用基準をも別途考えておかなければならないはずです（判断基準，形成基準，適用基準の三位一体性）。このように考えるのは，以下の3つの事情によります。

　第1に，近代私法の3大原則のひとつ，契約自由の原則が機能する場面は，当事者間に武器対等の関係が成立している場合に限られているはずです。未成年者保護や消費者保護など，国内事件であれば当たり前とされるのに，渉外事件において弱者が保護されないのは，自国企業を保護する「不公平な」裁判所が少なくないからです（homeward trend）。これらの判決を下した法律家がそのように考えてきた背景には，彼ら，社会のエリートである法律家自身（裁判官や弁護士）がそのように行動し，成功してきたという個別的な経験があることでしょう。それでも，優れた実績を誇り，努力すれば見返りが得られると言い募るような，恵まれた環境にある者は，世界の総人口約73億8,000万人[24]のごく一部でしかありません。教育を受けることもできず，努力の機会さえ奪われている者に対して「不可能を強いる」このような考え方には，むろん限界があります（古代ローマ法の原理「ultra posse nemo obligator（何人も能力以上には義務を負うことなし）」が想起されるべきです）。

　第2に，国際社会では，国民国家の間に，もともと対等の関係が成立していません。天然資源に恵まれた諸国とそうでない国々，長い歴史の蓄積の下に政治（権力），経済（資本），文化（宗教を含む）などの中心地として，時には宗主国として振舞ってきた諸国と，世界の片隅に追いやられた，時には植民地に甘

---

[24]　http://arkot.com/jinkou/

◇ Ⅱ ◇　これまでの法律学に対する評価

んぜざるを得なかった国々，というように，国情の違いを考慮せずに，「権利も義務も同等である」（一国一票）というフィクション（擬制）を用いているのが，現代の法律学です。しかし，サウジアラビア，カタール，アラブ首長国連邦，ブルネイといった無税の資源強国に対して，技術などを持たない非資源国が行き着いた対抗策は，便宜置籍船やペーパー・カンパニー，匿名銀行口座や租税回避地[25]など，「劣化したサーヴィス商品」を極端な安値で提供するビジネスでした。「安いことはよいことだ」[26]というキャッチフレーズの下に，それらを大量に買い漁る姿，「我も我も」と租税天国（tax heaven）にトンネル会社（paper company）を設立する企業の行動は，アメリカ合衆国連邦最高裁判所の著名な裁判官，ブランダイス（Brandeis）[27]の言葉を借りれば，「だらしなさを巡って競う競馬」，つまりは，「劣化競争」です。昨年，「パナマ文書（Panama Papers）」[28]によって暴露されたような多くの問題事象がなぜ世界各地で生じているのか，われわれは，その歴史的・社会的な背景に目を向けるだけでなく，法的な背景についても真剣に検証する必要があります。国民国家制という社会科学の大前提を維持する限り，いつまで経っても，先進国と途上国との間に，武器対等の関係は生まれません。先進国から途上国への政府開発援助額をいくら増やしても，法律学の在り方（法律家の社会行動文法）が根本から変わらなければ，事柄の本質的な解決には至りません。また，アメリカを頂点（3兆2,510億ドル）とする歳入の上位100か国のリストに民間企業を組み入れると，10位のウォルマート（Walmat）を筆頭に，中国国営石油（China National Petroleum），ロイヤル・ダッチ・シェル（Royal Dutch Shell），エクソン・モービル

---

[25]　「NHK ドキュメンタリー ─── NHK スペシャル『シリーズ　マネー・ワールド　資本主義の未来　第2集　国家 VS. 超巨大企業 ─── 富をめぐる攻防』」2016年10月22日放映，https://www.youtube.com/watch?v=X74ySVu0oB0（2017年1月15日確認），https://www.nhk.or.jp/pr/keiei/shiryou/soukyoku/2016/09/005.pdf（2017年1月15日確認）。

[26]　その典型は，各国税制の細田に見られる課税対象や税率の相違である（「税務意識高まる　『経営戦略に』41％」日本経済新聞2016年12月19日朝刊19面）。

[27]　Ligger v Lee, 288 U.S. 517, 541ff., 559（1932）。

[28]　バスティアン・オーバーマイヤー／フレデリック・オーバーマイヤー著（姫田多佳子訳）『パナマ文書』（KADOKAWA，2016年）他参照。

(Exxon Mobil)，フォルクスワーゲン (Volkswagen)，トヨタ自動車 (Toyota Motor)，アップル (Apple) など，全体の7割を巨大企業が占めているというのが，資産の規模からみた世界の現状[29]です。このことから，大多数の国家（途上国を含む）と巨大企業との間にも，対等の力関係はまったく存在していないという事実が明らかになります。

　第3に，天然資源は全地球に対して与えられた神の恵みであって，特定国の国民に限って排他的使用を認められた「所有物」ではありません。これと正反対の考えを採るのが，国民国家制肯定論に立脚する見解，たとえば，1962年に国連総会で決議された「天然資源の恒久主権[30]」であり，1974年に国連特別総会で採択された「新国際経済秩序樹立宣言[31]」です。「天然資源の開発および利用は資源保有国の主権に属する」という考えを表明したこれらの文書は，先進国企業が開発利権の形で行う自国資源への実効的支配を，途上国が奪還できるという考えを示したものです。しかし，そうした見方が歴史的に正しかったというのであれば，今日，途上国は減少しているはずですが，現実には，ザンビアを含め，貧困国も貧困者も増え続けています。

　このようにみると，国民国家制の下で，現代の法律学が当然の前提として採用してきた各種の法理（所有権絶対の思想，契約自由の原則，会社設立の自由，居住移転の自由，表現の自由など）が，今日では，却って，国際社会における様々な対立を煽り，国家間，民間主体間，そして国家と民間主体との間での資産格差を生み出してきた一因であるという認識が生まれるはずです。端的に言えば，国家法が，国家間の合意という形式における国際法が，そしてこれまでの法律学が，相互に影響を及ぼし合って（「複合汚染」），地球規模の利益対立状況を多数生み出し，容易に解決できない規模にまで，ねじれ現象を増大させてきたのだという理解です。国民国家がそれぞれの身の丈に合わせて善意で定めた法制度であっても，一国内での完結を目指し，他国のことを，ましてや，地球社会

---

[29]　前注[25]参照。

[30]　Permanent Sovereignty over Natural Resources, http://www.ohchr.org/EN/ProfessionalInterest/Pages/NaturalResources.aspx（2017年1月15日確認）。

[31]　Declaration on the establishment of a New International Economic Order; NIEO), http://www.un-documents.net/s6r3201.htm（2017年1月15日確認）。

◇Ⅱ◇　これまでの法律学に対する評価

全体のことをほとんど顧みない現代の法律学には，言い換えれば，「法律学の使命は，国内の利益対立を解決することにあるのだから，それができていれば十分であって，国際社会の利益対立をどのように解決するかは政治に任せておけばよい」というこれまでの常識的な考えには，この意味で，本質的な欠陥があるとわたくしは考えざるを得ません。

3　現代の法律学に対する疑問

これまでの法律学に対するこのような疑念は，現代の法律学が内包する次の4つの問題性によって，さらに増幅されます。

(1) 絶対的根拠の欠如

第1のポイントは，「法には絶対的な根拠が欠けており，判断者の主観がすべてだ」という意味で，法律学には，鍵カッコつきの相対的な「正当性」しか存在しないという点です。

法は，個々の論点を巡って対立する利益主張相互間で優先順位を決定する基準の体系です。法律効果の有無を左右するのは，法律要件を構成する個々の単語がどのような意味内容を有するかという前提的論点に対する解答です。解釈者は，自らが望む法律効果を発生させることができるよう，要件部分の複数の文言を恣意的に解釈しがちです。

どちらの解釈が優先するかを決める普遍的な解釈基準が「比較の第三項（tertium comparationis）」として（双方の納得する形で）与えられていない場合，絶対的な序列決定基準は存在しません。「裁判官……の良心」の内容を決める「客観的な」基準はどこにも明示されていません。裁判所法第77条第1項も国際司法裁判所規程第55条も，裁判官の間で意見が割れたときは，原則として「過半数の意見による」と定めていますが，なぜ意見の質ではなく，意見の量が優先するのかという問いに対する解答を誰も説明できていません。この意味で，いかなる法も，絶対的な序列決定基準を持っていないのです。

法には，絶対的な根拠が欠けており，判断者の主観がすべてだという意味で，鍵カッコつきの相対的な「正当性」しか存在しないということは，何を意味するのでしょうか。多数決で決める裁判が「ないよりまし（better than nothing;

besser als gar nichts)」だというのであれば，裁判所に駆け込むことに代えて，当事者が互譲の精神を発揮して，紛争を回避するように絶えず努力し続けるということ以外に，真の解決策はありません。

(2) 強者の支配手段か

わたくしが強調したい第2のポイントは，なぜ弱者の視点が無視され続けるのかという疑問です。国家法上，国家は，裁判を受ける権利を国民に保障しています。しかし，資金と時間に余裕がある者でなければ，裁判を利用することすらできないのが現状です。法制度も裁判制度も，その実態は，資金力を有する者（独裁者，民主国家における多数派）がみずからの主張を押し通すための手段と化してしまっています（シェークスピアの「ヴェニスの商人」が思い出されます）。わが国の利息制限法がすぐに念頭に浮かびますが，資金力のある者が金貸し業で儲けるという行為それ自体が許されるとしても，数十倍から数百倍といった高額のリターンを得る「行き過ぎた儲け方」がいかなる理由で正当化されるのかという前述の疑問が，国際ローン契約の規律にあたっても，別個の論点として，取り上げられなければなりません。フランス革命以来のさまざまな法原理，人権思想であるとか，自由，平等，正義，公平の概念であるとかといった法律概念それ自体からして，──確かに，弱者が自己の利益を守るための防波堤として利用できるという側面もないわけではありませんが──，強者が自分に有利な結果を作り出すための道具として頻繁に活用しているというのが実情です。「法は，権利の上に眠れる者を保護しない」という表現は，強者の論理であって，弱者の主張ではありません。それは，弱者の場合，みずからの意思で眠るか否かを決める機会さえ与えられていないのが現実だからです。

なぜ，巨額のマネーを独り占めするようなヘッジファンドの台頭を許してはならないのでしょうか。この点について参照されるのは，2人の世界的な碩学の見方です。

一方で，アメリカの労働経済学者，ロバート・ライシュ（Robert Reich）が，米国の実態を素材としてヘッジファンドの台頭を許すべきではないとする主張を展開しています[32]。その理由は，大略，以下の通りです。

① 経済を活性化させる層（経済活動の中心）は中間層（年収の中央値（平均値ではない）の上下各50パーセントの層）であり，実際に雇用を創出するの

◇ Ⅱ ◇　これまでの法律学に対する評価

は顧客（消費者）である。
②　グローバル化と技術発展（コンテナ船，衛星通信技術，コンピューター，インターネットなど）の結果，生産過程が海外の低賃金地域へ移り（国内の製造市場が縮小し），国内では，労働者の賃金が低下し，失業者が増加した。
③　中間層は，所得の減少にも拘らず，生活水準を下げようとせず，（a）女性の職場進出（女性労働者数の大幅な増加）と（b）労働時間の増大（長時間労働，残業）で賃金不足を補おうとしたが，こうした対策が限界を迎えると，不動産を担保とする借金に頼った。借金の返済ができなくなると，不動産バブル（債務バブル）がはじけ，持ち家を失った中間所得層は貧困層に転落した。
④　賃金の伸び悩み→労働者の購買力低下→企業の人員削減→税収の減少→政府の予算削減→公共投資の減少→労働者の教育水準低下→失業率の上昇，という経済の悪循環（The Vicious Cycle，好循環 The Virtuous Cycle の反対語）により，労働者の年収の中央値が下がり，中間層の相当部分が貧困層に移行した。その結果，年収の上位1パーセント（400人）が底辺に位置する約1億5,000万人の資産総額を上回る，「所得の過度の集中」という状況が生まれた。
⑤　衣食住に使う消費支出は，よほどの贅沢をしない限り，富裕層も中間層もさほど違わない。上位1パーセントの富裕層は，消費に回らない大部分の所得を国際市場で投機的金融商品などに投資した。当初，富裕層の関心は，資産，特権，名誉等の確保にあった。しかし，政治献金の飛躍的増加（大統領選挙への献金総額17.5億ドル（1,800億円）の3分の1＝5.5億ドル（600億円）を一握りのビリオネアが負担しているという事実），が示す通り，次第に，富裕層の関心は，自己の利益を確保し続けられるような制度の新設を求めて，政治に向かった。裁判所も，富裕層の行動を是認するような判決を1度ならず下している。先に触れたアメリカ連邦裁判所の諸判決だけではない。アメリカ連邦最高裁判所は，2010年1月，企業・団体等が政治広

---

(32)　BS 世界のドキュメンタリー「みんなのための資本論」2016年2月15日放映（http://www6.nhk.or.jp/wdoc/backnumber/detail/?pid=160215（2017年1月15日確認））。

告に資金を支出することを制限した政治資金規制法[33]を違憲とする判決[34]を下し，2014年4月，選挙資金規制法の重要な柱である候補者個人や政治資金管理団体への2年間の選挙サイクルにおける1人当たりの献金総額上限について，複数の候補者と政治資金管理団体への献金総額を4万8,600ドルと7万4,600ドルまでとしていた条項を違憲とし，好きな額だけ候補者や団体に献金ができるとする判決[35]を下した。これらの判決もビリオネア（超富裕層）の政治的活動を支える効果を発揮している。

⑥ こうした経緯から，投票行動・民主主義（思想の自由，表現の自由）が金で買える商品に転化した[36]。立法過程が金で買われたことにより，立法機関が汚染され，特に会社法・金融法・租税法（税制）などが富裕層に有利に変更された[37]。中間層の縮減による納税額の減少に加え，課税対象範囲や徴税率の縮小に伴う富裕層の納税額の減少により，財政危機が生じた。政府は緊縮策を迫られ，公共投資を減らした。貧富の格差が生じた一因は経済のグローバル化にもあるが，格差激化の最大の要因は，グローバル化というよりも，超富裕層の出現にある。

⑦ 行き過ぎた格差は，経済学からみると，市場の縮小という意味で，経済

---

[33] 2002年3月27日 のBipartisan Campaign Reform Act of 2002（BCRA, McCain－Feingold Act, Pub.L. 107–155, 116 Stat. 81）。

[34] Citizens United v. Federal Election Commission, 558 U.S. 310（2010），http://www.news-pj.net/npj/npj/taba-20100123.html（2017年1月15日確認）。

[35] McCutcheon v. Federal Election Commission, 572 US_（2014），http://jp.reuters.com/article/l4n0mv05t-usa-court-election-idJPTYEA3202D20140403（2017年1月15日確認）。

[36] 実際，2012年の大統領選挙では一握りの大富豪が莫大な金を投じて選挙運動を支える（武器対等の関係ではない）ようになっていました。これを前提とすると，2016年秋の大統領選挙におけるトランプの勝利も富裕層の資金力の影響とみる余地があります。

[37] 所得格差と富裕層の最高限界税率が反比例する現象。1950年代のアイゼンハワー政権からカーター政権まで，税率は91パーセントから70パーセントまで減少し，レーガン政権で28パーセントまで税率が下がり，オバマ政権で35パーセントに上がっています。当初，富裕層は50パーセント以上を納税していましたが，現在，富裕層の納税額は15パーセント程度です。それは，収入の大半が資産運用益であるほか，租税回避地の活用等，8ケタの収入に対して11パーセントしか，納税していないためです。

活動の破壊をもたらす。政治学からみると，社会の分裂が進むという意味で，民主主義が破壊される。法律学からみると，客観性が失われるという意味で法が機能しなくなる。司法が立法や行政をチェックしない点で，三権分立が機能していない。

ライシュのこの説明をわれわれはどのように受け止めるべきでしょうか。

他方で，初代（1991年から1993年まで）ヨーロッパ復興開発銀行総裁を務めたフランスの経済学者，ジャック・アタリ（Jacques Attali）も，次のように述べて，資本主義社会の現状に警鐘を鳴らし，視座の転換を主張しています。

"経済における不正や腐敗，犯罪のまん延などが大きな問題となっています。民主主義や公益を守ることを資本主義が見失うと，それは破滅の始まりと言えるでしょう。……資本主義経済はグローバルですが，国家はグローバルな形になっていません。このままでは，市場が破局するか，内向き志向のリスクが高まると思います。そうなると，「他人の利益は自分の利益にならない」という考え方が広がり，経済紛争，場合によっては政治的な紛争のリスクを生み出しかねないのです。……税の引き下げ競争などで疲弊する国々がグローバル経済に適応できないのは，資本主義の仕組みが，国民国家がもとになっているからです。……国家の枠組みを超えた，全世界的な統治の仕組み……EUや国連の上に，国同士の利害を調整できる世界政府のような組織を作ることで，共通の利益を守ることが考えられます。……わたくしの理想は，次世代の利益を守る"世界的な法治国家"を作ることです。財政赤字の問題から環境問題まで世界共通の利益につながる対策を打つべきです。"[38]

ロバート・ライシュが問題視したアメリカの状況は，ジャック・アタリが指摘するように，世界各地で容易にみられる現象でもあります。貧困克服に取り組む国際NGOオックスファムは3日前の1月16日に，「ビル・ゲイツ（Microsoft），マーク・ザッカーバーグ（Facebook）ら6名のアメリカ人を含む世界の富豪上位8人の総資産が，世界人口の半数に当たる約36億人の資産額に匹敵するとの推計を発表」しています[39]。相互依存関係にある人間社会の全地球的規模での総合的なバランスを見ようとせず，欧米でもロシアでも，特定の集団の

---

(38) 前注(25)参照。

(39) http://headlines.yahoo.co.jp/hl?a=20170116-00000122-jij-int（2017年1月15日確認）。

◆第1章◆ 21世紀法律学の課題と法律家の責任

利益しか考えない利己主義が支配しています。資金力や軍事力で，また数の力で，みずからの主張を通せると考える者は，イソップの寓話「太陽と風」の教訓を理解できていません。法文化比較の典型的なテーマである贈与・交換という視点からみると，「与え続けなければ，得るものがない」ということが分かっていながら，奪い取ることのみに専念しているのです。自助努力は大切ですが，すべてを自助努力で解決できる状況にはないという現実を彼らは分かっていません。2008年の食糧危機をもたらした一部の国家や企業によるコメの買い占め行為[40]，空爆によって難民を生み出し続けながら，難民の受入れを拒否する先進諸国の支離滅裂な行動，これらが今日の世界的課題を生み出し続けているのです。

このようにみると，「法の目的は正義の実現にある」といわれても，多数派が主張する正義だけが優先され，弱者の主張する正義は無視され続けていると言わざるを得ません。対立する利益を調整する手段に過ぎない法に魂を込めるものは，立法でも裁判でも，個々の行為に携わる法律家の成熟した思索と行動です。

法律を学ぶ者の常識ですが，1948年国連総会で採択された世界人権宣言の第1条[41]，第3条[42]，第7条[43]，1966年国連総会で採択された経済的，社会的及び文化的権利に関する国際規約（社会権規約，A規約）の第11条[44]および第12条[45]ならびに市民的及び政治的権利に関する国際規約（自由権規約，B規約）の第24条[46]および第26条[47]といった，人間の生存，自由，平等等に関わる世界共通

---

[40] 山内「法律学における2008年食糧危機の教訓――「国際化」から「地球社会化」への転換――（1）（2・完）」法学新報123巻7号（滝田賢治先生古稀記念号717頁以下および8号89頁以下（本書第Ⅰ部第2章）参照。

[41] 「すべての人間は，生れながらにして自由であり，かつ，尊厳と権利とについて平等である。人間は，理性と良心とを授けられており，互いに同胞の精神をもって行動しなければならない。」

[42] 「すべて人は，生命，自由及び身体の安全に対する権利を有する。」

[43] 「すべての人は，法の下において平等であり，また，いかなる差別もなしに法の平等な保護を受ける権利を有する。すべての人は，この宣言に違反するいかなる差別に対しても，また，そのような差別をそそのかすいかなる行為に対しても，平等な保護を受ける権利を有する。」

◇Ⅱ◇　これまでの法律学に対する評価

の法的メッセージをわれわれは改めて思い起こす必要があります。国際慣習法と言えるか否かといった国際法上の論点があるにせよ，これらの規定の内容は，批准国にとって，何より尊重すべき「人倫の哲学」となっているはずです。しかしながら，残念なことに，シリアや南スーダンに限らず，多くの途上国では，これらの規定に示された内容がまったく実現されていません。この意味でも，国際社会では，法が機能していない場面が少なくないと言わざるを得ません

(3) 地球全体に対する視点の欠如

以上の認識から生まれる第3のポイントは，法律学には，国民国家制という制約条件があるために，「国家法はもとより，国際法においてさえ，マクロ的な考察が行われていない」という点です。法は誰のためにあるのかを問うとき，われわれがすぐに思いつくのは，国民主権という言葉です。国民国家制を採用する現在の法制の下では，内政不干渉の原則が尊重されています。われわれは，国家単位で法を考えるべきだという図式に慣れるよう，長い間，躾けられてき

---

(44)　1．この規約の締約国は，自己及びその家族のための相当な食糧，衣類及び住居を内容とする相当な生活水準についての並びに生活条件の不断の改善についてのすべての者の権利を認める。締約国は，この権利の実現を確保するために適当な措置をとり，このためには，自由な合意に基づく国際協力が極めて重要であることを認める。2．この規約の締約国は，すべての者が飢餓から免れる基本的な権利を有することを認め，個々に及び国際協力を通じて，次の目的のため，具体的な計画その他の必要な措置をとる。……

(45)　1．この規約の締約国は，すべての者が到達可能な最高水準の身体及び精神の健康を享受する権利を有することを認める。2．この規約の締約国が1の権利の完全な実現を達成するためにとる措置には，次のことに必要な措置を含む。……)

(46)　1．すべての児童は，人種，皮膚の色，性，言語，宗教，国民的若しくは社会的出身，財産又は出生によるいかなる差別もなしに，未成年者としての地位に必要とされる保護の措置であつて，家族，社会及び国による措置についての権利を有する。2．すべての児童は，出生の後直ちに登録され，かつ，氏名を有する。……

(47)　すべての者は，法律の前に平等であり，いかなる差別もなしに法律による平等の保護を受ける権利を有する。このため，法律は，あらゆる差別を禁止し及び人種，皮膚の色，性，言語，宗教，政治的意見その他の意見，国民的若しくは社会的出身，財産，出生又は他の地位等のいかなる理由による差別に対しても平等のかつ効果的な保護をすべての者に保障する。

◆ 第1章 ◆　21世紀法律学の課題と法律家の責任

ました。
　しかし，様々な人権抑圧について，食糧危機や飢餓に直面して，気候変動に起因する自然災害，地震や台風による被害に対して，国際的な連帯の精神が発揮される例は枚挙に暇がありません。このことは，グローバルな見方のできる人々が国際社会に相当数存在しているという事実を示す何よりの証拠です。世界各地で，多くの人々は，国境なき医師団(Médecins Sans Frontières)⁽⁴⁸⁾, World Vision, Child Sponsorship⁽⁴⁹⁾などの非営利活動を含め，他国の状況に対して平素から関心を持ち，連帯する「共生」の思想を発揮しています⁽⁵⁰⁾。求められるのは，国民国家制を乗り越えて，地球社会をひとつの共同体とみる発想です。競争が必要だと考える方々も，絶対的強者の登場によって，競争それ自体が機能しない状態が生まれることには，論理上，反対されるはずです。あらゆるアクターが相互に影響を及ぼし合う事態が日常化している現在，利益対立（社会問題）の解決策を国境で線引きし，国内問題を各国が自由に規律してよいという発想それ自体からして，今や矛盾をはらんだ考えというほかはありません。国際的な場面での共生，相互援助，社会貢献，社会的責任といった言葉が頻繁に用いられる現状からしてすでに，国民国家制の破綻を意味しています。このことから，われわれが生活する「現代の社会」という言葉は，国民国家で枠づけられた狭い地域ではなく，相互依存関係にある地球社会全体を意味しなければならないという理解が容易に得られるはずです。
　このような地球的視野を備えた人々が少なからずいる一方で，伝統的な法律学は，国民国家の体制内へと，みずからの居場所を求めて閉じ籠ってきました。しかし，一国内に限れば体系性を主張できた国家法学も，国境を超えた関係では，病理現象の前に無力さ（Ohnmacht）をさらけ出しています。一国内では，

---

(48)　http://www.msf.org/, http://www.msf.or.jp/landing/malnutrition_a/?page=61&code=web1602&utm_medium=cpc&utm_source=google_adwords&utm_campaign=malnutrition&utm_term=a

(49)　http://www.msf.or.jp/landing/malnutrition_a/?page=61&code=web1602&utm_medium=cpc&utm_source=google_adwords&utm_campaign=malnutrition&utm_term=a

(50)　World Vision, Child Sponsorship, https://www.worldvision.jp/lp/sreyneang/?banner_id=12236&gclid=CLjRvJTqmtECFQGZvAodSc4E-g（2017年1月1日確認）

◇ Ⅱ ◇　これまでの法律学に対する評価

「この憲法が国民に保障する自由及び権利……を濫用してはならないのであって，常に公共の福祉のためにこれを利用する責任を負ふ。」（日本国憲法第12条）と，調整原理を導入していながら，国民国家相互の関係となると，この種の調整原理を導入することをはっきりと拒否してきたのが国民国家の真の姿です。

　今日，人口急増，食糧危機，貧困撲滅，格差解消，人権尊重，環境破壊，テロ対策など，喫緊の課題が世界のあちらこちらでみられる状況は，一体何を意味するのでしょうか。そして何よりも，このような病理現象を解決する力を持たない法律学にどのような存在価値があるというのでしょうか。あらゆる問題を解決できない原因がこの国民国家制にあることを理解していながら，依然として国民国家制から脱却できない現代の法律学は，地球社会の問題解決を目指すと言いながら，実は，率先して，問題の根本的な解決を妨げているという意味で，「諸悪の根源だ」ということになります。地球社会という視点を採用すること，つまり，全地球社会を見据えて，地球規模での法律学を構想すること，これが21世紀に実現されなければならない新しい法律学の姿です。もはや，日本法だとか，外国法だとかと言っている時代ではありません。新しい法律学を構想する責任はすべての地球市民にあります。その具体化にあたって，軍事力や資金力における優位が反映されないような仕組みを考えることは，国民国家という利害関係者にはそもそも期待することができない（「猫の首に鈴を付ける」ような）話です。そのための具体的なアクション・プランの作成は，今後の課題です。その実践に当たっては，われわれみんながそれぞれの知恵を出し合う必要があります。

(4) 長期的視点の欠如

　第4のポイントは，法律学には，100年を超える長期的な視野が欠けているという点です。平均寿命48歳のザンビアより長生きできているわが国でも，子孫の繁栄，より広く言えば，人類共同体の継続的発展を考えると，各種資源の再生過程を考慮した政策が採用されなければならないはずです。

　短期的な意思決定が優先されてきたのは，歴史が軽視された結果です。各種の資源は，今生きているわれわれだけの所有物ではなく，われわれが祖先から受け継ぎ，子孫に手渡し，伝承してゆくべき継続性のある資産，言い換えると，すべてが地球社会の共有財産なのだという考え（つまり，われわれが所有権の名

235

目で行使している権利は長い歴史の過程からみると，一時的な使用権（利用権）に過ぎないという認識）が，概して，法律家に欠けているようにみえます。

4　まとめ

以上の内容を纏めると，こうなります。

第1に，法的解決策には絶対的な根拠がない。裁判官の良心や議会の多数決という中途半端な擬制の下で，そのつどの判断者の恣意が優先され，地球社会をむしばんできた。第2に，法的解決策として採用されてきたものはもっぱら強者の利益擁護であって，弱者を含む全体への目配りという意味で，共生の思想が反映されていない。第3に，全地球的視野という空間的視点が欠けていた。第4に，100年をはるかに超えた長期的視野という時間的感覚が欠けていた。

別言すれば，法の存在意義は，あくまでも，対立する者のいずれにも与せず（第三者，「比較の第三項」），橋渡しの役割を果す仲介者であるという点にあります。しかし，現実の法は，国家法も，国家間の合意としての国際法も，仲介者としての中立的役割をみずから放棄し，当事者になり下がってしまったということです。このような状況では，法に対する信頼が生まれるはずがありません。今日のいびつな社会を作り出した道義的な責任は，現代の法律学とそれを支えてきた世界の法律家の側にあるといわなければなりません。

◆ Ⅲ ◆　21世紀法律学の課題

以上の説明からお分かりのように，現代の法律学に欠けている部分を充たした上で，より体系化された全体像を示すもの，これが，第2の論点，新たに構想される21世紀法律学の内容です。

1　地球社会法学の構想

21世紀の中核的法律学は，以上の説明から御理解戴ける通り，世界を俯瞰するただひとつの存在，「地球社会法学」でなければなりません。その内容に関

◇ Ⅲ ◇　21世紀法律学の課題

して，ここで強調したいのは，以下の3点です。

第1に，地球社会法学は，原理的に，共生の思想に立脚し，強者が利益を独り占めするような行為を禁止し，格差を縮小するものでなければなりません。

第2に，地球社会法学が想定する法は，長い歴史と伝統を有する既存の法を地球規模に拡大するものですが，どこか特定の国の国家法を地球規模に拡張したものではありませんし，国民国家制を前提とした国際法とも，本質的に異なるものです。その決定的な特徴は，「地球環境がもたらす物理的制約自体が地球社会法の大枠を形づくる」という点にあります。人間が自由意思で立法する範囲には，地球社会の存続を脅かすようなあらゆる行為が禁止されるという意味で，限界が設けられなければなりません。

第3に，地球社会法学は，過去，現在，未来の多くの人々の利益を地球的規模で包括的に考慮する長期的耐久性を備えた制度でなければなりません。

これらの特質を有する地球社会法学の体系化は，もとより一朝一夕にしてでき上がるほど簡単な作業ではありません。これこそ，世界の法律家が手を取り合ってともに開発すべき「共同参画プロジェクト」です。達成が難しいからこそ，それだけに，大いにやりがいのある課題だとも言えます。むろん，国家法単位の研究も，ローカルな価値を有するものとして，部分的に残ります。しかし，世界の大勢からみると，国家法学は派生的ないし末梢的な事象に過ぎず，やがては消えて行く運命にあります。

さらに，このような作業に従事する人材の継続的かつ安定的な確保も大きな課題となります。現役の研究者がこの大きな課題の実現に向けて努力する作業と並行して，次代を担うすべての人々のために，世界各地で，良質な後継者を養成し続ける作業が行われる必要があります。人材を確保できなければ，地球社会法学の実現は不可能なのです。

2　予防法学の確立

次に，21世紀法律学の第2の柱を構成する，紛争「予防」技法の解明と伝授という点に移ります。

われわれにとって大いに参考になるのが，医学分野の変化です。歴史[51]をみ

ると，病気治療から始まった医学の重点が，「治す医学」から，病気の発生を防ぐ予防医学へと重点を移してきていることが分かります。事後的対処としての治療医学より予防医学を徹底することが，コスト面でいかに有益か，容易に理解できるはずです。

　法の世界もまったく同様です。民主主義教育を通じて国民が権利意識を持つようになれば，訴訟の件数も必然的に増加します。これに応じようとすれば，司法制度を支えるインフラを整備しなければならず，それを支える実務法曹を大幅に増やさなければなりません。こうした量的側面のみならず，質的側面においても，考慮すべき課題があります。それは，裁判所の判断が双方当事者に常に満足をもたらすことはさほど多くないという点です。敗訴当事者に不満が残る状況を少しでも減らそうとすれば，紛争を生み出さない予防策こそが何よりも優先されるべき対策となります。国民に対する司法サーヴィスを低下させることなく，限られた財源との調和を図ろうとすれば，学理や実務だけでなく，教育においても，予防法学に重点を移すことがいかに大切かという点を御理解戴けることでしょう[52]。

---

[51] 安政5（1858）年5月に江戸市中の蘭医82名の寄付金をもとに神田お玉が池に設立された種痘所は天然痘の治療を目的としていました。その後，幕府直轄となったこの施設は西洋医学所と改称され，教育・解剖・種痘の3科に別れ，西洋医学を講習する場となりました。他方で，横浜に置かれていた軍事病院がこの西洋医学所に統合されました。その後の度重なる学制改革の過程を経て，医学科と衛生看護学科を擁していた東京大学医学部は大胆な改革に踏み出しました。それは，昭和40（1965）年に衛生看護学科を改組して保健学科を新設したことです。平成4（1992）年に保健学科は健康科学・看護学科に代わり，医学系研究科に国際保健学専攻が新設されました。平成19（2007）年に医学系研究科に公衆衛生の専門職大学院（公共健康医学専攻）が設置され，平成22（2010）年に健康科学・看護学科が健康総合科学科に改称されました。http://www.m.u-tokyo.ac.jp/information/history.html（2017年1月15日確認）

[52] こうした視点からみると，「法化社会の到来」というキャッチフレーズに惑わされることなく，平成16（2004）年に発足した法科大学院制度（新司法試験制度）がどのような意味を持っていたかが改めて検討されなければなりません。

3 「比較法文化論」が果たすべき役割

　第3のポイント，紛争予防技法の中心は「比較法文化論」でなければならないという主張に移ります。「比較法文化論」で取り上げるべき内容について，定説はありません[53]が，わたくしが構想する「比較法文化論」は，調査や分析を中心とする研究中心の解説的科目ではなく，実定法解釈学と同様，紛争予防技法の修得と向上を念頭に置いた実践的科目です。その特質は，以下の諸点にあります。

　第1に，国民国家が消えても，地域に根差した社会集団は残ります。国家法は消えても，法文化はなくなりません。民俗学，文化人類学，社会学，心理学などの助けを借りながら，地球社会に併存するそれぞれの社会集団に固有の行動様式（ある種の条件が整ったときに，当該集団に属する者が必ず取る行動に着目し，これを「社会行動文法」，「法文化」と名づける立場）を可能な限り細かく解明すること，これが最初の作業です。

　第2に，「比較」という作業工程を介在させて，関連する複数の社会集団に共有可能な価値基準（「比較の第三項」）を創造すること，これも大切な作業です。「比較」という言葉の意味は単純なひとつの行為だけを指すのではありません。「比較」を実行する目的は何か，「比較」の対象としてどのような素材をどこからどのように選び取るか，どのような方法を用いて「比較」を実践するのか，これら，目的，対象，そして，方法，この3点に着目すると，いくつもの前提的論点が解決されていなければ，「比較」を実行することができないことに気付かれるはずです。「比較」というのは，写真や静止画のように，簡単に説明できる行為ではなく，動画のように，連続性を持ったひとつのプロセスを意味します。この作業は，個々の論点についてそのつど価値判断を伴うものであるため，極めて複雑な過程を辿ります。そして，それぞれの論点について，目的，対象および方法の3点から，その内容的当否に関する検証が繰り返し行

---

[53]　わが国の法学部で「比較法文化論」という名の講義が最初に開講されたのは大阪大学法学部においてでした。その講義も，比較法という名の外国法であったということを，当時大阪大学におられた松岡博先生から伺ったことがあります。その後，同名の科目が一橋大学法学部などに設けられてきています。

われなければなりません。その修得には，能力に応じて，段階的な実践練習が不可欠です。

　ここから，第3に，このスキームを活用して，生じ得る対立を回避できるよう，実践を繰り返す必要性が出てきます。むろん実践に際しては，迅速性，稠密性，正確性という3点からみた習得度（経験の質と量）に応じて，得られる効果が異なります。有能かつ適切な指導者の下で，実績を積み重ねることが求められる所以です。紛争予防技法の開発と発展を目指す「比較法文化論」は，今後さらに大きく成長する可能性のある分野です。

◆ Ⅳ ◆　21世紀法律家の責任

　以上に述べたところから，21世紀の地球社会で活動する法律家がどのような社会的責任を担うべきかが明らかになりましょう。

　もともと，法律家という職業に従事する者は，依頼者の利益主張を代行する弁護士でも，紛争を解決する裁判官でも，一方で，社会全体のマクロ的バランスを考えながら，他方で，みずからのミクロ的職務に従事するという二面性を備えていなければなりません。法律家は，依頼人（当事者）と接する場合でも，社会の利益を代表する批判者としての外部的視点を忘れてはならない存在です。このような二面性を備えることは，民間企業の営業職でも，公的機関の研究職でも，仕事に従事する者の誰もが共有すべき基本的な職業倫理のひとつです。金銭欲や名誉欲に負けて，依頼者の言いなりに行動するような法律家は，「歌を忘れたカナリア」のように，職業倫理を欠いた存在とみなされなければなりません。

　地球社会で活動する法律家の場合，職業倫理を発揮するということは，依頼人の利益や国益のような部分的利益だけを優先するのではなく，社会全体のバランスを優先し，地球環境による様々な制約を考慮し，地球上で生活するすべての人々の共生を支えられるような活動に携わることを意味します。そのような地球社会全体のための法制度を，世界の法律家が力を合わせて創造し，改訂を重ね続けること，このような，ロマン溢れる，創造的な作業にこそ，すべての法律家の関心が向けられるべきです。

◆ V ◆ 国際企業関係法学科の過去，現在，未来

　このような21世紀の法律学を誰がどのようにして作り上げて行けばよいのでしょうか。この使命を果たす人々の中にあって，中核的役割を担える人材となることを，わたくしは国際企業関係法学科の卒業生に期待しています。

1　創設の経緯

　中央大学法学部に，世界最初の試みとして，国際企業関係法学科が創設されたのは，1993年4月のことでした。4月5日，（近藤昭雄教授の発案による）「地球規模のLegal Mindを目指して」設置された国際企業関係法学科開設記念講演会が隣の8208号教室で開かれました。お手元に資料としてお配りしておりますのは，当時，客員教授として滞在され，開設記念講演会に祝辞を寄せられたヴュルツブルク大学のカール・クロイツァー教授のメッセージの一部[54]です。

　長い伝統を有する法律学科の再生というテーマで法学部改革が語られたのは，今から30年前，1987年の秋のことでした。1988年の夏休みに，新しい法学教育についての具体案提出を求める外間寛学部長名の公文書が法学部教授会員に配布されました。この文書は，スイス・ロザンヌの国立比較法研究所に留学していたわたくしのもとにも郵送されてきました。わたくしは当時，42歳になったばかりでした。経験も知識も絶対的に不足していました。今日のように簡単にメールで返信できない時代でしたが，ドイツやスイスの法学教育と日本のそれとの違いを記した手紙を出した記憶があります。帰国後の1989年秋から本格化した学部改革をめぐる審議は，1992年度発足に向けたものでした。実際には，司法試験合格者数を増やすべきであるとか，国家公務員や地方公務員の幹部候補者数を増やすべきであるとか，国際畑に人材を送り出すべきであるとか，民間企業法務を前倒しで教えるべきであるとかというように，両立不能の，学生の実力と教員の能力とを考慮せず，また資金的限界という現実論を傍らに置いたままの理想論がいつまでも飛び交っていたというのが初期の実情です。本日御出席の角田邦重，近藤昭雄，両名誉教授は，1991年8月21日から秩父セメント社員寮で行われた2泊3日合宿を含め，長い間，ともに苦労した戦友に当た

ります(55)。長い準備期間を経て，1年遅れの改革作業がようやく日の目を見たのは，角田邦重学部長の時代になってからでした。

　われわれが辿り着いた結論は，「現行法（de lege lata）」の学修を重視して，Act, Gesetz, Loi といった国家法中心の法律学を講じる法律学科と，法の本質に着眼し，将来の地球社会で求められる「在るべき法（de lege ferenda）」の学修を優先して，Law, Recht, Droit という新たな法律学を構想する国際企業関係法学科とを入口から分離し，2つの教育サーヴィス商品を受験生市場に提供しようというものでした。両学科の相互乗り入れは，出発点において，まったく考えられていなかったはずです。2つの学科が「水と油の関係」にあること，両学科を統合するという発想がなかったということは，以上の説明から十

---

(54) 法学部国際企業関係法学科開設記念講演会『国際社会における日本の役割』（中央大学法学部，1993年）5頁以下。
　「この新しい学科の特徴は，国際的な問題を学修するという点にあります。つまり，この学科は2つの観点から見て，通常のカリキュラムの枠を乗り越えています。すなわち，地域文化の枠と専門分野の枠という二重の意味においてです。国際企業関係法学科の講義内容を地域文化の観点から見ますと，むろん入門的なレベルではありましょうが，外国の言語，思想，法などを歴史的観点から学びつつも，現代的な視点から総合的に考えるような工夫が凝らされています。また，専門分野の観点から見ても，広い一般的な人文諸科学の知識を裏づけとしつつ，法律学と経済学とを結びつけるという形で，その構想が活かされています。
　このように二重の意味で従来の枠を乗り越えた構想に基づいて計画されているこの国際企業関係法学科は，そこで学ぶ人々に対して，新たな地平を切り開くことになりましょう。こうした構想を生み出した背景には，諸外国と極めて緊密な経済的関係を持っている，この巨大な現代的産業国家である日本において，将来指導的な役割を果たすリーダーを養成するという要請もあったことでしょう。もとより，これと同じ方向性を目指した試みは，ほかの地域，例えばヨーロッパにもないわけではありません。
　しかし，今日から発足しようとする中央大学法学部のこの国際企業関係法学科ほどに包括的な，それでいて徹底した，さらに専門分野の枠も国境も乗り越えた学科というものは，ほかのどの国にもまだありません。その意味において，この新しい学科は極めて優れたものであり，1つの模範となることでしょう。……」
(55) 歴史に詳しい方であれば，大統領と各主権共和国指導者が新連邦条約に調印する前日の8月19日，ゴルバチョフに権力移譲を迫った副大統領ヤナーエフら「国家非常事態委員会」のクーデターが，この時期の出来事としてすぐに思い出されることでしょう。

◇Ⅴ◇　国際企業関係法学科の過去，現在，未来

分に御理解戴けるものと思います。

　国際企業関係法学科の1年次必修基幹科目として「比較法文化論」を開設し，わたくしが担当し続けたのは，この科目が新しい法律学の中心を占めるものであるというわれわれの考えによるものでした。国際企業関係法学科に在籍された皆さんは，「地球社会法学の中核的担い手」となることを期待された人々であったということになります。わたくしが，この24年間，国際企業関係法学科で実践してきた法学教育の基本的部分は，――むろん，当初は，若さの故もあって，相当に未熟であったことは十分に自覚しなければなりませんが――本日お話した内容（地球社会法学の学修を段階的に実践すること）を具体化したものです。それは，すぐに廃れる可能性を持った知識の獲得それ自体を目指すよりも，知識の獲得とその応用とを可能とする技法自体の修得を重視する考えです。第1に，絶えず地球的規模で，歴史的視野を保ちつつ，広く情報を集め，深く分析し，迅速に決断しなければならない。第2に，社会的コストを削減するため，紛争の予防という視点を優先しなければならない。第3に，どのような場にあっても，予防を実践すべく，リスクを取って，議論をリードできるような実力を身に付けなければならない[56]。要約すれば，これら3点に整理することができます。

　幸いにして，法学部国際企業関係法学科でも大学院法学研究科国際企業関係法専攻博士課程（前期・後期）でも，多くの優秀な学生との出会いがありました。本日，御出席の方々を含めて，卒業生の皆さんがその何よりの証です。

2　現状と課題

　発足から24年目を終えようとする現在，国際企業関係法学科の現状と課題を改めて考えることには，大きな意味があります。10年後，20年後……というように，次の時代を担われる現役教授陣が，中央大学法学部国際企業関係法学科および大学院のこの専攻において，どのように高邁な理想を掲げ，どのように

---

[56]　プラシャント・ナンダ「Nippon　ビジネス戦記　リスク取りたがらぬ日本企業」（日本経済新聞2016年12月6日夕刊2面）

◆第1章◆　21世紀法律学の課題と法律家の責任

綿密な教育計画の下に，法律学の分野で世界最高水準の高等教育を東アジアで実践しようとお考えなのかという点は，25年目を迎える2017年度以降にそれぞれの現場で各教授により学生の皆さんに示されるはずです。

　わたくし自身が責任を負える立場にない以上，ここで国際企業関係法学科の現状認識と課題について私見を申し上げることは差し控え，同僚諸教授への大きな期待を表明するにとどめます。後輩の皆さんの御努力で，世界の高等教育分野で，中央大学法学部の存在価値がさらに高まることを希望しております。

◆ Ⅵ ◆　むすび

　結びに入ります。わたくしが，今日お話したことは，以下のように整理できます。

　第1に，法律学には，絶対的判断基準が存在しないという当たり前の事実が軽視されてきたようにみえます。第2に，社会的コストの大きさを考えれば，裁判法学よりも予防法学に重点を置く必要があります。第3に，地球的視野と長期的展望を持たない国家法学は，便宜的なものと位置付けられ，夢を語るに値しない消耗品とみなされています。

　このような3つの難点の克服という目標を掲げることで，「21世紀法律学」の向かうべき方向性が明らかになります。次なる課題は，こうした内容を地球的規模でどのようにして実現するかという方法論とその具体的実践に向けられることでしょう。「法律家の責任」という表現は，21世紀の法律家が，次世代以降の研究者を含め，この課題をどのように実現するかという局面に関わるものです。優れた後継者の養成を含め，どの課題も，容易に答えが得られるものではありません。目標の達成ははるかに遠いと不安に感じられることもありましょう。それでも，われわれの歴史には，クーデンホーフ＝カレルギー[57]やジャン・モネなど，多数の先駆者がいます。小さな1歩であるとしても，絶えざる歩みを続け，世代を超えて社会的使命を引き継ぐ過程が積み重ねられるならば，やがて人類共通の課題に応えることができるはずです。

---

(57)　Richard Nikolaus Eijiro Coudenhove-Kalergi，1894年11月16日－1972年7月27日

◇ Ⅵ ◇　む す び

　国際私法の研究を始めた頃（1970年代前半）を振り返ってみると，わたくしは，一方で，オーストリアで公表されたばかりの国際私法典草案のわが国への包括的紹介というかたちで，マクロ的な見方（視野を広く保つこと）を学びつつ，他方で，ミクロ的課題（深く掘り下げて研究すること）として，桑田先生の御示唆の下に，「海の多国籍企業」と呼ばれた便宜置籍船（会社法・金融法・租税法・労働法・国際法・訴訟法等，広い分野にまたがるテーマ）が生み出す社会問題の解決に取り組んでいました。東京大学助手の2年目（1974年）に渉外判例研究会で行った判例評釈[58]の準備を進める過程で参照した68件のアメリカ判例をもとに，助手3年目に書いた就職用論文[59]の冒頭に，わたくしは，「Non omne quod licet honestum est（許さるるすべてのものが必ずしも正直なるにあらず＝適法とされたことやものがすべて正しいとは言えない）」[60]というローマ法の格言を引用しています。顧みると，わたくしは，研究者を志してから46年間，この講義で触れたイギリス判例に至るまで，「適法ではあっても，倫理的とは言えない事象」の問題性を社会に訴え，解決策を提案し続けてきたことになります。英吉利法律学校として出発した中央大学法学部に籍を置き，アメリカ判例の研究から出発してイギリス判例への言及で終わる，わたくしの研究者としての軌跡は，英米法に関わるという意味において，英吉利法律学校の後継教育機関の卒業生にふさわしい「輪廻」の一例と言えるかもしれません。

　世界のどの国のどの法学部でも，法を学ぼうとする者は，自立した人間として，小さな世界に閉じ籠らず，地球社会全体の「バランスの取れた発展」を考慮に入れ，自身の行動によって，みずからの思想の正当性を社会に示し続けて

---

(58)　「渉外判例研究・公海上における異国籍船舶間の衝突事件の準拠法 ── 『便宜置籍船』の事例 ──（東京地裁昭和49年6月17日判決）」ジュリスト591号132頁以下。

(59)　「国際私法における"便宜置籍船"の問題 ── アメリカ判例を中心として ──（1），（2），（3・完）」法学新報82巻6-7号1頁以下，8-9号21頁以下，10-12号27頁以下（後に，山内著『海事国際私法の研究便宜置籍船論』（中央大学出版部，1988年）に収録）。

(60)　東ローマ皇帝ユスティニアヌス1世が編纂させた『ローマ法大全（Corpus Juris Civilis）』を構成する『学説彙纂』（ラテン語：Digesta，ギリシア語：Pandectae）（帝政初期から500年代までの著名な法学者の学説を編纂させたもの，いわゆるダイジェスト版）の50.17.144 pr に挙げられた文章。

行く責任がある，とわたくしは考えます。自然科学のように，世界中の関係者が一緒になって共通の課題に取り組まなければ，その分野は発展しません。日本の地球物理学と外国のそれとが別物だとか，日本の国際金融論と外国のそれとがまったく違っているとかといった状況を誰も考えてはいないはずです。法律学が国境で隔てられているのは，国民国家制を墨守しているためです。国家法学から地球社会法学へと，法律学が地球規模の共通基盤を持つ分野へと根本から転換しない限り，どの国でも，法律学に未来はありません。わたくしは，想いを同じくする教職員，在学生，卒業生とともに，中央大学法学部国際企業関係法学科が全地球的課題に取り組む世界の研究センターの有力な施設のひとつになれるように，微力を尽くしてきたつもりです。

　この「最終講義」を通して，21世紀の地球社会で大きな役割を担われる皆さんに対し，考えるべき課題を，わずかでも提供することができたとするならば，わたくしの話にもそれなりの意義があったということになりましょう。残念なことに，皆さんが活躍する地球社会の発展した姿を，わたくし自身は見ることができないでしょう。それでも，このような乏しい光を，魂の叫びを，時代を超えて受け継ぎ，発展させる同志をこの教室にひとりでも多く見出せるのであれば，未来は明るくなるはずです。卒業生や在学生の皆さんが，真摯な努力のもとに，輝かしいキャリアを積み重ねられ，それぞれに充実した人生を送られるよう，各位の御健闘と御活躍を祈念して止みません。

　改めて皆様の御清聴に心より感謝し，「最終講義」の結びと致します。

第2章　比較法研究の課題
―― 明治大学法学部付属比較法研究所への
期待を込めて ――

Ⅰ　はじめに
Ⅱ　前提の確認 ―― 伝統的な理解における法律学と比較法学
Ⅲ　実質的観点 ―― 比較法学における課題
Ⅳ　形式的観点 ―― 比較法研究所の類型と役割
Ⅴ　視点の転換 ―― 21世紀のあるべき法律学と比較法学・比較法研究所
Ⅵ　むすび

> "肝要なことは，フィールドでの経験を欧米モデルのアカデミックなコードへと変換するのではなく，そうしたヨーロッパ的な知の枠組みからみずからを開放する努力をすることである。"＊

　過分の御紹介を戴いた山内です。法学部長の青野覚先生，法学部付属比較法研究所長の中空壽雅先生ほか，同比較法研究所関係者の皆様，御来賓および御列席の皆様，明治大学法学部付属比較法研究所の御開館，誠におめでとうございます。

◆ Ⅰ ◆　はじめに

　今から136年前の1881（明治14）年1月17日，麴町[1]の島原藩邸跡に明治法律学校として設置されて以来，今日まで，長い伝統を誇り，とりわけ実定法解釈

＊ガーヤットリー・チャクラヴォルティ・スピヴァク著（上村忠男・鈴木聡共訳）『ある学問の死』（みすず書房，2004年）207頁。
(1) 旧麴町区数寄屋橋の一角（現在の有楽町・数寄屋橋交差点近くに該当する地域）。

◆ 第2章 ◆　比較法研究の課題

　学の分野で豊富な実績を誇る貴明治大学法学部が,「外国法に関して精深な研究及び調査を行うことを支援し,学術の進歩発展に寄与することを目的として」3年前の2014年4月1日に設立された比較法研究所の「開館」というかたちで,世界の比較法学研究に向けて,積極的な姿勢を改めて示された御英断に対し,心から祝意を表するとともに,このおめでたいお席にお招き下さり,また,問題提起の機会を御提供戴いた点につき,御関係の皆様に篤く御礼申し上げます。

　わたくしが比較法学を学んだのは,学生時代[2]ではなく,最初のドイツ留学時代でした。1983年秋学期の後半と1984年春学期に,比較法学の分野でも着々と実績を挙げられていた,ドイツ・ミュンスター大学ベルンハルト・グロスフェルト（Bernhard Großfeld）先生の「比較法ゼミナール」に参加する機会が与えられた頃です。むろん,それ以前にも,比較法学への関心をそそられる環境にありました。わたくしが専攻した国際私法分野の指導教授,桑田三郎先生から,1971年以降,折に触れて,「国際私法においては歴史がすべてだ」[3]とい

---

[2]　わたくしは,1967年4月から1973年3月までの6年間,中央大学法学部および同大学大学院法学研究科修士課程において法律学を学びましたが,学生時代に,比較法について学ぶ機会がありませんでした。1948年12月,アジア圏で初めて,世界では3番目の比較法研究所を中央大学に創設された杉山直治郎先生はわたくしが入学する前年の1966（昭和41）年2月15日にすでに他界されており,円熟期にあった杉山先生の比較法講義を受講された眞田芳憲先生も,ローマ法および西洋法制史の御担当を優先され,比較法学の講義は行われていませんでした。

[3]　国際私法において,歴史が重視されなければならない理由は,Carl Friedrich von Savignyの Sitz 理論が典型ですが,学説法と言われた国際私法の場合,規律の方法論を巡るパラダイムの転換が繰り返されてきた点にあります。このことを良く示しているのが,ギリシャ,ローマ以来の属人主義,属地主義,イタリアのスタテュータ（Statuta）理論,さらには,アメリカでのアルバート・エーレンツヴァイク（Albert Ehrenzweig）,ブレナード・カリー（Brainerd Currie）,ディヴィッド・ケイヴァース（David Cavers）による牴触法革命,これらを「国際私法の危機」と受け止めたドイツの伝統的理解,そして近年のローマⅠ規則（契約牴触法統一法）以降,一連のヨーロッパ連合による牴触法統一化への動きです。強行法規の特別連結理論や公法理論,承認理論などの登場が物語るように,牴触法的規律も最善の方法とは言えず,あるべき国際私法を構想するためには,歴史に学ぶ必要があります。

248

◇Ⅰ◇　はじめに

う，スイスの法学者，マックス・グツヴィラー（Max Gutzwiller）の言葉とともに，「すべての比較法学者は，当然に，国際私法学者でなければならない」という，イギリス・ケンブリッジの比較法学者，ハロルド・クック・ガッタリッジ（Harold Cooke Gutteridge）の言葉を捩った「すべての国際私法学者は，当然に，比較法学者でなければならない」[4]という言葉を聞かされていたためです。1984年夏の帰国後も，グロスフェルト先生の比較法学に関する著作を含む，いくつもの文献を読み込み，比較法学上の諸課題についてわたくしなりに考えをめぐらしてきました[5]。

　以上の経緯が示すように，比較法学に関するわたくしの学問的歩みは，わが国で比較法学を学ばれた方々とは相当に異なっております。そのことを十分に自覚しつつ，ここでは，貴明治大学の新しい試みに祝意を示すべく，わたくしが考える「比較法研究の課題」，すなわち，第1に，実質的観点から，比較法学上取り上げられるべき論点について，第2に，ロジスティクスを含む形式的観点から，研究所のあり方に関わる論点について，第3に，21世紀の地球社会における法律学のあり方とそれに伴う比較法学のあり方に関わる論点について，それぞれ，検討の素材を皆様に提供したいと思います。

---

(4)　国内牴触規定の研究にとどまらず，内外実質規定の研究，そして先決問題（準拠法説），反致，公序など総論上の論点を考えれば，外国牴触規定の研究も追加されなければならないという意味で，内外諸国の実定法規を総合的に捉えようとすれば，外国法理解の方法と不可分の比較法学への目配りを欠いては，渉外事件を取り扱うといっても，国際的に孤立することになりかねません。実定法の学修にあたって，法史学や比較法学のような基礎法学の知識が重要となることは，国際私法分野に限らないはずです。

(5)　その成果の一端については，カール・F・クロイツァー著（山内監訳）『国際私法・比較法論集』（中央大学出版部，1995年），ベルンハルト・グロスフェルト著（山内・浅利共訳）『比較法文化論』（中央大学出版部，2004年），山内著『比較法研究　第一巻　方法論と法文化』（中央大学出版部，2011年），同『Japanisches Recht im Vergleich』（同，2012年），同『比較法研究　第二巻　比較法と国際私法』（同，2016年），同『比較法研究　第三巻　法文化の諸形相』（同，2017年）他参照。

◆第2章◆　比較法研究の課題

◆ II ◆　前提の確認——伝統的な理解における法律学と比較法学

　これら3点の検討に入る前に，「伝統的な理解における法律学と比較法学」の内容があらかじめ確認されなければなりません。

　わたくしたちがこれまでに学び，研究し，そして講じてきた，「伝統的な理解における法律学」は，もっぱら「国家法学」であったということができます。憲法という名の国家基本法を頂点とする国家法体系の理解と各法源に定められた諸規範の体系的運用能力が重視されてきた背景には，明治維新後の近代国家を目指したわが国でも，国家の経営をそれぞれの部署で担い得る有能な人材の育成が必要とされたという歴史的事実などが挙げられましょう。国際法も，国家間の合意に着目する点において，国家法の枠組みから外れるものではありません。国家法学は，周知の通り，憲法のもとに，大別すると，民事法，行政法，刑事法の3分野に分かたれた基本類型の，またこれら3分野の組合せから成る複合類型[6]の，それぞれにおいて体系化された実定法解釈学と，これらを支える基礎法学とから成るものと理解されてきました。国内で生じる紛争の予防および解決を念頭に置いた実定法解釈学がもっぱら国家法学として認識されているのに対し，基礎法学の研究対象には，特定の国家法に関わるもの（国家法史，国家法哲学，国家法社会学など）だけでなく，諸国を横断するものも含まれておりました。

　わが国における「比較法学」固有の歴史[7]がいつ頃始まったかという点に関しては，必ずしも定説がありません。法の継受に着目し，外国法制度の導入が考えられ，実践された時点において，内外制度の対比が行われていたという点に留意すれば，古代中国，「唐の律令制の継受」に先駆的意義を見出すことができましょう[8]。他方で，1869年，「パリに世界最初の本格的な比較法研究機

---

(6) 経済法，環境法など。
(7) この点については，沢木敬郎「法の継受」伊藤正巳編『外国法と日本法』（岩波講座現代法14巻）（岩波書店，1966年）113頁以下，特に119頁以下，西賢「実定法の基礎理論——比較法学」野田良之・碧海純一共編『近代日本法思想史』（宮沢俊義・大河内一男監修　近代日本思想史大系(7)）（有斐閣，1979年）431頁以下，特に438頁以下他参照。

◇ Ⅱ ◇　前提の確認

関であるSociété de Législation Comparée（比較立法協会）が設立された」[9]ことに加え，「学問的な意味で比較法を語り得るのは，わが国では1868年以後である」[10]とされる理解もあります。わたくしは歴史家ではありませんので，この点に立ち入ることは差し控えることと致します。

　御承知のように，今日一般に考えられている比較法学は，実定法解釈学に関する部分と基礎法学に関わる部分の双方を含んでいます。一方で，国内立法上の指針を外国立法例に求めようとする場合，「比較立法」という言葉が示すように，比較の素材は内外の立法例（法典，草案等）に求められます。法規範中の特定の文言の解釈に関する指針を外国の解釈例に求めようとするときは，「比較判例」という言い方が使われます。他方で，諸国の法に共通する事象を，哲学，史学，社会学，経済学等の視点を考慮しつつ検討しようとする立場でも，時間や空間を越えて，対比作業が行われてきました。個々の研究成果に即してみれば，対比の素材に直結する外国法研究を比較法学研究から切り離し，これを独立した分野（外国法学）として理解する立場もあれば，外国法研究を比較法学研究に包含する理解もあり得ます[11]。外国法と比較法との関係をどのように理解すべきであるかという点は，論者の研究目的や活動目的の如何に左右される事柄であって，絶対的な決め手はありません。

　およそどの分野にも言えることですが，学問分野を形成する基本的な素材は，「今，解決されるべき課題が何か」という点（問題関心）に留意して，個々の

---

(8)　木下毅「日本法と外国法：法継受論(1)」北大法学論集46巻2号204頁以下，205頁。滝沢正『比較法』（三省堂，2009年）46頁他参照。

(9)　野田良之「日本における比較法の発展と現状（1）」法学協会雑誌89巻10号1頁以下，1頁他参照。

(10)　野田「日本における比較法の発展と現状（1）」（前注(8)）4頁以下。

(11)　わたくしの専攻する国際私法の領域で，法廷地の裁判官が準拠法として外国法を適用する場合，そこに登場する外国法は，当該国の言語で表現された外国法そのものであって，対比を含む比較法との関連はまったく考えられていません。つまり，法廷地法との内容的対比を行うことは求められておらず，当該国の裁判官が適用するように，当該外国法をそのまま適用するという処理が国際私法分野に共通の理解です。これに対して，当該外国法の適用結果がわが抵触法上の公序に反するか否かが検討される場合，内外実質法規等の間での対比作業が必要となります。

◆第2章◆　比較法研究の課題

研究者が実施する個別的活動の成果に求められています。それぞれの時代に，それぞれの地域で，誰と誰との間で，どのような利益対立がみられるかに応じて，求められる立法の内容にも，法規解釈の結果にも，少なからざる違いがみられます。懲罰賠償制度，養子制度等はその好例です。学術論文，判例研究などのかたちで公表された個別的研究成果の集積は，われわれが日々手引きとして利用する基本書，体系書，注釈書等に結実しています。しかし，そうした成果は現時点での総括ではあっても，体系的視点から見た場合，それぞれの分野が取り扱うべき全体像のすべてを必ずしも正確に表しているわけではありません。

　このことは，比較法学にも当てはまります。後に見るように，内外の比較法学関係の著作の多くに盛り込まれた題材の典型例として，法圏論（法系論，法族論）が挙げられます。これは，略述すると，内外諸国の国家実定法体系を系譜的観点から分類し，「母法」とか「娘法」とかという言葉で関連づけて整理する手法です。比較文学において，どの国の誰の著作が他の国の誰の作品にどのような影響を及ぼしたかの確認が行われてきたように，法史学の分野では，ある国の法が他のどの国の法に影響を与えたかを資料に基づいて解明することに関心が向けられてきました。それらは，特に立法資料の文言に着目した整理であり，関係諸国で日々増えつつある裁判例の展開まで含めて考えれば，系譜的な「母子関係」の認定が必ずしも容易ではないという事実に気付かれるはずです。また実定法解釈学からみると，同種の事案が他国でどのように規律されているかという観点から，内外の立法例（法制度）と裁判例を系譜的に対比することに興味をそそられることもありましょう。EU法の発展にも留意すれば，法の調整や法の統一も国家法間で取り上げられるべき主題の一部となっており，法圏論が，比較法学のすべてではないことが分かります。

　このように，伝統的な理解における法律学は，国際社会を形づくる国民国家制のもとで，国家法に着目してきたという特質を持っています。法圏論や法の調整に着目する比較法学は，国家法の独自性を肯定する点において，国家法学に近い存在とみられましょう[12]。

◆ Ⅲ ◆　実質的観点 ―― 比較法学における課題

　最初に，実質的観点からみた，比較法学における課題を取り上げます。内外の基本書・体系書等で取り上げられた題材が比較法学における研究課題のすべてではないとすると，比較法学にどのような論点がなお残されていると考えるべきでしょうか。ここでは，種々の制約を考慮し，「比較法学をどのように構想すべきであるか」という政策的課題に対する解答を探求する上で看過することのできない3つの論点を紹介することと致します。最初に，比較法学の体系をどのように構築するかという点，次に，比較法学を実践する場合の鍵概念を成す「比較」という行為をどのように理解するかという点，そして最後に，21世紀の比較法学における比較の対象を何に求めるべきかという点，これらです。以下，個別に説明致します。

1　比較法学の体系性

　体系に関する説明方法としては，次のふたつの視点が挙げられます。
　第1に，およそ学問の体系は，それぞれの分野が掲げる目的（達成目標）・対象（取り上げる素材）・方法（取り上げ方），これら3者によって構成されるという見方があります。比較の目的如何，たとえば，異同の確認にとどまるか，優劣の判定を要するか，比較の対象如何，たとえば，国家法や裁判例に限るか，法意識のような社会的事実にも及ぶか，比較の方法如何，たとえば，言語間のニュアンスの相違を如何に乗り越えるかに関して言えば，誰かが行った翻訳（通訳）を利用するか，複数言語を理解し得る者の判断に委ねるか，これら3つの問いに対する個々の解答の組合せ方に応じて，比較法学の体系についても，さまざまな主張があり得ます。
　たとえば，ローマ法の継受，お雇い外国人，近年では，法整備支援といった

---

(12) 渉外事件を取り扱う国際私法においても，かつては国際私法国際法説が唱えられていましたが，今日では，国家法を構成するひとつの下位分野として国際私法を位置付ける見方（国家法そのものとみる理解）が定着しています。

◆第2章◆　比較法研究の課題

キーワードが示すように，諸国家間の法制上の関連性，とりわけ，諸国の実定法が他国の法制度に及ぼす影響に着目する歴史（系譜史）重視の比較法学では，史学の方法論[13]に基づく体系化を考えることができましょう。また，実定法の諸分野で盛んに行われているように，内外実定法制度や裁判例の動向の対比作業を通じて，国内法の特質を発見しようとする理解（相対化の必要性）[14]にあっては，国家実定法の体系が比較法学の体系を左右することになるはずです。とはいえ，比較法学の在り方をめぐるこれらふたつの「体系」は，いずれも法史学や実定法解釈学の体系に依拠したものであるところから，比較法学の独自性を表すものとは言えません。ここから，比較法学を独立した学問分野と主張する立場にあっては，独自性を有する比較法学の体系化のために，どのような視点を考慮すべきであるかという新たな課題が生まれます。

　第2に，実践という点からみると，今ひとつ別の体系構成要素が考えられます。それは，基礎理論編（原論，方法論）と応用編との区別です[15]。これは，貴明治大学が，優れた実績を誇っておられる学生の就職活動支援の分野でしばしば指摘される2つの職業能力，すなわち，portable skill と applicable skill（application）に対応させることができるかもしれません[16]。この区別は，学問分野で言うと，総論と各論とに対置されがちですが，そうではありません。基礎理論編は，規律のパラダイムをどのように構築するかという方法論に関わる理解です。ここには，個々のパラダイムを支える哲学的人間観，社会事象の経験的把握，コスト・パフォーマンスからみた実践的提言，パラダイムの変遷に

---

[13] その典型は，民衆の生活に注目し，経済学・統計学・人類学・言語学などの知見を取り入れた「社会史」的視点を採用しつつ，同時に，学際性を強調するアナール学派です。この立場では，比較対象事項は広範に及ぶことでしょう。

[14] Wolfgang Goethe の言葉「外国語を知らない者は，自国語をも知ることはない（Wer ein anderes Recht nicht weiß, der sein eigenes Recht nicht weiß.）」。

[15] Wilhelm Wengler, Internationales Privatrecht, 2 Bde. Berlin 1981では，Grundlagen と Anwendung（Angewandte Fälle）と表現されています。

[16] portable skill は，業界や会社の如何を問わず，常に通用するスキル，経営力，語学力，交渉力などであり，applicable skill は，専門的知識を含め，特定の業界や会社でのみ通用する，固有のスキルです。海老原嗣生「就活のリアル」（日本経済新聞2017年4月24日夕刊9面，同年5月8日夕刊9面）ほか。

◇ Ⅲ ◇　実質的観点

関わる歴史的記述等が含まれます（原論）。これに対して，このパラダイムを具体的素材に即して展開する分野が応用編です。応用編の中で，家族，労働，金融，情報等々，取り上げる主題（素材）の内容・性質に即して使い分けられる，可変的な規律が各論と呼ばれ，そこで取り上げられるどの素材にも共通する，不変的規律が総論と呼ばれるとする整理方法です。

　一方の，目的・対象・方法の三位一体的な体系理解と，他方の，基礎理論と応用という段階的な体系理解，これらふたつの体系（視点）は現在の比較法学においてどのように考慮されているでしょうか。比較法の分野でも，内外で複数の体系書が刊行されておりますが，それぞれの目次が示すように，それらの構成は必ずしも同じではありません。ここでは，近年の先行業績[17]のうち，広範な主題を取り扱う2点，すなわち，マティアス・リーマン（Mathias Reimann）とラインハルト・ツィンマーマン（Reinhard Zimmermann）両氏が編集された『The Oxford Handbook of Comparative Law』（2006年）と，ドイツのグライフスヴァルト大学（Ernst-Moritz-Arndt-Universität Greifswald）で公法，ヨーロッパ法および比較法を講じるウーヴェ・キッシェル（Uwe Kischel）教授が書かれた『Rechtsvergleichung』（2015年）を素材として，比較法学の捉え方に

---

[17] Zweigert/Kötz, Einführung in die Rechtsvergleichung（1971）（大木雅夫訳（1974））では，「総論」として，「比較法の概念」，「比較法の機能と目的」，「比較法の方法」および「比較法の歴史」の4つが挙げられ，その後は，「世界の諸法圏」として，「ロマン法圏」，「ドイツ法圏」，「英米法圏」，「北欧法圏」，「社会主義法圏」および「その他の法圏」，これらが挙げられています。この構成を見ると，同書における比較法の体系は，法圏論が中心であり，総論は，法圏論を展開するGrundlagenが記されているはずだという推測が生まれます。まさしく，方法の項で挙げられているのは，法の分類方法であって，それ以上のものではありません。René Davidの世界の法体系に代表される法系論（法圏論，法族論），Rodolfo Sacco (1980)（Jakob Joussenによるドイツ語訳（2001）），Einführung in die Rechtsvergleichung, A. Kh. Saidov (2000)（W. E. Butlerによる英訳本(2003)），Comparative Law, Esin Örücü/David Nelken, Comparative Law, A Handbook (2007) などの内容について，個別の検討が行われなければなりません。また，和書のうち，大木先生の御著書『比較法講義』（1992）では，「序論」，「比較法思想の歴史的展開」，「比較法の本質：概念，目的，機能」および「比較法の方法」が挙げられた後に，「法圏論」，「法典論」，そして，「法律家論」が配置されています。さらに滝沢先生の『比較法』（2009）についても，同様の検討が必要となります。

◆ 第 2 章 ◆　比較法研究の課題

関するふたつのモデル紹介するに留めます。

　1　まず，『The Oxford Handbook of Compartive Law』は，3つの編から構成されています。第1編（Part I）「世界における比較法の発展（The Development of Comparative Law in the World）」では，フランス・ドイツ・スイス・オーストリア，イタリア，イギリス，アメリカ，中部・東部ヨーロッパ，東アジア，ラテン・アメリカ，これら8つの地域における比較法の発展が紹介されます。それぞれの地域で，どのような主題がどのように取り上げられてきたかに関する史的概観です。第2編（Part II）「比較法へのアプローチ（Approaches to Comparative Law）」では，法の比較と知識の比較，比較法の機能的方法，比較法研究の着眼点（留意事項）は類似か相違か，法族の比較と法伝統の比較，比較法と混合法体系の研究，比較法と比較法が国家法体系に及ぼす影響，比較法と私法のヨーロッパ化，グローバル化と比較法，比較法とイスラーム（中東）法文化，比較法とアフリカ慣習法，比較法と言語，比較法と法文化，比較法と宗教，比較法と法史，比較法と法社会学研究，比較法と批判的法学，比較法と法の経済分析，これら18項目についての研究成果が示されます。第3編（Part III）「比較法各論（Subject Areas）」では，比較法における法源と法学方法論のほか，比較契約法，比較売買法，比較の視野から見た不当利得，比較不法行為法，比較財産法，比較相続法，比較家族法，比較労働法，比較会社法，比較競争法，比較憲法，比較行政法，比較刑事法，比較民事訴訟，比較法と国際私法，というように，多くの実定法分野における対比の成果が紹介されています。

　2　次に，キッシェルの『Rechtsvergleichung』はふたつの編に分かたれています。第1編（Teil I）「比較法の基本問題（Grundlagen der Rechtsvergleichung）」は，導入・比較法とは何か，比較法の目標，比較法的方法，法圏・法文化・現象形態（現れ方，Kontexte），これら4つの項目が取り上げられています。第2編（Teil II）「諸法秩序の特性（Die Kontexte der Rechtsordnungen）」では，諸国の法秩序に比較法がどのように具体化されているかという観点から，コモンロー，ヨーロッパ大陸法（基本的形態），ヨーロッパ大陸法（多様な現象形態（現れ方）），アフリカ法，アジア法，イスラーム法，超国家法（国際法，EU法，lex mercatoria），これら7つの項目が取り上げられています。

◇ Ⅲ ◇　実質的観点

　これらふたつの著作の目次をみるだけでも，比較法に関わる歴史の取り上げ方や，実定法諸分野への目配りの仕方などにおける視点の相違のほか，いくつもの違いがあることが分かります。こうした違いは，個々の研究者がそれぞれの問題関心に基づいて展開された有意義な学術的成果であり，「思想の自由」を反映したものとしてそのまま許容されなければなりません。とはいえ，わたくしからみると，どちらの著作にも，諸国の法秩序を超越した包括的ないし横断的な視点のもとでの原論的記述という点で，なお欠けるところがあるのではないかという疑問が残ります。前者（Handbook）のような共著の場合，編者がその役割を担わなければならないことでしょう。この点は，後者（Kischel）のような単著において実践しやすいようにもみられますが，その場合でも，体系性を意識した先行研究がそれなりに積み重ねられていなければ，自説を展開する前段階の素材が欠けているという意味で，批判的な言及にも限界があることと思います。

　それでも，世界中の研究者が「比較法学」という共通の分野で，相互に連携して，協働作業を行おうとすれば，このような記述の違いを乗り越え，架橋する「共通項」が必要となりましょう。各研究者による個別の問題関心や研究目的が尊重されることに異論はありませんが，どのような体系が必要なのかが比較法学者の間で共通の論点として取り上げられるならば，比較法学の体系化へ向けた動きをさらに促進することができるはずです。

2　「比較」という行為の意味内容

　次に，「比較」という行為の意味内容についてです。この第2の重要な論点は，われわれが比較を実践する場合の作業用マニュアルに関するものです。「比較法」および「比較」という言葉がどこかで使われていれば，それだけで比較法学の研究成果になるというわけではありません。「比較法」という言葉が用いられていても，法史学の研究成果もあれば，実定法解釈学分野の研究成果もあるのが実情です。法史学と比較法学とを，また実定法解釈学と比較法学とを明確に区別する立場では，「これこそが比較法学研究の『本来的成果』（王道）である」と誰もが共通して認めるような中核部分（判断基準）が存在していな

◆第2章◆　比較法研究の課題

ければ，われわれは比較法学について「同じ土俵で」語ることができないはずです。そうした役割をこれまで担ってきたのは，一方では，比較法学の歴史，とりわけ，諸国実定法秩序の系譜的位置付けに関する法圏論であり，また他方では，実定法解釈学分野での比較立法研究や比較判例研究であったといえるのかもしれません。しかし，わたくしからみると，これらの研究成果は，前述（上記1）のように，法史学の本来的な研究成果であり，また実定法解釈学独自のそれであって，比較法学固有の研究成果ではないように感じています。

　その原因はどこにあるかを考えた結果，わたくしは，どの研究にも用いられている「比較」という言葉の理解にすれ違いの原因があるのではないかと考えるに至りました（Sprachrisiko, risk of language）。それは，歴史学[18]のほか，法律学の分野でも先行業績のいくつかが示すように，格別の定義を行うまでもなく，誰もが共通に考える内容の「比較」という行為ないし状態が存在するということが暗黙の前提とされているようにみえたからです[19]。確かに，「比較は習い性である」という常套句[20]があります。日常品の買い物から始まり，進路（受験先，就職先，婚姻相手等）の選択を含め，われわれは，生まれてからこの方，本能的な行動を除けば，「比較」という行為を随所で経験していると考えられてきたようにみえます。ことほど左様に，「『比較』という言葉の意味について，格別に論じるまでもない」という認識（理解）が広く通用しているようです。

　しかしながら，われわれの生活におけるさまざまな事象を細かくみて行くと，どの行為も，「違い（差異）を発見する（見出す）（異同を確認する）」，「優劣（優

---

[18] フランスの歴史家，マルク・ブロック（Marc Bloch）の「比較史」に関する定義によれば，「一定の類似性が存在すると思われる2つあるいはそれ以上の現象を選び出し，選び出された現象それぞれの発展の道すじをあとづけ，それらの間の類似点と相違点を確定し，そして可能な限り類似および相違の生じた理由を説明すること」が「比較史」であると考えられています（斎藤修『比較史の遠近法』（NTT出版，1997年）13頁）。

[19] 山内「比較法学における『比較』の概念について ── その思考過程解明の試み ── 」（日本比較法研究所編『日本比較法研究所50周年記念 Toward Comparative Law in the 21 st Century』（中央大学出版部，1998年）1553-1585頁。

[20] 《『書経』太甲上から》，「習慣は，ついにはその人の生まれつきの性質のようになる」という意味。

◇ Ⅲ ◇　実質的観点

先順位）を付ける」，「選択肢を特定する」，「一定の基準に基づいていずれかを選ぶ」というように，「分ける（区別する）」，「決める」，また「選ぶ」といった言葉で言い表すことのできる場面がほとんどであって，敢えて「比較」という表現を用いるまでもないのではないかという疑問が生まれます。ここに，「発見」，「確認」，「序列決定」，「特定」，「選択」，「区別」等の言葉と「比較」という言葉とがどのような関係にあるかを考える契機が生まれます。ひとつの理解は，「比較」という言葉は，これらの行為すべてを包括的に含む上位の抽象概念だという理解（つまり，「言い換え」，「同一語」とみる理解）です。これに対して，「比較」という言葉に，これらの行為とは異なる意味を与えようとする立場もあり得ます。後者では，「比較」という行為が何を意味するのかという問いについて，改めて考えざるを得ません。

　わたくし自身は，前者（「言い換え」説）の説明に納得しておりませんので，この点を次のように説明してきました。つまり，「発見」，「確認」，「序列決定」，「特定」，「選択」等の言葉で示される個々の行為を，写真のような静止画に対応する瞬間的な単一の行為とみるのに対し，比較対象事象の発見，比較目的の決定，比較過程の段階的具体化，これらすべてを含む，いわば動画のような連続性を持ったひとつのプロセス，つまり，個々の行為の集合体として，「比較」という言葉を理解することができるのではないかという説明（言葉の慣用例からみて，個々の行為を「比較」という言葉で説明することは難しいという理解）です[21]。このプロセスは，あれとこれとを選択肢として選び出すという比較対象物の選定段階や，自国法の優位性を明らかにするためにといった比較の目的設定段階のように，どこかひとつの意思決定時点を出発点にするものではありません。目的，対象，方法の観点から個別的に実施するそれぞれの意思決定の内容を互いに突き合わせながら，落ち着きの良い組合せを探求し，それが見出される場合に，その作業過程の総体を「比較」と名付けてはどうかという提案です[22]。

---

[21]　山内『比較法研究　第二巻　比較法と国際私法』（中央大学出版部，2016年）648頁ほか参照。

[22]　山内『比較法研究　第一巻　方法論と法文化』（中央大学出版部，2011年）26-33頁ほか参照。

◆ 第2章 ◆ 比較法研究の課題

　比較法学において比較を実践する場合の出発点（アルファ）であり，同時に，到達点（オメガ）でもある，この「比較」という鍵概念それ自体に関するわたくしの問題提起に対する明確な解答は，ルーマニアに生まれ，ドイツ，フランス等で活動した比較法学者，レオンタン・ジャン・コンスタンティネスコ（Léontin-Jean Constantinesco）の著作[23]ですでに行われていると考えられているのかもしれませんが，わたくしには，いまだ示されていないようにみえます。この点も，比較法学における未解決の論点であるといえないでしょうか。

3　21世紀の比較法学における比較の対象

　第3に，21世紀の比較法学における比較の対象（素材）を何に求めるかという点が挙げられます。少なからざる先行業績をみると，国家法を単位として捉える，伝統的な法律学（国家実定法学）のもと，内外の実定法秩序，内外の裁判例，内外の学説等を対比の素材として取り上げてきたのがこれまでの比較法学における研究状況であったといえましょう。立法作業や解釈作業の実情が示すように，こうした対比研究は，必然的に，いずれの素材が優れているかという観点からする法政策的な評価と切り離すことができません。法律学の研究および教育の現場でも，このような理解が広く通用していたはずです。多文化主義のもとで，序列付けの評価を伴わない外国法研究が行われる場合でも，異同の確認行為が相当の比重を占めていたものと推測することができましょう。

　特に実定法解釈学の領域においてこのような研究方法がわれわれに及ぼす影響をみると，その問題性が明らかになります。たとえば，ユルゲン・バセドゥ（Jürgen Basedow）教授のもとで行われ，2001年にハンブルク大学に提出された，エヴァ・マリア・キーニンガー（Eva-Maria Kieninger）教授（現在，ヴュルツブルク大学（Julius-Maximilians-Universität Würzburg））の大学教授資格取得論文（Habilitationsschrift）の表題，『法秩序間の競争とヨーロッパ域内市場（Wettbewerb der Rechtsordnungen und Europäischer Binnenmarkt）』という言

---

[23] Léontin-Jean Constantinesco, Rechtsvergleichung, Band II, Die rechtsvergleichende Methode, Köln, Berlin, Bonn, München 1972.

回しが示すように，また，租税回避に関する昨年の『パナマ文書（Panama Papers）』[24]が示すように，国家法学のもとでの比較法学は，極言すれば，国家法秩序間での競争を促進する立場に他なりません。このことは，諸国の法秩序間での優劣決定へとわれわれを誘うことになりましょう。つまりは，法，法制度，裁判制度，法学教育，これらを司法サーヴィス商品として位置付け，そうしたサーヴィス商品の優位を国際市場で競い合い，優劣を決定するという考え方です（例：Forum Shopping, Applicable Law Shopping）。

　法律学の研究でも教育でも，競争原理を導入することの長所は認められていますが，同時に，競争がもたらす弊害を自覚し，これを除去する対策が考えられなければなりません。このことは，比較法学の研究をどのように行い，また法学部において，学生に対してどのように比較法学の教育を行うべきであるかという課題をわれわれに突き付けるはずです。ここに生じるのが，比較の素材を諸国の実定法秩序，裁判例等に求めるだけで良いのだろうかという疑問です。その代替案については，後に（Ⅴで）改めて触れることにします。

◆ Ⅳ ◆　形式的観点 —— 比較法研究所の類型と役割

　次に，形式的観点に移ります。御出席の皆様がそれぞれに経験されている通り，比較法研究所に数え上げられる内外の研究組織には，いくつもの類型があります[25]。1948年，杉山直治郎博士により，世界で3番目，わが国では最初に設立された日本比較法研究所[26]を含むわが国の同種研究所[27]の組織と活動があ

---

[24]　バスティアン・オーバーマイヤー／フレデリック・オーバーマイヤー著（姫田多佳子訳）『パナマ文書』（KADOKAWA，2016年）他参照。

[25]　山内「比較『比較法研究所』論の勧め」「ひかくほう News Letter」創刊号（1990年4月）5頁。

[26]　http://www.chuo-u.ac.jp/research/institutes/comparative_law/

[27]　早稲田大学比較法研究所（https://www.waseda.jp/folaw/icl/（2017年6月10日確認）），日本大学（http://www.law.nihon-u.ac.jp/institute/comparative.html（2017年6月10日確認）），駿河台大学（http://www.surugadai.ac.jp/about/kenkyukikan/hikakuhou/（2017年6月10日確認）），一般財団法人比較法研究センター（http://www.kclc.or.jp/（2017年6月10日確認））他参照。

◆第2章◆　比較法研究の課題

る程度参考にされていることと思いますが,「外国法に関して精深な研究及び調査を行うことを支援し,学術の進歩発展に寄与することを目的として」設立された貴明治大学法学部付属比較法研究所の基本的な御立場,特に,組織としての研究政策は,はたしてどのように策定されているのでしょうか。

　人的構成や研究資金の規模に制約がある以上,「選択と集中」という観点を考慮しつつ,それらの資源を有効に活用しなければ,先行する類似の機関に対して,「特色（独自性）」を発揮することが難しくなります。貴研究所は,今後の多方面に亘る活動を通じて,次第に高い評価を得られることと推測致しますが,世界の将来を見据えて,何を発信すべきか,言い換えれば,いかなる方向を目指して比較法学の研究を進めるべきであるかをお考え戴く場面が,今後も,繰り返し訪れることでしょう。個々の研究を支えるロジスティクスを確保するという視点から,ここでは,網羅的にではなく,わたくしのわずかな海外滞在経験に基づいて,比較法研究所のあり方に関わる典型的な先例のいくつかを御紹介することと致します。

1　マックス・プランク学術振興協会設置の研究所

　まず,ドイツ法研究者にとって良く知られているのが,戦前のカイザー・ヴィルヘルム（Kaiser Wilhelm）協会,こんにちのマックス・プランク学術振興協会（Max-Planck-Gesellschaft zur Förderung der Wissenschaften e. V.）が設置し,運営する法律関係の研究所です。⑴外国私法・国際私法（経済私法を含む）分野の研究に携わるマックス・プランク外国私法国際私法研究所（MPI für ausländisches und internationales Privatrecht[28]（Hamburg）),⑵公法・国際法分野の研究を行うマックス・プランク外国公法国際法研究所（MPI für ausländisches öffentliches Recht und Völkerrecht[29]（Heidelberg）),⑶外国刑法・国際刑法の研究に当たるマックス・プランク外国刑法国際刑法研究所（MPI für ausländisches und internationales Strafrecht[30]（Freiburg im Breisgau））（刑事法

---

[28]　https://www.mpipriv.de/de/pub/aktuelles.cfm（2017年6月10日確認）。

[29]　http://www.mpil.de/de/pub/aktuelles.cfm（2017年6月10日確認）。

262

◇ Ⅳ ◇　形式的観点

を専攻される中空先生がフライブルクに留学されたお話をメンクハウス先生を通じて伺いました），(4)社会法・社会政策の研究に従事するマックス・プランク社会法社会政策研究所（MPI für Sozialrecht und Sozialpolitik[31]（München）），(5)ヨーロッパ法史の研究に特化したマックス・プランクヨーロッパ法史研究所（MPI für europäische Rechtsgeschichte[32]（Frankfurt am Main）），(6)知的財産法・競争法・租税法を研究するマックス・プランク知的財産法競争法租税法研究所（MPI für Geistiges Eigentum, Wettbewerbs- und Steuerrecht[33]（München）），(7)租税法と財政学を扱うマックス・プランク租税財政学研究所（Max-Planck-Institut für Steuerrecht und Öffentliche Finanzen[34]（München）），これら7つの研究所があります[35]。これらの機関は，地元の大学教授を含め，専任の研究員を雇用し，それぞれの専門分野に関する内外国法，条約法等を広くカヴァーして独立した研究を行い，鑑定書作成の要請に応え，また内外から多くの研究者を受け入れ，研究成果をさまざまな形で公表しています。マックス・プランク学術振興協会による潤沢な資金の提供が基盤となっているのは，「brain business（頭脳ビジネス）」という視点が採用されているためかもしれません。

2　スイス国立比較法研究所

　わたくしが1988年から1989年にかけて留学したスイス連邦法務省傘下のスイス国立比較法研究所（Institut suisse de droit comparé）[36]もひとつのモデルとなり得ます。この研究所は，初代所長アルフレート・フォン・オーヴァベック（Al-

---

[30]　https://www.mpicc.de/de/home.cfm（2017年6月10日確認）。
[31]　http://www.mpisoc.mpg.de/（2017年6月10日確認）。
[32]　http://www.rg.mpg.de/（2017年6月10日確認）。
[33]　https://www.mpg.de/geistiges_eigentum（2017年6月10日確認）。
[34]　http://www.tax.mpg.de/de/ueber_uns.html（2017年6月10日確認）。
[35]　このほか，ヨーロッパ裁判所が置かれたルクセンブルクに，訴訟法専門の研究所として，Max Planck Institute Luxembourg for International, European and Regulatory Procedural Law（http://www.mpi.lu/the-institute/（2017年6月10日確認））が設けられています。
[36]　http://www.isdc.ch/（2017年6月10日確認）。

◆第2章◆　比較法研究の課題

fred von Overbeck）教授のお話によると，マックス・プランク学術振興協会が設置したドイツの研究所をモデルとしたものでしたが，ドイツの研究所ほど開かれた組織ではなく，基本的に，スイスの司法政策の一翼を担うという点で，国家機関としての性格をより鮮明に出している研究所です。主な活動は，スイス政府が求める立法素案を準備し，外国法の調査を行い，裁判所等に提出する鑑定書を作成することなどです。むろん，スイスが必要とする世界の諸法圏の情報を網羅的かつ継続的にカヴァーするために，関係諸国の法制に詳しい内外の研究員を常勤または非常勤として採用しておりますが，その人数は，国家の規模が小さいためでしょうか，さほど多くはありません。わたくしが滞在していたときは，毎週一回木曜日の昼食時に「Brown Bag Lunch」の形式で研究会を催し，所長以下の研究スタッフ，図書館員と事務職員，留学生も交えて，情報の共有化を図っておりました。いわば「多能工養成」に類するシステムです。

3　ドイツ諸大学法学部付置研究所ほか

第3に，ドイツ諸大学法学部付置研究所としての比較法研究所が挙げられます。日本の研究者が在外研究の場を求める場合，みずからが研究資料として利用する主要な文献の著者に対して直接に受け入れを要請したり，指導教授や先輩，同僚等の仲介を通じて，現地のしかるべき地位にある研究者とコンタクトをとったりすることが少なくありません。アメリカ（使用料を支払うなど）やフランス（受入れ研究者自身が固有の研究室を持たないなど）は事情を異にするようですが，ドイツの場合，資料の利用可能性など，滞在時の便宜が考慮され，大学内に設置された研究所の所長クラスの研究者が滞在先として選ばれる傾向にあるようです。むろん，個々の分野で高い評価を受けている研究者であっても，自分の研究活動を優先し，留学生や訪問研究者の処遇にさほど関心を示さない研究者もいないわけではありません。

そうした滞在先として，大学（または法学部）付置の比較法研究所が選ばれることがあります。国際私法と比較法の双方を対象とする例が時としてみられますが，このような個別大学内の比較法研究所も，研究所のあり方に関するひ

とつのモデルとなり得ます。私の経験は少数の大学（Bonn（Marcus Lutter, Matthias Lehmann），Heidelberg（Werner Ebke, Herbert Kronke），Münster（Bernhard Großfeld, Otto Sandrock, Helmut Kollhosser），Osnabrück（Christian von Bar），Trier（Rolf Birk），Würzburg（Karl Kreuzer）等）に限られていますが，これらの比較法研究所は，所長など，機関の運営スタッフの関心事を全面的に反映した組織となっています。つまり，特定の分野について，深く研究を進めるという意味で，きわめて有用な機関です。定期的に研究会を開催し，シンポジウム報告書や博士論文などの成果を叢書の形式で刊行したり，外国人ゲストの演習への参加を認めたり，というように，具体的な活動は極めて多岐に亘ります。受入れ研究者が親切な方であるという条件付きですが，この種の研究所に滞在する長所は，滞在先を第二の故郷と感じるほど，居心地の良い，ひいては十分な研究活動を行い得る環境が与えられるという点にあります。むろん，活発に実績を残している比較法研究所もあれば，名ばかりの機関もないわけではありません。

◆ V ◆ 視点の転換 —— 21世紀のあるべき法律学と比較法学・比較法研究所

　第3のテーマ，「21世紀のあるべき法律学と比較法学・比較法研究所」に移ります。わが国の現状をみると，研究でも教育でも，国家法学の下で，実定法解釈学が重視されています。紛争の予防や解決に必要なスキルを伝授するという観点からみると，裁判法学的なスキルを修得することが重要であるという主張にまったく異論はありません。それでも，実定法解釈学をひとつの技術に終わらせることなく，個々の立法行為や解釈行為に魂を込めようとすれば，基礎法学の学修にも，実定法解釈学と同等の比重が，というよりも，それよりもさらに大きな比重が与えられるべきであるという指摘が先学により繰り返し行われてきました。こんにちでも，この点に触れなければならないという事実が示すように，事態はまったく変わっていないようにみえます。このような状況にあるからこそ，貴明治大学が新たに法学部付属比較法研究所を開館される御英断は高く評価されるべきである，とわたくしは考えております。

◆第2章◆　比較法研究の課題

　ここで，法律学のあり方如何に関わる，ふたつの論点に触れることをお許し戴きたく存じます。

　1　そのひとつは，われわれが長い歴史のもとに理解してきた伝統的な法律学は，はたして現代の国際社会，より広く言えば，地球社会，にとって，はたして有用なものとなっているのだろうかという根本的な疑問です。「社会」を国家に代表される特定の地域に限定して理解する場合には，国益擁護の観点からも，伝統的な法律学，つまりは国家法学にそれなりの存在意義がありましたし，今後もあると言えましょう。

　しかし，人（ヒト），資金（カネ），物資（モノ），情報（ネタ），技術（テク）などが，日々絶え間なく，国境を越えて頻繁に移動している現状をみると，わたくしたちの日常生活がすでに高度にグローバル化（地球社会化）していることが分かります。つまり，われわれの社会はすでに，「国家社会」の枠を超えて，全世界共通のひとつの「地球社会」となっているという認識です。このような状況を考慮すると，全地球的規模の広がりを有する諸問題について，国家法だけではまったく解決することができておらず，言い換えると，国家法はおよそ機能しておらず，また，国家間の合意という形式の国際法も，トランプ大統領によるパリ協定離脱宣言や北朝鮮の一連のミサイル発射行動などの例が示すように，地球的規模で法規制の空白が生じているという実情に気付くはずです。人権尊重，貧困撲滅，格差解消，難民対策，人口急増，環境破壊（温暖化，酸性雨，砂漠化など），食糧危機，テロ対策等々，全地球的規模での課題の解決を国家法に委ねるという発想それ自体の限界がここに露呈されていると言わざるを得ません。

　このような状況を世界の法律学はどのように受け止めるべきでしょうか。21世紀の法律学は，国家法学の研究とは別に，国家法学の研究と並行して，というよりも，国家法学の研究に優先して，全地球的課題に取り組むことが求められていると考えるべきです。シンボリックな表現を用いれば，国家法学から地球社会法学への転換が必要なのではないかという主張です。

　2　もうひとつの根本的な疑問は，法の本質に関わるものです。法は，種々の利害対立を解決すべき中立の基準として，どちらの利益主張にも与しない，まったくの中立，いわゆる「比較の第三項（tertium comparationis）」でなけれ

◇ V ◇　視点の転換

ば，その判断内容について，双方当事者の信頼を得られないはずの存在です。タリバン，アルカイーダ，イスラーム国（IS），ボコハラム，アッシャバーブなどによる，止むことのないテロ活動がその好例ですが，国際社会では，前述のように，国家法自体，内外国家法間での競争に晒され，勝敗を競う素材となってしまっている，より明確にいえば，国家法は中立性を失って当事者になり下がっている，ということです。このことは，デラウエア会社や便宜置籍船，そして上述の「パナマ文書」が示す租税回避などの例を想起すれば，すぐに明らかになります。

　国際社会において紛争が絶えない現実から容易に引き出せるように，国際法それ自体も中立性を失い，特定の利益を代表する存在となっています。国際法の存在意義を認める諸国家の間でしか，国際法が法として機能していないという状況は，国家法も国際法も「比較の第三項」たり得ないという厳しい現実を示していると言わざるを得ません。このことは，国家法学として発展してきた伝統的な法律学に代えて，中立性を帯有した法律学の確立こそが21世紀における世界の法律学の共通課題とされなければならないという主張に繋がります。

　21世紀における法律学のあり方如何という点からみたこれら2つの観点を考慮すると，実定国家法学を基本とする伝統的法律学を維持し，発展させることが，そもそも，21世紀の地球社会にとって，はたして有用であり，また必要なのかという疑問に辿り着きます。

　この疑問は，比較法学にとって，どのような意味を持つのでしょうか。この点は，内外諸国の実定法規や裁判例を対比し，外国法上の優れた部分を国内法に取り入れるといった，効用重視型の比較立法研究や比較判例研究などを行い続けるだけでよいのか，また，諸国の実定法秩序間の影響関係を歴史的に跡付けるだけでよいのかといった疑問に結び付きます。このような認識に立つと，比較法学の目的（達成目標）は，これまでのように，国家間の競争を刺激するような差異の発見と序列付けを巡る諸論点に注力することに代えて，地球社会の総合的な維持・発展を目指すという視点から，諸国家法間の共通点に着目して，どのようにして相互の調和を達成すべきであるかという点に置かれなければならないはずです。もとより，このことは，必ずしも，統一法の形成を意味するものではありません。EU指令のように，目的達成方法の違いを認めつつ，

◆ 第2章 ◆ 比較法研究の課題

結果の統一を模索する調整方法も一案として残されてしかるべきです。以下，こうした視点から3つの論点を御紹介致します。

1 主題の選択 ── 国益追求に代えて，「地球的課題」への挑戦

　まず，主題の選択という視点からみると，国益追求に代えて，「地球的課題」への挑戦が行われるべきであるという主張についてです。これまで申し上げてきたような認識を前提とすると，21世紀の比較法学では，実定法秩序や裁判例等の異同を確認することにとどまらず，それぞれの社会集団に固有の社会行動文法（social grammer）──，つまり，一定の条件が整ったときに（要件論），必然的に採用される（効果論）行動類型（社会規範）──に着目し，社会行動文法相互の調整を図るという視点が浮かび上がります。この点に言及するのは，双方の譲歩を前提とした，相互の調整を進めることこそが，全地球社会という名の，単一の社会においてわれわれが共存するための有力な方法であると考えるためです。

　もとより，「学問の自由」を考慮すると，個々の研究者がそれぞれの問題関心に基づいて選んだ主題の研究が優先されるべきであるという点にわたくしも異存はありません。確かに，自国国家法の内容を充実させるための研究活動にも，それなりの存在意義はありましょう。しかし，研究活動が個人や組織（国家を含む）の自己満足のために行われるのではなく，地球社会の諸課題を解決するために行われるべきであるという「学術研究の社会的使命」に思いを致すとき，別の視点が浮かび上がるはずです。また，国内で満足することができるような解決策（例：「アメリカ・ファースト」のような一国至上主義）であっても，地球社会全体からみると，とうてい満足することができないような解決策であれば，やはり，そうした研究を行うことに対して疑問符が付けられるのではないでしょうか。比較法学こそが，実定国家法学の壁を乗り越える有益なtool（手段）となるはずです。種々の地球の課題への挑戦は，今後の比較法学研究においても無視することのできない素材であると考えられます。

2　活動成果の共有化 —— 成果の内外への継続的発信

　第 2 に，活動成果の共有化のために，研究成果を内外諸国の関係者に向けて継続的に発信することが必要だという主張についてです。地球的諸課題への挑戦という観点からは，研究の成果を，時代や国境を超えて，関係諸方面で広く共有することが必要となります。ノーベル賞など，各種の顕彰例が示す通り，地球物理学や医学，また経済学や文学などの分野では国境は取り除かれ，地球社会の共有財産が数多く生まれています。法律学，ここでは比較法学の研究も，そうした地球社会共有の資産として位置付けられるようにならなければ，世界的に高い評価を得ることはできないでしょう。

　諸国家において，それぞれの法定言語を用いて，ローカルなルールを如何に詳細に定め，また，それらの研究を地道に進めても，それらは，地球社会全体からみれば，あくまでも部分的な解決策にとどまり，他の諸国にとっても地球社会全体にとっても，さほどの関心を呼ばないはずです。全地球的課題の解決に向けて，世界的規模で共通の話合いができるようなプラットフォーム（社会環境）を整えるうえで，法律学，とくに比較法学は，大きな役割を果たすことができましょう。この点からみると，われわれの研究成果も，使用言語の如何を問わず，内外の関係諸方面に向けて，絶えず発信され，それに対する批判を受け止めて，さらに改訂を重ね続けることが必要となりましょう。

　地球的規模での発信の内容には，政策的な提言も含まれます。法律学の分野で参考になる一例は，ドイツ法曹会議 (Deutscher Juristentag) の活発な活動です[37]。法律学の側から実践的な政策提言を行うことは，確かに，わが国でも，法制審議会など会議体への参加，またパブリックコメントの公表などを通じて，これまでも行われてきています。ただ，そうした活動はもっぱら，有識者という名目による個人の資格での参加であって，学会や研究所を単位とする，機関としての活動はさほど多くはなかったようにみえます。貴比較法研究所が，共同研究の成果を政策提言として発信されることも，今後，大いに推進されるべ

---

[37] 2001 年から隔年で開催されている Europäischer Juristentag（ヨーロッパ法曹会議）は，国家法による制約のゆえに，まだドイツ法曹会議ほどの成果を挙げていないようにみえます。

◆第2章◆　比較法研究の課題

き，ひとつの具体的試みと言えましょう。

3　国際的共同研究の組織化

　第3に，国際的共同研究の組織化が必要であるという主張についてです。各種資源の効率的配分を考えれば，すべてを自前で賄うことに代え，部分的にアウトソーシングを行うことなど，比較法研究所の効率的な運営方法の採用も，考えられるべき選択肢のひとつです。姉妹校を含む，内外の他の比較法研究所との間での連携・連合（スケール・メリットの採用）や，分業（役割分担）を含めた，相互協力体制の構築は，自然科学系の諸分野でかねてより実践されてきた，有意義な政策実現手法のひとつです。分野ごとに，主題に即して，中核的機関を定め，そこで関係者が集中的に研究を進めるという仕組みを考える上で参考になるのが，ヨーロッパ連合などにみられる分業体制です[38]。

　貴明治大学が内外の多くの協定校との間で，比較法に関する共同研究を定期的に実践され，その成果を国際的規模で発信されること[39]は，貴明治大学法学部付属比較法研究所の名声を世界的規模で高めるために有効な選択肢のひとつとなりましょう。また，貴研究所の活動を活性化する上で，事業活動における

---

[38]　EU機関の所在地をみると，委員会はBrüsselに，議会はStrasbourgに，司法裁判所と欧州会計監査院はLuxembourgに，中央銀行はFrankfurt am Mainに，それぞれ置かれています。ヨーロッパ連合の機構は，直接的に模倣したわけではありませんが，スイスの統治機構（立法府が兼ねる連邦政府（内閣）は，連邦議会から選出される7人の連邦参事（閣僚や大臣とは呼ばない）で形成される合議体であり，内閣はドイツ語圏の諸国と異なり連邦参事会（Bundesrat）と呼ばれます。7人の連邦参事が各省を統括し，その中の1人が連邦参事兼任のまま任期1年の連邦大統領となります。行政と議会はBern，経済はZürich，司法はLausanneに置かれています）と多くの類似点を持っています。それは，スイスのコンセンサス型制度が言語や宗派によって分断された国家をうまくつなげているものと評価されたためかもしれません。ドイツの最高裁判所所在地についても，分業体制が採用され，民事・刑事の通常事件はKarlsruhe，連邦行政裁判所（Bundesverwaltungsgericht）はLeipzig，連邦財政裁判所（Bundesfinanzhof）はMünchen，連邦社会裁判所（Bundessozialgericht）はKassel，連邦労働裁判所（Bundesarbeitsgericht）はErfurtに，それぞれ置かれています。上述のマックス・プランク研究所の分野ごとの配置も同種の例といえましょう。

生産，管理などの業務を円滑に進める手法として知られる「PDCA サイクル (PDCA cycle, plan-do-check-act cycle＝: Plan（計画）→Do（実行）→Check（評価）→Act（改善）の4段階）」のうち，Check（評価活動）の一部を外部に委ねること（株式上場，第三者委員会等に相当）も，より大きな刺激が得られる手法のひとつです。内外の協定校に加え，本日，御挨拶を戴いた比較法学会理事長・北村一郎先生を含め，比較法学の分野で優れた実績を有する世界の一流の人物複数名を貴研究所の（常勤または非常勤の）顧問として迎え，外部の目から見た評価を受け止めて，飛躍の契機とされることも一案かと思います。

◆ VI ◆ むすび

　結びに入ります。アメリカの比較文学者で，インド出身のスピヴァクは、「新しい比較文学は，支配的なもの(the dominant)が出現しつつあるもの(the emergent)を自分のものにしようとする明確な傾向性を有しているのを根柢から掘り崩し，解消するべく，粘り強く，繰り返し努めていかなければならない。」[40]と述べています。従来の支配的な活動には，新たに生じてきた現象を，みずからの旧来の価値体系のもとに取り込んで一元化しようとする，つまり新しい芽を摘み取ってしまう傾向があるという主張です。この指摘が比較法学にもそのまま妥当するといえるか否かについては，立場により，異なる評価があり得ます。それでも，わたくしには，世界の比較法学がどのようなものであるべきか

---

(39) 幸いにして，貴明治大学法学部付属比較法研究所と日本比較法研究所との相互協力関係が順調に形成され，また，今後，青山学院大学，法政大学および立教大学の参加の下に，世界的規模で比較法学分野の研究が進められ，新しい創造的な価値を生み出すことができるならば，受験業界で固定化しつつある「MARCH（明治大学，青山学院大学，立教大学，法政大学および中央大学のアルファベット表記の最初の一文字を組み合わせた造語）」に代えて，「CHARM（CHARMは，前注(33)に掲げた5大学の活動に共通する新たな動きを言い表す5つの形容詞（例：challenging, human, artistic, reproductive, mutual）の最初の一文字を組み合わせた著者自身による造語）」という名の新たなブランドを立ち上げる契機が生まれ，世界的規模で内外から優れた学生を吸引することができるようになるはずです。

(40) スピヴァク著『ある学問の死』（前注(＊)）171頁。

◆第2章◆　比較法研究の課題

という点を考える上で，この言葉は示唆に富んでいるようにみえます。

　わたくしは，乏しい経験に基づいて，比較法学における諸課題，比較法研究所のあり方，21世紀の比較法学の進め方等に関する検討の素材を御紹介致しました。むろん，その採否を含め，すべては，貴明治大学法学部付属比較法研究所の皆様の今後の絶えざる御検討に委ねられております。貴明治大学の新しい法学部付属比較法研究所の挑戦が成功裏に終わるよう，心より祈念して止みません。永らくの御静聴，ありがとうございました。

第III部

ドイツ法との対話

Die Rechtswissenschaft im 21. Jahrhundert
　　―Umorientierung vom nationalen Recht zum globalen Recht―*

    Ⅰ Abreise ― Erfahrung in Münster
    Ⅱ Traditionelle Rechtswissenschaft
    Ⅲ Diskrepanz zwischen Rechtswissenschaft und sozialer Wirklichkeit
    Ⅳ Globale Rechtswissenschaft
    Ⅴ Rechtsvergleichung
    Ⅵ Zum Schluss

Spektabilitäten,
Verehrte Kolleginnen und Kollegen,
Liebe Freunde,
Sehr geehrte Damen und Herren !

Ich bedanke mich aufs Neue dafür, dass mein ehemaliger Schüler und jetziger Kollege Herr Heinrich Menkhaus und meine ehemalige Schülerin und jetzige Kollegin Frau Midori Narazaki-Matsuka für mich eine so dicke und wunderschöne Festschrift[1] herausgegeben haben, dass mehrere heute hier an-

---

  *Dieser Aufsatz ist eine erweiterte Fassung eines Vortrages, den der Verfasser bei der "Akademischen Feier zur Verleihung der Festschrift zum 70. Geburtstag an Prof. Dr. Dr. h.c. Koresuke Yamauchi" im Hotel Mövenpick Münster am 14. Mai 2017 als seine Dankesrede gehalten hat. Für sprachliche Hilfe bei der Verbesserung des Manuskripts möchte der Verfasser Herrn Kollegen Prof. Dr. Heinrich Menkhaus, Inhaber des Lehrstuhls für "Deutsches Recht" an der Juristischen Fakultät und der Rechtsgraduierten Schule der Universität Meiji in Tokyo sehr herzlich danken.
(1) Heinrich Menkhaus/Midori Narazaki (Hrsg.), Japanischer Vorkämpfer für die Rechtsordnung des 21. Jahrhunderts, Festschrift für Koresuke Yamauchi zum 70. Geburtstag, Schriftenreihe zum Internationalen Recht, Band 220, Berlin 2017.

◆ 第1章 ◆　Die Rechtswissenschaft im 21. Jahrhundert

wesende Kolleginnnen und Kollegen aus dem deutsch- und englischsprachigen Raum, aus Europa sowie aus Ostasien (Korea und Japan) für mich darin Aufsätze beigetragen haben, dass Herr Dr. Florian Simon als Inhaber des Verlages Duncker & Humblot die Festschrift publiziert hat, dass die beiden Dekane aus Münster[2] und aus Marburg[3] mir jeweils warmherzigen Grussworte ausgesprochen haben, und letztlich, dass Sie alle eigens nach Münster gekommen sind, um an dieser Feier teilzunehmen.

Erlauben Sie mir bitte an dieser Stelle die Namen der drei großen münsteraner Juristen zu gedenken, die am Austauschprogramm zwischen der Westfälischen Wilhelms-Universität Münster und der Chūō-Universität Tokio[4] teilgenommen hatten. Herr Helmut Kollhosser hat als erste Kontaktperson auf der münsterschen Seite die Basis des Austausches begründet[5]. Herr Berthold

---

(2) Prof. Dr. Janbernd Oebbecke.
(3) Prof. Dr. Michael Kling.
(4) Vorwort von Herrn Kollegen Dirk Ehlers, in : Bernhard Großfeld／Koresuke Yamauchi／Dirk Ehlers／Toshiyuki Ishikawa (Hrsg.), Probleme des deutschen, europäischen und japanischen Rechts, Festshirft aus Anlass des 20-jährigen Bestehens der Partnerschaft der Westfälischen Wilhelms-Universität Münster und der Chuo-Universität Tokio auf dem Gebiet, Münsterische Beiträge zur Rechtswissenscahft, Band 162, Berlin 2006 ; Yamauchi, Chūō Daigaku Myunsutā Daigaku kan ni okeru Hōgakusha Kōryū no Keii ni tsuite［＝Geschichte in der Partnerschaft der Bereich der Rechtswissenschaften zwischen Chuo Universität Tokio und der Westfälischen Wilhelms-Universität Münster］, Chūō Hyōron, Bd.41, Heft 1 (1989), SS.118-125 ; ders., Chūō Daigaku Myunsutā Daigaku kan ni okeru Hōgakusha Kōryū no Kaiko to Tenbō［＝Vergangenheit, Gegenwart und Zukunft in der Partnerschaft des Bereiches der Rechtswissenschaften zwischen Chuo Universität Tokio und der Westfälischen Wilhelms-Universität Münster (1985-2005)］, in : Toshiyuki, Ishikawa ／ Dirk, Ehlers／Bernhard Großfeld／ Koresuke Ymauchi (Hrsg.), Chūō Daigaku Myunsutā Daigaku Kōryū 20 Shūnen Kinen, Kyōen Doitsuhō to Nihonhō［＝Zusammenspiel : Deutsches und Japanisches Recht］, Tokyo 2007, SS.409-427.
(5) Bernhard Großfeld, Nachruf : Prof. Dr. Dr.h.c. Helmut Kollhosser —*22.4.1934 †30.12.2004, in : Bernhard Großfeld／Koresuke Yamauchi／Dirk Ehlers／Toshiyuki Ishikawa (Hrsg.), Probleme des deutschen, europäischen und japanischen Rechts (Fn.4), SS.211-216.

◇ I ◇　Abreise

Kupisch hat unser Juristenaustauschprogramm bereichert[6], und der vor kurzem verstorbene Herr Otto Sandrock hat die Entwicklung der Partnerschaft zwischen den beiden Fakultäten stark beschleunigt[7]. Wir alle werden auch in den nächsten Generationen ihre Verdienste nie vergessen.

◆ I ◆　Abreise—Erfahrung in Münster

Mein wissenschaftlicher Weg im Bereich „Rechtsvergleichung" startete hier in Münster im Jahre 1983. Als ich 36 Jahre alt war, hatte ich in dieser Stadt einen Studienaufenthalt von 18 Monaten[8]. Es war eine wichtige Erfahrung, mit einer anderen Rechtskultur in Berührung zu kommen. Es war damals für japanische Wissenschaftler, insbesondere Zivilrechtler, eine Sehnsucht, in Deutschland Deutsches Recht zu lernen, weil deutsches Recht in mehreren Bereichen (z.B. Zivilrecht, Handelsrecht, Zivilprozessrecht, IPR usw.) das „Mutterrecht" war. Ein Studienaufenthalt in Deutschland bedeutete eine wichtige Stufe in der Karriere eines akademischen Lebens. Deutschland ist ein sehr wichtiger Zielpunkt, wie *Santiago de Compostela* bei der Wallfahrt[9]. Japanische Studierenden haben sich um wissenschaftliche und praktische Erfahrungen im deutschen Recht bemüht, um ihre Kenntnisse nach Japan zu importieren. Sie haben die neuen Entwicklungen des deutschen Rechts untersucht und ihre Analyse in japanischer Sprache publiziert. So kam es zu einer Rezeption der deutschen Dogmatik und Praxis. Das war eigentlich eine „Einbahnstrasse"!

---

(6) Berthold Kupisch, Bereicherung und Anweisung — Zur Rechtsfolge des §816 Abs.1 Satz 1 BGB, Hikakuho Zasshi (Revue de droit comparé=Comparative Law Review) (Chuo University, Tokyo), Bd.25 Heft.2 (1991), SS.1-16

(7) Otto Sandrock (Hrsg. Und übersetzt von Herrn Kollegen Shūhei Maruyama), Kokusai Keiyakuhō no Shomondai [= Einige Probleme im Internationalen Vertragsrecht], Tokyo 1996.

(8) Yamauchi, Kaigai Tsūshin : Myunsutā no Machi kara [=Reisebericht aus Münster, Teil 1], Chūō Hyōron, Bd.35, Heft 1 (1983), SS.36-41 ; ders., Kaigai Tsūshin : Myunsutā no Machi kara(Zoku)[=Reisebericht aus Münster, Teil 2], Chūō Hyōron, Bd.35, Heft 2 (1983), SS.42-47.

(9) Yamauchi, Laufen und Recht—Die japanische Pilgerfahrt, in : Bernhard Großfeld/Koresuke Yamauchi/Dirk Ehlers/Toshiyuki Ishikawa (Hrsg.), Probleme des deutschen, europäischen und japanischen Rechts (Fn. 4) SS.185-207.

◆第 1 章◆　Die Rechtswissenschaft im 21. Jahrhundert

Mein erster Schritt in diesem Sinne war die Übersetzung des von Herrn Kollegen Bernhard Großfeld geschriebenen überblickenden Buches "Rechtsprobleme multinationaler Unternehmen — Praxis des internationalen Privat- und Wirtschaftsrechts" -, Reinbek 1975, in die japanischen Sprache. Die Übersetzung erschien 1982 in Tokio[10]. Durch diese Übersetzung konnten japanische Juristen, die verschiedene Rechtsgebiete vertraten, die globalen Tätigkeiten sogenannter multinationaler Unternehmen systematisch erfassen. Damit wurde eine Wandlung der Forschungsmethode in unserer Rechtswissenschaft eingeleitet: von der *Boutique*（tiefgehende Erforschung eines eingeengten Rechtsgebietes, z.B. nur Deliktsrecht, nur Sachenrecht）zum *Kaufhaus*（Rechtsgebiete übergreifende Forschung, z.B. die Kombination des Zivil-, Gesellschafts-, Wettbewerbs- und Steuerrecht）.

Im Gegenzug beschäftigten sich nur wenige japanische Kollegen damals mit dem Export japanischer Rechtsinformationen nach Deutschland. Die Namen der schon verstorbenen Kollegen Herren Zentarō Kitagawa[11], Akira Ishikawa[12] u.a., denen ebenfalls jeweils eine Festschrift in Deutschland gewidmet wurde[13], sind zu nennen. Aber auch Herrn Kiyoshi Igarashi[14] u.a. gehören dazu. Sie haben auf Deutsch geschrieben, wie das deutsche Recht in verschiedenen Rechtsbereichen der Rechtswissenschaft, in Japan rezipiert wurde, wie es sich im Laufe der Zeit verändert hat, und wie die europarechtlich beeinflussten

---

(10) Yamauchi, "Takokusekikigyō no hōritsu mondai — Jitsumu Kokusai-Shihō Kokusai-Keizaihō", Tokyo 1982.

(11) Zentarō Kitagawa, Rezeption und Fortbildung des europäischen Zivilrechts in Japan, Berlin 1970.

(12) Akira Ishikawa, Die Bedeutung der Schlichtung als Mittel der Streitbeilegung unter Vermeidung gerichtlicher Auseinandersetzung in Japan. Europainstitut, Saarbrücken 1988.

(13) Hans G. Leser（gemeinsam mit Tamotsu Isomura）（Hrsg.）, Wege zum japanischen Recht, Festschrift für Zentaro Kitagawa zum 60. Geburtstag am 5. April 1992, Berlin 1992; Gerhard Lüke, Takehiko Mikami und Hanns Prütting（Hrsg.）, Festschrift für Akira Ishikawa zum 70. Geburtstag am 27. November 2001, Berlin 2001,u.a.

(14) Kiyoshi Igarashi: Einführung in das japanische Recht, Wissenschaftliche Buchgesellschaft Darmstadt, Darmstadt 1990.

◇ I ◇ Abreise

Bereiche (Zivilrecht, Zivilprozessrecht u.a.) sowie die „common law"-rechtlich geprägten Bereiche (Verfassungsrecht, Gesellschaftsrecht, Wettbewerbsrecht u.a.) harmonisiert wurden.

Insbesondere die Dissertation des schon emeritierten Kollegen Herrn Hideaki Seki in Münster[15] hat uns Anreiz dazu gegeben, dass junge japanische Juristinnen und Juristen in unserer Generation Informationen zum japanischen Recht deutschen Gelehrten vermitteln mussten, um den gegenseitigen Austausch zu vertiefen, und ferner, ausländischen Kolleginnen und Kollegen gründliche und zugleich glebalen Fragestellungen zu geben. Die Teilnahme an diesem „Export" ist als Teil unserer wissenschaftlichen Verantwortung anzuerkennen. Sowohl Herr Menkhaus als auch einige andere damalige Hilfskräfte in Münster, Herr Dr. Klaus Brondics (Direktor des Arbeitsgericht Aachen) und Herr Dr. Jürgen Mark (Rechtsanwalt in Düsseldorf), die heute unter uns sind, gaben mir seinerzeit wertvolle sprachliche und wissenschaftliche Hilfe.

Das Leben in Münster lieferte mir viele akademische Produkte. Mein damaliger Gastgeber Herr Grossfeld und sein guter Freund und zugleich Ko-Direktor seines Instututs Herr Sandrock gaben mir mehrere Chancen. Ein typisches Beispiel war die Teilnahme an ihren Seminaren: „Rechtsvergleichung" bei Herrn Großfeld und „Internationale Schiedsgerichtsbarkeit" bei Herrn Sandrock. Mittels Teilnahme habe ich verschiedene Methoden der Forschung, Berichterstattung und Diskussion kennengelernt. Das Gespräch mit den Studierenden brachte mir bessere Sprachkenntnisse und viele akademische Hinweise. Sie haben mit "Magie" meine armen Deutschekenntnisse in schöne Sprache umgebildet, mit der ich einige Manuskripte abschließen konnte[16].

Die Familien Großfeld und Sandrock sowie viele Mitarbeiter ihres Instituts hatten mir den europäischen Lebensstil vorgeführt. Dadurch habe ich sowohl für den Standpunkt als Gesetzgeber (Subjekt der Kontrolle) als auch für den Standpunkt als Bürger (Objekt der Kontrolle) viel gelernt. Die später gewonnenen Erfahrungen der Partnerschaft der beiden juristischen Fakultäten seit 1984

---

[15] Hideaki, Seki, Übernahmeangebote im japanischen Recht. Dissertation an der Universität Münster 1976.
[16] Yamauchi, Japanisches Recht im Vergleich, Tokyo 2012.

sind zusätzlich anzugeben. Der langjährige Professorenaustausch hat durch Mitwirkung jedes Teilnehmers einschließlich seiner Familiemitglieder eine reiche juristische und kulturelle Ernte eingebracht. Das Erbe ist sicherlich schon angetreten.

Bis hierhin lassen sich drei Punkte resümieren. Gesellschaftlicher Verkehr ist nicht einseitig, sondern interaktiv zu betreiben. An jedem Tag ist ein kleiner Schritt vorwärts zu machen („Slow and steady wins the race."). Die Erfolge dieses Austausches muss beiderseitiges Gemeineigentum werden, dass von der nächsten Generation übernommen wird.

◆ II ◆ Traditionelle Rechtswissenschaft

Wie Sie wissen, unsere nach der französischen Revolution langjährig übernommene Rechtswissenschaft unterscheidet zwischen inländischem und ausländischem Recht. Nur die Grundlagenfächer (Rechtsgeschichte, -philosophie und -soziologie) verknüpfen inländisches Recht mit ausländischem Recht. Diese "traditionelle bzw. klassische Rechtswissenschaft", die wir heute noch studieren und weiterentwickeln, ist für uns ein gemeinsames geistiges Vermögen geworden. Wir erinnern uns an das vom österreichischen Künstler *Gustav Klimt* gemalte Fakultätsbild "Juriprudenz", das neben "Medizin" und "Philosophie" in der Aula der Universität Wien aufgehängt wurde. Wir kennen das lateinische Wort "ubi societas ibi ius": Das Recht funktioniert in jeder Gesellschaft jeweils in verschiedener Art und Weise seit dem griechischen und römischen Zeitalter. Jeder Staat besitzt staatliche Hoheit und erkennt sie gegeneinander an. Er kann und muss die eigenen innerstaatlichen Angelegenheiten im Rahmen des Völkerrechts regeln.

Man hat gedacht, wenn jede Familie, jedes Unternehmen und jeder Staat ihre Selbstbeherrschung bewahren und Selbstdisziplin üben, kann die Erde in Frieden und Freiheit leben. Die gesellschaftlichen Wandlungen (Internationalisierung, Digitalisierung u.a.) brachten aber eine Zunahme der Rechtsstreitigkeiten und eine Flut von Gesetzen bzw. Verordnungen, so dass die nationalen Rechtssysteme sich unter ihrer jeweiligen Verfassung unterschiedlich entwickelten. Die ständig steigende Zunahme der Gesetze und Entscheidungen hat Lehre und Praxis so geändert, dass jeder Forscher sein Spezialgebiet allein nicht

◇ Ⅲ ◇ Diskrepanz zwischen Rechtswissenschaft und sozialer Wirklichkeit

mehr ausreichend beherrscht. So hat die aus den Naturwissenschaften stammende Gruppenforschung auch in Rechtswissenschaft Bedeutung erlangt.

Auch die Internationalisierung, besser gesagt Globalisierung der unternehmerischen Aktivitäten hat uns zur Weiterentwicklung von Arbeitsgruppen gedrängt. Europa zeigt uns ein sinnvolles Modell (zuerst EG, und dann EU), das vom klassischen Völkerrecht abweicht. Europäisches Recht, das aufgrund einer partiellen Übertragung staatlicher Hoheit auf die Union geprägt ist, liefert für uns immer gutes Anschauungsmaterial. Die traditionelle Rechtswissenschaft in diesem Sinne funktioniert also immer noch und verliert aber ihre eigene *raison d'être* in naher Zukunft nicht.

◆ Ⅲ ◆ Diskrepanz zwischen Rechtswissenschaft und sozialer Wirklichkeit

Personen, Geldmittel, Güter, Techniken und Informationen gehen heute bekanntlich über die Staatsgrenzen hin und her. In diesem Sinne leben wir gegenwärtig in einer transnationalen Umwelt. Die Bedeutung der Staatsgrenze ist sicherlich kleiner geworden. Aber in der traditionellen Rechtswissenschaft hat das staatliche Interesse immer noch den Vorrang vor dem globalen Interesse. Es zeigt sich keine Lösung, wie globale Probleme gründlich gelöst werden können. Im Hintergrund steht dabei der Gedanke, dass der Wettbewerb zwischen den staatlichen Rechtsordnungen bessere Lösungen erzeugen könne. Der Gedanke aber läuft leider ins Leere, weil die traditionelle Rechtswissenschaft globale Probleme, wie Bombenangriffe in Syrien, Zunahme der Flüchtlinge im Mittleren Osten, Bekämpfung der Armut, Fortschreiten der Erderwärmung, Wüstenbildung in Brasilien, China und Indonesien u.a., immer noch außer acht lässt. Die Weltpopulation von 7.4 Billionen Menschen im Jahre 2017 wird sich auf vermutlich 8.1 Billionen im Jahre 2025, 9.6 Billionen im Jahre 2050 und 10.9 Billionen im Jahre 2100 vermehren. Die ständige Zunahme der Weltpopulation führt zu verschiedenen weiteren Fragen (z.B. Verteilung der Lebensmittel). Dazu haben nationale Rechtsordnungen keine Lösungskräfte mehr.

Die traditionelle Rechtswissenschaft basiert auf dem "Mythos", nach dem alle Staaten gleichberechtigt sind. Die Staaten sind zwar völkerrechtlich gleich, aber in Wirtschaft, Politik und Kultur faktisch ungleich. In der Geschichte existierten

◆第 1 章◆ Die Rechtswissenschaft im 21. Jahrhundert

viele Kaiserreiche, wie das Heilige Römische Reich, das Osmanische Reich, das Kaiserreich Österreich-Ungarn usw. Es gibt sie nicht mehr. Heutzutage gibt es viele gescheiterte Staaten (*failed state*), die ihre inneren wirtschaftlichen, politischen und gesellschaftlichen Probleme nicht selbstständig lösen können. Auf der anderen Seite geben einige stärkere Staaten diesen Staaten Geldmittel, Nahrungsmittel und Waffen, allerdings um ihre eigene Interesse zu verwirklichen. In der Liste „The World's Billionaire, Top 100" stehen neben Staaten schon 70 Mega (bzw. Groß) -Unternehmen. Diese Unternehmen haben eine stärkere Stellung als mittlere und kleinere Staaten. Sowohl Staaten als auch Unternehmen sind zwar zivilrechtlich gleich, aber wirtschaftlich eben nicht. Es gibt also keine Übereinstimmung zwischen dem rechtlichen Prinzip und der wirtschaftlichen und politischen Wirklichkeit. Sie erinnern sich vielleicht an den berühmten Rechtsfälle, z.B. Chevron v. Ecuador[17] im internationalen Umweltrecht, oder Donegal International v. Zambia[18] und Elliott Management V. The Republic of Argentina[19] im internationalen Bank- und Finanzrecht.

Die Rechtswissenschaft ordnet sich damit der Wirtschaft und Politik unter, wie *Karl Marx* schrieb[20]. Bemerkenswert ist es, dass die soziale Stellung der Rechtswissenschaft sich inzwischen sehr verschlechtert hat. Die Wirtschaft nimmt einen höheren Rang ein. Die Konsumenten üben Einfluss auf die Ausbreitung der wirtschaftlichen Aktivitäten in jeder Gesellschaft aus. Infolge der technischen Entwicklung, der Digitalisierung der Informationen und der Globalisierung der verschiedenen Märkte ziehen die Fabriken ins Ausland um das Lohngefälle auszunutzen, so dass die Arbeitsmärkte im Inland immer kleiner

---

(17) https://www.italaw.com/cases/257 (zuletzt abgerufen am 28.5.2017)

(18) EWHC 197 (Comm); [2007] All ER (D) 184 (Feb); [2007] 1 Lloyds Rep 397; http://www.maitlandchambers.com/information/recent-cases/donegal-international-ltd-v-zambia-anor-2007 (zuletzt abgerufen am 28.5.2017)

(19) http://www.valuewalk.com/2016/02/elliott-management-vs-the-republic-of-argentina/ (zuletzt abgerufen am 28.5.2017)

(20) Marx als Ideenproduzenten beschreibt die Aufgabe der Philosophen wie folgt: „Die Philosophen haben die Welt nur verschieden interpretiert, es kömmt drauf an, sie zu verändern."(Thesen über Feuerbach, MEW 3：7). Man findet heute diesen berühmten Satz auf der Wand des Hauptgebäudes der Humboldt-Universifät zu Berlin, Unter den Linden 6, D-10099 Berlin.

werden. Die wirtschaftliche Situation in hoch industrialisierten Ländern gerät damit in einen Teufelskreis (the vicious cycle). Die Stichwörter sind wie folgt: Entwertung der Arbeit, Verminderung der Kaufkraft, Anstieg der Arbeitslosigkeit, Verringerung des Steueraufkommens, Verkürzung des Staatsbudgets, Senkung des Niveaus der Erziehung usw.

Die Schere zwischen Arm und Reich wird dabei immer größer. Reiche haben überschüssige Geldmittel in Grundstücke, Bodenschätze und Effekten investiert, so dass sie ihr Vermögen vermehren konnten. Sie haben ab und zu den Politikern Gelder für deren Wahlkampf gegeben, um ihre überlegene Stellung aufrechtzuhalten und zu verstärken. Dadurch, dass Spenden von Reichen Einfluss auf die Gesetzgebungsaktivitäten des Parlaments ausüben, werden die Gesetze im bestimmten Bereich, zB im Gesellschafts- und Steuerrecht, im Interesse der Reichen geändert. Wie der „Panama Papers"-Skandal aus dem Jahre 2016 zeigt, ist das Auftreten der Reichen ein Fleck in unserer modernen Gesellschaft. *Oxfam*, ein internationaler Verbund von verschiedenen Hilfs- und Entwicklungsorganisationen, hat im Januar 2017 erklärt, dass das Einkommen der Billionäre um 1 Prozent höher als das Einkommen der Hälfte der Weltpopulation von 3,7 Billionen Menschen ist.

Der jetzige Stand der Dinge stellt uns die Frage, welche Rolle die Rechtswissenschaft in Zukunft spielen soll. Kurz gesagt, die neue Rechtswissenschaft muss viele globale Probleme gründlich lösen. Erforderlich ist eine *Renaissance* der Rechtswissenschaft. Juristen müssen in der globalen Gesellschaft nicht dem „Gesetz" im nationalen Recht, sondern dem „Recht" (oder „Geist des globalen Rechts") größere Bedeutung beimessen.

◆ Ⅳ ◆ Globale Rechtswissenschaft

Unsere Erde entspricht der „Arche Noah". Alle Grundstücke und Naturschätze auf der Erde gehören uns immer allen. Sowohl unsere Generation als auch die nächste Generationen haben ein gemeinsames Interesse daran. Trotzdem bewegt sich die traditionelle Rechtswissenschaft rückwärts. Wichtig ist keine gutgemeinte Staatshilfe, sondern die gerechte Verteilung der Nahrungsmittel und Rohstoffquellen auf der Erde.

◆第１章◆　Die Rechtswissenschaft im 21. Jahrhundert

　　Wie französischer Wirtschaftswissenschaftler *Jacque Attari* schon bemerkt hatte, hat die neue globale Rechtswissenschaft folgende Merkmale. Neues Gesetzgebungssubjekt ist kein Staat, sondern die „Erdregierung". Das neue System beruht nicht auf staatlichem Interesse, sondern nur auf globalem Interesse. Die Verwirklichung des Friedens ist unentbehrlich. In neuem Rechtssystem haben wir Demokratie und Menschenrechte wie Freiheit, Gleichheit, Daseinsberechtigung in der globalen Gemeinschaft. Wir akzeptieren zwar Wettbewerb, lehnen aber die extreme Einkommenskonzentration auf Wenige ab. Vielmehr müssen wir ein gerechtes Steuerrecht erarbeiten.

　　In der traditionellen Rechtswissenschaft spielt das Gerichtssystem eine große Rolle. Aber die nachträgliche Lösung von Streitigkeiten verursacht viele Kosten. Jedem Streit ist deshalb im voraus vorzubeugen. Das erstarrte Verwaltungssystem ist zu privatisieren, aber seine Funktion ist noch zu verstärken.

　　Die Schaffung der neuen Rechtswissenschaft ist nicht so leicht. Es geht sicher nur mit einem schleichendes Vorwärtskommen. Sowohl Juristen als auch Bürger müssen gemeinsam Schritt halten, um die neue globale Rechtswissenschaft zu errichten. Wir haben doch eine große Chance[21].

　　⑵1)　Yamauchi, Das globale Internationale Privatrecht im 21. Jahrhundert－Wendung des klassischen Paradigmas des IPRs zur Globalisierung -, Christian Tietje/Gerhard Kraft (Hrsg.), Beiträge zum Transnationalen Wirtschaftsrecht, Heft 88 (Institut für Wirtschaftsrecht, Forschungsstelle für Transnationales Wirtschaftsrecht, Juristische und Wirtschaftswissenschaftliche Fakultät der Martin-Luther-Universität Halle-Wittenberg), Halle Juni 2009 [http://telc.jura.uni-halle.de/sites/default/files/altbestand/Heft88.pdf (zuletzt abgerufen am 28.5.2017)]; ders., Saishū Kōgi: 21 Seiki Hōritsugaku no Kadai to Hōritsuka no Sekinin－Kokusai Kigyō Kankeihō Gakka Shihanseiki no Keiken wo fumaete [＝Abschiedsvortrag am 19. Januar 2017 mit dem Titel "Aufgabe der Rechtswissenschaft und Verantwortung der Juristen in globalen Welt－aufgrund meiner verschiedenen Erfahrungen im Studiengang "International Law & Business" der Juristischen Fakultät der Chuo Universität seit 1993"], Hakumon Bd.69, Heft 4 (2017), SS.42-64.

◆ V ◆ **Rechtsvergleichung**

Bei der Errichtung der neuen Rechtswissenschaft spielt die Rechtsvergleichung eine Rolle. Wichtig ist eine Überprüfung eines Zwecks, des Gegenstandes und der Methode der Rechtsvergleichung.

Der französische Rechtsvergleicher *Édouard Lambert* gründete mit seinen Kollegen im Jahre 1869 die *Société de Législation Comparée* in Paris und veranstaltete im Jahre 1900 die Tagung für die Gesellschaft für vergleichende Gesetzgebungen in Lyon / Frankreich. Sie suchten die Verwirklichung einer besseren inländischen Gesetzgebung. Sie stellten anhand der Vergleichung, d.h. der Feststellung der Unterschiede zwischen mehreren nationalen Rechtsordnungen, die Überlegenheit des in- oder ausländischen Gesetzes fest. Man muss sich aber an den etymologischen Sinn des Wortes „Vergleichung" und „compare" erinnern. Beide Wörter bedeuten jeweils „sich vereinigen" bzw. „eins werden" an. Das bedeutet selbstverständlich keine Vereinheitlichung im Sinne von Gleichmachung, sondern eher die Auflösung der Unterschiede durch Neumachen.

Noch wichtiger ist es, wie wir den Zweck mit welcher Methode durchführen können. Der Gegenstand der Rechtsvergleichung waren zuerst Gesetze. Danach sind Gerichtssysteme, Rechtsprechung, Dogmatiken u.a. hinzugefügt werden. Ein Mittelpunkt der Rechtsvergleichung stehen momentan gesellschaftliche Handlungsstile (social grammar), deren Bedeutung Herr Großfeld schon frühzeitig in seinen verschiedenen Büchern betont hat[22], wie Sie gut wissen. Diese Handlungsstile (Lebensstile) der 7.4 Billionen Population auf der Erde sind infolge unterschiedlicher gesellschaftlicher, politischer und wirtschftlicher Entwicklungsstadien sowie wegen der großen Verschiedenheit der Kulturen nicht identisch. Wir können und dürfen sie nicht vereinheitlichen. Die Vergleichung der gesellschaftlichen Stile ist ein Ansatz, neue Alternative zu finden. Die reichen Erfahrungen von EWG, EG und EU zeigen uns ein Modell, das sich vom traditionellen Völkerrecht unterscheidet. Wegen des globalen Interesses ist das erworbene Recht (vested interest, vested rights) nicht anzuerkennen.

---

[22] Großfeld, Macht und Ohnmacht der Rechtsvergleichung, Tübingen 1984 ; ders., Zauber des Rechts, Tübingen 1999 u.a.

◆ 第 1 章 ◆　Die Rechtswissenschaft im 21. Jahrhundert

◆ VI ◆　Zum Schluss

Ich komme zum Schluss. Dadurch, dass ich hier in Deutschland und Europa bei meinen Forschungsaufenthalten sowie durch den Austausch mehrere Kolleginnen und Kollegen sowie ihre Familiemitgliedern (einschließlich der Partnerschaft mit Münster) persönlich kennengelernt und aufgrund des Gesprächs mit ihnen vieles gelernt habe, habe ich verschiedene soziale Handlungsstile erkannt und einige Methoden zum Bau der Brücke zwischen ihnen verstanden und probiert ("Probieren geht über Studieren.").

Mein Schluss von heute ist, dass unsere zukünftige Rechtswissenschaft nur eine einzige Weltrechtswissenschaft sein kann. Mehrere andere Wissenschaftsgebiete, z.B. Geophysik, Medizin, Außenwirtschaft, Philologie, Philosophie u.a., sind schon unsere gemeinsamen Forschungszweige geworden. Alle Forscher beschäftigen sich zusammen mit den neuen globalen Themen im In- und Ausland. Wie sich alle Juristen auf der Erde zusammen mit den globalen Problemen beschäftigen können, ist unsere gegenwärtige Aufgabe. Ich bemühe mich darum weiter und wäre Ihnen sehr dankbar, wenn Sie sich an diesem Projekt beteiligen würden.

Ich danke Ihnen für Ihre freundliche Aufmerksamkeit.

第2章 Aufgabe der Weltjuristen im 21. Jahrhundert

    I Danksagung   III Aufgabe der Juristen in
    II Aufgabe des Rechts in   der heutigen Zeit
       der heutigen Zeit

Magnifizenz (Frau Rektorin Prof. Dr. *Ursula Nelles*),
Spektabilität (Herr Dekan Prof. Dr. *Thomas Hoeren*),
Verehrte Kolleginnen und Kollegen,
Sehr geehrte neue Doktorinnen und Doktoren,
Sehr geehrte Damen und Herren!

I Danksagung

Dafür, dass mir die weltbekannte Westfälische Wilhelms-Universität Münster die seltene Ehrendoktorwürde verleiht, danke ich der Juristischen Fakultät sowie allen Fakultätsmitglieder, insbesondere den Herren Kollegen *Dirk Ehlers* und *Ingo Saenger* als Beförderer dieser Ehrung sehr herzlich. Die Ehrendoktorwürde ist für mich selbstverständlich eine große Ehre und Freude. Mit dieser Ehrung wird zugleich auch mein über 25jähriges Wirken für die Partnerschaft zwischen den Juristischen Fakultäten der Universität Münster und der Chuo Universität Tokyo berücksichtigt. An dieser Stelle müssen die münsterischen Kolleginnnen und Kollegen, welche die Gastprofessur der Chuo Universität bisher innehatten, ebenfalls gewürdigt werden. Deshalb möchte ich die vier wichtigsten Personen für die Partnerschaft nennen : Herr *Bernhard Großfeld* und Herr *Otto Sandrock* als Gründer unseres Personalaustausches einerseits und Herr *Helmut Kollhosser* und Herr *Dirk Ehlers* als hiesige erste und zweite Kontaktperson andererseits. Da meine Frau über die lange Zeit unserer Ehe hinweg Freude und Leid mit mir geteilt hat, möchte ich auch sie an dieser Ehrung ausdrücklich erwähnen. Die Auszeichnung treibt mich sicher dazu an, weitere Veröffentlichungen auf Deutsch zu verfassen und die Entwicklung der Partnerschaft zwischen beiden Juristischen Fakultäten zu fördern.

◆ 第2章 ◆　Aufgabe der Weltjuristen im 21. Jahrhundert

Meine Begegnung mit Münster geht auf meine erste mühsame Übersetzungsarbeit eines von Herrn *Bernhard Großfeld* verfassten Werkes "Praxis des Internationalen Privat- und Wirtschaftsrechts — Rechtsprobleme multinationaler Unternehmen" (Hamburg 1975) zurück. Dank seiner freundlichen Empfehlung konnte ich als Stipendiat der Heinrich-Herz-Stiftung in den Jahren 1983/1984 mein erstes wissenschaftliches Leben in Münster führen. Glücklicherweise wurde ich im Rahmen der Partnerschaft zwischen beiden Juristischen Fakultäten hernach im Jahre 1989 als Gastprofessor eingeladen. Mein damaliger Gastgeber war Herr *Helmut Kollhosser*. Während meiner beiden Aufenthalte habe ich über die deutsche Rechtswissenschaft und ihre Methodenlehre nicht nur durch Gespräche mit vielen deutschen Kollegen, Doktorand(inn)en und Studierenden, sondern auch durch die von den hiesigen Doktorand(inn)en und Studierenden freundlicherweise geleisteten Verbesserungsarbeiten an meinen deutschsprachigen Manuskripten viel gelernt.

Am 1. Februar 1983, also dem ersten Tag meines münsterischen Lebens, benutzte mein damaliger Gastgeber, Herr *Bernhard Großfeld*, das lateinische Wort "commilito", wonach alle Rechtsgelehrten der Welt vor der akademischen Wahrheit nur als kleine Menschen, ja wie Kriegskameraden, stehen. Wir Akademiker müssen uns jeden Tag und jede Stunde der Wissenschaft mit ganzer Kraft widmen. Aufgrund seiner zahlreichen Hinweise habe ich mich seither mit alten und modernen Problemen im nationalen, europäischen und internationalen Zivil- und Wirtschaftsrecht sowie der Rechtsvergleichung beschäftigt. Sie haben davon schon zum Teil sowohl bei der Veröffentlichung der Festschriften für *Bernhard Großfeld* (1999), *Otto Sandrock* (2000) und *Helmut Kollhosser* (2004) als auch bei der Akademischen Feierstunde zum 20jährigen Bestehen unserer Partnerschaft am 7. Februar 2006 im Festsaal des Schlosses erfahren.

Die mir zuteilwerdende Auszeichnung sowie die unerwartete großzügige Gelegenheit, hier heute eine Festrede halten zu dürfen, sind sowohl für mich als auch für die japanischen Rechtsgelehrten eine größte Ehre, weil dadurch zum Ausdruck gebracht wird, dass die japanische Rechtswissenschaft auch in Deutschland geschätzt wird. Heute muss ich hier zwei wichtige Rollen spielen: einmal eine Dankesrede halten und andererseits Ihnen, meinen lieben jüngeren Juristinnen und Juristen, einen Ansatz zum Denken geben. Es ist zwar sehr schwer, beide Aufgaben zugleich zu lösen. Ich werde es aber trotzdem mit

◇ Ⅱ ◇　Aufgabe des Rechts in der heutigen Zeit

dem Geist der "commilito" versuchen.

◆ Ⅱ ◆　Aufgabe des Rechts in der heutigen Zeit

"*Ubi societas ibi ius.*" Es gibt niemanden, der dieses Sprichwort nicht kennt, weil alle Jurastudentinnen und -studenten es zu Beginn des Studiums gelernt haben. Es bedeutet, dass es Interessen- und Gefühlskonflikte jederzeit und überall auf Erden gibt und dass es infolgedessen zur Lösung der Streitigkeiten des Rechts bedarf. Damit ist es immer und in jedem Land erforderlich, das Recht zu studieren.

Es gibt viele philosophische und politische Grundfragen, die Anfänger im ersten Semester noch nicht so leicht beantworten können. Recht, Gesetz, Haftung und Verschulden und die vielen Fachwörter in der Rechtswissenschaft gehören dazu. Vor allem aber stellt sich die Frage, was ist das Recht? Gibt es Gerechtigkeit in der Welt? Für wen studiert man Rechtswissenschaft? Wozu kann Rechtswissenschaft beitragen? Erfahrene Juristen können zwar darauf antworten geben. Wir wissen aber dennoch, dass solche Fragen immer wieder neu gestellt werden, wenn sich größere Unfälle ereignen oder unvorhergesehene Änderung ergeben. Der Grund dafür liegt darin, dass es niemandem gelingt, eine hundertprozentig perfekte Antwort zu geben, der wir alle zustimmen können. Ich nenne Ihnen im Folgenden einige Beispiele.

Es gibt möglicherweise keinen Deutschen, der noch nicht vom "Friedensaals" im Rathaus der Stadt Münster gehört hat. Die Stadt Münster ist in der Welt dafür bekannt, dass in dem Saal die hauptsächlich katholischen Friedensverhandlungen des Dreißigjährigen Krieges von 1618 bis 1648 stattfanden. Etwa 1,120,000 Oberschüler in Japan lernen jedes Jahr im Fach "Weltgeschichte" über den Dreißigjährigen Krieg, den Westfälischen Frieden und damit auch den Namen "Münster". Die Stadt Münster ist ein ehrenvolles Symbol für den Frieden. In diesem Sinne steht "Münster" in enger Beziehung zu den Lösungen verschiedenster Streitigkeiten.

Der *Internationale Menschenrechtsschutz* kann heute beachtliche Erfolge vorweisen. So findet man zur Minderheiten- und Rassenfrage oder zur Beilegung religiöser Auseinandersetzungen überall auf der Welt gute Beispiele. Aber in

◆ 第 2 章 ◆　Aufgabe der Weltjuristen im 21. Jahrhundert

Afghanistan und Syrien dauern die Kriege zwischen den Regierungen und ihren Völkern immer noch an mit der Folge, dass Soldaten und Bürger grundlos getötet werden. Ferner gibt es in der Welt eine Reihe von Kämpfen um die Staatsgrenze. Wegen dieser und ähnlicher Fälle gibt es Zweifel, ob das Völkerrecht ausreichend seiner Aufgabe gerecht wird. Einen Grund für das mangelnde Funktionieren kann man darin sehen, dass es mehrere Völkerrechte auf der Erde gibt: US-amerikanisches, europäisches und islamisches Völkerrecht u.a.

Der räumliche Gegenstand des Völkerrechts ist die gesamte Oberfläche der Erde, auf der seit dem 31. Oktober 2011 insgesamt über 7 Milliarden Menschen leben. Die Bevölkerungszahl steigt bis zum Jahr 2050 möglicherweise auf ungefähr 9.5 Milliarden an. Der Bevölkerungsfonds der Vereinten Nationen (UNPF) hat am 26. Oktober 2011 das Weißbuch der Bevölkerungsstatistik veröffentlicht, nach dem in diesem Jahr 137 Millionen geboren wurden und 60 Millionen aus dem Leben schieden. Während der letzten zehn Jahre hat die Weltbevölkerung um 1 Milliarde zugenommen. Im Augenblick leben ca. 1,35 Milliarden Menschen in China, ca. 1,24 Milliarden in Indien. Im Hintergrund steht die chinesische Ein-Kind-Politik, nach der ein Ehepaar nur ein Kind haben darf. Jedoch steht Indien vielleicht schon im Jahre 2021 mit 1,4 Milliarden Menschen an der Spitze. Ob und wie ein Staat seine Bevölkerung kontrollieren darf, ist natürlich eine juristische Frage. Hier tritt ein *Internationales Bevölkerungsrecht* als ein spezielles Gebiet des *Internationalen Öffentlichen Rechts* in Erscheinung. Ein typisches Schlüsselwort ist "Reproductive Health and Rights" (Art. 16 Abs. 1 (e) des Übereinkommens zur Beseitigung jeder Form von Diskriminierung der Frau, abgekürzt "Frauenkonvention" in englischer Sprache: *Convention on the Elimination of All Forms of Discrimination Against Women*).

Die stetige Zunahme der Weltpopulation bringt schwierige politische und juristische Fragen mit sich. Eine davon ist die der fehlenden Nahrung. Das Welternährungsprogramm der Vereinten Nationen (WFP) hat zuletzt am 10. Januar 2012 wieder auf die Nahrungskrise aufmerksam gemacht. Ca. 925 Millionen Menschen leiden Hunger. Ca. 75 Prozent davon sind Bauern in Entwicklungsländern und ca. 25 Prozent ärmere Leute, die im Umkreis der Städte wohnen. Jede Verkürzung des Unterschiedes zwischen Reichen und Armen wurde bisher zwar nur als nationales politisches Problem betrachtet, aber es hat sich

◇ II ◇   Aufgabe des Rechts in der heutigen Zeit

wegen der weltweit gegenseitiger Abhängigkeit der nationalen Wirtschaften in ein globales Problem verwandelt. Die Populationszunahme führt zur Vermehrung der Menschen, die am Hungertuch nagen. Art. 25 Abs. 1 der Allgemeinen Erklärung der Menschenrechte (AEMR), Art. 11 Abs. 1 des Internationalen Paktes über wirtschaftliche, soziale und kulturelle Rechte (ICESCR) und Art. 6 Abs. 1 des Internationalen Paktes über bürgerliche und politische Rechte (ICCPR) sichern alle Menschen das "Recht auf Leben". Ideal und Wirklichkeit stimmen trotzdem nicht miteinander überein. Es ist zwar zuvörderst eine politische Aufgabe, eine Lösung der Nahrungskrise zu finden, aber die Rechtswissenschaft kann ihre Verantwortung für die Lösung nicht abschütteln. Dafür ist ein *Internationales Lebensmittelrecht* zu entwickeln.

Auch das *Internationale Energierecht* ist verantwortlich für die Lösung der weltweiten Schwierigkeiten. Am 11. März 2011 wurden viele Menschen auf der Welt von der Atomkraftkatastrophe in Fukushima / Nordjapan aufgrund der durch ein Erdbeben mit der Magnitudenstärke 9 ausgelösten Flutwelle (*Tsunami*) im Pazifischen Ozean überrascht. Es ist ein schwerwiegender Fall, über den wir Japaner ernsthaft nachdenken müssen. Die Internationale Atomenergie-Organisation (IAEO) ist nur eine autonome wissenschaftlich-technische Behörde. Trotz nationaler Widerstände hat die japanische Regierung ohne Verantwortungsbewusstsein entschieden. Nunmehr hat sie den Ausstieg aus der Atomenergie bis 2040 beschlossen. Sowohl die Staats- als auch Präfekturregierungen, die zuvor jedes Atomkraftwerk wegen der damit verbundenen Geldmittel positiv beurteilt hatten, als auch die Tokyo Electric Power Company (TEPCO) als Schädiger haben den Betroffenen (z.B. Bewohner, Bauern, Fischer, Geschäftsleuten usw.) unter vorsätzlich manipulierten Verteilungsmaßstäben nur geringe Entschädigungsgelder angeboten. Der deliktsrechtliche Zweck des Schadensersatzes, den Verlust jeweils vollständig auszugleichen, wird so leider nur zum Teil erfüllt.

Die fehlerhafte Nutzung der Erdöls hat zu vielen Rechtsfragen geführt : z.B. Zerstörung der Ozonschicht, Erderwärmung, saurer Regen, Waldsterben, Ansteigen des Meeresspiegel verbunden mit dem Versinken ganzer Staaten, ungewöhnlich heftige Unwetter mit vielfältigen Auswirkungen wie kürzlich der Wirbelsturm "*Sandy*" in New York deutlich gemacht hat, ferner abnorme Hitze, Regen und Hochwasser. Hinzuzufügen sind dazu andere künstlich geschaffene

Unglücksfälle, z.B. Umweltschäden, Land-, Luft- und Meerverschmutzung usw. Hier hat das *Internationale Umweltrecht* die Aufgabe, die globalen Probleme zu lösen.

◆ Ⅲ ◆ Aufgabe der Juristen in der heutigen Zeit

Juristen, die im 21. Jahrhundert global agieren, sehen sich dieser globalen Aufgabe gegenüber. Jemand muss der Katze die Schelle umhängen. Um besseres Recht für die Menschen sicherzustellen, braucht man die Konkurrenz zwischen den nationalen Rechtsordnungen. Es stellt keinen Widerstand dar, nationale Rechtssysteme beizubehalten und zugleich bestimmte Regelungen in den verschiedenen Staaten universell bzw. einheitlich zu scaffen und auszulegen. Wir müssen den Begriff "Nationale Hoheitsgewalt" derzeit nicht wegwerfen, können aber bei näherer Betrachtung das nationale Recht im Lichte des globalen Interesses einheitlich auslegen, um es so mit ihm zu harmonisieren und nach Möglichkeit einheitlich anzuwenden. Jeder Jurist muss und soll dabei zugleich Philosoph, Historiker und Vergleicher sein. Das *Europarecht* ist dafür ein gutes Beispiel.

Liebe Kommilitoninnen und liebe Kommilitonen！

Es lohnt sich, globale gemeinsame Interessen zu entdecken und gemeinsame Werte in die Praxis einzuführen, um gemeinsam die damit verbundenen internationalen Rechtsfragen zu lösen, unabhängig von Alter und Nationalität. Wollen wir uns dieser Herausforderung stellen? Ich wünsche Ihnen dabei viel Erfolg！

Ich danke Ihnen für Ihre Aufmerksamkeit.

初出・原題一覧

◇ 第Ⅰ部　伝統的法律学への疑問
　　第1章　「伝統的法律学に未来はあるか？──シェヴロン対エクアドル事件の教訓」法学新報124巻9・10合併号（多喜寛教授古稀記念号）1〜50頁（2018年）
　　第2章　「法律学における2008年食糧危機の教訓──「国際化」から「地球社会化」への転換」法学新報123巻7号（滝田賢治教授古稀記念号）717〜741頁，同8号89〜124頁（2017年）
　　第3章　「法律学における"人口増加"問題の教訓──「国家法学」から「地球社会法学」への転換」比較法雑誌52巻2号1〜50頁（2018年）
　　第4章　「法律学における"大規模感染症"の教訓──「文明論的視点」から「文化論的視点」への転換」書き下ろし（2018年）

◇ 第Ⅱ部　講　　演
　　第1章　「21世紀法律学の課題と法律家の社会的責任──国際企業関係法学科4半世紀の経験を通して」白門69巻4号42〜64頁（2017年）
　　第2章　「比較法研究の課題──明治大学法学部附属比較法研究所への期待を込めて」http://www.meiji.ac.jp/hogaku/information/6t5h7p00000ospl4-att/a1500433374434.pdf（2017年）

◇ 第Ⅲ部　ドイツ法との対話
　　第1章　"Die Rechtswissenschaft im 21. Jahrhundert ── Umorientierung vom nationalen Recht zum globalen Recht" 比較法雑誌51巻3号1〜16頁（2017年）
　　第2章　"Aufgabe der Weltjuristen im 21. Jahrhundert" SCHLAGLICHTER 14（2012/2013），SS.3-9.（2013年）

事項・人名索引

◆ あ 行 ◆

芥川龍之介 ……………………… 126
アジア感染症会議 ……………… 148
アメリカ・ファースト …………… 7
在るべき法 …………………… 7, 242
イタリクス，シリウス ………… 216
インフルエンザ ………………… 193
ウェストファリア条約 ………… 216
ヴェニスの商人 ………………… 228
右傾化 …………………………… 139
歌を忘れたカナリア …………… 240
宇宙開発支持説 ………………… 107
産む自由 ………………………… 104
営業の自由 ……………………… 128
エイズ …………………………… 191
エボラ出血熱 …………………… 146
オックスファム ………………… 231
温暖化 ………………… 38, 67, 146, 172,
　　　　　　　　182, 187, 203, 205, 266
温度の壁 …………………… 176, 205

◆ か 行 ◆

外国法学 ………………………… 251
価格操作 ………………………… 60
格差解消 …………………… 235, 266
格差社会 ………………………… 9
学問の自由 ……………………… 268
家族計画 …………………… 114, 129
ガッタリッジ，ハロルド・クック … 249
環境汚染 ………………………… 24
環境規制法 ……………………… 17
環境破壊 ………… 48, 123, 136, 235, 266
感染症 …………………………… 174
感染爆発 …………………… 157, 175, 188
ガンビエハマダラカ …………… 164
キッシンジャー，ヘンリー …… 114
ギムン，パン …………………… 110
共　生 ………… 59, 84, 89, 210, 234, 236
居住移転の自由 ………………… 226
金融資本主義 …………………… 131
グツヴィラー，マックス ……… 249
クーデンホーフ＝カレルギー，リヒャルト
　　　　　　　　　　　　　　 244
蜘蛛の糸 ………………………… 126
クロイツァー，カール ………… 241
グロスフェルト，ベルンハルト … 248
グローバル化 … 49, 188, 200, 209, 229, 230, 266
グローバル食糧法 ……………… 50
桑田三郎 …………………… 215, 248
経済的自由 ……………………… 41
契約自由（の）原則 ……… 9, 38, 54, 86,
　　　　　　　　　　140, 88, 224, 226
契約締結の自由 ………………… 128
現行法 …………………………… 242
合意は拘束する ………………… 9
公共の福祉 ……………………… 87
合理的経済人 …………………… 61
合理的人間 ……………………… 202
合理的法律家 …………………… 61
コガタアカイエカ ……………… 167
国際化 …………………………… 48
国際環境法 ……………………… 141
国際裁判管轄権 …………… 25, 26

国際資源法 …………………………… 141
国際司法裁判所規程第55条 ………… 227
国際食糧法 …………………………… 141
国際人権規約 ………… 9, 41, 207, 232
国際人口法 …………………………… 141
国際連合開発計画 …………… 99, 128
国際連合人口基金 …………… 108, 128
国民国家制 ……… 43, 48, 140, 225, 233, 252
国民主権 ……………………………… 233
国家主権 …………… 90, 91, 96, 140, 202
国家総動員法 ………………………… 137
国家対企業 …………………………… 33
国家の経済的権利義務憲章 ………… 39
国家法的思考 ………………………… 6
言葉のリスク ………………………… 209
子どもの貧困対策の推進に関する法律 …137
小林直樹 ……………………………… 209

◆ さ　行 ◆

裁判所法第77条 ……………………… 227
裁量行為 ……………………………… 54
阪口正二郎 …………………………… 210
砂漠化 ………………………… 187, 266
酸性雨 ………………………… 38, 266
酸性化 ………………………… 38, 187
酸性湖 ………………………………… 19
シェヴロン対エクアドル事件 ……… 13
シェークスピア ……………………… 228
ジカ熱 ………………………………… 191
自国中心主義 ………………………… 59
自己決定権 …………… 104, 127, 136, 137
市場原理 ……………………………… 60
自然科学的知見 ……………………… 85
自然権 ………………………………… 83
思想の自由 …………………… 128, 230
私的自治 ……………………………… 38
私的自治原則 ………………………… 140

司法サーヴィス ……………… 238, 261
社会あるところ法あり ……………… 5
社会行動文法 ………………… 239, 268
社会的責任 …………………………… 131
弱者保護 ……………………… 9, 39, 55
重債務国救済計画 …………………… 221
重症急性呼吸器症候群 ……………… 191
集団行動条項 ………………………… 221
17条憲法 ……………………………… 216
儒教的伝統 …………………………… 104
主権免除特権 ………………………… 219
出入国管理 …………………………… 138
シューマン，ロベール ……………… 97
使用権 ………………………………… 236
少子化 ………………………………… 104
少子高齢化 …………………………… 120
聖徳太子 ……………………………… 216
承　認 ………………………………… 26
職業倫理 ……………………………… 240
食糧管理法 …………………………… 137
食糧危機 ……………………… 48, 235, 266
食料主権 ……………………………… 75, 91
ジョージア・ガイドストーン ……… 112
所有権 ……… 38, 54, 77, 78, 86, 88, 226, 235
人権尊重 ……………… 48, 84, 136, 235, 266
人権の前国家性 ……………… 83, 136
人権法アプローチ …………………… 29
人口急増 ……………………… 48, 235, 266
人口爆発 ……………………………… 102
人口削減支持説 ……………………… 107
新国際経済秩序樹立宣言 …………… 226
人道に対する罪 ……………………… 30
人倫の哲学 …………………… 136, 233
杉山直治郎 …………………………… 261
スティグリッツ，ジョゼフ ………… 142
頭脳ビジネス ………………………… 263
スピヴァク，ガヤトリ ……………… 271

事項・人名索引

生活方法改善説…………………107, 134
生活保護法………………………137
政治資金規制法…………………230
生存権……………………………41, 83
清貧の思想………………………131
政府開発援助……………10, 102, 204, 225
生物化学兵器……………………148
西洋型法律学……………………49
世界市民…………………………209
世界人権宣言………41, 88, 91, 207, 210, 232
世界人口会議……………………113
世界人口デー……………………100
世界的な法治国家………………231
世界法……………………………209
世界保健機関……………………201
世界連邦…………………………96
総合学……………………………142
総合性の欠如……………………136, 141
租税回避……………10, 39, 90, 92, 261, 267

◆ た 行 ◆

ダイアモンド, ジャレド………145, 211
大規模感染症……………………146
太陽と風…………………………232
多国籍企業………………………90
多数決原理………………………7
ターナー, テッド………………112
多文化主義………………………209, 260
治安維持…………………………48, 136
地球共同体………………………59
地球公益(論)………49, 89-92, 94, 140, 203
地球市民…………………………209
地球社会(化)……………49, 234, 266
地球社会学………………………209
地球社会公益……………………87
地球社会固有の法秩序…………140
地球社会法学………42, 96, 140, 149,
　　　　　　　　　212, 236, 243, 246, 266
中東呼吸器症候群……………146, 180, 205
超国家企業………………………90
デラウエア会社…………………267
テロ対策…………………………235, 266
伝統的法理………………………89
伝統的(な)法律学………5, 24, 89, 92, 128, 136,
　　　　　　　137, 140, 203, 207, 234, 260, 267
天然資源の恒久主権……………226
天賦人権論(説)…………………83, 136
ドイツ法曹会議…………………269
統一法……………………………92
投機ゲーム………………………67
匿名銀行口座……………………225
ドネガル・インターナショナル・
　リミティッド対ザンビア共和国事件…217
鳥インフルエンザ………………191

◆ な 行 ◆

何人も能力以上には義務を負うことなし
　………………………139, 202, 224
難民救済…………………………48, 136
難民条約…………………………138
難民対策…………………………266
21世紀法律学……………………236
日本国憲法
　前文……………………………141
　第13条…………………………86, 89
　第14条…………………………141
　第29条…………………………77, 89
　第98条…………………………87
人間性の不在……………………136, 141
猫の首に鈴を付ける……………235
ネッタイシマカ…………………160

◆ は 行 ◆

パナマ文書……………10, 90, 225, 261, 267

パンデミック……………………175, 188
比較……………………………………239
　　——の第三項………………7, 79, 84, 127,
　　　　　　　　　　　　227, 236, 266, 267
　　——は習い性である………………258
比較法文化論……………………………239
比較立法協会……………………………251
ヒトスジシマカ…………………………170
一人っ子政策……………………………115
秘密保持特権………………………………27
表現の自由…………………………226, 230
ビリオネア………………………………230
貧困の連鎖…………………………………38
貧困撲滅…………………………48, 136, 235, 266
貧困問題…………………………………204
フォーラム・ノン・コンヴェニエンス……17
複合汚染……………………………………86
不作為責任………………………………202
物質主義…………………………………136
不当訴訟……………………………19, 26
ブランダイス，ルイス…………………225
ブレグジット…………………………………7
文明病……………………………………211
平和構築…………………………………136
平和こそあらゆるものの中で最上の価値
　　である………………………………216
ヘッジファンド…………………………220
ペーパー・カンパニー…………………225
便宜置籍船…………………225, 245, 267
法系論……………………………………252
法圏論………………………………252, 258
法族論……………………………………252
法による支配………………………………79
法比較………………………………………79
法文化……………………………………239
法文化比較…………………………78, 232

法律回避……………………………………90
母体保護法………………………………137

◆ ま 行 ◆

民族問題……………………………………48
民法第3条………………………………138
矛盾する行動の禁止………………………26
ムヒカ，ホセ………………………………94
モネ，ジャン…………………………97, 244

◆ や 行 ◆

優生保護法………………………………137
許さるるすべてのものが必ずしも正直
　　なるにあらず………………………245
予防法学…………………………………237

◆ ら 行 ◆

ライシュ，ロバート……………………228
リプロダクティブ・ライツ……………104
領域主権…………………………………203
緑地化……………………………………204
ロックフェラー，ディヴィッド………112

◆ わ 行 ◆

和を以って貴しとなし…………………216

◆ 欧 文 ◆

Champerty の法理………………………221
de lege ferenda…………………………242
de lege lata………………………………242
ISD 条項……………………………34, 37
MOTTAINAI……………………………131
Pacta sunt servanda………………………9
Panama Papers…………………………283
social grammer…………………………268
Ubi societas ibi ius………………5, 280, 289

〈著者紹介〉

山内 惟 介（やまうち　これすけ）

1946年8月　　香川県仲多度郡(現、琴平市)に生まれる
1971年3月　　中央大学法学部法律学科卒業（法学士号取得）
1973年3月　　中央大学大学院法学研究科民事法専攻修士課程修了（法学修士号取得）
1973年4月　　東京大学法学部助手（1977年3月まで）
1977年4月　　中央大学法学部専任講師（1978年3月まで）
1978年4月　　中央大学法学部助教授（1984年3月まで）
1984年4月　　中央大学法学部教授（2017年3月まで）
2002年7月　　法学博士号取得（学位論文『国際公序法の研究』）
2007年3月　　ドイツ連邦共和国アレクサンダー・フォン・フンボルト財団フンボルト学術賞受賞（ライマー・リュスト賞）
2012年11月　ドイツ連邦共和国ミュンスター大学から名誉法学博士号授与
2017年4月　　中央大学名誉教授

〈主要著訳書〉

＜単著＞
『海事国際私法の研究――便宜置籍船論』（中央大学出版部、1988年3月）
『国際公序法の研究――牴触法的考察』（中央大学出版部、2001年3月）
『国際私法・国際経済法論集』（中央大学出版部、2001年9月）
『国際会社法研究　第一巻』（中央大学出版部、2003年12月）
『比較法研究　第一巻　方法論と法文化』（中央大学出版部、2011年1月）
『Japanisches Recht im Vergleich』（中央大学出版部、2012年1月）
『21世紀国際私法の課題』（信山社、2012年3月）
『比較法研究　第二巻　比較法と国際私法』（中央大学出版部、2016年1月）
『国際私法の深化と発展』（信山社、2016年2月）
『比較法研究　第三巻　法文化の諸形相』（中央大学出版部、2017年2月）

＜共編著＞
『競争法の国際的調整と貿易問題』（中央大学出版部、1998年3月）
『ドイツ・オーストリア国際私法立法資料』（中央大学出版部、2000年9月）
『APEC諸国における競争政策と経済発展』（中央大学出版部、2002年6月）
『国際金融証券市場と法』（中央大学出版部、2007年3月）
『共演　ドイツ法と日本法』（中央大学出版部、2007年9月）
『国際関係私法の挑戦』（中央大学出版部、2014年1月）

＜訳書＞
ベルンハルト・グロスフェルト著『多国籍企業の法律問題――実務国際私法・国際経済法』（中央大学出版部、1982年11月）
ベルンハルト・グロスフェルト著『国際企業法――多国籍企業組織法』（中央大学出版部、1989年9月）
ベルンハルト・グロスフェルト著『比較法文化論』（中央大学出版部、2004年10月）
トーマス・ヘェーレン編著『ミュンスター法学者列伝』（中央大学出版部、2018年11月）

学術選書
181
法　学

地球社会法学への誘い

2018（平成30）年10月30日　第1版第1刷発行

著　者　山　内　惟　介
発行者　今井　貴　今井　守
発行所　株式会社信山社
〒113-0033 東京都文京区本郷 6-2-9-102
Tel 03-3818-1019　Fax 03-3818-0344
info@shinzansha.co.jp
笠間才木支店　〒309-1600 茨城県笠間市才木 515-3
笠間来栖支店　〒309-1625 茨城県笠間市来栖 2345-1
Tel 0296-71-0215　Fax 0296-72-5410
出版契約 2018-6781-01010 Printed in Japan

ⓒ 山内惟介．2018．印刷・製本／亜細亜印刷・牧製本
ISBN978-4-7972-6781-5 C3332　分類320.000-a010法学
6781-0101:012-350-005 p.316《禁無断複写》

JCOPY　〈(社)出版者著作権管理機構　委託出版物〉
本書の無断複写は著作権法上での例外を除き禁じられています。複写される場合は、その都度事前に、(社)出版者著作権管理機構（電話 03-3513-6969, FAX03-3513-6979, e-mail:info@jcopy.or.jp）の許諾を得てください。

◆ 法律学の未来を拓く研究雑誌 ◆

国際法研究　岩沢雄司・中谷和弘 責任編集

EU法研究　中西優美子 責任編集

憲法研究　辻村みよ子 責任編集
〔編集委員〕山元一／只野雅人／愛敬浩二／毛利透

行政法研究　宇賀克也 責任編集

民法研究 第2集　大村敦志 責任編集

民法研究　広中俊雄 責任編集

消費者法研究　河上正二 責任編集

環境法研究　大塚 直 責任編集

社会保障法研究　岩村正彦・菊池馨実 責任編集

法と社会研究　太田勝造・佐藤岩夫 責任編集

法と哲学　井上達夫 責任編集

ジェンダー法研究　浅倉むつ子 責任編集

法と経営研究　加賀山茂・金城亜紀 責任編集

待望の刊行 **メディア法研究**　鈴木秀美 責任編集

現代法哲学講義〔第2版〕井上達夫 編
〈執筆者〉井上達夫・高橋文彦・桜井徹・横濱竜也・郭舜・山田八千子・浅野有紀
鳥澤円・藤岡大助・石山文彦・池田弘乃・那須耕介・関良徳・奥田純一郎

生命科学と法の近未来　米村滋人 編

信山社

不戦条約　上・下【国際法先例資料集　1・2】
　　柳原正治 編

プラクティス国際法講義（第3版）
　　柳原正治・森川幸一・兼原敦子 編

演習プラクティス国際法
　　柳原正治・森川幸一・兼原敦子 編

変転する国際社会と国際法の機能　内田久司先生追悼
　　柳原正治 編

変革期の国際法委員会　山田中正大使傘寿記念
　　村瀬信也・鶴岡公二 編

国際法の実践　小松一郎大使追悼　柳井俊二・村瀬信也 編

国際法学の諸相―到達点と展望　村瀬信也先生古稀記念
　　江藤淳一 編

国際法と戦争違法化　祖川武夫論文集
　　祖川武夫 著／小田滋・石本泰雄 編集委員代表

ブリッジブック国際法（第3版）　植木俊哉 編

ヨーロッパ地域人権法の憲法秩序化　小畑　郁 著

憲法学の可能性　棟居快行 著

現代フランス憲法理論　山元　一 著

ヨーロッパ人権裁判所の判例
　　戸波江二・北村泰三・建石真公子・小畑郁・江島晶子 編

先住民族と国際法 ― 剥奪の歴史から権利の承認へ　小坂田裕子 著

コンパクト学習条約集（第2版）　芹田健太郎 編集代表

国際人権法　芹田健太郎 著

人権条約の解釈と適用　坂元茂樹 著

日本の海洋政策と海洋法　坂元茂樹 著

国際人権　国際人権法学会 編

信山社

国際私法の深化と発展　山内惟介 著

21世紀国際私法の課題　山内惟介 著

国際債権契約と回避条項　寺井里沙 著

労働者人格権の研究 上・下 角田邦重先生古稀記念
　　山田省三・石井保雄 編

国際取引の現代的課題と法 澤田壽夫先生追悼
　　柏木昇・杉浦保友・森下哲朗・平野温郎・河村寛治・阿部博友 編

21世紀民事法学の挑戦 上・下 加藤雅信先生古稀記念
　　加藤新太郎・太田勝造・大塚直・田髙寛貴 編

国際的民事紛争と仮の権利保護　野村秀敏 著

仲裁・ADRフォーラム　Vol.5　日本仲裁人協会 編

子どもと離婚 ── 合意解決と履行の支援　二宮周平・渡辺惺之 編

知的財産権と国際私法　金彦叔 著／中山信弘 編

ブラジル知的財産法概説　ヒサオ・アリタ／二宮正人 著

ブラジルの同性婚法 ── 判例による法生成と家族概念の転換
　　マシャド・ダニエル 著／大村敦志 序

ある比較法学者の歩いた道 ── 五十嵐清先生に聞く
　　五十嵐清 著・山田卓生・山田八千子・小川浩三・内田貴 編

サイバー攻撃の国際法 ── タリン・マニュアル2.0の解説
　　中谷和弘・河野桂子・黒﨑将広 著

国際私法及び親族法　田村精一 著

韓国家族法 ── 伝統と近代の相克　青木清 著

国際私法年報　国際私法学会 編

信山社